Mediação empresarial: experiências brasileiras

Volume II

Mediação empresarial: experiências brasileiras

Volume II

Organizador

Adolfo Braga Neto

Autores

Adolfo Braga Neto
Agenor Lisot
Alexandre Augusto Fiori Tella
Ana Beatriz Assis Pereira
Ana Luiza Isoldi
Ana Maria Esteves Kaiuca
Ana Maria Maia Gonçalves
Ana Paula Araújo Holanda
Andrea Décourt Savelli
Caio Cesar Infantini
Camila Peixoto Olivetti Regina
Carla Sahium Traboulsi
Celia Regina Zapparolli
Christiana Beyrodt
Cláudia Fillett Fernandes
Corinna Schabbel
Danilo Ribeiro Miranda Martins
Déborah Baptistella Sundfeld
Felicia Zuardi
Fernanda Tartuce
Flávio Faibischew Prado
Henrique Lenon Farias Guedes
Jéssica Araújo da Silva
Juliana Biolchi
Juliana Loss
Karina Volpato
Lizandra Colossi
Luciana Drimel Dias
Marcelo Girade Corrêa
Maria Inês Alves de Campos
Maria Rita de Cassia Almada Neder
Mariana Teixeira de Sousa
Marina Corrêa Dias
Olavo Caiuby Bernardes
Paulo Henrique M. de Assumpção
Rissiane dos Santos Goulart
Sergio E. Vieira dos Santos Jr.
Sílvia Cristina Salatino

CLA editora

São Paulo | 2022

Editor científico: Guilherme Assis de Almeida
Editor: Fabio Humberg
Revisão: Humberto Grenes, Cristina Bragato e Rodrigo Humberg
Capa: Alejandro Uribe

Dados Internacionais de Catalogação na Publicação (CIP)
(Câmara Brasileira do Livro, SP, Brasil)

Mediação empresarial : experiências brasileiras : volume II / organizador Adolfo Braga Neto. -- São Paulo : Editora CL-A Cultural, 2022.

Vários autores.
Bibliografia.
ISBN 978-65-87953-36-6

1. Direito 2. Arbitragem (Direito) 3. Mediação 4. Negociação 5. Solução de conflitos I. Braga Neto, Adolfo.

22-116794 CDU-347. 9

Índices para catálogo sistemático:
1. Mediação empresarial : Conflitos : Direito processual 347.9

(Eliete Marques da Silva - Bibliotecária - CRB-8/9380)

Editora CL-A Cultural Ltda.
Tel.: (11) 3766-9015 | Whatsapp: (11) 96922-1083
editoracla@editoracla.com.br | www.editoracla.com.br
linkedin.com/company/editora-cl-a/ | instagram.com/editoracla

Disponível também em *ebook*

ÍNDICE

Parte 3: Aplicação na recuperação de empresas

Parte 4: Novos caminhos e experiências diferenciadas

PREFÁCIO

Um dos primeiros registros de mediação na cultura ocidental vem de uma passagem do Antigo Testamento que usamos ainda hoje como significado de justiça e sabedoria frente a conflitos.

Trata-se da história de como Salomão solucionou o dilema apresentado por duas mães, que argumentavam ser a verdadeira mãe daquela criança. Sem outras formas de provar quem teria razão, o rei determinou que esta fosse partida ao meio e cada uma levaria uma parte. Quando uma das mulheres disse que preferia ver seu filho com a outra a vê-lo morto, Salomão, no que hoje costumamos chamar de 'decisão salomônica', reconheceu nesse ato de altruísmo a maternidade, e a ela deu razão.

Esta passagem, com variações locais, é repetida pela região do Oriente Médio e subcontinente indiano, e pode ser interpretada como uma das primeiras instâncias de uma longa tradição de mediação naquela parte do mundo.

Na antiga Suméria, havia a figura do mashkim, *que tinha o papel de avaliar os méritos de um caso antes de este ler levado à corte e auxiliar as partes a encontrar uma solução entre elas. Definição de atividade tão antiga quanto uma das primeiras civilizações e tão atual como o dia a dia de modernos mediadores.*

Durante o período de atividade de Confúcio, na China (aproximadamente 550 a.C. a 480 a.C.) a 'reconciliação ética' era vista pelo filósofo como a melhor forma de resolução de disputas; contudo, sua utilização tinha que ser precedida pelo aceite das partes. A influência do pensador na sociedade chinesa fez com que a mediação fosse a principal forma de resolução de disputas por milênios.

No Brasil, a história da conciliação é mais recente. Mesmo que possamos encontrar algumas de suas origens em juízes de paz, e algumas ações da Igreja Católica no período colonial, sua utilização era quase sempre pontual e empírica. A implementação formal levou mais tempo para se tornar realidade e foi, em boa parte, influenciada pela evolução do conceito no século XX em países como Inglaterra e Estados Unidos.

Na década de 1970, já se desenhava um arcabouço legal para a conciliação e mediação na legislação brasileira, mas ainda não havia uma regulamentação compatível. Após longo processo, passando pela Constituição de 1988 e diversos projetos de lei, foram aprovadas em 2015 a Lei da Mediação e sua inclusão no Código de Processo Civil.

O propósito de trazer essas diferentes instâncias de evolução do conceito e uso da mediação é reafirmar a você, leitor, que o tema é tão antigo quanto o início de nossa história e tão recente quanto as mais novas tecnologias que utilizamos. Daí o surgimento desta obra, o volume II das experiências brasileiras em mediação empresarial.

Com a participação de quase quarenta pesquisadores, professores e estudiosos do assunto, o livro, em seus 21 artigos, apresenta diversas abordagens, em sua maioria práticas, sobre a realidade da mediação em nosso país

O livro foi, didaticamente, dividido em seções, permitindo ao leitor escolher por onde começar ou mesmo como utilizá-lo como fonte de consulta em sua atividade diária.

A primeira parte oferece uma visão geral da utilização da mediação por empresas, em acordos comerciais nacionais ou mesmo inter-

nacionais, e é um bom ponto de partida para quem busca adentrar neste campo de estudo.

A segunda parte utiliza-se de casos e estudos realizados pelos autores de situações práticas de adoção da mediação em campos tão diversos como pesquisa clínica, conflitos entre empresas e consumidores, gestão de empresas familiares e questões trabalhistas, permitindo assim ao leitor verificar as nuances que possibilitam a aplicação de técnicas gerais a cada cenário específico.

A terceira parte debate, com diversos enfoques, a aplicação na recuperação de empresas, e pode ser de grande valia, em especial para os profissionais da Administração que atuam nesta área, em expansão no Brasil.

A quarta parte dedica tempo a debater o futuro da mediação, desde como formar e orientar novos profissionais na área, até o uso de novas tecnologias e a sociedade que irá se beneficiar da adoção desses métodos.

A complexa coordenação deste trabalho coube ao Prof. Adolfo Braga Neto, diretor do CONIMA e presidente do Conselho de Administração do Instituto de Mediação e Arbitragem do Brasil, entidade sem fins lucrativos, que, próxima de completar 30 anos de existência, segue em uma missão contínua de formar, estudar, divulgar e atuar para melhor utilização dos métodos de resolução de conflitos no Brasil.

O professor Braga Neto, advogado por formação e profissão, é amigo de longa data do Conselho Regional de Administração de São Paulo (CRA-SP) e de nosso Grupo de Excelência sobre o tema. Desde 2001 o CRA-SP mantém um grupo de especialistas, bastante atuante, que continuamente estuda e debate o tema, tendo alguns de seus membros como autores na obra em tela.

Acredito que o tema é essencial para o futuro da mediação no Brasil e que os artigos aqui publicados podem contribuir de forma efetiva para a construção deste futuro.

Boa leitura!

Adm. Alberto Whitaker

Presidente

CRA-SP

Conselho Regional de Administração do Estado de São Paulo

PARTE 1
Visão geral

A mediação entre empresas no contexto de descumprimento de sentenças judiciais

Ana Maria Esteves Kaiuca e Adolfo Braga Neto[1]

Introdução

É muito comum advogados, partes ou as próprias empresas pensarem que a mediação não se aplica ou não é indicada quando o processo judicial já se encontra em fase de execução. Muito pelo contrário. É justamente quando também pode trazer benefícios de ganhos mútuos, uma vez que a mediação é um processo flexível, criativo, informal e gerador de múltiplas opções de atendimento para as questões circunscritas na demanda.

E é simples de entender, por meio de um exemplo. Digamos que o credor tenha a receber um valor determinado e o devedor ofereça a penhora de um bem no valor equivalente, que fará frente ao devido. Aparentemente, esse bem quitaria a dívida e todos sairiam felizes. Errado. É muito comum a avaliação judicial ser bem menor do que o valor de mercado. Esta situação se agrava quando o bem vai a leilão, pois a aquisição é feita, na grande

1. Ana Maria Esteves Kaiuca é graduada em Direito e Administração. Capacitada em Teoria da Negociação de Harvard (CMI International Group) Harvard University - Massachussetts; Mediação Circular-Narrativa - Sara Cobb; Mediação Linear/Transformativa /Circular Narrativa - Marinês Suares. Instrutora e supervisora em Mediação pelo CNJ, mediadora organizacional formada pela Trigon Entwicklungsberatung/IMO Brasil/ Ecosocial. Pós-graduada em Negociação, Mediação e Resolução de Conflitos pela Universidade Católica Portuguesa/Escola de Direito do Porto-ICFML. Formação em Mediação Familiar pela PUC/RJ. Mediadora do TED da OAB/RJ. Mediadora judicial e privada certificada pelo ICFML.

Adolfo Braga Neto é advogado graduado pela USP, mestre pela PUC-SP, mediador, instrutor do CNJ, presidente do Conselho de Administração do IMAB - Instituto de Mediação e Arbitragem do Brasil. Presidente dos Conselhos de Ética do CONIMA - Conselho Nacional das Instituições de Mediação e Arbitragem e do IBPC - Instituto Brasileiro de Práticas Colaborativas. Diretor do ISCT - Institute for the Study of Conflict Transformation.

maioria das vezes, na segunda hasta, podendo sair pela metade do valor de mercado. É óbvio que ninguém paga 100%, se pode pagar 50% do valor para adquirir esse bem. Assim, todos os envolvidos na questão perdem. O credor só recebe metade do valor, o devedor perde 50% do seu patrimônio e ainda continua com 50% da dívida. Tal perda é conjunta e efetiva, e quem se beneficia disso é o leiloeiro, assim como o arrematante.

Neste cenário, a mediação pode trazer muitas outras possibilidades de solução de ganho mútuo. Por exemplo: a de combinarem a venda ombro a ombro, escolhendo a empresa que possa realizá-la, com todos os envolvidos acompanhando ao mesmo tempo, e a preço de mercado. Podem pensar também em outras possibilidades de pagamento, que até mesmo não incluam valor monetário, como transações ou negócios que gerem ganhos, inclusive financeiros, sem, contudo, perder o objetivo de ambos e da própria questão, que é o pagar e receber, com a quitação da pendência entre eles.

Nesse sentido, o presente artigo visa oferecer um panorama de três processos de mediação por determinação judicial diante do inadimplemento de uma sentença. Demonstram o quanto as empresas poderão se beneficiar da mediação, mesmo em um contexto aparentemente inusitado como o de uma execução judicial decorrente do descumprimento de uma sentença.

1. Breves observações sobre a mediação e seu emprego em descumprimento de sentenças judiciais

Segundo Alexandre Simões, a mediação é um meio de resolver situações conflituosas nas quais os participantes, chamados de mediandos, convocam uma terceira pessoa, o mediador, para auxiliá-las na tomada de decisões (2019, p.34). E muitas vezes, por proporcionar um ambiente seguro e confidencial, oferece conforto para todos refletirem sobre diversos aspectos da questão conflituosa, não se restringindo à visão jurídica, ampliando também para a perspectiva econômica, social, dentre outras.

O uso da mediação tem crescido entre empresas que possuem relação continuada e buscam solução efetiva com economia de tempo, dinheiro e menor impacto emocional em um ambiente de colaboração permanente. Os ganhos relatados são variados, de natureza direta e indireta, pois, para além do acordo, muitas vezes na mediação também se evitam perdas de novas oportunidades negociais e o rompimento de relações em atividades empresariais (GABBAY, 2019, p. 168).

Vale lembrar que, para muitos autores, a mediação não deixa de ser uma negociação assistida, isto é, assistida por um terceiro imparcial e independente que auxilia os envolvidos com o diálogo diferente. Na verdade, em todos os exemplos a serem analisados a seguir, se observam princípios da Teoria da Negociação (FISHER; PATTON; URY, 2005, p.58), no sentido de que os participantes devem concentrar-se nos interesses, não nas posições; usar critérios objetivos; gerar opções de ganhos mútuos e outros que fazem parte do diálogo aprofundado inerente à mediação. E não sendo possível o fazerem, o terceiro os auxiliará nesse sentido.

Assim, podemos perceber a riqueza contida no processo de mediação, que nos mostra que são praticamente ilimitadas as possibilidades para que as partes resolvam da melhor maneira os seus conflitos, com todos ganhando. Diferentemente do Judiciário, que está vinculado à legislação e acaba não gerando outras possibilidades de resolução e se limitando a lógica binária do ganha/perde e do vencido/vencedor (ENTELMAN, 2002, p. 78).

As mediações ora relatadas são decorrentes do descumprimento de sentenças judiciais, que resultaram em três processos em fase de execução de sentenças judiciais. Vale notar que cada caso possui características específicas e que mostrarão diferentes maneiras de se alcançar soluções, com riqueza de possibilidades, as quais apenas a mediação pode proporcionar, ao oferecer o diálogo de maneira a melhor lidar com o conflito (VASCONCELOS, 2016, p. 27).

Importante notar que com essa abordagem, minimamente, o credor vai receber o valor que é o seu real interesse, e o devedor também vai ser atendido no seu interesse em quitar totalmente a dívida, sem perder os seus ativos. E, dependendo do mercado, pode haver uma oscilação para mais, que gere uma receita, uma devolução ou um crédito em favor do devedor. Ou pode haver uma oscilação para menos que ainda gere um pequeno débito, mas dificilmente será de 50% do valor, como ocorre nos leilões judiciais.

2. Um primeiro exemplo para análise

Trata-se de uma mediação entre duas empresas do setor alimentício, sendo a primeira fabricante de alimentos e a segunda, de equipamentos e maquinário de cozinha industrial. Pela complementariedade das atividades econômicas de ambas as empresas, vale lembrar que existia uma relação de proximidade, que poderia ser caracterizada como parceria.

O processo judicial já se arrastava nos tribunais há mais de 10 anos, sendo levado à mediação em fase de execução, com muitos bens penhorados e até precatórios. Foi o advogado da devedora que peticionou, solicitando a remessa dos autos para a mediação. O juiz acolheu o pedido, tendo em vista a concordância, de pronto, da parte contrária. No despacho, o juiz determinou o encaminhamento para uma instituição privada devidamente credenciada pelo tribunal estadual.

Realizada a pré-mediação e acordados todos os detalhes da mediação na referida instituição, foram esclarecidas todas as dúvidas quanto ao procedimento, às regras, aos fundamentos e benefícios. Assinada a documentação, iniciou-se o processo de mediação. Importante notar que esta prática adotada pelas instituições privadas vem revestida de enorme sucesso. Permite, além dos aspectos acima apontados, que os participantes perguntem e se informem sobre a instituição, a infraestrutura, as regras internas, os custos e detalhes do processo dialógico (FORBES, 2019, p.198).

A primeira sessão foi realizada em conjunto para se ter um panorama geral da situação, assim como para a verificação da comunicação existente entre os participantes. Foram expressadas de parte a parte informações mínimas necessárias para estabelecer qual seria a dinâmica a ser utilizada e qual a melhor estratégia de trabalho dada a situação. Este momento inicial se faz necessário para gerar os elementos acima e fazer nascer a credibilidade no mediador, como pontuam Tapia e Diez (1999, p. 41), já que se empreende a conexão dos participantes com o terceiro imparcial e independente, com o objetivo de criar espaços que promovam confiança com ele para posterior construção entre os envolvidos no conflito.

Em apertada síntese, a mediação envolvia duas empresas com boa relação comercial no passado, mas que, em um dado momento, enfrentaram o inadimplemento de obrigações da empresa consumidora de produtos da fornecedora que, apesar de muitos esforços para receber amigavelmente, acabou por cobrar judicialmente. O processo judicial resultava na execução em comento, com vários imóveis urbanos e terrenos já penhorados, além da penhora sobre alguns precatórios e da interrupção total da relação entre as empresas. Naquele momento, não havia muita abertura para o diálogo, mas era perceptível que ambas estavam dispostas a tentar resolver através da mediação. Situação esta muito natural, no sentido de os envolvidos estarem muito fechados diante dos muitos anos em que o litígio se encontrava instaurado (NUNES, 2019, p. 277).

O momento seguinte foi reservado para as reuniões individuais. Cada uma das empresas, individualmente, teve a sua oportunidade para expressar seus interesses, necessidades e preocupações. Ao mesmo tempo, foi possível aprofundar diversas questões e conhecer mais suas histórias, além de checar se havia algo mais a dizer que não tivesse sido dito claramente na reunião conjunta inicial. Nesse sentido, o que se desenvolveu foi efetivamente uma interação mais reservada com cada um dos participantes de modo privado e equitativo com vistas aos objetivos acima mencionados (VASCONCELOS, 2017, p. 217).

A empresa devedora, pela sua presidente, que participou de todas as reuniões, informou que a dívida atualizada havia atingido um valor muito alto comparado ao valor original e que, mesmo atualizada pela poupança até os dias de hoje, ainda era muito maior do que seria razoável. Lastimou muito que o valor crescesse exponencialmente ano a ano, destacando que não era justo. Afirmou, ainda, que pertencia a um grupo de empresas e que não se consideravam maus pagadores. Informou também que a empresa foi herdada do seu avô e que não tinha conseguido sozinha dar conta da gestão de tantos empreendimentos ao mesmo tempo e pagar todas as dívidas, algumas delas herdadas. Além do mais, não gostaria de figurar no polo passivo como devedora. Esse aspecto era inegociável para o prosseguimento da mediação, pois a incomodava muito ser taxada de devedora. Também não entendia por que a outra empresa não queria aceitar a transferência direta dos bens (imóveis urbanos e grandes terrenos) em pagamento, em vez de deixar ir a leilão.

Na mesma oportunidade, os advogados explicaram com detalhes como a empresa tinha chegado àquele ponto e se havia alguma coisa a ser feita ainda em termos processuais que pudesse amenizar a situação. Informaram que haviam assumido a representação daquele cliente recentemente e a empresa havia perdido prazos, não contestando algumas decisões, o que acabou levando-a a esse momento. Destacaram que os juros aplicados por lei são da ordem de 1% ao mês mais correção monetária, o que fez a dívida crescer exponencialmente, e que quanto a isto não havia o que fazer. Era um fato consumado. Portanto, teriam que trabalhar considerando esse valor.

Ato contínuo, foi realizada a reunião individual com a outra empresa, a credora. Esta lamentava muito. Seus representantes pontuaram, inicialmente, que tinham sido parceiros importantes no passado, mas sentiam que a empresa devedora havia feito de tudo para não pagar e, mesmo nos momentos do processo judicial em que foi dada a ela a oportunidade de se defender, não o fizera. Não entendiam, portanto, as razões que a levavam a reclamar do valor, já que nunca havia tentado parcelar com a credora e muito menos questionado, mesmo em juízo, o referido valor. Salientaram, também, que não estavam confortáveis diante da situação. Muito embora não tivessem a intenção de ingressar em juízo, se viram na obrigação de fazê-lo com a falta de informação que sempre buscaram.

Seus representantes explicaram também que não queriam aceitar os bens imóveis em pagamento, porque isso implicaria não receber o que estava previsto. Entendiam que não era a finalidade da empresa administrar imóveis, por isso não possuíam interesse. Consideravam o não pagamento um desrespeito, tendo em vista a boa parceria do passado. Enfatizaram também que dez milhões de reais era um valor considerável e que já estavam há dez anos esperando por esse pagamento, mas estavam abertos a ouvir a proposta que o devedor estava trazendo para a mesa, neste momento, para resolver a questão definitivamente.

Vale destacar que os pontos de interesse para uma das empresas eram sair do polo passivo, diminuir o valor da dívida, realizar o pagamento do débito com os imóveis em dação de pagamento e deixar de se sentir desconfortável em estar devendo. Para a outra empresa, eram receber o valor da dívida em dinheiro, considerar o pagamento uma questão de respeito, não receber imóveis em dação de pagamento e ter a segurança do recebimento mantendo o devedor no polo passivo. Nesse sentido, vale lembrar Fisher, Patton e Ury novamente, pois

> Numa situação complexa, a invenção criativa é uma necessidade absoluta. Em qualquer negociação, ela pode abrir portas e produzir uma gama de acordos potenciais satisfatórios para ambos os lados. Portanto, gere muitas opções antes de escolher entre elas. Invente

> primeiro, decida depois. Procure os interesses comuns e interesses diferentes a serem harmonizados e procure facilitar a decisão do outro. (2005, p.98)

Importante salientar que a empresa devedora tinha um débito que, pela desconsideração da pessoa jurídica, a colocava no polo passivo, muito embora seu desejo fosse não estar nessa situação, o que bloqueava e muito suas possibilidades de superar o momento com propostas de alternativas. E a empresa credora, por seu turno, aguardava da parte da devedora justamente a apresentação de propostas. Ambas explicavam que haviam aceitado a mediação para estudar propostas. Vale notar que este tipo de atitude é decorrente da leitura de que a mediação possui como objetivo o acordo. Na verdade, consiste em uma proposta dialógica, a partir de um diálogo diferente assegurado pelo mediador, que se propõe a refletir conjuntamente para a possibilidade de construção de soluções concretas, as quais são cumpridas espontaneamente (BRAGA NETO, 2019, p. 99).

A mediação propõe às empresas pensar nos seus objetivos, focar nos interesses e criar soluções que atendam a ela e ao seu oponente, buscar efetividade ao invés de pensar no que o outro lado perde. Separar as pessoas do problema é um bom começo:

> ...separar as pessoas do problema permite que se lide direta e imparcialmente com o outro negociador como um ser humano, possibilitando assim um acordo amigável. (URY, 2015, p. 31)

E o que interessa à empresa? Não é resolver? Não é receber o valor? É preciso fazer uma escolha: ou você quer ter razão ou você quer ser feliz. Então, não importa se a solução virá da sua empresa ou da outra; o que importa é ter em mente que as opções precisam atender aos interesses de todos para que possam ser aceitas. Superado os impasses, os advogados iniciaram os trabalhos pensando e pesando cada ponto para os dois lados. Focando no que mais importava para todos. Foram estimulados a gerar opções, o que poderia trazer segurança e atender ao mesmo tempo: pensou-se em fiança bancária, seguro e mil outras ideias nessa direção, assim como a suspensão temporária da cliente do polo passivo com prazo determinado de, no máximo, dois anos (tempo máximo que entendiam como razoável para que concluíssem o pagamento da dívida de 10 milhões de reais). Conseguiram avançar com a saída do polo passivo. E foi muito surpreendente, porque ao longo das reuniões foi sendo pontuado o que a empresa devedora oferecia. Claro que cogitaram até a não incidência de correção monetária e os juros mencionados acima, com a substituição por outros índices. Contudo, essa era uma realidade juridicamente transitada em julgado, não havendo mais nada a fazer.

O que poderia ser construído? O que poderia ser feito para que a empresa compreendesse por que se havia chegado àquele montante? Propuseram-se, então, fazer uma apresentação conjunta, com uma linha do tempo, a fim de esclarecer o valor alcançado até aquele momento, reforçando as informações sobre os acontecimentos até ali, o fato de não ter sido discutido e ser tacitamente aceito, as perdas de prazos e prescrições, assim como os valores tratados pelo Judiciário no que se refere à atualização e aplicação dos juros através do tempo. O objetivo foi gerar compreensão e deixar claro que não havia supervalorização do crédito. Nesse sentido, a linha do tempo se mostrou muito eficiente para identificar cada momento de ambas as empresas. Diante do ambiente de credibilidade mútua, a empresa credora então propôs apresentar uma alternativa para que a devedora oferecesse contribuições.

Com relação ao valor especificamente, o que poderia ser feito? Sugeriu-se uma redução inicial de 20%, caso houvesse um pagamento em dinheiro de pelo menos 30% do montante total. Foi checado o estágio em que se encontrava o pagamento do precatório e confirmado que estava prestes a ser liquidado. Foi proposta então a hipótese da liberação, através de petição conjunta, de precatório no valor de R$ 3 milhões, que, assim que saísse, atenderia ao percentual sugerido como parte do pagamento em dinheiro. O valor restante passaria a representar R$ 5 milhões, já considerado o desconto de 20% sobre o montante inicial. A proposta foi manter o valor sem juros dessa data em diante, aplicando somente a correção monetária praticada no Judiciário, desde que a dívida fosse liquidada em até dois anos a contar da data da assinatura do contrato. Oferecia-se ainda um desconto de 15% sobre o restante, caso fosse quitado em até um ano da data da assinatura do acordo. Não havendo o cumprimento do pagamento do restante em até dois anos, o processo seria retomado de onde parou, voltariam a correr juros em cima do novo valor (mais a correção monetária) e haveria o retorno da presidente da empresa devedora ao polo passivo.

O outro tema sensível durante a mediação era o motivo de não serem aceitos os bens penhorados em dação de pagamento. Foi registrado então que a empresa credora não tinha interesse, pois a penhora incluía muitos terrenos, sendo poucos os imóveis construídos, como casas e apartamentos. A maioria eram grandes áreas de terrenos, o que poderia envolver crimes ambientais. Além disso, aceitar este patrimônio geraria a necessidade de arcar com impostos, condomínios, pessoas para tomar conta (uma vez que grandes áreas abertas exigiriam alguém morando lá o tempo inteiro para evitar uma possível ocupação). Foi explicitado que a administração de uma empresa multinacional não comportava tal possibilidade.

Importante destacar que a credora entendia o quanto havia sido difícil para a devedora administrar isso tudo, sendo uma empresa que sempre prezou pelo bom pagamento, pelos bons relacionamentos com os fornecedores. Reconhecia que ambas haviam tido uma boa trajetória, muito respeitosa, de trabalho e cooperação, de parceria mesmo. Foi muito surpreendente chegar a esse ponto, porque inicialmente a credora não pensava em fazer nenhuma proposta, como informado anteriormente.

Passou-se, então, para outros temas, dentre eles os relativos aos processos judiciais em andamento. Vários recursos não tinham sido ainda apreciados pelo Tribunal, e ambas as empresas desistiram de todos eles, dando por encerrada aquela questão. Foi feita uma petição em conjunto, liberando o precatório que havia acabado de ser anunciado. Estava no fim do prazo para o Estado cumprir este precatório e não havia mais possibilidade de seu pagamento ser postergado. A petição conjunta liberaria imediatamente esse valor. Logicamente, as respectivas penhoras só seriam liberadas na medida da venda em conjunto, com a anuência do outro lado, isto é, da credora. Para a empresa devedora, isto representava uma maneira de se capitalizar e pagar a dívida com os bens que possuía ao valor de mercado. Para a empresa credora, dava a possibilidade de receber o todo do valor a que tinha direito em menor tempo.

O acordo construído foi resultante de 10 encontros e atendeu plenamente a ambos os participantes e ao final os próprios advogados afirmaram que não imaginavam que poderiam ser tão criativos e ajudar seus clientes a superar os impasses. Por isso, cabe lembrar que a mediação é um caminho muito rico e célere, principalmente pelo ponto vista negocial, e estimula a todos a vencer os desafios e conduzir os mediandos a alcançarem seus propósitos, auxiliados por seus advogados. E, nesse sentido, o mediador tem papel fundamental na orquestração dos interesses e necessidades de cada lado, captando pontos em comuns, trazendo clareza para os pontos divergentes através da aplicação de técnicas, cujos resultados apontem para o consenso. A mediação não é apenas o processo dialógico, mas também o preparado para a continuidade da caminhada (ROSA; ISSLER, 2019, p.77).

3. Um segundo exemplo para análise

O segundo caso trata de uma mediação entre duas empresas multinacionais de grande porte nas áreas de tecnologia e suprimento em *hardware*.

O conflito, já judicializado e com sentença, envolvia um processo de mais de dez anos e também se encontrava na fase de execução, com penhora de bens. O montante em aberto somava mais de dois milhões de reais, o que representava a eventual perda, para a devedora, de dois imóveis integrantes de seu patrimônio e fundamentais para obtenção de crédito juntos aos bancos. Aparentemente, mais um caso em que a mediação é proposta e poderia ser interrompida a qualquer tempo por força da alta litigiosidade inerente ao caso, pois a postura inicial dos advogados internos do devedor era de muita litigância: alegavam que tinham tentado de tudo para resolver amigavelmente a questão, mas foram ignorados reiteradamente pelo credor. No entanto, o ambiente colaborativo que a mediação pressupõe acaba por promover mudanças, muitas vezes radicais entre e em todos os envolvidos (PICKER, 2001, p. 44).

A empresa credora foi quem solicitou a mediação, pensando em resolver essa execução mais rapidamente do que o de praxe no Tribunal de Justiça. A intenção era agilizar o leilão e assim também interromper o crescimento exponencial da dívida, que a essa altura já ultrapassava o valor do bem inicialmente penhorado e que já não atendia ao valor da dívida, indicando necessidade de nova penhora. Nos momentos iniciais, com o levantamento de informações, a empresa em débito demonstrava necessitar de prazo maior para eventual parcelamento. A mediação ajudou-a a refletir sobre outras possibilidades (NUNES, 2019, p. 276), a fim de atender a credora de maneira mais ampla.

A credora, por sua vez, na reunião individual, manifestou a intenção de receber de forma mais rápida, muito embora respeitasse a devedora, a quem considerava um grande cliente. Cabe lembrar que as reuniões no processo de mediação ajudam a esclarecer aspectos obscuros ou mesmo conscientizar os participantes do que cada um representa reciprocamente nos negócios (FREIRE; BRAGA NETO, 2019, p. 18). Na mesma oportunidade, foi feita a pergunta no sentido de compreender a razão de ter sido um grande cliente e por que não poderia mais ser. No momento seguinte, nasceu a ideia de uma próxima reunião com os respectivos diretores comerciais.

Com o ingresso dos diretores comerciais, o diálogo ganhou outros contornos, pois já se conheciam de longa data e sabiam o encaminhamento interno de cada empresa, assim como o tratamento que davam para as operações conjuntas. Foram marcados outros encontros, sendo que, em um deles, o cenário amplo de todas as iniciativas conjuntas deixou muito claro o quanto poderiam ganhar, mutuamente, em futuros negócios conjuntos e o reconhecimento da própria importância que cada empresa tinha para com a outra. Cabe lembrar que, quando os participantes passam a vislumbrar possibilidades para superar o conflito, iniciam a perspectiva de criação de soluções (BRAGA NETO, 2021, p.86) e, com isso, uma visão mais racional acerca de seus respectivos futuros.

Assim é que, numa das reuniões, o credor trouxe uma proposta, a partir da qual se passou a refletir em conjunto sobre um desconto no montante da dívida, pois desejava dar continuidade à relação comercial, e o credor daria um desconto significativo, de 20% do montante devido, que era de cerca de dois milhões de reais. Cabe enfatizar que o valor desse desconto seria recuperado no prazo de seis meses, por meio das vendas. Entretanto, era necessário que a empresa devedora cumprisse as condições estabelecidas na negociação, que foi lastreada num montante de compras previamente estabelecido dentro de determinado prazo para fazer jus aos descontos propostos. Nesse sentido, foi definido o desconto e dado um prazo maior. A empresa devedora apresentou outras possibilidades, como a redução do prazo para pagamento, com a retomada de compras de outros produtos que traduziam seus interesses e necessidades. Os principais interesses e as necessidades são importantes em praticamente todas as negociações. Embora geralmente não sejam expressas, elas são tão reais quanto nossos desejos tangíveis (FISHER; SHAPIRO, 2019, p.15), e contribuem para a compreensão e solução do conflito.

Como resultado, foi fechado um acordo com as propostas acima. Os participantes trocaram minutas de redações entre eles e, com a redação final, foi marcada uma reunião de mediação para assinatura do termo. Vale notar que, na oportunidade, o ambiente era tão colaborativo que trouxeram informações de outros negócios entre eles para o futuro (FREIRE; BRAGA NETO, 2019, p. 21). Importa lembrar que, no primeiro momento, parecia uma situação insolúvel. A empresa devedora perderia dois bens imóveis se não houvesse dinheiro suficiente para fazer frente ao pagamento do débito. E havia uma penhora, agravada por outra, sendo que a empresa não dispunha de bens suficientes para quitar nem a primeira.

Foi uma mediação emblemática, como muitas outras, mas no sentido de se alcançar o estímulo à efetivação de todos os recursos da equipe de mediadores, em especial o acompanhamento da evolução da negociação, que permitiu gerar outras formas de resolução que não só a financeira, com o pagamento em pecúnia. Agregar outros setores da empresa que pudessem somar com a advocacia, gerando novas possibilidades, proporcionou o atendimento de ambas as empresas da melhor forma, recuperando a relação comercial e minimizando as perdas de patrimônio da devedora. Foi um grande aprendizado para a equipe e os participantes. Importante ressaltar que esse processo foi realizado em quatro encontros.

4. Um terceiro exemplo para análise

A disputa entre uma empresa distribuidora de combustíveis e uma rede de postos de gasolina composta por 15 unidades, decorrente de um processo judicial em fase de execução, que durava oito anos, com penhora de bens, foi levada à mediação.

O sócio representante da rede de postos estava bastante chateado com toda essa situação, informando que a situação levara o seu pai ao adoecimento, pois nunca tinham passado por tal situação: sempre cumpriram com todas as suas obrigações, pagando em dia cada fatura. E haviam tentado compor os seus débitos de todas as maneiras, sem sucesso. O empreendimento era um negócio de família, que já estava na 4ª geração, e nunca haviam tido nenhum problema de inadimplência com as distribuidoras anteriores. Esclareceu que a distribuidora resolveu fazer venda casada com a gasolina e o álcool – produtos promocionais como mochilas, bonés etc. – numa escala muito grande e que não conseguiam escoar todos os produtos do marketing que eram obrigados a receber, vinculados à compra de combustíveis, por conta da bandeira. Tal fato resultou na decisão de deixar de pagar os produtos que não conseguia vender e, em um dado momento, a distribuidora bloqueou o seu crédito para o fornecimento de combustíveis e judicializou a cobrança.

A distribuidora, por seu turno, salientava que realmente a rede de postos deixara de pagar os produtos e que de fato a empresa suspendera o fornecimento de combustíveis e passara a cobrar judicialmente não somente a dívida, mas também a multa por descumprimento contratual, o que totalizou vinte e cinco milhões de reais, já com penhora sobre todos os bens existentes, que perfaziam um montante de oito milhões de reais.

Com essas informações, iniciamos as reuniões individuais. Com a distribuidora, foi debatido como pensava receber o restante, uma vez que o valor dos bens somava praticamente 1/3 do montante total da dívida e que ainda, em sede judicial, os leilões costumam se concretizar na segunda hasta, reduzindo a arrecadação para apenas 50% do valor. Ou seja: estariam de fato arrecadando quatro milhões de reais. A ideia era propor a venda direta com a supervisão deles para que pudessem alcançar o valor de mercado e ter algo bem próximo dos oito milhões de reais. Ainda assim, como ficaria o restante, que representava 17 milhões de reais?

Informaram, ainda, que o momento era difícil, pois havia muitos outros clientes na mesma situação. Perguntamos qual era o principal parceiro da distribuidora e eles responderam que eram os postos de gasolina. Foram convidados a pensar em outras possibilidades de solução, a partir de uma avaliação mais ampla. Por exemplo: com este caso, estariam abrindo mão de 15 postos, de um total de 1.500 postos parceiros com a sua bandeira, o que representaria 1% do total. Se havia muitos outros inadimplentes e todos fossem executados, estariam perdendo clientes para a concorrência? Considerando esse caso específico, de uma família que está na 4ª geração operando sempre com postos de gasolina, eles iriam para a concorrência mantendo o mesmo negócio? Não seria possível pensar em outras formas de resolver a questão? Perguntamos como o departamento comercial via essa situação e se seria possível eles participarem da mediação, para pensar juntos possibilidades em que não perdessem os seus parceiros, mas nas quais também recebessem os valores pendentes. E assim foi feito.

Ato contínuo, seguiu-se reunião individual com a rede de postos de gasolina, que informou estar comprando combustível sem marca para se manter e a todos os empregados, bem como realizar o pagamento dos aluguéis de todos os 15 postos. Estavam desconfortáveis com a situação, uma vez que muitos consumidores não compram em postos sem bandeira, porque pensam que é combustível adulterado, de baixa qualidade, e eles sempre tiveram um nome muito bom nesse mercado. Porém, não queriam mais comprar todas essas quinquilharias atreladas ao combustível. Entretanto, perder os seus bens deixava o pai e o avô muito tristes, pois era a conquista de anos de trabalho. Entendiam que tinham que pagar o que tinham comprado, ainda que fosse venda casada – que não entendiam como legal. E estavam abertos a conversar e pensar juntos em uma saída.

A próxima reunião foi com a distribuidora, que aceitou a ideia, da rede de postos, de trazer para a sessão de mediação o seu diretor comercial. E, com a presença dele, foi possível explorarmos vários pontos ainda obscuros do próprio processo e outros, tais como: a importância desses 15 postos de combustíveis para a distribuidora, sua localização para empresa e para a concorrência, o histórico de pagamentos (devedor contumaz ou esporádico), quanto representava percentualmente no faturamento geral. E tivemos surpresas agradáveis. A rede de postos, antes da interrupção, era responsável por 7% do faturamento da distribuidora, portanto peça importante nessa engrenagem. Havia um histórico de bom pagador com todas as distribuidoras anteriores. Isso acabou levando à decisão de pensar na retomada da parceria.

> O setor de energia possui linguagem própria, tanto no aspecto econômico como no aspecto técnico. Em se tratando de mercado de combustíveis, muitas vezes se torna inviável aguardar uma decisão judicial que possa demorar anos. A maioria dos conflitos exige rapidez na solução, e é isso que a mediação traz para as partes envolvidas na controvérsia. (MOHR-BELL; RUSSO; TAVARES; VILELLA, 2019, p.150)

Diversos aspectos deveriam ser considerados, como o resultado da execução judicial via leilão, caso não houvesse acordo, e o valor que seria possivelmente arrecadado frente ao montante devido; o potencial dos 15 postos funcionando com a sua bandeira; o montante da perda mensal até aqui com a eliminação desse cliente; a possível tomada dessa posição por um concorrente, uma vez que a rede de postos pretendia retomar com distribuição com combustível de bandeira. Lembrando que, pelas informações iniciais, havia muitos outros processos nas mesmas condições deste, o que era outro ponto importante a ser levado em conta: a solução pensada para esse caso poderia ser de grande valia, servindo também para os demais. Surgiu então a proposta de pensar um novo enquadramento da negociação, como bem coloca Deepak Malhotra:

> O enquadramento da negociação é uma lente psicológica, um apara-

> to que afeta os sentidos e influencia o modo como as pessoas veem umas às outras, as questões em jogo e as opções ao seu dispor. Quase não há limites para o número e os tipos de enquadramento que podem surgir em cada negociação. Por exemplo, os negociadores podem analisar um acordo de uma perspectiva financeira ou estratégica, do ponto de vista de curto ou longo prazo ou como um engajamento amigável ou hostil. (2017, p.11)

O reenquadre da negociação foi fundamental, pois trouxe um novo olhar e um novo sentir: os clientes eram bons comerciantes e acreditavam na qualidade do combustível de bandeira. Além disso, do ponto de vista estratégico, é muito melhor manter os parceiros que caminham com você do que os empurrar para a concorrência. Também era importante estancar o processo de eliminação de parceiros, retomando a parceria. Após todas as considerações, a advocacia e o comercial criaram uma proposta de acordo considerando os interesses e as necessidades dos dois lados, que foi a seguinte: a distribuidora perdoaria toda a dívida; a rede de postos pagaria somente as custas judiciais e mais 10% dos honorários advocatícios e assumiria o compromisso de consumir 60 milhões de litros de combustível pelo período de cinco anos, voltaria a usar a bandeira da distribuidora, teria os bens liberados na medida do cumprimento do consumo de combustível e seu crédito antecipado seria de novo liberado. Passados os cinco anos, voltariam a negociar um novo contrato. Apresentada a proposta, a rede de postos propôs alteração somente no pagamento dos honorários advocatícios, reduzindo-os de 10% para 5% e mantendo as demais condições, o que foi aceito pelo distribuidor. E assim o acordo foi fechado, em um processo construído em seis reuniões, ao longo de um mês e meio.

Considerações finais

Cada mediação é sempre única; não existe uma igual à outra. E é isso que enriquece a todos: participantes, mediador, instituições etc. Vale notar que tudo conta no sentido de agregar experiências e aprendizados para aplicações em outras oportunidades e, eventualmente, em outras mediações, não somente para os que dela fizeram uso, mas também para os profissionais mediadores no desenvolvimento da atividade.

Vale salientar que poderiam ser mencionadas inúmeras outras riquezas desses três exemplos: as reuniões individuais, as reuniões conjuntas, a forma como os participantes evoluem e acabam por construir uma solução satisfatória para todos. A contribuição dos advogados é muito importante para o processo e tem sido um desafio, pois eles acabam por se superar com essa nova modalidade de resolver conflitos e até mesmo de fazer justiça, tão diferente do Judiciário a que estão acostumados e para o qual foram talhados. Fica a sensação de que, quanto mais mediação se faz, menos se sabe, e há sempre um aprendizado. Por isso, são muito comuns afirmações no sentido de que a mediação é uma atividade que envolve aprendizado permanente.

A primeira mediação mostrou o quanto é necessária a abertura para a sua singularidade, uma vez que não há regra nem bula a serem seguidas. Ao reforçar esta característica, que reafirma a riqueza e a oportunidade de vivenciar e desfrutar de inúmeros aprendizados, se constroem novos saberes. Se faz necessário também notar que é o reconhecimento mútuo destas individualidades que propicia a mudança de visão no sentido de uma coletividade. Na verdade, a evolução do eu para o nós, que promove a possibilidade de visualização de novos negócios.

O segundo exemplo, por sua vez, denota a importância de todos estarem abertos a todas as possibilidades, inclusive a de incluir na solução outros departamentos, sem se manter restrito ao jurídico. Tudo com o objetivo de atuar de forma complementar. Com isso, rompe-se com a premissa de que todo negociador, ou qualquer participante da mediação, é adversário. Muito pelo contrário, pois passam a se reconhecer como interdependentes.

Tal fato acaba por oportunizar o quanto a perspectiva de futuro só é percebida a partir da clareza do representado por cada empresa no negócio, que não é realizado por acaso, e sim pela competência e pelas especificidades dos atores nele envolvidos. E vale enfatizar que a percepção de futuro só se delineia quando o ambiente protegido se faz presente, o que na maioria das vezes só é possível com a ajuda de um terceiro imparcial e independente a acompanhar passo a passo a evolução do diálogo.

O terceiro caso, a exemplo do anterior, incluiu um outro setor, que foi o comercial, para pensar junto em soluções criativas. Era o departamento indicado para estar junto na mediação, propiciando informações que o jurídico não teria – uma vez que não acompanha ou participa desse dia a dia interno da empresa – e usando de recursos que pertencem mesmo à área comercial. Na verdade, consiste na união de forças, pois várias cabeças pensam melhor que uma, culminando em um processo riquíssimo, devolvendo a empresa à sua finalidade de prezar pelos seus parceiros que constroem em conjunto o futuro.

Por derradeiro, vale lembrar outro aspecto muito importante da mediação: o respeito ao tempo dos participantes. Observe-se que em cada uma das mediações comentadas a resolução foi alcançada em tempos diferentes. Ao permitir aos envolvidos o controle do tempo do processo, respeitam-se as necessidades, os interesses, a urgência e outras motivações dos participantes. O processo poderá ser mais longo ou mais célere, com base no que os impulsiona efetivamente.

Referências bibliográficas

BRAGA NETO, Adolfo. *Mediação: uma experiência brasileira*. 2ª Ed. São Paulo: CL-A, 2019.

BRAGA NETO, Adolfo. *A Mediação e a Administração Pública*. São Paulo: CL-A, 2021.

DIEZ, Francisco; TAPIA, Gachi. *Herramientas para trabajar em mediación*. Buenos Aires: Paidós, 1999.

ENTELMAN, Remo F. *Teoría de Conflictos - Hacia um nuevo paradigma*. Barcelona: Gedisa, 2002.

FISHER, Roger; PATTON, Bruce; URY, William. *Como chegar ao sim. - A Negociação de Acordos sem concessões*. Rio de Janeiro: Imago, 2005.

FISHER, Roger; SHAPIRO, Daniel. *Las Emociones en la Negociación* - Cómo ir más allá de la razón en la planificación y desarrollo de las negociaciones. Bogotá: Norma, 2007.

FORBES, Carlos Suplicy de Figueiredo. Mediação Empresarial: a experiência institucional no CAM-CCBC. *In*: BRAGA NETO, Adolfo (Org.). *Mediação Empresarial - experiências brasileiras*. São Paulo: CL-A, 2019.

FREIRE, José Nantala Bádue; BRAGA NETO, Adolfo. Os desafios da mediação empresarial no Brasil. *In*: BRAGA NETO, Adolfo (Org.). *Mediação Empresarial - experiências brasileiras*. São Paulo: CL-A, 2019.

GABBAY, Daniela Monteiro. Mediação Empresarial em números: um retrato do funcionamento da Mediação em Câmaras de Mediação e Arbitragem que atuam no Brasil. *In*: BRAGA NETO, Adolfo (Org.). *Mediação Empresarial - experiências brasileiras*. São Paulo: CL-A, 2019.

MALHOTRA, Deepak. *Acordos quase impossíveis. Como resolver impasses e resolver conflitos sem usar dinheiro ou força*. Porto Alegre: Bookman, 2017.

MOHR-BELL, James I.; RUSSO, Vivian Aguiar; TAVARES, Maria Cecília Carvalho; VILELLA, Rosemeire Aparecida Moço. Benefícios da Mediação no Contexto empresarial: análise geral e exemplo prático de aplicação no setor de comercialização de combustíveis. *In*: BRAGA NETO, Adolfo (Org.). *Mediação Empresarial - experiências brasileiras*. São Paulo: CL-A, 2019.

NUNES, Soraya Vieira. O processo de mediação empresarial e as vantagens da utilização da comediação. *In*: BRAGA NETO, Adolfo (Org.). *Mediação Empresarial - experiências brasileiras*. São Paulo: CL-A, 2019.

PICKER, Bennett G. *Guía Práctica para la Mediación - Manual para la resolución de conflitos comerciales*. Buenos Aires: Paidós, 2001.

ROSA, Beatriz Vidigal Xavier da Silveira; ISSLER, Ricardo. Mediação Empresarial e engenharia. *In*: BRAGA NETO, Adolfo (Org.). *Mediação Empresarial - experiências brasileiras*. São Paulo: CL-A, 2019.

SIMÕES, Alexandre Palermo. Mediação nos conflitos comerciais. *In*: BRAGA NETO, Adolfo (Org.). *Mediação Empresarial - experiências brasileiras*. São Paulo: CL-A, 2019.

URY, William. *Como chegar ao Sim com você mesmo*. Rio de Janeiro: Sextante, 2015.

VASCONCELOS, Carlos Eduardo de. *Mediação de Conflitos e Práticas Restaurativas*. São Paulo: Forense, 2017.

Mediação empresarial internacional

Ana Maria Maia Gonçalves[2]

Introdução

Assistimos no final do século XX a uma tendência, quase universal, para manter as disputas comerciais transnacionais fora dos tribunais e, assim, fora do alcance das leis domésticas (JUENGER, 1998, p. 266). Neste sentido, as empresas foram alargando aquela que se pode designar de *liberdade global de contratar* também ao direito de escolher o modo como desejam resolver as disputas que advêm dos contratos que celebram.

Desde o século passado, os representantes das empresas de escopo internacional decidiram unir esforços para eleger a arbitragem como uma alternativa viável aos tribunais. Estes esforços tiveram sucesso e hoje assistimos a um sistema de arbitragem internacional com uma rede de centros institucionalizados que competem entre si por verbas, recursos e influência nesta sede. Ao mesmo tempo, os grandes escritórios de advocacia multinacionais investiram na prática da arbitragem e os seus advogados representam os seus clientes perante tribunais compostos por um grupo relativamente pequeno de colegas, especialistas e acadêmicos em arbitragem. São também estas elites que administram os principais centros internacionais de arbitragem em conjunto com representantes destas empresas internacionais.

Com o tempo, foi sendo construído um sistema de arbitragem internacional que gradualmente adquiriu as propriedades de um sistema jurisdi-

2. Mediadora internacional. Fundadora do Instituto de Certificação e Formação de Mediadores Lusófonos - ICFML, membro do Painel de Mediadores do Office of the Ombudsman for United Nations Funds and Programmes.

cional estável. Em 2015, e de acordo com um inquérito realizado junto de advogados internos de empresas de cariz internacional, mais de 90% dos entrevistados selecionaram a arbitragem internacional como o seu modo preferido de resolver disputas, enquanto apenas 5% dos inquiridos preferiam utilizar a mediação e 2% dos inquiridos demonstraram preferir levar o litígio para os tribunais nacionais[3].

Se podíamos pensar que estes números não deixariam espaço para que outra forma de resolução de disputas internacionais se viesse a impor no panorama internacional, o certo é que um grito de alerta foi-se ouvindo com estas mesmas empresas a afirmarem cada vez mais que o maior risco relativo ao uso da arbitragem internacional assentava no custo e na sua falta de rapidez. Com efeito, 60% dos inquiridos indicavam também que "incentivar o acordo, incluindo o uso de mediação durante uma arbitragem" deveria ser uma via a ser fomentada[4].

Oito anos se passaram desde a realização deste inquérito e podemos dizer que o alerta de ventos de mudança foi ouvido. Ainda que hoje se mantenha a predominância do uso da arbitragem na resolução de disputas internacionais, a verdade é que se assiste igualmente a um crescente recurso a outras formas de resolução de conflitos conjugadas com a arbitragem.

Com efeito, num inquérito realizado em 2021, pela White & Case[5], era questionado quais os métodos preferidos de resolução de litígios transfronteiriços no Pós Covid-19, dando-se como opções de escolha: i) a arbitragem internacional juntamente com outro ADR; ii) a arbitragem internacional como única via; iii) a litigância transfronteiriça combinada com um ADR; e iv) a litigância transfronteiriça como única via (de esclarecer que ADR in-

---

3. Questionário disponível em: http://www.whitecase.com/publications/insight/2015-international- arbitration- survey- improvements- and- innovations>. Acesso em: 26 jan. 2016.

4. Cf. https://arbitration.qmul.ac.uk/media/arbitration/docs/2015_International_Arbitration_Survey.pdf. Acesso em: 24 mar.2022.

5. Cf. https://www.whitecase.com/publications/insight/2021-international-arbitration-survey/current-choices-future-adaptations. Acesso em: 24 mar.2022.

cluía aqui *dispute boards*, determinação por peritos, mediação e negociação e exclui arbitragem e litigância). Em termos de respostas, 90% dos entrevistados continuam a manifestar preferência pela arbitragem internacional, mas 59% indicam preferir a arbitragem conjugada com alguma outra forma de ADR e unicamente 31% dos inqueridos indicam a arbitragem internacional como única via, além de que 2% indicam como modo preferido de resolução de litígios internacionais o recurso unicamente a um ADR.

E que parte desta preferência por um ADR respeitará à mediação internacional? Conseguimos responder a esta questão consultando o relatório de 2020 do SIDRA[6], no qual, à questão sobre a escolha do mecanismo de resolução de disputas preferido, 26% dos entrevistados indicaram preferir a mediação comercial internacional, continuando a arbitragem aqui a representar 74% das respostas e 27% de preferências a incidir sobre as formas de arbitragem conjugadas com outros ADRs (que neste inquérito respeitavam a formas híbridas de resolução de disputas).

A análise comparativa dos estudos acima traçada faz-nos crer que assistimos, assim, a uma tendência crescente do uso da mediação para a resolução de disputas empresariais internacionais, como melhor veremos seguidamente.

1. Contexto atual: ventos de mudança no mundo e nas mentalidades vigentes

A expansão e globalização do comércio têm levado a um aumento de relações cada vez mais complexas entre as empresas, entre investidores e entre Estados. É inevitável que alguns desses relacionamentos negociais resultem em conflitos e as partes precisem considerar, preferencialmente no início do relacionamento contratual, qual a melhor forma, qual o melhor meio, qual o melhor processo para resolverem qualquer eventual disputa

6. Ver: https://sidra.smu.edu.sg/sites/sidra.smu.edu.sg/files/survey/24/index.html. Acesso em: 24 mar. 2022.

que possa surgir no futuro. Em causa estarão disputas comerciais internacionais em áreas tão diversas como o petróleo e gás, transportes internacionais, vendas internacionais, distribuição e franquia internacional, produtos bancários, conflitos sobre produtos farmacêuticos etc. Normalmente, temos nesta fase uma equipe comercial e de direção entusiasmada com o futuro do negócio (e ainda bem!) e uma equipe legal preocupada em transpor para o papel e para a esfera contratual tudo o que está sendo combinado e acordado. E, da minha experiência, quando surge a questão sobre o que fazer em caso de conflito, esta é deixada exclusivamente para o departamento legal. E, neste contexto, as incertezas inerentes à globalização levam cada vez mais as equipes de juristas internos a pensar primeiro no diálogo. São relações empresariais complexas, tanto culturalmente como do ponto de vista do negócio, e estes profissionais internacionais experientes têm a consciência de que o tempo dos tribunais não é o tempo das empresas e do seu sucesso, pelo que cada vez mais escolhem como primeiro meio de resolução dos futuros e eventuais conflitos a via consensual, continuando depois para vias progressivamente adjudicatórias.

Deste modo, assiste-se na maioria destes contratos à inserção de cláusulas que preveem começar por uma negociação direta, passando, em caso de frustração desta via, para a mediação e terminando na arbitragem[7]. Jeremy Lack[8], num tom provocador, indaga muitas vezes plateias de juristas internacionais com a questão "*Can you not afford mediation?*", querendo

7. Sobre o tema da redação de cláusulas internacionais de ADR, Se-In Lee indica que, a fim de inserir uma cláusula de resolução de disputas apropriada num contrato internacional, as partes devem tomar uma série de decisões considerando vários fatores relevantes. Esses fatores podem ser classificados em duas categorias. A primeira é sobre as partes e a natureza do contrato, como os locais de negócios das partes, e se o contrato contém uma transação simples ou de natureza complexa. A segunda envolve as regras aplicáveis nos países relevantes (locais de negócios e locais de desempenho das partes), como Direito Internacional Privado, Normas de Notificação de Processo, Execução de Sentenças Judiciais e regras sobre a sentença arbitral. Uma cláusula de jurisdição, arbitragem ou mediação cuidadosamente redigida num contrato internacional agilizará o processo de resolução e economizará tempo no caso de emergir uma disputa sobre o contrato. Cf. LEE, Se-In. Study on Drafting Appropriate Dispute Resolution Clause. *International Contract. Journal of Arbitration Studies*, Vol. 29, 2019, pp. 39-52.

8. Cf. http://lawtech.ch/. Acesso em: 25 mar. 2022.

questionar se as empresas internacionais podem hoje se dar ao luxo de não tentar dialogar ou não tentar mediar os seus conflitos antes de começarem uma guerra jurídica que sabem quando começa, mas nunca sabem quando acaba, nem como, nem com que consequências para o negócio da empresa.

Ora, estamos a assistir a um cada vez maior número de departamentos jurídicos de empresas internacionais a ter esta sensibilidade e a investir em educação executiva para advogados para permitir que estes aprendam a como negociar. Neste contexto, basta verificar o sucesso de todo o programa de negociação de uma das escolas mais famosas do mundo – a Harvard Law School – onde anualmente milhares de juristas internacionais se formam em negociação integrativa[9].

Verifica-se também uma mudança do seu *mindset* de perfil exclusivamente jurídico – "*think like a lawyer*" – para um modo de pensar em que utilizam o seu raciocínio jurídico e as suas habilidades analíticas para resolver problemas do mundo real e provocar uma diferença positiva. Assistimos, assim, a uma tomada de consciência da importância de ter em consideração aspectos culturais e humanos da relação comercial, podendo afirmar-se que "globalização, tecnologia, transparência de mercado e outras forças disruptivas estão acelerando o ritmo das mudanças em toda a profissão jurídica global" (WESTFAHL, 2017).

É cada vez mais claro que, na mente de todos os atores deste mundo complexo em que os profissionais jurídicos se movem nos tempos atuais, o seu *mindset* deve mudar e devem ser proativos relativamente a estas mudanças se querem manter o seu sucesso. Torna-se, assim, essencial um *mindset* com características bem diferenciadas face ao tradicional "ser capaz de ganhar uma ação em tribunal!". Algumas das características comportamentais apontadas neste novo *mindset* são:

- **Ser adaptável**, ou seja, estar disposto a mudar mesmo que a mudan-

9. Ver https://hls.harvard.edu/dept/academics/continuing-and-executive-education/. Acesso em: 25 mar. 2022.

ça seja difícil ou ser capaz de interromper o processo e as tradições de longa data;

- **Ser capaz de desagregar tarefas** e de, num projeto complexo, delegar e atribuir trabalhos de rotina a fornecedores mais eficientes e com custo mais baixo, deixando os profissionais mais dispendiosos para as análises mais complexas, repercutindo evidentemente nos seus clientes esta economia de custos;
- **Conseguir simplificar os fluxos do projeto** e saber adaptar os recursos juniores e sênior em função da tarefa, e isto de modo rápido, respondendo às circunstâncias sempre em mudança;
- **Utilizar e implementar soluções tecnológicas direcionadas**, utilizando a tecnologia na gestão do projeto, com estudos relativos à otimização dos custos do escritório, de comunicação da informação, de tudo o que possa trazer benefício para o cliente relativamente ao seu nível de satisfação e custo[10].

E se a mudança individual fosse suficiente, então esta tarefa seria provavelmente mais simples. Mas neste mundo conectado e global, a mudança individual não bastará. Como afirmam os professores Scott Westfahl e David B. Wilkins[11] relativamente ao novo modelo que preconizam para o desenvolvimento da profissão jurídica a nível global: deve consagrar-se um modelo de desenvolvimento de competências dos advogados por meio do qual as faculdades de Direito, os escritórios de advocacia e os departamentos jurídicos compartilhem responsabilidades e alavanquem os pontos fortes uns dos outros para ajudar os advogados a desenvolver: (1) conhecimento técnico jurídico; (2) habilidades profissionais, incluindo habilidades de liderança; e (3) redes de excelente informação partilhada através das quais os advogados podem resolver problemas complexos.

---

10. Cf. https://thepractice.law.harvard.edu/article/the-global-age-of-more-for-less/. Acesso em: 25 mar. 2022.

11. Cf. WESTFAHL, Scott A.; WILKINS, David B. The Leadership Imperative: A Collaborative Approach to Professional Development in the Global Age of More for Less. *Stanford Law Review*, Vol. 69, 2017.

E um bom começo para uma aproximação a esta aprendizagem, com resposta a todas as questões que um advogado internacional se coloca quando da sua primeira mediação internacional, pode ser encontrado no livro de Michel Leathes: *Negotiation: Things Corporate Counsel Need to Know But Were Not Taught* (2017)[12].

2. A natureza da mediação: contributos para a sua compreensão

Ao contrário da arbitragem e da via judicial, a mediação não tem a ver com ganhar ou com perder questões legais. O mediador neutro não decidirá a causa (contrariamente ao árbitro ou ao juiz), ajudando apenas as partes a chegar a uma solução para aquela disputa.

A mediação é confidencial e ocorre *without prejudice*. As partes controlam o processo, podem pôr fim à mediação a qualquer momento e não têm obrigação de assinar qualquer acordo que não represente a sua vontade.

Tendo em conta estas circunstâncias, cada vez mais clientes e advogados consideram seriamente a mediação para a resolução de conflitos (independentemente do que está estabelecido no contrato internacional que celebraram), pois é uma abordagem considerada como a mais sensata.

Acreditamos que a mediação é uma ferramenta e, como tal, adequada a ser utilizada em qualquer disputa que as partes desejem resolver. No contexto do comércio internacional, como vimos acima, os contratos comerciais internacionais podem ter uma cláusula de arbitragem, o que para nós não exclui a possibilidade de as partes tentarem a mediação. Ao contrário, uma parte que deliberadamente exclui a mediação como opção para resolver a sua disputa internacional corre o risco de nunca saber o resultado que poderia obter e que estava à sua disposição e alcance. Acreditamos que em

12. Este artigo não tenta fazer uma revisão completa das competências necessárias em mediação comercial internacional, o que seria demasiado vasto para a sua extensão, pretendendo apenas destacar algumas das aprendizagens com relevância e interesse prático.

litígios internacionais, seja para litígios entre duas partes, seja para litígios envolvendo um número maior de partes, o que realmente é necessário para que todos se sentem na mesa das negociações é a vontade de chegar a um acordo. Estando esta vontade presente, acreditamos que a mediação deve ser sempre uma opção nesses litígios.

3. O mediador: critérios para a sua escolha

O mediador em mediação comercial internacional é escolhido pelas partes, ou diretamente entre os advogados de cada parte ou por referência a um centro de mediação internacional[13]. O que acontece com mais frequência é serem as partes a indicar vários nomes de possíveis mediadores, escolhendo um único dentre os nomes apresentados.

No entanto, a escolha do mediador continua a ser uma das etapas mais difíceis de todo o processo, até porque, não raras vezes, os advogados das partes questionam-se sobre onde encontrar um mediador competente ou sobre o que é um mediador competente para este caso.

Atendendo a que a mediação ainda é utilizada num pequeno número de conflitos comerciais internacionais, podemos desde logo supor que uma das partes não tem experiência com a mediação internacional. Não tendo experiência e sabendo que tem o dever de assegurar o melhor resultado possível, o advogado sente aqui uma pressão para escolher bem, ainda mais que este mediador vai estar em contato direto com o seu cliente.

Que fatores podem ajudar este advogado a avaliar a capacidade do mediador na resolução daquela disputa e, consequentemente, agradar ao seu cliente? Os mais comuns[14] são: reputação, neutralidade, imparcialidade e independência, experiência e *background*, línguas faladas e alguma clareza

13. Um dos maiores centros de resolução de disputas a nível mundial é a ICC - Internacional Chamber of Commerce (https://iccwbo.org/).

14. Cf. SALOMON, Claudia T. & SHARP, Peter D. Selecting a Mediator in International Disputes: Dare We Speak of Mediation as "Winnable"?. *Dispute Resolution Journal*, 2006.

sobre como todas estas informações são verdadeiras (o que muitas vezes se atesta no fato de o mediador estar presente em painéis de instituições que comprovam a sua competência). Se estes são os fatores comumente atendidos, o certo é que na vida real muitos advogados seguem a informação frequentemente imperfeita e incorreta de *word of mouth*, seguido de um breve olhar para o *curriculum* do mediador.

Se a escolha de um mediador nacional para uma disputa nacional se pode fazer de forma simples contatando instituições credíveis e que atestam a competência do mediador (como é o caso do ICFML para os países lusófonos, do Resolution Institute na Austrália, ou do JAMS para os Estados Unidos, por exemplo), quando estamos face a uma mediação internacional o cenário é outro.

Vários fatores suplementares devem ser tidos em conta. Desde logo, a cultura. Acreditamos, por experiência, que a mediação terá mais sucesso se o mediador for capaz de ter em conta o *background* cultural das partes, e para isso não basta ser um mediador competente e experiente, necessitando de outro tipo de habilidades que, muitas vezes, unicamente a vivência de situações multiculturais lhe permite adquirir. A formação seguida por este mediador teve em consideração aspectos multiculturais? O mediador, no seu modo de conduzir o processo, tem capacidade para o adaptar de modo a ter em conta os aspectos culturais das partes? Alguma forma de inteligência cultural parece-nos, assim, fundamental como critério de escolha de um mediador internacional[15].

O segundo aspecto neste âmbito é o de perceber que tipo de mediação este mediador pratica. Muitos advogados com pouca experiência em mediação poderão nem sequer ter informação sobre os diferentes tipos de mediação existentes, podendo ser surpreendidos ou por um mediador facilitativo,

15. Harold Abramson sublinha neste seu artigo os aspectos culturais de uma mediação internacional e a importância do papel do mediador nestas situações. Cf. ABRAMSON, Harold. Selecting Mediators and Representing Clients in Cross-Cultural Disputes. *Student Bar Review*, 2007.

quando esperavam do mediador alguma informação de como resolver o caso, ou de um mediador avaliativo, quando esperavam ter um facilitador do diálogo naquela mediação. Ou seja, é importante perceber que tipo de mediação aquele mediador pratica e se essas são as expectativas de ambas as partes[16].

O terceiro aspecto importante na escolha do mediador tem a ver com a credibilidade das informações que são avançadas e, nesta sede, acreditamos que a "certificação" do mediador joga um papel importante, pois atesta que aquele mediador teve uma avaliação das suas competências e habilidades por um painel independente de peritos da profissão. Várias instituições internacionais desenvolvem painéis de mediadores cujas competências foram previamente verificadas, como, por exemplo, o Singapore Mediation Institute (SIMI), o International Mediation Institute (IMI), o Institut Français de Certification de Médiateurs (IFCM), especificamente para o mundo francófono, e, para os países lusófonos, o Instituto de Certificação e Formação de Mediadores Lusófonos (ICFML)[17]. Existem também instituições que se especializaram em certo tipo de disputas internacionais, como é o caso da WIPO[18] (World Intellectual Property Organization) para disputas relativas a propriedade intelectual ou da GAFTA[19] (Grain and Feed Trade Association) para disputas relativas a mercadorias e transportes, tendo estas instituições o seu painel de mediadores especializados nas respectivas matérias.

16. Neste artigo são indicados três aspectos importantes para que os advogados se possam informar sobre o mediador: 1) o tipo de mediação que praticam; 2) nunca deixar de fazer uma entrevista com o mediador antes de o escolher; 3) pedir referências acerca do trabalho do mediador. Sobre as principais diferenças entre três tipos de mediação ver também GOLDBERG Stephen B.; SANDER, Frank E. A. Selecting a Mediator: An Alternative (Sometimes) to a Former Judge. *Litigation*, Vol. 33, N.º 4, 2007, pp. 40-44.

17. Não confundir certificação (quando as competências do mediador foram avaliadas por um painel neutro e validadas) com qualificação (quando o mediador seguiu uma formação e teve avaliação positiva nessa formação dada pelos organizadores). Este aspecto, essencial na nossa perspectiva, é, frequentemente, deixado de lado pelas instituições, uma vez que certificar e, portanto, disponibilizar um painel de avaliadores neutros, definir o processo, manter a qualidade e a ética deste processo, é caro e em geral não dá lucro financeiro para a instituição que o promove. Assim, verifica-se em todo o mundo uma confusão entre instituições que afirmam certificar mediadores, mas que no final o que fazem é formar esses mediadores dando-lhes um certificado. Acreditamos que também isto não ajuda no processo de escolha do mediador.

18. Cf. https://www.wipo.int/portal/en/index.html. Acesso em: 25 mar. 2022.

19. Cf. https://www.gafta.com/Membership. Acesso em: 25 mar. 2022.

A discussão sobre se o mediador deve ou não ter conhecimentos prévios sobre a temática da disputa tem gerado muita divergência na doutrina da mediação. Na nossa perspectiva, esta discussão tem muito a ver com os *bias* que isso pode induzir nos decisores na mediação. A noção do *in-grouping*, mesmo que não aplicada na realidade, pode ter um papel na confiança natural que as partes vão ter naquele mediador. Assim, uma parte que tenha formação em engenharia, estando envolvida numa disputa em que alguns conhecimentos técnicos deste domínio possam ser aplicados, vai naturalmente julgar aquele mediador mais competente se ele mesmo logo na sua apresentação indicar que é engenheiro, e isto independentemente do que o mediador fizer ou disser depois naquela mediação. Estas partes vão desde logo acreditar que aquele mediador vai perceber mais rapidamente e de forma mais contextualizada o seu projeto e a sua disputa em concreto.

Além dos aspectos supra analisados, há ainda um outro conjunto alargado de considerações a ter em conta na seleção do mediador, o que pode dificultar a escolha deste interveniente. Assim nasceu o projeto Alliance for Mediator for Universal Disclosure, iniciado pela autora conjuntamente com o professor Daniel Rainey em 2019, quando da cerimônia de abertura da Assinatura da Convenção de Singapura[20]. Esta Alliance teve como objetivo definir um *Universal Disclosure Protocol for Mediation* (UDPM) e, desta forma, conseguir que qualquer mediador em qualquer parte do mundo informe os seus futuros clientes sobre como ele deseja gerir uma série de itens daquela mediação, de forma a possibilitar uma decisão informada das partes em relação àquele mediador. Tendo como objetivo suportar a autodeterminação das partes e a sua escolha informada, este instrumento tem em consideração os aspectos culturais e visa promover a transparência e respeitar a flexibilidade do processo de mediação.

Em coerência com os objetivos que estão na sua gênese, o UDPM é um

20. Cf. https://www.mediate.com/mediation2020/article.cfm?zfn=universal-disclosure.cfm. Acesso em: 25 mar. 2022.

protocolo que preconiza que qualquer mediador no início da sua mediação (bem como no seu *curriculum*) defina como atua relativamente a seis pontos essenciais: (1) conflito de interesses; (2) confidencialidade; (3) processo de mediação; (4) papel do mediador e das partes; (5) tecnologia; (6) impacto do local. Analisemos melhor cada um destes parâmetros:

1) Conflito de interesses – O mediador deve esclarecer as partes sobre os seus deveres de independência e imparcialidade e revelar qualquer relação ou fato relevante que possa colocar em causa estas exigências de atuação.
2) Confidencialidade – O mediador deve indicar quais garantias de confidencialidade pode oferecer e quais as exigências de confidencialidade a que está vinculado. Essa divulgação deve ter duas partes: confidencialidade relacionada com a comunicação de qualquer tipo de informação durante e após a sessão. Como tópico opcional, o mediador pode indicar como manterá os registros daquela mediação.
3) Processo de mediação – O mediador deve prever o fluxo geral da mediação e destacar os elementos básicos que as partes devem esperar como parte do processo. Como tópicos opcionais, o mediador pode indicar o local, modos de contato, como lidar com correções no meio da sessão, uso de comediadores, como lidar com o "abandono" ou rescisão do processo, como lidar com acordos (assinaturas etc.).
4) Papel do mediador e das partes – O uso de termos familiares aos mediadores (por exemplo, Facilitativo, Diretivo, Transformativo, Avaliativo etc.) é de eficácia limitada para partes que não estão familiarizadas com a mediação. Em vez disso, o mediador deve descrever claramente o papel que desempenhará no processo, usando exemplos concretos de comportamentos e ações (por exemplo, apenas facilitar a conversa, oferecer possíveis elementos de resolução

sugeridos etc.). Como tópicos opcionais, aqui o protocolo menciona: competências linguísticas, credenciais, seguro ou indenização, taxas e custos, função do advogado, código de conduta ou ética.

5) Tecnologia – O mediador deve explicar e obter permissão para usar qualquer tecnologia de informação e comunicação. Aqui os tópicos opcionais são: informações de segurança, informações de acesso, rastreamento de localização e quaisquer outros elementos tecnológicos que possam afetar as partes e as suas informações.
6) Impacto do Local – O mediador deve divulgar quaisquer ações ou requisitos com base na localização física do mediador ou das partes, podendo mencionar, se achar importante, tópicos opcionais como: Escolha da lei aplicável, GDPR (General Data Protection Regulation) ou outros requisitos legais.

O propósito desta iniciativa, além de ser uma ajuda preciosa para os advogados que desejam escolher um mediador para as suas mediações internacionais, vai muito além deste aspecto prático. Como objetivos específicos para os diferentes *stakeholders* envolvidos numa mediação (e disponíveis no *website* desta ferramenta) podemos indicar[21]:

- Para usuários e advogados: honrar, de forma universal, a autodeterminação como valor básico na mediação; dar uma mensagem global às partes sobre o que podem esperar na mediação, independentemente de cultura, religião, sistemas legais ou país.
- Para mediadores: enquadrar a multiplicidade de modelos de mediação, fornecendo uma ferramenta prática para os profissionais seguirem; definir os elementos de divulgação a serem utilizados por qualquer mediador em qualquer lugar.
- Para o mercado da mediação: promover um crachá eletrônico para identificar mediadores, advogados, organizações de mediação e ou-

21. Ver https://universaldisclosureprotocolmediation.com/the-concept/. Acesso em: 26 mar. 2022.

tras organizações que aderem a esta iniciativa; permitir a fácil identificação dos mediadores que endossam o protocolo; permitir a fácil identificação dos advogados que trabalham preferencialmente com mediadores que endossam o protocolo.

- Para organizações internacionais de mediação: atuar como uma plataforma padrão para os seus membros mediadores.

Analisando-se agora os vários benefícios de adotar este protocolo, seja como mediador individual ou advogado, podem apontar-se:

- Apoiar e garantir a autodeterminação das partes, que hoje está tão próxima de ser um princípio universalmente aceito no campo da mediação;
- Construir confiança na fidedignidade da profissão, mostrando a emergência de uma prática de mediação uniforme;
- Proporcionar maior transparência e certeza às partes sobre como os seus casos serão tratados;
- Fornecer uma estrutura para esclarecer a todas as partes interessadas sobre quais os mediadores que podem ser responsabilizados;
- Codificar o que deve ser divulgado pelo mediador às partes e ao advogado como parte integrante do acordo de mediação no início de cada mediação;
- Permitir que mediadores e partes continuem a se beneficiar daquela que é uma das marcas mais importantes da mediação: a flexibilidade.

A aprovação desse protocolo de divulgação não impõe qualquer comportamento ao mediador, mas impõe o dever de explicar e obter acordo das partes sobre o que vai ser feito e como, com base na lista de elementos de divulgação da UDPM.

Outro aspecto importante na escolha do mediador nestes casos é a sua disponibilidade. A mediação é um processo muito diferente da arbitragem, sobretudo nos aspectos logísticos. É um processo que pode ser combinado e realizado num curto espaço de tempo e de um ponto de vista prático parece-nos mais conveniente que as partes tenham uma ideia de quando desejam que a mediação tenha lugar aproximadamente. Desta forma, ao contatarem possíveis mediadores, ou ao darem essa possibilidade a um centro de mediação, já terão uma noção de *timings*. Estamos aqui a falar de várias semanas, não mais (muito diferente de arbitragem internacional!).

Neste âmbito e no seguimento da definição de datas, o modo como, pelo menos, a primeira sessão de mediação terá lugar é importante. Desde logo, deve o mediador ter uma atenção particular ao local onde a mediação se desenrolará, em virtude de ser decidido se há leis locais que se aplicam[22]. Durante o contexto pandêmico em virtude da pandemia de Covid-19, este aspecto foi, muitas vezes, olvidado, pois o ambiente on-line permitiu uma rapidez de decisão relativamente ao "local". E, se no início da pandemia ainda se questionava que plataforma utilizar, atendendo à nossa experiência, a utilização do Zoom como que se assumiu como o modo *standard* de comunicação on-line para realização de sessões de mediação. De salientar, assistimos a várias plataformas específicas de mediação on-line serem sugeridas por alguns centros ou partes, mas nenhuma delas conseguiu impor-se como "A" plataforma de mediação para casos de disputas comerciais internacionais. Sendo que, quando a mediação se realiza presencialmente, na maioria dos casos conseguimos um acordo relativamente ao local. Não existindo acordo e não havendo um local pré-definido para a mediação, as partes, muitas vezes, acordam nestes casos utilizar o local em que seria feita a arbitragem, se fosse este o processo aplicável.

Várias vezes assistimos a advogados experientes com arbitragem internacional a recorrer às recomendações de instituições especializadas neste âmbito sobre que mediador escolher. Acreditamos que, se algumas instituições de resolução de disputas internacionais, como, por exemplo, o ICC,

22. Neste sentido, ver BIRCH, Elizabeth. Practical and Cultural Aspects of International Mediation, *TDM - Transnational Dispute Management*, N.º 6, 2015, p. 1.

têm comitês de mediação e dominam quais as diferenças específicas entre estes dois métodos, a maioria das instituições nesta sede especializaram-se em arbitragem internacional e evidenciam um grande desconhecimento quanto à mediação.

A língua que o mediador fala e que as partes falam ou a nacionalidade do mediador são, por vezes, aspectos tidos em conta. Contudo, na experiência da autora, na maioria dos casos a língua a ter em conta na escolha do mediador é a das partes, se estas falarem a mesma língua, ou o inglês no caso de falarem línguas diferentes. Quanto à nacionalidade do mediador, exceto em casos em que a religião seja um fator relevante, não foi até agora vista como um aspecto a ter em consideração na escolha do mediador nos conflitos comerciais internacionais em que a autora esteve envolvida.

Relativamente ao modo como o mediador fala do seu *fee*, também aqui não há a nível internacional nenhuma regra fixa ou mesmo indicativa dos valores em causa. No entanto, os valores praticados em termos de honorários do mediador, quando comparados com os valores em causa na disputa internacional, são, não raras vezes, insignificantes. O Centro de Mediação de Singapura fixa os valores cobrados pelos seus mediadores no seu *website*, no qual podemos ver que numa disputa até S$20.000 o valor hora do mediador ronda os S$50, ascendendo numa disputa até S$60.000 a um valor médio de S$96 por hora. Acima deste valor o mediador cobra por dia[23].

Tendo assim em consideração o acima mencionado, na escolha do mediador deve ter-se em especial atenção a sua associação com uma entidade de mediação internacional credível, o seu nível de certificação (realizada por uma instituição que promova *standards* para a mediação), bem como o seu nível de formação e o tempo que despende na sua formação profissional contínua. Parece-nos também importante que este mediador tenha *endorsed* o UDPM.

23. A tabela de honorários dos mediadores do Centro de Mediação de Singapura está disponível em: https://www.mediation.com.sg/service/goods-services-2/. Acesso em: 25 mar. 2022.

4. Fases da mediação: o que ter em conta

4.1. Antes da mediação

Depois de escolhido o mediador, inicia-se um processo colaborativo, desde logo sobre que informações trocar entre as partes, entre as partes e o mediador exclusivamente, ou entre todos. Não existe uma regra formal que determine de forma absoluta estes aspectos. Sendo a mediação *ad hoc*[24], estas questões são deixadas à decisão das partes e do mediador e, sendo a mediação realizada através de um centro de mediação, devem as partes e o mediador seguir o indicado no regulamento de mediação do centro[25].

O que acontece normalmente é que as partes trocam entre si e o mediador um breve resumo do seu caso antes da mediação. Este resumo explicará o que traz as partes à mediação, uma cronologia dos acontecimentos, e um resumo das questões e a posição de cada parte sobre a questão. Sendo normal que as partes já tenham discutido entre elas os tópicos e que tenham vindo para a mediação precisamente por não terem encontrado uma solução sem a ajuda de um terceiro. Este documento inicial descreve também as razões que levaram as partes a chegar a um impasse sobre os tópicos em conflito.

Tendo em conta a experiência pessoal da autora, assistimos também a situações em que as partes desejam que o mediador tenha conhecimento de documentos que devem ser mantidos confidenciais para a outra parte. A confidencialidade na mediação é um princípio basilar e desde o seu início as partes têm conhecimento do seu âmbito de aplicação. Aliás, no acordo

---

24. Para uma diferenciação entre mediação *ad hoc* e mediação institucionalizada, consultar "Why more options for amicable dispute resolution in Singapore Matter", disponível em: https://simc.com.sg/blog/2015/03/05/why-more-options-for-amicable-dispute-resolution-in-singapore-matter/. Acesso em: 25 mar. 2022.

25. A ICC, no seu regulamento de mediação e relativamente à preparação da mediação, de acordo com o seu artigo 7º, indica que o mediador deve reunir-se e conferenciar com as partes para discutir a condução da mediação. O mediador deve tratar as partes "com justiça e imparcialidade". As partes também devem agir de boa-fé durante todo o processo. As regras da ICC podem ser consultadas na íntegra em https://iccwbo.org/dispute-resolution-services/mediation/mediation-rules/. Acesso em: 25 mar.2022.

em que aceitam mediar o seu conflito é, na generalidade dos casos, indicado que tudo o que se passa na mediação é confidencial. Podemos aqui falar de confidencialidade relativamente a informação ou documentos que uma parte passa para o mediador e não quer passar para a outra parte. Neste caso, as informações que são comunicadas exclusivamente ao mediador gozam de confidencialidade que poderíamos designar de total. E isto é uma chave importante no contexto de uma mediação internacional.

Relativamente a informações que a parte traz diretamente para a outra parte, se bem que o princípio da confidencialidade exista, o advogado da parte que menciona um valor ou uma posição da parte contrária, embora não possa ser aceita como prova no âmbito do processo arbitral, pode subjetivamente influenciar o modo como este irá decorrer. Assim, quanto mais experientes em mediação internacional somos, mais vemos os advogados a saberem criteriosamente utilizar o mediador e a estudarem estrategicamente qualquer oferta que fazem diretamente à outra parte para poderem usar num futuro processo arbitral, em caso de inexistência de acordo de mediação.

Voltando para o início da mediação, a preparação é um aspecto fundamental do processo e muitos mediadores experientes já perceberam quão importante é colocar as partes e os seus advogados em um *mindset* que seja diferente daquele que eles levariam para uma arbitragem ou para o tribunal. Como já explicado, e tendo em conta que muitas vezes existe um desconhecimento sobre a mediação por ambas as partes e seus advogados, ou desconhecimento de pelo menos uma das partes, cabe, em nosso entender, ao mediador ajudar as partes nesta preparação e convidar as partes e os seus advogados (conjuntamente ou separadamente – pois, como sabemos, nenhum advogado gosta de parecer incompetente face ao seu cliente) para uma sessão de preparação da mediação. Nesta sessão, a premissa de base é dar tranquilidade e confiança no decorrer deste processo novo, de forma a diminuir todas as incertezas existentes e ao mesmo tempo ajudar numa real preparação relativamente aos interesses (e não posições) que as partes desejam ver realizados naquele processo de mediação.

Esta preparação serve também para, conjuntamente com as partes, definir o melhor processo para aquele caso e definir como o mediador vai gerir aquele processo de mediação. Além do UDPM já referido, há mediadores internacionais que entendem esta preparação como sendo um modo de desenhar o processo conjuntamente com os seus clientes[26].

A mediação pode também ter lugar simultaneamente com um processo de arbitragem internacional e aí a preparação pode ser adaptada de forma a que o tempo e as informações já trocadas no outro processo existente possam ser, dentro das regras estabelecidas, trocados de modo a maximizar o uso do tempo das partes em mediação internacional[27].

4.2. O decurso da mediação

A hora e o local da mediação, como vimos, podem ser aqueles que as partes acordarem. A mediação pode ter lugar em qualquer fase da disputa e, idealmente, poderá evitar às partes um processo formal de resolução de disputas, mais oneroso, e permitir que as partes mantenham uma comunicação entre elas (o que nos casos de relações comerciais continuadas, como são grande parte das relações provenientes de contratos comerciais internacionais, é um ponto a considerar).

O local da mediação é geralmente um local neutro, como um hotel decidido pelas partes. Podem, no entanto, as partes decidir realizar a mediação num dos escritórios dos seus advogados ou em ambiente virtual. As questões logísticas para que uma mediação consiga fluir como desejado são

26. Cf. LACK, Jeremy & GOH, Aloysius. The Importance Of Process-Design When Selecting A Mediator For Cross-Border Disputes, disponível em: https://whoswholegal.com/features/the-importance-of-process-design-when-selecting-a-mediator-for-cross-border-disputes. Acesso em: 25 mar.2022.

27. Para mais informação sobre modos mistos e híbridos de resolução de disputas, consultar o *site web* da SIDRA relativamente a estes processos, disponível em: https://sidra.smu.edu.sg/sidra-expert-video-series-mixed-mode-and-hybrid-dispute-resolution-processes. Acesso em: 25 mar.2022.

importantes. É aconselhável um espaço que tenha uma sala grande onde ambas as partes, e todos aqueles que for suposto estar naquela mediação possam ter assento, de preferência uma mesa redonda ou oval, e duas salas menores, onde se realizarão as sessões individuais do mediador com cada uma das partes.

Relativamente ao tempo que a mediação vai durar, também não há uma regra absoluta, exceto que será de certeza muito mais curto do que qualquer tipo de arbitragem internacional. Há mediações complexas que, no final de dois dias, possibilitam aos protagonistas encontrar a chave para um acordo. Há outras mediações em que é necessário um pouco mais de tempo para estabelecer todas as prerrogativas de confiança, conhecimento da outra parte, definição dos diferentes "blocos" de questões que devem ser analisadas, para que se possa avançar conjuntamente e de forma produtiva para o acordo.

As partes podem estar convencidas de que têm razão nos fatos jurídicos; contudo, a experiência destes advogados internacionais lhes diz que entre ter razão e conseguir o melhor resultado para o seu cliente há uma grande diferença. O tempo dos negócios não é o tempo da litigância e, neste mundo que funciona ao ritmo ditado pela tecnologia, onde a cada segundo tudo muda, os clientes cada vez mais desejam que os seus advogados tenham isso em consideração. Dando um exemplo real, um cliente, numa mediação em que a autora esteve presente, perguntou ao seu advogado na sessão privada de que serviria ele ter razão dali a três anos quando a sua tecnologia já estaria ultrapassada por outras tecnologias de ponta mais avançadas? Na verdade, a mediação é um processo rápido, não só comparada com outras formas disponíveis para a resolução deste tipo de disputas, como também tendo em conta a complexidade delas.

Outro elemento fundamental em qualquer mediação é a negociação em boa-fé por todas as partes para resolver aquela disputa. A mediação como processo é conduzida na assunção de que a boa-fé de todos está presente. A maioria dos acordos para mediar fala de boa-fé como componente do processo. Atributos da mediação como sendo o diálogo assistido pelo mediador, uma visão colaborativa da discussão dos problemas, testes de realidade relativamente ao que é trazido para a mesa da negociação, o poder dado às partes para decidirem do acordo ou as flexibilidades do processo são, por definição, modos de comportamento que pressupõem a boa-fé para serem eficazes, ou melhor, que são ineficazes e prejudiciais se a boa-fé não estiver presente.

Será impossível para um mediador encontrar os interesses das partes e conseguir que estas encontrem soluções inovadoras que os satisfaçam sem que todas as partes forneçam as informações necessárias para que o processo funcione. É a base para que o mediador possa facilitar o processo e ajudá-las a encontrar este acordo mutuamente benéfico para ambas ou, pelo menos, o melhor acordo possível para ambas naquela situação específica. Mesmo numa mediação avaliativa, na qual o mediador avalia o mérito da causa, trazer as informações corretas para a mesa é condição base para que essa avaliação possa ser profícua, pois sem boa-fé e informações fidedignas a mediação constituirá para todos uma perda de tempo.

Além disso, a voluntariedade, o fato de as partes acreditarem que aquela mediação vale a pena para o resultado daquele diferendo e que podem a qualquer momento abandonar a mesa de mediação, tudo isto milita para que numa mediação comercial internacional o questionamento sobre a boa-fé das partes seja bem diferente da lógica que poderia assumir numa mediação nacional ordenada por um tribunal. Em mediação comercial internacional, o *commitment* de negociar em boa-fé é normalmente trazido pelo mediador como uma expectativa do comportamento de cada parte, e que é relembrada no início da mediação, podendo ainda ser relembrada pelo mediador ao longo do processo, se tal for necessário.

Novamente, aqui se torna importante a explicação do que é boa-fé naquela mediação específica, para evitar que cada parte assuma algo que pode ser diferente do que a outra parte entende estar em causa. Assim, cabe ao mediador explicar, com exemplos concretos de comportamentos a ter numa mediação ou numa negociação integrativa, o que é a boa-fé naquela mediação que todos vão iniciar. Neste acordo inicial (que deve, como indicamos, incluir todos os elementos do UDPM), se a boa-fé está expressamente incluída, pode esperar-se que, no mínimo, as partes tentarão participar em respeito pelos ditames da boa-fé.

A mediação tem também como princípio basilar a autonomia das partes, sendo que a não presença da boa-fé retira o próprio propósito da mediação que é, no fundo, negociar um acordo com a outra parte. Partes experientes em negociação sabem que, agindo de má-fé, comprometem desde logo qualquer possibilidade de negociação e, dessa forma, de obtenção de um acordo.

Mas, além de negociar um acordo, que pode vir a existir ou não, e que se não existir não é demonstração de qualquer comportamento de má-fé de nenhuma das partes, podemos indicar que ter a mente aberta à consideração de outras opções, para além daquelas que tínhamos preparado para aquela mediação, poderá ser um indicativo de boa-fé.

Não se deve incluir como uma demonstração de boa-fé a quantidade de informações confidenciais que cada parte transmite à outra. Podemos, é certo, questionar se uma abertura dos reais interesses não permite realmente "aumentar o bolo" da negociação. Podemos também perceber os medos de alguns em comunicar informação que podem considerar estratégica no caso de não chegarem a acordo naquela mediação. Como a ponderação é algo que em muitas circunstâncias ajuda, podemos afirmar que, de modo a que se consiga negociar, é preciso ter "assunto" de negociação, e se a parte não deseja aumentar essa capacidade, depois de considerar o risco, está assim também a exercer a sua autonomia.

Podemos incluir como comportamentos demonstrativos de boa-fé o fato de as partes se prepararem para a mediação e se comunicarem com o mediador e com a outra parte durante a preparação da mediação, ou que as partes apresentem opções que podem ser colocadas na mesa para discussão, tendo feito um trabalho de estudo dos seus próprios interesses e necessidades, tendo tido igualmente a capacidade de fazer este exercício colocando-se no lugar da outra parte. Incluiria, claro, aqui também o fato de falar de forma honesta, não mentindo, e demonstrar a vontade genuína de ouvir e de perceber o ponto de vista da outra parte, bem como revelar a vontade de se fazer perceber e de colocar na mesa da negociação clareza e transparência sobre o modo de raciocinar que a leva a pedir o que está a pedir.

Vários acadêmicos afirmam que a melhor forma de definir a boa-fé na mediação é explicar o que a boa-fé não é ou, inversamente, definir comportamentos de má-fé. Sinais de que uma parte está a negociar de má-fé podem incluir atrasos inesperados na resposta a correspondência enviada, adiamento de reuniões, envio de negociadores sem autoridade para decidir e resolver o assunto, o fato de repudiarem compromissos assumidos durante a negociação, ou simplesmente mudança brusca de posição e novos pedidos insistentes, ou recusa em assinar um acordo escrito[28].

Na prática da mediação, a autora inicia as suas mediações pedindo aos participantes para se sentarem munidos de *Open Mind* (mente aberta), ou seja, que estejam prontos a acolher novas formas de ver a informação; *Open Heart* (coração aberto), devendo estar prontos para criar empatia e respeito pelas necessidades da outra parte; e *Open Will* (vontade séria), para que desejem iniciar novas formas de criar confiança e conexão com o outro lado da mesa. Se bem que nenhum destes comportamentos seja passível de censura caso não sejam protagonizados, o que é certo é que esta forma de iniciar a comunicação traz um *mindset* novo para a mesa de negociação e cria uma atmosfera que poderá trazer resultados benéficos para todos.

---

28. Sobre a definição de má-fé noutros contextos de mediação, ver KOVACH, Kimberlee K. Good Faith in Mediation - Requested, Recommended, or Required - A New Ethic. *Texas Law Review*, Vol. 38, 1997, pp. 575-624.

Deve-se ainda questionar quem são os participantes da mediação. Os advogados externos de cada parte estão normalmente presentes, juntamente com os representantes das partes que têm autoridade para decidir. A decisão sobre quem está presente, e quando, faz parte da preparação do mediador com as partes, sendo que cabe ao mediador evitar encontrar-se numa mesa de mediação onde de um lado tem uma parte que decidiu trazer todo o seu *staff* jurídico, ocupando dez cadeiras, e, do outro lado, a parte que unicamente trouxe o seu assessor jurídico interno (seja por desconhecimento ou por falta de preparação do processo). Cabe ao mediador definir quem deve estar presente na mesa da mediação conjuntamente com as partes, sendo este um elemento fundamental na preparação da mediação.

4.3. O processo de mediação

A mediação hoje oferece uma paisagem caleidoscópica com enormes variedades e não há uma prática que seja aplicada universalmente em todo o mundo[29]. Como Manon Schonewille e Jeremy Lack concluíram após uma pesquisa em mais de 60 países, no prefácio de um livro chamado *The variegated landscape of mediation: A Comparative Study of Mediation Regulation and Practices in Europe and the World*, é difícil extrair quaisquer padrões ou processos claros para a mediação quando duas partes vêm de diferentes jurisdições, especialmente quando expectativas, estilos e abordagens para a mediação variam muito de país para país[30]. Dito isto, explicaremos, ainda que forma resumida, o processo de mediação que, não sendo universal, inclui o que muitos mediadores comerciais internacionais praticam.

O processo de mediação inicia-se bem antes do dia da mediação pro-

29. A variedade de práticas e serviços de mediação não regulamentados gerou alguma confusão sobre o que é a mediação, bem como sobre as preocupações relativamente à qualidade dos serviços, à justiça processual, ou a como a mediação estava sendo vendida e o seu impacto nos processos judiciais. Foi desta forma que a autora iniciou a sua comunicação sobre o Universal Disclosure Protocole for Mediation, em Singapura em 2019, quando da assinatura da Convenção de Singapura.

30. Cf. SCHONEWILLE, Manon; LACK, Jeremy. *The variegated landscape of mediation: A Comparative Study of Mediation Regulation and Practices in Europe and the World*. Eleven International Publishing, 2014 (Tradução nossa).

priamente dito, e a preparação do caso, das partes e dos advogados das partes é essencial para uma ocupação inteligente do tempo de todos os presentes no dia da mediação. Geralmente, a mediação começa com o mediador a informar tudo o que já foi acordado relativamente ao que se vai passar, ao seu papel naquela mediação e aos princípios éticos que vigoram neste modo de resolver disputas. Confidencialidade e ausência de conflitos de interesses são basilares nesta primeira comunicação. Nada que já não tivesse sido indicado previamente, mas que dito no início da sessão formaliza esta etapa de abertura da mediação pelo mediador[31].

Cada parte fornece então as suas breves apresentações introdutórias, normalmente de forma resumida e na presença da outra parte e do mediador. Esta primeira apresentação é muitas vezes realizada pela parte no que diz respeito ao assunto em si, ao negócio, e depois complementada pelo advogado da parte presente, que poderá, se achar necessário, trazer alguns pontos jurídicos sobre o assunto. O formato utilizado para esta primeira apresentação é uma escolha de cada parte, sendo positivo e até revelador de boa-fé que, se uma parte preparar, por exemplo, uma apresentação powerpoint, informe a outra que o vai fazer para que esta esteja também preparada, se desejar fazer o mesmo tipo de apresentação.

Esta primeira sessão termina com um resumo do mediador do que foi trazido pelas partes para aquela mesa de mediação e, preferencialmente, com a definição de uma agenda de trabalhos, que deverá igualmente e desejavelmente ser realizada de forma colaborativa. Em função do assunto e do nível do conflito[32], o mediador deve decidir se inicia uma primeira ex-

31. Para ter uma ideia de que comportamentos o mediador deve ter nas diferentes fases da mediação e, assim, ter uma visão geral do processo, consultar os critérios de avaliação utilizados pelo ICFML para a certificação de mediadores no espaço lusófono, e no âmbito do programa QAP aprovado pelo IMI International Mediation Institute. Disponível em: https://icfml.wordpress.com/certificacao-2/brasilcertificacao/avaliacao-na-certificacao-icfml/. Acesso em: 25 mar.2022.

32. Para mais informações sobre a escala do conflito e os diferentes níveis de conflito, ver GLAS, Friedrich. The Process of Conflict Escalation and Roles of Third Parties. *In*: BOMERS, G. B. J.; PETERSON, R. B. (eds.) *Conflict management and industrial relations*, Kluwer Nijhoff Publishing, 1982, pp. 119-140.

ploração do tema com ambas as partes juntas ou se inicia desde logo uma sessão privada com cada uma das partes para perceber o que cada mediado não trouxe para a mesa da mediação quando das suas declarações iniciais. Nesta fase de introdução do caso e das partes, existe também a tentativa de identificação dos objetivos e dos interesses de cada uma e das expectativas do que cada parte deseja, bem como das suas maiores preocupações.

Segue-se então, conjunta ou separadamente, dependendo do mediador e das partes, um processo de criação de opções em que cada parte traz para a mesa possíveis opções de acordo relativamente ao ponto da agenda em discussão. Deve ser bem claro que esta fase é de criação de opções e, portanto, nenhuma proposta vincula a parte que a apresenta (*without prejudice*). Nesta fase começamos, assim, a assistir a um modo de conjuntamente resolver o problema (*joint problem solving process*), no qual cada parte apresenta as suas opções.

Como em qualquer processo de argumentação, os critérios de legitimidade das opções propostas são comunicados e as partes tentam mutuamente entender o que está subjacente à proposta do outro. Neste processo criativo e de escuta reside o potencial da mediação enquanto método capaz de trazer soluções criativas, muitas vezes bem longe do escopo legal da disputa.

Segue-se a fase de negociação dos pontos da agenda e, no final, o comprometimento sobre algumas das questões em disputa, alcançando-se, desejavelmente, um acordo. É possível que as partes cheguem a acordo sobre certos assuntos da agenda, deixando outros pontos como não acordados (acordo parcial).

5. Os princípios éticos da mediação

Ao aceitar uma mediação, o mediador deve informar as partes sobre os princípios éticos que segue e que vão balizar a sua atuação. Caso o mediador esteja a atuar no âmbito de um centro de mediação, esta entidade deve desde logo identificar o código de conduta dos seus mediadores. Em uma mediação *ad hoc*, o mediador deve informar as partes sobre o código de ética ou código de conduta que segue.

Os mediadores certificados pelo ICFML seguem o código de conduta do instituto e que os vincula ao processo de avaliação da conduta profissional[33]. Já os mediadores certificados pelo IMI seguem o código de conduta do IMI[34], situação que se verifica noutras instituições que detêm os seus próprios códigos de conduta.

Ao se comprometer a seguir determinadas regras de conduta, o mediador assume igualmente que, em caso de incumprimento, pode ser objeto de um processo de avaliação da sua conduta pela entidade que aprovou o código que aceitou. Imparcialidade, ausência de conflito de interesses, confidencialidade ou como reclamar do mediador são alguns dos pontos importantes neste tipo de código de conduta. Dar confiança ao processo de mediação e no mediador e balizar a sua atuação são aspectos fundamentais que estão subjacentes às regras éticas que o mediador deve respeitar.

6. A Convenção de Singapura sobre os acordos de mediação

Falar de mediação empresarial internacional inclui obrigatoriamente falar da Convenção das Nações Unidas sobre os Acordos Internacionais Resultantes da Mediação ["Convenção de Singapura (na mediação)"], que entrou em vigor em 12 setembro de 2020. Tendo como objetivo facilitar a aplicação transfronteiriça dos acordos comerciais de mediação celebrados em consequência de um processo de mediação, esta Convenção foi já ratificada por dez países –Belarus, Equador, Fiji, Geórgia, Honduras, Cazaquis-

33. Disponível em: https://www.icfml.org/etica/. Acesso em: 22 mar. 2022.

34. Disponível em: https://imimediation.org/practitioners/code-professional-conduct/. Acesso em: 22 mar. 2022.

tão, Qatar, Arábia Saudita, Singapura, Turquia – e conta com mais de 50 signatários, incluindo os EUA, China, Índia, Malásia, Filipinas, Coreia do Sul e a maior parte dos países do Oriente Médio (uma expressão de interesse maior do que foi inicialmente visível quanto à Convenção de Nova York sobre o Reconhecimento e Execução de Sentenças Arbitrais Estrangeiras).

A Convenção de Singapura sobre a executoriedade de acordos de mediação internacionais veio, deste modo, preencher uma lacuna nas opções de aplicação da mediação e conferir maior efetividade e segurança no recurso a este processo[35].

Conclusão

O provérbio "Mais vale um pássaro na mão do que dois a voar" é de extrema relevância no uso da mediação comercial internacional. Obter uma sentença arbitral internacional é apenas uma etapa da batalha pelo fim de um conflito. As sentenças arbitrais podem ser contestadas e, em caso de incumprimento, podem ser executadas. Inerente aos processos adjudicatórios, a impugnação apresenta novos custos e novos riscos para ambas as partes. Considerar estes riscos e custos quando do cálculo do que a parte deseja daquela arbitragem é importante.

> Many arbitration agreements and most arbitration rules stipulate that the arbitral awards that result from arbitration under those agreements or rules are 'final' and/or 'binding'. Yet there is almost always the possibility for a party to challenge the award, whether or not the parties have agreed (directly in their contract or indirectly in the applicable arbitration rules) that the award is final and/or binding. A successful challenge will usually result in the award being 'set aside', 'vacated', or 'annulled', and therefore ceasing to exist, at least within the jurisdiction of the court setting it aside. This ef-

35. Para mais informações sobre a Convenção de Singapura, consultar ELISAVETSKY, Alberto. A Convenção de Singapura: uma grande contribuição para a mediação internacional e o direito processual civil dos países signatários. *Revista Eletrônica de Direito Processual – REDP*, Ano 16, Vol. 23, Nº 1, 2022.

> fectively means the clock goes back to before the arbitration began. (MCILWRATH, 2010).

Uma pesquisa realizada em 2008 junto de advogados corporativos relatou que cerca de 51% dos inquiridos indicavam que as sentenças arbitrais não são cumpridas de forma voluntária. Entre aqueles que tiveram de intentar uma ação de execução de uma sentença arbitral, 56% informaram ter recuperado um valor menor do que o valor do laudo arbitral. Daqueles que negociaram um pagamento, 46% indicaram que aceitaram menos de metade do valor da sentença. A maioria dos entrevistados afirmou que desvalorizaram substancialmente o valor das sentenças arbitrais após terem sido proferidas[36].

Além disso, uma arbitragem comercial internacional requer um grande esforço de recursos humanos para cada uma das partes: relembrar o acontecido, tempo de reuniões com advogados a rever documentos relativos aos fatos, tempo na procura de informação para ser utilizada como meio de prova, afastamento do negócio atual e, no final, uma eventual perda das relações comerciais com a parte adversa.

Podem nos dias de hoje as empresas passar meses, ou mesmo anos, contestando a factualidade e a legalidade de alguns pontos em disputa nas suas relações comerciais? Será que decidir focar umas 10 horas, em média, numa mediação e chegar a acordo nos pontos mais importantes não faria mais sentido? Poder falar diretamente (sob a vigilância dos advogados, mas mesmo assim!) com a outra parte, que já foi um parceiro de negócio, não será mais produtivo? Resolver aquele assunto e concentrar-se no futuro da empresa, no seu desenvolvimento, no seu sucesso, não é esse o propósito da existência da própria empresa e da sua liderança? Não valerá mais concluir um acordo em mediação, que ambas as partes decidiram que era o melhor

36. Cf. MCILWRATH, Michael & SAVAGE, John. After the Arbitration: Challenge, Recognition and Enforcement of the Award. *In*: *International Arbitration and Mediation: A Practical Guide*, Kluwer Law International, 2010, pp. 218 e ss.

a que podiam ter chegado conjuntamente e que as estatísticas mundiais comprovam serem cumpridos em mais de 80% dos casos, fechar o assunto e pensar no futuro?

Certo, dois pássaros valem mais do que um, mas valerão o dobro? E será sempre possível apanhar os dois pássaros? E quando ou quanto isso custará? E será que terão mesmo o dobro do valor daquele pássaro que se pode ter na mão no final de uma mediação?

Nós acreditamos que não. Acreditamos que cada vez mais as empresas, nas suas relações comerciais mundiais, não se podem dar ao luxo de não tentar a mediação.

Referências bibliográficas

ABRAMSON, Harold. Selecting Mediators and Representing Clients in Cross-Cultural Disputes. *Student Bar Review*, 2007.

BIRCH, Elizabeth. Practical and Cultural Aspects of International Mediation, *TDM - Transnational Dispute Management*, Nº 6, 2015, p. 1.

ELISAVETSKY, Alberto. A Convenção de Singapura: uma grande contribuição para a mediação internacional e o direito processual civil dos países signatários. *Revista Eletrônica de Direito Processual – REDP*, Ano 16, Vol. 23, Nº 1, 2022.

GLAS, Friedrich. The Process of Conflict Escalation and Roles of Third Parties. *In*: BOMERS, G. B. J.; PETERSON, R. B. (Eds.). *Conflict management and industrial relations*. Kluwer Nijhoff Publishing, 1982, pp. 119-140.

GOLDBERG, Stephen B.; SANDER, Frank E. A. Selecting a Mediator: An Alternative (Sometimes) to a Former Judge. *Litigation*, Vol. 33, Nº 4, 2007, pp. 40-44.

JUENGER, Friedrich. The Lex Mercatoria and the Conflict of Laws. *In*: CARBONNEAU (Ed.). *Lex Mercatoria and Arbitration: A Discussion of the New Law Merchant*. Nova York, 1998.

KOVACH, Kimberlee K. Good Faith in Mediation - Requested, Recommended, or Required - A New Ethic. *Texas Law Review*, Vol. 38, 1997, pp. 575-624.

LACK, Jeremy & GOH, Aloysius. *The Importance Of Process-Design When Selecting A Mediator For Cross-Border Disputes*. Disponível em: https://whoswholegal.com/features/the-importance-of-process-design-when-selecting-a-mediator-for-cross-border-disputes. Acesso em: 25 mar. 2022.

LEE, Se-In. Study on Drafting Appropriate Dispute Resolution Clause in International Contract. *Journal of Arbitration Studies*, Vol. 29 , 2019, pp. 39-52.

MCILWRATH, Michael & SAVAGE, John. After the Arbitration: Challenge, Recognition and Enforcement of the Award. *In*: *International Arbitration and Mediation: A Practical Guide*. Kluwer Law International, 2010.

SALOMON, Claudia T.; SHARP, Peter D. Selecting a Mediator in International Disputes: Dare We Speak of Mediation as "Winnable"?. *Dispute Resolution Journal*, 2006.

SCHONEWILLE, Manon; LACK, Jeremy. *The variegated landscape of mediation: A Comparative Study of Mediation Regulation and Practices in Europe and the World.* Eleven International Publishing, 2014.

WESTFAHL, Scott A.; WILKINS, David B. The Leadership Imperative: A Collaborative Approach to Professional Development in the Global Age of More for Less. *Stanford Law Review*, Vol. 69, 2017.

WESTFAHL, Scott A. *Executive Education for Lawyers*. Vol. 4, N.º 1, Novembro/Dezembro de 2017. Disponível em https://thepractice.law.harvard.edu/article/executive-education-lawyers/. Acesso em: 25 mar. 2022.

A importância da mediação para o mercado empresarial internacional e a Convenção de Singapura

Christiana Beyrodt e Olavo Caiuby Bernardes[37]

1. Contexto de surgimento da Convenção de Singapura

Em 07 de agosto de 2019, quando se apresentou para assinatura a Convenção da Organização das Nações Unidas sobre Termos de Acordos Internacionais Resultantes da Mediação, ou simplesmente Convenção de Singapura[38], que visa facilitar o cumprimento de acordos firmados em mediação comercial internacional, não se imaginava que o mundo sofreria desafios tão significativos à ordem internacional e ao comércio internacional: o ressurgimento de governos nacionalistas e protecionistas, os cenários econômicos globais desafiados pela pandemia de Covid-19 e a invasão militar russa, que desencadeou a Guerra da Ucrânia.

A Convenção de Singapura surge inspirada na mesma importância da

37. Christiana Beyrodt é advogada formada pela PUC, especializada na área de resolução de conflitos empresariais e arbitragem, com especializações em Processo Civil pela FADISP, em Direito Tributário pela PUC/SP COGEAE. Mediadora certificada pelo ICFML, fundadora e coordenadora do Grupo Café com Mediação, membro das comissões de solução consensuais de conflitos e de arbitragem, COO da DSD2B. Secretária geral da MED ARB RB. Membro do Young Arbitration Group (Grupo de Jovens Árbitros) do Centro de Resolução de Conflitos da Universidade de São Paulo (CRC-USP).

Olavo Caiuby Bernardes é advogado, professor e consultor. Bacharel em Direito pela PUC-SP. Mestre/LLM em Direito Internacional (US and Transnational Law) pela Universidade de Miami. Mestre em Ciência Política, com ênfase em Relações Internacionais, pela Universidade Federal do Pará (UFPA). Bolsista do CNPQ. Membro da Comissão de Relações Internacionais da OAB/SP e da Comissão de Direito e Relações Internacionais da OAB Santos. Especialista em Direito Internacional. Professor universitário. Professor e tradutor de inglês jurídico. Membro do Young Arbitration Group (Grupo de Jovens Árbitros) do Centro de Resolução de Conflitos da Universidade de São Paulo (CRC-USP).

38. UNITED NATIONS. *United Nations Convention on International Settlement Agreements Resulting from Mediation.* Disponível em: <https://uncitral.un.org/sites/uncitral.un.org/files/singapore_convention_eng.pdf>. Acesso em: 15 mar. 2021.

Convenção de Nova York, de 1958, que trouxe segurança para a execução de sentenças de arbitragens internacionais[39].

A Convenção foi impulsionada pela revolução industrial 4.0[40], que envolve tecnologia de informação, comunicação, circulação de dados e necessidade de cooperação no mercado globalizado, no qual as economias se transformam rapidamente. É um mundo interconectado, vibrante e diverso, em que se desafia quebra de barreiras para o comércio internacional, com múltiplos interesses envolvidos e perspectivas, sendo necessário lidar com as diferenças, como demonstrou o vídeo de abertura da conferência que se realizou no Estado de Singapura, por uma semana, em agosto de 2019[41].

A Convenção surge em meio a uma "*revolução negocial*", como ensina William Ury[42], eis que antigamente o método de tomada de decisões dominante ao redor do mundo era bastante hierárquico, baseado em poder e, portanto, na decisão de um terceiro, seja juiz ou árbitro. A prática da mediação, na figura de um terceiro imparcial e independente, surge de longa data, em particular em países de tradição asiática, onde o litígio é visto como uma desonra para a família, a exemplo da China de tradição confuciana, na figura de uma autoridade de confiança das partes envolvidas, como um líder religioso. E vem crescer em países do Ocidente, como EUA, Canadá e do continente europeu, a partir da década de 1970, como alternativa para otimizar e tornar mais sustentável o Judiciário[43]. Nesse sen-

---

39. SINGAPORE INTERNATIONAL DISPUTE RESOLUTION ACADEMY. *Singapore Convention on Mediation*. Disponível em: <www.singaporeconvention.org>. Acesso em: 15 mar. 2021.

40. DELOITTE. *Relatório Deloitte - Indústria 4.0 - República Portuguesa*. Disponível em: <https://www2.deloitte.com/content/dam/Deloitte/pt/Documents/transportation-infrastructures-services/industria4_0medidas-pt.pdf>. Acesso em: 15 mar. 2021.

41. LOONG, Lee Hsien; MATHIAS, Stephen. *Formal Addresses by PM Lee Hsien Loong and UN ASG Mr Stephen Mathias*. (Vídeo de abertura da Conferência). Disponível em: <https://youtu.be/PmRTkEGYHz0>. Acesso em: 15 mar. 2021.

42. URY, William. *Negocie para vencer*. São Paulo: HSM, 2013. p. 10.

43. Câmara de Conciliação de Santa Catarina. *A evolução da Mediação*. Disponível em: <https://www.camaradeconciliacaodesc.com.br/a-evolucao-da-mediacao/>. Acesso em: 15 mar. 2021.

tido, interessante observar que a prática de mediação de *family disputes*, por líderes religiosos como pastores, rabinos e inclusive ímãs, que levem a um acordo extrajudicial, já vem sendo reconhecidas por aqueles países.[44] Isso culmina em que organizações e países cada vez mais precisem buscar métodos consensuais e mais adequados para administrar seus conflitos e atingir soluções de ganhos mútuos[45].

A Convenção de Singapura atesta em suas disposições que um terceiro mediador, que facilite negociação entre as partes, reconhecidamente traz eficiência, eficácia e economia para resolução de disputas. Como delimita o preâmbulo da convenção, o

> uso da mediação resulta em benefícios significativos, tais como; a redução dos casos nos quais a disputa leva ao término do relacionamento comercial; facilitação na administração de transações internacionais entre parceiros comerciais, bem como diminui gastos na administração da Justiça pelos Estados.[46]

A Convenção incentiva o uso mais sustentável do Poder Judiciário dos países signatários, reforça a ideia trazida pelo professor Kazuo Watanabe, de que "o direito de acesso à justiça é fundamentalmente, direito de acesso à ordem jurídica justa"[47]. Está também alinhada com os Objetivos de Desenvolvimento Sustentável da ONU, agenda que orienta mais de 190 países membros até 2030, que em seu item 16 prevê: "paz, justiça e instituições eficazes"[48].

Este direito ao acesso a uma ordem jurídica justa vem sendo perseguido

---

44. ALMEIDA, Tania. *Mediação de Conflitos: Um meio prevenção e resolução de controvérsias em sintonia com a atualidade*. Mediare. Disponível em: <https://mediare.com.br/mediacao-de-conflitos-um-meio-de-prevencao-e-resolucao-de-controversias-em-sintonia-com-a-atualidade/>. Acesso em: 15 mar. 2022.

45. MEDHEKAR, Archana. *The changing landscape of family dispute resolution in Canada*. Disponível em: <https://www.cba.org/Sections/Family-Law/Articles/2021/The-changing-landscape-of-family-dispute-resolutio>. Acesso em: 03 abr. 2022.

46. DEMCHUCK, Carla Araujo; MAISON, Paul Eric; SERPA, Nazareth. *Convenção das Nações Unidas sobre Termos de Acordos Internacionais Resultantes de Mediação*, 2019 (Tradução livre). Disponível em: <https://www.imimediation.org/2019/11/29/singapore-convention-text-in-portuguese/. Acesso em: 03 abr. 2022.

47. WATANABE, Kazuo. *Acesso à Ordem Jurídica Justa*. Belo Horizonte: Del Rey, 2019. p. XIV e p.10.

48. NAÇÕES UNIDAS BRASIL. *Como as Nações Unidas apoiam os Objetivos de Desenvolvimento Sustentável no Brasil*. Disponível em: <https://brasil.un.org/pt-br/sdgs>. Acesso em: 15 mar. 2021.

por diversos ordenamentos internacionais e concretizado no Brasil com políticas públicas que promovem a utilização de métodos mais adequados de resolução de conflitos, tais como Resolução nº 125/2010 do Conselho Nacional de Justiça, o Código de Processo Civil de 2015 e finalmente a Lei Federal nº 13.140/2015 (Lei de Mediação), e até mesmo no âmbito de reestruturação empresarial, com a inserção dos artigos 20A a 20D e da Lei Federal nº 11.101/2005 (Lei de Recuperação Judicial e Falências).

Com este "minissistema de métodos consensuais de solução de conflitos", nas palavras da saudosa profa. Ada Pellegrini Grinover[49], a mediação está cada vez mais conhecida e utilizada no Brasil como um eficiente mecanismo de resolução de conflitos, por contar com controle das partes no procedimento, ser flexível, preservar relações, ser um método célere, eficiente, econômico, sem burocracia. Contudo, vale destacar que, nos mencionados dispositivos legais brasileiros, não há um regramento que possa dar segurança jurídica aos acordos mediados em outros países. Em vista disto, em 04 de julho de 2021 o Brasil assinou a Convenção de Singapura, restando a sua ratificação (que não havia ocorrido até este artigo ser escrito)[50].

Assim, mais do que simplesmente promover a mediação comercial internacional a Convenção tem também o importante papel "para o desenvolvimento de relações econômicas internacionais harmoniosas", como finaliza seu preâmbulo.

A aprovação da Convenção de Singapura representa uma forte aposta da Comissão da Organização das Nações Unidas para o Direito Comercial Internacional (UNCITRAL, em inglês) na mediação, que certamente

49. TARTUCE, Fernanda. *O novo marco legal da mediação no direito brasileiro*. Disponível em: <http://www.fernandatartuce.com.br/wp-content/uploads/2017/01/O-novo-marco-legal-da-mediacao-no-direito-brasileiro-2016-Fernanda-Tartuce.pdf>. Acesso em: 03 abr. 2022. Ver: GRINOVER, Ada Pellegrini. *O minissistema brasileiro de Justiça consensual: compatibilidades e incompatibilidades*, Disponível em: < http://dirittoetutela.uniroma2.it/files/2013/03/Origens-e-evolu%C3%A7%C3%A3o.pdf>. Acesso em: 03 abr. 2022.

50. NAÇÕES UNIDAS BRASIL. *Brasil assina a Convenção de Singapura sobre Mediação das Nações Unidas*. 08 jun. 2021. Disponível em: <https://brasil.un.org/pt-br/130591-brasil-assina-convencao-de-singapura-sobre-mediacao-das-nacoes-unidas>. Acesso em: 15 mar. 2021.

resultará no aumento da credibilidade, do uso e reconhecimento da mediação comercial internacional. Uma vitória da cooperação internacional e do multilateralismo dos países participantes da conferência em época extremamente desafiadora, como anteriormente mencionado.

Observando a questão de assinatura *versus* a ratificação de uma convenção, deve-se ter em mente que, no sistema dualista adotado pelo Brasil[51], ao assinar um tratado, um Estado apenas expressa sua intenção de cumprir o tratado, que não é vinculante em si mesmo. Somente com a ratificação, ou seja, aprovação no procedimento legislativo interno do Estado, ela se torna formalmente obrigatória para aquele Estado, o que no Brasil é realizado pelo presidente da República, autoridade representativa do Estado Brasileiro, mas requer autorização do Congresso Nacional (artigo 49, I, c/c artigo 84, VIII, CRFB/1988)[52].

Na ocasião da cerimônia de abertura, ainda antes da pandemia, compareceram para assinatura da Convenção 46 países signatários. Até 15/03/2022, já constavam 55 países subscritores, dentre eles Brasil, EUA, Ucrânia, Bielorrússia, China e Índia, entre outros. Até junho de 2022, apenas 10 países ratificaram a Convenção: Cingapura, Fiji, Qatar, Bielorrússia, Equador, Honduras, Turquia, Arábia Saudita, Geórgia e Cazaquistão[53].

2. Principais marcos da Convenção de Singapura

- Adoção: em 20/12/2018 a Convenção de Singapura foi adotada pela Assembleia Geral da ONU.
- Assinatura: em 07/08/2019 foi aberta para assinatura em Singapura

51. O Brasil adota um dualismo moderado, ao contrário do dualismo exacerbado norte-americano (no qual há o procedimento rígido de ratificação de um tratado – mesmo procedimento de aprovação de uma lei ordinária).

52. LUPI, André. O Brasil é dualista? Anotações sobre a vigência de normas internacionais no ordenamento brasileiro. *Revista de informação legislativa*, v. 46, n. 184, p. 29-45, out./dez. 2009.

53. *Singapore Convention on Mediation – Jurisdictions*. Disponível em: <https://www.singaporeconvention.org/jurisdictions>. Acesso em: 30 de jun. 2022.

e na mesma data foi subscrita por 46 países, incluindo economias-chave como Estados Unidos e China, superando os 10 países que inicialmente assinaram a Convenção de Nova York, que versa sobre Sentenças Arbitrais Estrangeiras, quando foi aberta para a assinatura em 10/07/1958, sendo que até 15/03/2022 foi ratificada por 166 países.

- Entrada em vigor: em 12/09/2020 entrou em vigor, ou seja, 6 meses após o depósito ao secretário-geral da ONU, do terceiro instrumento de ratificação pelo Qatar, em conformidade com os artigos 10º, 11º nº 4 e 14º da Convenção de Singapura, já em meio à crise sanitária global de Covid-19.

3. A importância da Convenção de Singapura e da mediação no cenário atual

A mediação é conhecida por melhorar a eficiência da resolução de conflitos entre partes com relações duradouras e trazer flexibilidade na resolução de disputas. O papel do mediador não é julgar, opinar, mas, sim, facilitar as discussões entre as partes em disputa para que estas cheguem a uma solução que atenda a seus interesses. O processo de mediação é mais flexível e em muitos casos mais econômico do que outros métodos, como contencioso no Judiciário e arbitragem, além de as partes envolvidas terem maior controle no resultado.

Em pesquisa de 2011, divulgada pelo *site Migalhas*, o Instituto Scheinman em Resolução de Conflitos, da Universidade de Cornell, nos Estados Unidos, consultou 368 empresas do *ranking* da *Fortune 1000*. Quase 60% das empresas disseram preferir método alternativos de resolução de conflitos, como mediação e arbitragem, do que do Judiciário[54].

Ainda nesse sentido, com os desafios de uma pandemia e uma guerra

54. AZEREDO, Fábio. Alguns números da mediação. *Migalhas*. Disponível em: https://www.migalhas.com.br/depeso/263814/alguns-numeros-da-mediacao>. Acesso em: 03 abr. 2022.

entre Rússia e Ucrânia, que geram intervenções econômicas entre países apoiadores de parte a parte, a solução de conflitos de forma heterocompositiva pode trazer insegurança quanto ao cumprimento futuro nos países sob crise e insegurança quanto à exequibilidade das decisões. Por essa razão, o método consensual, autocompositivo, como a mediação, ganha destaque como um procedimento importante a ser utilizado sempre que possível, ainda que a prática, segundo a mesma reportagem do *site Migalhas*, ainda seja pequena de acordo com o número de casos perante o Judiciário e ainda tenha muito potencial de crescimento[55].

Sendo ratificada por mais países, a Convenção de Singapura fortalece a segurança e efetividade na execução de acordos de mediação envolvendo empresas no comércio internacional.

A Convenção trouxe uma estrutura uniforme e eficiente para o reconhecimento de acordos internacionais resultantes da mediação, o que facilita o comércio internacional e permite que as partes em conflito executem facilmente acordos transfronteiriços realizados em mediação comercial.

Esta foi projetada para se tornar um instrumento essencial na facilitação do comércio internacional e na promoção da mediação como um método alternativo e eficaz de resolver disputas comerciais internacionais.

Garante que um acordo alcançado se torne vinculativo e aplicável conforme um procedimento simplificado para execução, além de que o Estado em que se executa o acordo aja rapidamente (Artigo 4, Item 5), o que contribui para fortalecer o acesso à justiça e segurança jurídica.

A Convenção de Singapura tem como seus principais propósitos:

- **Promover internacionalmente o uso da mediação** como método de resolução de conflitos transfronteiriço em disputas comerciais internacionais, por sua rapidez, economia e possibilidade de preservar relações comerciais.

55. Ibid.

- **Facilitar o comércio internacional**, já que cria uma estrutura uniforme, simplificada e eficiente para o reconhecimento e execução de acordos resultantes de mediação internacional comercial.

4. Principais benefícios da Convenção de Mediação de Singapura

A Convenção de Mediação de Singapura oferece um processo para execução direta do acordo resultante da mediação comercial internacional transfronteiriça (Artigo 3, Item 1).

Com a Convenção de Singapura e sua ratificação por diversos países, os acordos de mediação comercial internacionais não serão mais considerados meros contratos estrangeiros. E sim terão um *status* mais relevante e se tornarão obrigatórios e prioritários (Artigo 4, Item 5), gerando mais confiança no procedimento para empresários e advogados na elaboração de contratos, além de fomentar a adoção de cláusulas de mediação em acordos comerciais internacionais.

A Convenção de Mediação de Singapura oferece um processo para a aplicação direta do acordo de mediação comercial internacional entre as partes, que passa a ser tratado como transfronteiriço. Estabelece que um acordo pode ser executado diretamente pelos tribunais de um Estado com agilidade, o que permite a execução facilitada de bens onde estão localizados e evita múltiplos processos (Artigo 3, Item 2).

Âmbito de aplicação da Convenção de Mediação de Singapura

A Convenção somente se aplicará quando o acordo de mediação (Artigo 1):

- For por escrito e derivar de disputa comercial (Artigo 1, *caput*);
- Seja acordo concluído entre duas ou mais partes com sede em diferentes Estados, ou seja, internacional (Artigo 1, alínea a);

- O Estado em que os Estados partes da mediação resolverem sua disputa for diferente do Estado onde a maior parte da obrigação vier a ocorrer (Artigo 1, alínea b).

A Convenção não se aplica a acordos (Artigos 2 e 3):

- De transações relacionadas a relações de consumo, nem em casos de família, herança ou trabalhistas (Artigo 2, alíneas a e b);
- Que tenham sido aprovados por um tribunal ou concluídos no decurso de um processo perante um tribunal e que sejam títulos executórios, como sentença no Estado desse tribunal (Artigo 3, alínea a); ou
- Que foram registrados e são executáveis como sentença arbitral (Artigo 3, alínea b).

5. Definição de mediação na Convenção de Mediação de Singapura

A Convenção define em seu Artigo 2, Item 3, que

> Mediação significa um processo, independentemente da expressão usada ou da base na qual o processo é realizado, através do qual, as partes tentam chegar a um acordo amigável para sua disputa, com a assistência de uma terceira pessoa ou pessoas ("o mediador") sem autoridade para impor às partes uma solução para o conflito.[56]

Segundo Silvia Maria Costa Brega,

> ao trazer um amplo conceito de mediação, pois contempla como requisito essencial que o mediador não tenha autoridade para impor solução às partes, a Convenção de Singapura é capaz de abraçar as várias escolas de mediação e de superar a conflitante questão do mediador-árbitro admitida em certas legislações.[57]

---

56. DEMCHUCK, Carla Araujo; MAISON, Paul Eric; SERPA, Nazareth. *Convenção das Nações Unidas sobre Termos de Acordos Internacionais Resultantes de Mediação.* 2019 (Tradução livre). Disponível em: <https://www.imimediation.org/2019/11/29/singapore-convention-text-in-portuguese/>. Acesso em: 03 abr. 2022.

57. BREGA, Silvia Maria Costa. A Convenção de Singapura sobre acordos em mediação. *O Estado de S. Paulo.*

No mesmo sentido, Timothy Schnabel salienta que "a convenção usa uma definição ampla, internacional, como um guarda-chuva para muitos tipos de processos"[58].

Vale lembrar que no Brasil a Lei de Mediação contempla a mediação facilitativa, sem que o mediador tenha poder decisório e não admite o mediador-árbitro, com poder vinculante de decisão, como se afere dos artigos 1º e 7º da referida lei[59].

6. Procedimento de execução simplificado da Convenção de Mediação de Singapura

Para o procedimento de execução nos termos da Convenção, a parte interessada que solicita a execução deve fornecer à autoridade do Estado onde deseja executar, basicamente, os seguintes documentos (Artigo 4, Item 1):

- Uma cópia do acordo de mediação assinado pelas partes (item 1, alínea a);
- Prova de que o acordo resultou da mediação (item 1, alínea b), que pode ser dar mediante: (i) um documento assinado pelo mediador confirmando que houve a mediação; (ii) a assinatura do mediador no contrato de liquidação; (iii) um atestado da entidade que realizou a mediação, certificando o procedimento; ou, (iv) na ausência dos itens anteriores, qualquer outro meio de prova aceito por autoridades competentes.

Disponível em: <https://politica.estadao.com.br/blogs/fausto-macedo/a-convencao-de-singapura-sobre-acordos-em-mediacao/>. Acesso em 03 abr. 2022.

58. "The Convention uses a broad definition as an umbrella that cover many types of process" (Tradução livre). SCHNABEL, Timothy. The Singapore Convention on Mediation: A Framework for the Cross-Border Recognition and Enforcement of Mediated Settlements. *Pepperdine Dispute Resolution Law Journal*, Vol. 19. Disponível em: https://digitalcommons.pepperdine.edu/cgi/viewcontent.cgi?article=1424&context=drlj>. Acesso em: 03 abr. 2022.

59. Lei nº 13.140/05, Art. 1º. Parágrafo único. Considera-se mediação a atividade técnica exercida por terceiro imparcial sem poder decisório, que, escolhido ou aceito pelas partes, as auxilia e estimula a identificar ou desenvolver soluções consensuais para a controvérsia. Art. 7º O mediador não poderá atuar como árbitro nem funcionar como testemunha em processos judiciais ou arbitrais pertinentes a conflito em que tenha atuado como mediador.

O Estado parte da Convenção pode se recusar a executar o cumprimento do acordo de mediação em circunstâncias limitadas, tais como (Artigo 5, Itens 1 e 2)[60]:

- Incapacidade de uma das partes (item 1, alínea a);
- Nulidade do termo de acordo (item 1, alínea b, item i);
- O termo de acordo de mediação não é vinculante, ou não é definitivo (item 1, alínea b, subitem ii);
- O termo de acordo de mediação foi modificado posteriormente (item 1, alínea b, subitem iii);
- As obrigações do acordo de mediação já foram realizadas, não são claras ou não são compreensíveis (item 1, alínea c, subitens i e ii);
- A concessão do pedido para assistência jurídica é contrária às disposições do termo do acordo de mediação (item 1, alínea d);
- Houve falha grave do mediador na divulgação para as partes de circunstâncias que provocaram dúvidas justificáveis quanto à imparcialidade ou independência deste, e essa falha na divulgação acarretou impacto material, ou influência indevida sobre uma parte, a qual não teria celebrado o termo do acordo de mediação, se não fosse pela falha do mediador (item 1, alínea e e f);
- O termo do acordo de mediação é contrário à ordem pública do país onde se executa (item 2, alínea a);
- O objeto da controvérsia não pode ser resolvido por mediação nos termos da lei do país onde se executa (item 2, alínea b).

7. A importância da Convenção de Singapura

Conforme anteriormente mencionado, a Convenção de Mediação de Singapura resulta dos trabalhos iniciados pela UNCITRAL em 2015, em resposta a um desafio frequentemente citado ao uso da mediação, que era a

60. DEMCHUCK, Carla Araujo; MAISON, Paul Eric; SERPA, Nazareth. Op. Cit.

falta de uma estrutura eficiente e harmonizada para a aplicação transfronteiriça de acordos de solução resultantes do procedimento.

Em pesquisa realizada em 2014 pelo International Mediation Institute, os resultados mostraram que 93% dos entrevistados teriam maior probabilidade de mediar uma disputa com uma parte de outro país, se esse país tivesse ratificado alguma convenção sobre reconhecimento e a execução de acordos de solução obtida em mediação[61]. Foi em resposta a essa necessidade que a Convenção de Singapura foi desenvolvida e adotada pela UNCITRAL, órgão da ONU responsável pelo assessoramento em questões comerciais, para dar maior segurança jurídica à mediação comercial internacional.

A Convenção de Singapura foi muito inspirada no sucesso da Convenção de Nova York, que versa sobre reconhecimento e a execução de sentenças arbitrais estrangeiras, assinada pela primeira vez em 1958 por apenas 10 países e agora com mais de 160 signatários[62].

O Brasil ratificou a Convenção de Nova York apenas em 2002, 44 anos depois de sua celebração, por meio do Decreto nº 4.311/2002. Como resultado desta, bem como após a Lei nº 9.307/96 (Lei de Arbitragem) ter sua constitucionalidade chancelada pelo STF em 2001 (AgRgSE nº 5.206-7/Reino da Espanha), além da mudança do STF para o STJ da responsabilidade pela homologação de sentenças de arbitragem internacional estrangeiras em 2004, trazido pela Emenda Constitucional n° 45, de 2004, o Brasil teve o uso da arbitragem estimulado – o que ajudou a atrair grandes investimentos e facilitar o comércio internacional, tornando inclusive o país uma importante sede de arbitragens internacionais.

---

61. ASHURST. *The Singapore Convention on Mediation*. Disponível em: <https://www.ashurst.com/en/news-and-insights/legal-updates/the-singapore-convention-on-mediation/>. Acesso em: 03 abr. 2022. INTERNATIONAL MEDIATION INSTITUTE. *IMI survey results overview: How Users View the Proposal for a UN Convention on the Enforcement of Mediated Settlements* (16 January 2017). Disponível em: <https://www.imimediation.org/2017/01/16/users-view-proposal-un-convention-enforcement-mediated-settlements/>. Acesso em: 03 abr. 2022.

62. MAISON, Paul Eric. *The Singapore Convention and its Benefits for Brazil, 2020*. International Mediation Institute. Disponível em: <https://imimediation.org/2020/02/27/the-singapore-convention-and-its-benefits-for-brazil/>. Acesso em: 28 mar. 2022.

Segundo pesquisas, o Brasil é considerado o oitavo país com maior número de procedimentos arbitrais no mundo, o terceiro país com partes que mais utilizam a arbitragem segundo as regras da International Chamber of Commerce – ICC, uma das mais tradicionais e importantes câmaras de arbitragem e mediação no mundo, que abriu um escritório no Brasil[63].

Hoje, a arbitragem brasileira é reconhecida por sua qualidade e celeridade, já que não é comum no Brasil escrutínio ou revisão de sentenças arbitrais e a prática extensa do processo de produção de provas (*Discovery*), que se observa em arbitragens de países europeus e dos Estados Unidos da América, o que traz uma melhor dinâmica ao procedimento[64].

Os árbitros brasileiros têm boa reputação internacional, a comunidade arbitral é conhecida pelo seu engajamento e comprometimento com o desenvolvimento técnico do instituto e, ainda que tenham existido nos últimos tempos ações anulatórias de sentenças arbitrais – resultado de condutas de alguns profissionais que extrapolam a convenção arbitral ou ainda não atentem para a responsabilidade do dever de revelação –, o Judiciário brasileiro tem combatido abusos e incentivado o instituto, mantendo a sede de arbitragem brasileira segura[65].

Vale destacar que, muito embora o Brasil possua legislação própria que trata da mediação, além de políticas públicas que incentivam seu uso, não

63. BACKSMANN, Carmen Sfeir. Enhancing the use of arbitration though Dispute System Design: The Brazilian case. *Austrian Yearbook on International Arbitration*. Viena, MANZ, 2020. p. 31.

64. GARCEZ, José Maria Rossani, Aspectos da produção de provas na arbitragem internacional – sistemas da common law ou da civil law. *Migalhas*. Disponível em: <https://www.migalhas.com.br/depeso/97584/aspectos-da-producao-de-provas-na-arbitragem-internacional-sistemas-da-common-law-ou-da-civil-law>. Acesso em: 03 abr. 2022. Segundo Garcez: “Discovery é proporcionar a ambas as partes uma oportunidade igual para conduzir sua própria investigação do caso e dar acesso a cada parte a evidências na posse ou sob controle da outra parte.” Consome cerca de 60% do tempo e dinheiro nas demandas legais nos Estados Unidos e, de acordo com uma ampla pesquisa, a grande maioria dos litigantes, sejam demandantes ou demandados, dizem que o sistema da Discovery é utilizado como uma arma para aumentar os custos da demanda e estender o tempo de julgamento, sendo que metade dos participantes da pesquisa declarou também que serve para os advogados aumentarem seus próprios honorários.

65. ALVES, Rafael Francisco; GARCIA NETO, Paulo Macedo. O Brasil que dá certo: o mercado da Arbitragem. *Jota*. Disponível em: <http://www.caesp.org.br/o-brasil-que-da-certo-o-mercado-da-arbitragem/>. Acesso em: 03 abr. 2022.

há leis que versem sobre o reconhecimento de acordos de mediação comercial internacional internamente.

Neste sentido, a Convenção de Singapura pode reduzir obstáculos para disputas comerciais, incentivando as empresas internacionais envolvidas a utilizar a mediação comercial internacional.

Ademais, cabe observar que, sem a Convenção, os acordos de mediação comercial internacional são tratados como meros contratos. Ainda que sejam executáveis, podem levar maior tempo para ter sua efetividade alcançada em muitas jurisdições.

Ainda nesse sentido, o professor e mediador Paul Eric Maison, em artigo de 2020, em inglês, que trata especialmente da importância da Convenção de Singapura para o Brasil, ressalta que, principalmente para o setor de agronegócio e indústrias brasileiras envolvidas no comércio internacional, seria muito importante a ratificação do Brasil à Convenção, já que torna a mediação de disputas internacionais comerciais mais eficaz e rápida[66].

No trabalho, ressalta ainda Maison que os principais parceiros comerciais do Brasil assinaram a Convenção de Singapura, tais como China, EUA, Singapura, Arábia Saudita, Índia, Israel, entre outros, o que poderia representar uma grande oportunidade de facilitação do comércio internacional para o país, além de ter a mediação ainda mais difundida como método adequado de resolução de conflitos.

Vemos que a mediação representa importante papel para a democracia, cidadania e todo o nosso sistema de desenvolvimento econômico mundial, pois estimula todos os participantes a terem responsabilidade na resolução do conflito, a participarem da resolução deste e construírem a solução efetiva, como ensinava o professor Diogo Moreira Figueiredo Neto:

> A participação e a consensualidade tornaram-se decisivas para as

66. MAISON, Paul Eric. *The Singapore Convention and its Benefits for Brazil, 2020.* International Mediation Institute. Disponível em: <https://imimediation.org/2020/02/27/the-singapore-convention-and-its-benefits-for-brazil/>. Acesso em: 28 mar. 2022.

democracias contemporâneas, pois contribuem para aprimorar a governabilidade (eficiência); propiciam mais freios contra o abuso (legalidade); garantem a atenção a todos os interesses (justiça); proporcionam decisão mais sábia e prudente (legitimidade); desenvolvem a responsabilidade das pessoas (civismo); e tornam os comandos estatais mais aceitáveis e facilmente obedecidos (ordem).[67]

Conclusão

Diante dos desafios de pandemia de Covid-19, guerra na Ucrânia, lenta recuperação, protecionismo e crise econômica que desafiam a ordem econômica mundial, faz-se a necessidade de reconhecimento de que o acesso à justiça se entende por acesso à ordem jurídica justa na promoção de paz, justiça e instituições eficazes, e que a mediação é um método que pode trazer eficiência, segurança e sustentabilidade para o comércio internacional.

Entre outros os pontos levantados no artigo, observa-se que:

- A Convenção de Singapura fortalece o multilateralismo, a cooperação internacional e a difusão da cultura de uso de métodos mais adequados de resolução de conflitos, para facilitar as relações comerciais internacionais, com a obtenção de *status* de acordo de mediação transfronteiriço facilitando a execução e efetividade destes.
- A Convenção de Mediação de Singapura oferece processo para a aplicação direta do acordo de mediação comercial internacional entre as partes, que passa a ser tratado como transfronteiriço, conferindo maior segurança jurídica.
- A Convenção de Mediação de Singapura estabelece que um acordo pode ser executado diretamente pelos tribunais de um Estado com agilidade, o que permite que a parte solicitante execute mais facilmente bens onde estão localizados e evita possíveis múltiplos processos.

67. MOREIRA NETO, Diogo de Figueiredo. *Mutações do Direito Administrativo*. 3ª Ed. Rio de Janeiro: Renovar, 2007, p. 41.

- A Convenção de Singapura traz segurança para a mediação internacional e estimula o multilateralismo e a cooperação entre países para soluções mais duradouras, com visão de futuro, razão pela qual se faz urgente sua ratificação pelo Brasil frente às necessidades do comércio internacional.

Assim, haverá mais segurança em utilizar o método como um processo efetivo, econômico e eficiente. Outro desafio é trazer para assinatura e ratificação da Convenção os países da União Europeia, que, apesar de participarem do intenso debate desta, ainda não construíram consenso para assinatura.

Para finalizar, deve-se destacar que a mediação é de extrema importância para fortalecimento de democracias, liberdade, desenvolvimento econômico, segurança e racionalização das atividades do Estado, em busca de construção de uma cultura de paz e comércio internacional seguro e sustentável.

Referências bibliográficas

ALMEIDA, Tania; PELAJO, Samantha; JONATHAN, Eva. *Mediação de conflitos – para iniciantes, praticantes e docentes*. Salvador: JusPodivm, 2016.

ALMEIDA, Tania. *Mediação de Conflitos: Um meio prevenção e resolução de controvérsias em sintonia com a atualidade*. Mediare. Disponível em: <https://mediare.com.br/mediacao-de-conflitos-um-meio-de-prevencao-e-resolucao-de-controversias-em-sintonia-com-a-atualidade/>. Acesso em: 15 mar. 2021.

ALVES, Rafael Francisco; GARCIA NETO, Paulo Macedo. O Brasil que dá certo: o mercado da Arbitragem. *Jota*, 02/07/2016. Disponível em: <http://www.caesp.org.br/o-brasil-que-da-certo-o-mercado-da-arbitragem/>. Acesso em: 03 abr. 2022.

ASHURST. *The Singapore Convention on Mediation*. Disponível em: <https://www.ashurst.com/en/news-and-insights/legal-updates/the-singapore-convention-on-mediation/>. Acesso em: 03 abr. 2022.

AZEREDO, Fábio. Alguns números da mediação. *Migalhas*. Disponível em: https://www.migalhas.com.br/depeso/263814/alguns-numeros-da-mediacao>. Acesso em: 03 abr. 2022.

BACKSMANN, Carmen Sfeir. Enhancing the use of arbitration though Dispute System Design: The Brazilian case. *Austrian Yearbook on International Arbitration*. Viena, Manz, 2020.

BONILHA, Alessandra Fachada. A convenção de Singapura - Um marco para mediação empresarial. *Migalhas*. Disponível em: https://www.migalhas.com.br/depeso/308828/a-convencao-de-singapura-um-marco-para-mediacao-empresarial. Acesso em: 03 abr. 2022.

BREGA, Silvia Maria Costa. A Convenção de Singapura sobre acordos em mediação. *O Estado de S. Paulo*. Disponível em: https://politica.estadao.com.br/blogs/fausto-macedo/a-convencao-de-singapura-sobre-acordos-em-mediacao/. Acesso em: 12 mar.2020.

CARAM, María Helena; EILBAUM, Daiana Tereza; RISÓLIA Matilde. *Mediación, Diseño de una práctica*. Buenos Aires: Astria, 2014.

DELOITTE. *Relatório Deloitte - Indústria 4.0 - República Portuguesa*. Disponível em: <https://www2.deloitte.com/content/dam/Deloitte/pt/Documents/transportation-infrastructures-services/industria4_0medidas-pt.pdf>. Acesso em: 15 mar. 2021.

DEMCHUCK, Carla Araujo; MAISON, Paul Eric; SERPA, Nazareth. *Convenção das Nações Unidas sobre Termos de Acordos Internacionais Resultantes de Mediação, 2019*. Disponível em: https://www.imimediation.org/2019/11/29/singapore-convention-text-in-portuguese/. Acesso em: 03 abr. 2022.

DENNIS, Michael J. *APEC's New Online Dispute Resolution Framework Could Be A Game Changer For Small Businesses*. Disponível em: https://www.linkedin.com/pulse/how-apec-odr-framework-revolutionize-global-dispute-small-dennis/?published=t. Acesso em: 12 mar.2020.

GARCEZ, José Maria Rossani. Aspectos da produção de provas na arbitragem internacional – sistemas da common law ou da civil law. *Migalhas*. Disponível em: https://www.migalhas.com.br/depeso/97584/aspectos-da-producao-de-provas-na-arbitragem-internacional-sistemas-da-common-law-ou-da-civil-law. Acesso em: 03 abr. 2022.

GRINOVER, Ada Pellegrini. *O minissistema brasileiro de Justiça consensual: compatibilidades e incompatibilidades*, Disponível em: < http://dirittoetutela.uniroma2.it/files/2013/03/Origens-e-evolu%C3%A7%C3%A3o.pdf>. Acesso em: 03 abr. 2022.

INTERNATIONAL MEDIATION INSTITUTE. *IMI survey results overview: How Users View the Proposal for a UN Convention on the Enforcement of Mediated Settlements (16 January 2017).* Disponível em: <https://www.imimediation.org/2017/01/16/users-view-proposal-un-convention-enforcement-mediated-settlements/>. Acesso em: 03 abr. 2022.

ISOLDI, Ana Luiza. A mediação como mecanismo de Pacificação Urbana. *In*: ALMEIDA, Tania; PELAJO, Samantha; JONATHAN, Eva. *Mediação de conflitos – para iniciantes, praticantes e docentes.* Salvador: JusPodivm, 2016.

LOONG, Lee Hsien; MATHIAS, Stephen. *Formal Addresses by PM Lee Hsien Loong and UN ASG Mr Stephen Mathias.* (Vídeo de abertura da Conferência). Disponível em: <https://youtu.be/PmRTkEGYHz0>. Acesso em: 15 mar. 2021.

LUPI, André. O Brasil é dualista? Anotações sobre a vigência de normas internacionais no ordenamento brasileiro. *Revista de Informação Legislativa*, v. 46, n. 184, p. 29-45, out./dez. 2009.

MAISON, Paul Eric, *The Singapore Convention and its Benefits for Brazil, 2020.* International Mediation Institute. Disponível em: <https://imimediation.org/2020/02/27/the-singapore-convention-and-its-benefits-for-brazil/>. Acesso em: 28 mar. 2022.

MEDHEKAR, Archana. *The changing landscape of family dispute resolution in Canada.* Disponível em: <https://www.cba.org/Sections/Family-Law/Articles/2021/The-changing-landscape-of-family-dispute-resolutio>. Acesso em: 03 abr. 2022.

MOREIRA NETO, Diogo Figueiredo. *Mutações de Direito Administrativo.* 3ª Ed. Rio de Janeiro: Renovar, 2007.

MUNIZ, Joaquim de Paiva. *Curso Básico de Direito Arbitral, Teoria e Prática.* 4ª Ed. Rio de Janeiro: Juruá, 2017.

NAÇÕES UNIDAS BRASIL. *Como as Nações Unidas apoiam os Objetivos de Desenvolvimento Sustentável no Brasil.* Disponível em: <https://brasil.un.org/pt-br/sdgs>. Acesso em: 15 mar. 2021.

NAÇÕES UNIDAS BRASIL. *Brasil assina a Convenção de Singapura sobre Mediação das Nações Unidas.* 08 jun. 2021. Disponível em: <https://brasil.un.org/pt-br/130591-brasil-assina-convencao-de-singapura-sobre-mediacao-das-nacoes-unidas>. Acesso em: 15 mar. 2021.

NETTO, Fernando Gama de Miranda; SOARES, Irineu Carvalho de Oliveira. Princípios procedimentais da Mediação no Novo Código de Processo civil. *In: A Mediação no Novo Código de Processo Civil.* 2ª Ed. Rio de Janeiro: Forense, 2016.

SCHNABEL, Timothy. The Singapore Convention on Mediation: A Framework for the Cross-Border Recognition and Enforcement of Mediated Settlements. *Pepperdine Dispute Resolution Law Journal,* Vol. 19. Disponível em: https://digitalcommons.pepperdine.edu/cgi/viewcontent.cgi?article=1424&context=drlj. Acesso em: 03 abr. 2022.

SERPA, Maria de Nazareth. *Uma Solução Judiciosa para Conflitos.* Belo Horizonte: Del Rey, 2018.

SINGAPORE INTERNATIONAL DISPUTE RESOLUTION ACADEMY. *Singapore Convention on Mediation.* Disponível em: <www.singaporeconvention.org>. Acesso em: 15 mar.2021.

TARTUCE, Fernanda. *Mediação nos Conflitos Civis.* 3ª Ed. São Paulo: Método, 2016.

UNITED NATIONS. *United Nations Convention on International Settlement Agreements Resulting from Mediation.* Disponível em: <https://uncitral.un.org/sites/uncitral.un.org/files/singapore_convention_eng.pdf>. Acesso em: 15 mar. 2021.

URY, William. *Negocie para Vencer.* São Paulo: HSM, 2013.

WATANABE, Kazuo. *Acesso à Ordem Jurídica Justa.* Belo Horizonte: Del Rey, 2019.

Mediação entre empresas

Fernanda Tartuce e Celia Regina Zapparolli[68]

1. Relevância do tema

A adoção de meios extrajudiciais para lidar com controvérsias começou no âmbito privado e, a partir especialmente das relações comerciais, foi se estendendo para áreas maiores de interesses de índole patrimonial e transacional[69].

Diante da burocracia e ineficiência do Estado, saídas rápidas, autônomas e eficientes para os conflitos são bem mais atraentes para empresários que desejam otimizar suas operações. Nessa perspectiva, a mediação pode se revelar uma via interessante para viabilizar a maximização de êxito ante o atendimento de três finalidades geralmente perseguidas pelas empresas: satisfação dos consumidores, administração de conflitos nos negócios e melhoria do funcionamento orgânico da instituição, aprimorando a comunicação entre seus componentes (especialmente tratando-se de empresas familiares)[70].

68. Fernanda Tartuce é doutora e mestra em Direito Processual pela USP. Professora do programa de Mestrado, coordenadora e professora em cursos de especialização na Escola Paulista de Direito (EPD). Presidente das Comissões de Soluções Consensuais da OAB/SP e de Processo Civil do Instituto Brasileiro de Direito de Família. Vice-presidente da Comissão de Mediação do Instituto Brasileiro de Direito Processual (IBDP). Advogada e mediadora.

Celia Regina Zapparolli é doutoranda e mestre em Psicologia Clínica pela PUC-SP. Docente na formação de Mediadores (Unicamp, CNJ, AASP, TRT2). Vice-presidente RIMI – Rede Internacional de Mediação Interdisciplinar e da Comissão de Soluções Consensuais da OAB/SP. Mediadora na AASP, na Associação Comercial do Estado de São Paulo e no Instituto Recupera Brasil – CMIRB. Sócia da Camie – Câmara de Arbitragem, Mediação Interdisciplinar e Empresarial. Advogada.

69. SILVA, Antonio Álvares da. A desjuridicização dos conflitos trabalhistas e o futuro da justiça do trabalho no Brasil. *In*: TEIXEIRA, Sálvio de Figueiredo (coord.). *As garantias do cidadão na justiça*. São Paulo: Saraiva, 1993, p. 259.

70. TARTUCE, Fernanda. *Mediação nos conflitos civis*. 6ª Ed. São Paulo: Método, 2021, p. 374.

Outra importante razão pela qual a mediação pode ser essencial na vida das empresas diz respeito à gênese e à extinção das sociedades, situações que tendem a envolver elementos familiares e sucessórios.

Estimativas demonstram que no Brasil cerca de 90% das empresas são familiares, contribuindo com aproximadamente 65% do PIB e com o emprego de "75% dos trabalhadores no país"[71].

Além disso, tem havido no país uma "pejotização", "prática pela qual um trabalhador em típica relação de emprego constitui pessoa jurídica para simular uma relação de natureza cível ou comercial"[72]. Ao reduzir encargos trabalhistas e fiscais ao empregador em detrimento de direitos trabalhistas do empregado, tal ocorrência, quando identificada, vem sendo "considerada fraude pela Justiça do Trabalho"[73].

Dada a conjuntura brasileira, de elevada litigância, as chances de encontrarmos conflitos entre empresas é imensa, sendo importante compreender peculiaridades de tais controvérsias e elementos interessantes para a gestão de tais disputas.

2. Peculiaridades dos conflitos empresariais

Para que haja a adequada gestão de controvérsias, é salutar atentar para peculiaridades dos conflitos em análise.

Como exemplo, considere que a situação de empresas familiares pode se complicar porque muitas controvérsias internas envolvem aspectos não estritamente profissionais, mas também subjetivos; o processo sucessório em empresas familiares é um assunto relevante e delicado que não pode ser tratado apenas sob o prisma puramente lógico da administração – por

71. SAMPAIO, Luciano. *Empresas familiares e plano de sucessão*. Disponível em: <https://www.pwc.com.br/pt/sala-de-imprensa/artigos/empresas-familiares-e-plano-de-sucessao.html>. Acesso em: 14 mar. 2022.

72. MASCARO NASCIMENTO ADVOCACIA TRABALHISTA. *A ADC 66 e a pejotização das relações de trabalho*. Disponível em: <https://mascaro.com.br/boletim/boletim-224/a-adc-66-e-a-pejotizacao-das-relacoes-de-trabalho/>. Acesso em: 14 mar. 2022.

73. Ibid.

envolver pontos afetivos e emocionais relacionados à estrutura familiar, sua abordagem deve ser diferenciada.

Como bem aponta Caio Aguirre, estando o poder de controle nas mãos da família, a empresa trará consigo peculiaridades que poderão ser um diferencial a seu favor – se não puserem tudo a perder a ponto de encurtarem sua vida pela falta de gestão apropriada[74].

Podem ocorrer em empresas familiares inúmeros conflitos que misturam os elementos subjetivos da vida em família com os aspectos objetivos das relações negociais[75].

Pensemos agora no conflito entre duas empresas de dimensões diversas: uma grande companhia pode ter decidido contratar uma pequena empresa pela pessoalidade nas interações. No curso da operação, porém, essa característica acaba sendo objeto de dificuldades pelo diferente perfil institucional de cada uma. Na mediação, conversas esclarecedoras poderão contribuir para que as empresas voltem a considerar os benefícios das diferenças em seus melhores aspectos, atuando colaborativamente para a superação dos obstáculos.

3. Em que a mediação empresarial difere de outras mediações?

A mediação empresarial é diferente de outras mediações? Em que ela difere, por exemplo, da mediação familiar? O tema é relevante porque, com o avanço da adoção de práticas consensuais no Brasil, é natural a tendência de diversificação do mercado e do olhar sobre a especialização de profissionais.

A formação de conciliadores e mediadores é tema de grande importân-

74. AGUIRRE, Caio Eduardo. *Mediação em empresas familiares*. Dissertação de Mestrado defendida na PUC/SP em 2015. Disponível em: https://sapientia.pucsp.br/bitstream/handle/6866/1/Caio%20Eduardo%20Aguirre.pdf. Acesso em: 10 mar. 2022.

75. Como bem exposto por Águida Arruda Barbosa (em comunicação oral com a coautora Fernanda), é comum a confusão de espaços e papéis: no almoço em família discutem-se assuntos da empresa, enquanto na sede desta são abordados assuntos relativos ao âmbito familiar.

cia: o sucesso da aplicação dos meios consensuais como forma de composição de conflitos, dentro ou fora do Poder Judiciário, depende necessariamente do modo como esses profissionais atuam.

Mesmo na mediação empresarial, há que se considerar a existência de muitas subáreas de mediação dentro da perspectiva empresarial, como, por exemplo, a societária, a consumerista, em recuperação judicial (que inclusive se diferencia da crise empresária pré-processual), com especificidades e eventuais arcabouços legais que as preveem e regulam de forma muito específica.

Considerando o cenário vigente, delineamos seis aspectos fundamentais que diferenciam a mediação empresarial:

a) Objetividade no trato – as partes, especialmente no início, usam menos espaço para falar sobre sentimentos. "Dramas" tendem a soar inapropriados na mediação empresarial;
b) Presença marcante de reuniões privadas (*caucus*): em algumas mediações civis/familiares preponderam as reuniões conjuntas, enquanto em mediações empresariais costumam haver mais reuniões privadas das partes com o mediador;
c) A relação pode ser continuativa ou não (apenas episódica) na situação controvertida empresarial, já que a interação pode ser a primeira (e talvez a última, dependendo da gestão do conflito) entre as companhias;
d) O repertório de expressões usadas pelas partes tende a ser específico em relação a certos contextos. Assim, por exemplo, em uma mediação empresarial sobre M&A[76], a disputa pode centrar-se no levantamento em favor do vendedor do valor depositado na conta *Escrow*[77]. O mediador não precisa saber com antecedência sobre repertório,

76. M&A é a sigla em inglês para *Mergers and Acquisitions*, que significa fusões e aquisições (de empresas).

77. *Escrow Account*, expressão sem tradução literal para o português, retrata a "conta controlada" ou "conta de garantia", em que montantes são depositados por certo período para, caso algum fato novo impacte no preço ajustado, haver a devida compensação.

mas ter tranquilidade para aprender, por meio da oralidade, o que for importante para a facilitação da conversa;

e) *Timing* variável: o senso de oportunidade das partes tende a variar muito – o impacto de fatores como mudanças no dia a dia da empresa é significativo na decisão sobre se engajar ou não na mediação;

f) Confiabilidade pelo *ethos* (modo de ser) e pelo discurso do mediador tendem a ser muito relevantes.

Apenas para ilustrar o que tratamos aqui, em uma metáfora, sem entrar nos aspectos mentais e cognitivos, propomos que o leitor acesse a experiência trazida por Chabris e Simons[78] que explicita aspectos da Gestalt[79], figuras e fundo. Ao nos concentrarmos em um problema sem o devido mapeamento da situação/do contexto, apenas com olhos para a controvérsia posta, podemos perder de vista aspectos relevantes do conflito – que é sempre mais profundo – e, ao não os resolver, outras controvérsias surgirão, tirando o foco dos objetivos empresariais, perdendo-se em enxugar gelo[80].

Apesar dessas especificidades do *ethos* empresarial, mesmo nas relações empresariais em todas as suas dimensões – sejam comerciais, de gestão, produção etc. –, constituindo-se a empresa em um sistema social vivo, organizado e com objetivos precisos, a experiência da mediação nessa área tem demonstrado que a falta de funcionalidade na comunicação (interna e externa na permeabilidade em suas interlocuções com outras empresas) tem gerado um caldo de cultura para conflitos.

As relações humanas, que nem sempre são harmônicas, têm potencial

78. Ao se fixar a visão na figura, pode se perder conteúdos relevantes do fundo. Nesse sentido, veja o filme do *link* a seguir e leia o livro *O Gorila Invisível*, de Chabris E Simons (2011). Disponível em: https://www.youtube.com/watch?v=LvusDjrYTf4. Acesso em: 25 mar.2022.

79. *Gestalt*, palavra alemã, traduzida por forma ou figura, traz a ideia da compreensão da totalidade para que haja a percepção das partes. Aqui no exemplo, a figura é a disputa ou controvérsia, em que o fundo é o conflito. Também é uma linha da Psicologia, a Psicologia da Forma, parte dos estudos da percepção humana, que surgem século XIX com Kurt Koffka, Wolfgang Köhler e Max Wertheimer.

80. O tema foi desenvolvido com maior detalhamento na obra *Negociação, mediação, conciliação, facilitação assistida, prevenção, gestão de crise nos sistemas e suas técnicas* (ZAPPAROLLI, C. R.; KRAHENBÜHL, M. C. São Paulo: LTr, 2012).

para impactar a ação empresária em muitas dimensões. Basta pensar nas seguintes situações: a) dois diretores não se relacionam bem; b) existência de assédio moral na empresa; c) empresa familiar em que os diretores se divorciam ou há o falecimento de um deles, com a sucessão por herdeiros; d) conflitos após fusões e incorporações; e) diferentes perspectivas das empresas coligadas em uma SPE[81]. Os conflitos interpessoais também são fatores relevantes e se desdobram muitas vezes em controvérsias empresariais, chegando ao ponto de gerar crises empresárias das mais diversas ordens.

Assim, como em uma *Gestalt* (figura e fundo), acima referida, as questões trazidas como controvertidas merecem compreensão aprofundada quanto à existência de pontos críticos (verdadeiros gargalos) aptos a contribuir para o incremento do conflito para além do que é expresso inicialmente. Nesse sentido, muitas mediações empresariais iniciam-se com o tratamento pontual de uma controvérsia e desdobram-se, diante da necessidade e da confiança gerada no procedimento, para outras e mais profundas rodadas de mediação; muitas destas submergem ao conflito profundo, para além da controvérsia posta, ultrapassando questões jurídicas e caminhando para auxiliar inclusive em reestruturações empresariais/societárias, promovendo ambientes organizados com relações mais harmônicas.

Foi o que aconteceu em uma mediação que envolvia terceirização por contrato entre duas empresas; a interação demandou a contratação de empregados e gerou uma demanda trabalhista por horas extras com dimensão significativa para ambas as companhias. Mesmo em curso a ação trabalhista entre empregado *versus* empresas 1 e 2, estas procuraram uma mediação para alinhar a forma de atuação no caso concreto e definir suas responsabilidades. Durante a mediação, elas perceberam que as interações passavam por processos burocráticos, fluxos imprecisos e relações interpessoais

81. A SPE (Sociedade de Propósito Específico) é muito utilizada pela união de empresas para incorporação, construção e comercialização de imóveis; vide: https://rloreto.jusbrasil.com.br/artigos/555754926/sociedade-de-proposito-especifico-spe. Acesso em: 28 mar.2022.

desgastadas (inclusive entre diretores de ambas), com importante déficit na comunicação e nos processos de acompanhamento. Também notaram que a forma de contagem do ponto durante a jornada de trabalho tinha problemas objetivos – fato que, para além do impacto no caso concreto, certamente levaria a novos passivos trabalhistas.

Resolvida a controvérsia inicial posta na mediação (a figura na *Gestalt*), com a assunção de responsabilidades e a definição de estratégias para a demanda trabalhista, e também identificados os demais pontos que acabaram explicitados no processamento da mediação, derivou-se para uma segunda mediação mais profunda para tratar desses outros temas (o fundo na *Gestalt*).

4. Mediação entre empresas: destaques relevantes

A atuação do mediador pode contribuir para que os participantes resgatem os interesses comuns que os unem (como a manutenção dos pactos em bases sustentáveis), livrando-os de contaminações quanto a aspectos estranhos ao pleno desenvolvimento das atividades econômicas.

A mediação pode ser ainda utilizada para atender aos interesses comerciais das empresas contratantes. Em tal espectro de atuação, a mediação pode tratar de muitos assuntos que o Poder Judiciário provavelmente não alcançaria; este costuma ter sua atuação delimitada ao pedido formulado em juízo, enquanto a mediação permite a ampliação da conversa para diversos interesses subjacentes à atividade comercial.

Reconhecida a presença de interesses mútuos na manutenção de boas relações profissionais (especialmente se as empresas são interdependentes), em face de um episódio litigioso pode-se trabalhar a realização de ajustes não só quanto a certa disputa (ponto controvertido), como também a outros aspectos do negócio. Pela mediação, é possível atender à intenção de ambas as empresas de fazer negócios e auferir lucro, além de manter e desenvolver uma boa reputação. A mediação revela-se, então, uma oportunidade para as partes se aperfeiçoarem de uma maneira não imaginada antes das negociações iniciadas pela disputa[82].

Como aponta Daniela Gabbay, a mediação é bastante indicada para empresas que buscam soluções efetivas com economia de tempo e dinheiro por possibilitar ganhos ao evitar perdas de oportunidade e rompimento de relações continuadas em atividades empresariais: por tal razão, tem crescido o uso da mediação nas áreas de construção civil, energia, infraestrutura, seguros, tecnologia, societário, contratos empresariais e prestação de serviços[83].

Em conflitos empresariais, é mais provável que as pessoas busquem meios consensuais no âmbito extrajudicial, por disporem ali de mais espaço para controlar diversos fatores (como o *timing*) em relação ao que ocorre no âmbito judicial. De toda maneira, seja qual for o modo de negociação entre as partes – integrado ou não pela presença de um terceiro imparcial, com procedimento estruturado –, a ideia de uma sessão consensual em juízo também pode ser bem trabalhada.

Até mesmo nas situações em que as controvérsias já estejam em debate judicial ou arbitral há janelas de oportunidade que se entreabrem para o encaminhamento à mediação em seu curso.

Mesmo estando em andamento processos judiciais, sendo o caso encaminhado para a mediação pelo magistrado, é direito das partes a escolha de mediador(a) privado(a), nos termos do art. 168, § 1º do CPC[84].

Não se pode perder de vista que, como a arbitragem, a mediação e outros meios consensuais (como *dispute board*, avaliação neutra de terceiros e facilitação assistida)[85] podem estar previstos previamente em contratos,

---

82. RISKIN, Leonard L. *Compreendendo as orientações, estratégias e técnicas do mediador*, Op. cit., p. 25.

83. GABBAY, Daniela. *Mediação empresarial em números: onde estamos e para onde vamos*. Disponível em: https://www.jota.info/opiniao-e-analise/artigos/mediacao-empresarial-em-numeros-onde-estamos-e-para-onde-vamos-21042018. Acesso em: 21 jan. 2020.

84. "As partes podem escolher, de comum acordo, o conciliador, o mediador ou a câmara privada de conciliação e de mediação. § 1º O conciliador ou mediador escolhido pelas partes poderá ou não estar cadastrado no tribunal."

85. Tais mecanismos são explicitados com detalhamento na obra *Negociação, mediação, conciliação, facilitação*

com a indicação da câmara privada ou do(a) mediador(a) independente de confiança em cláusulas precisas e definição prévia de custos (inclusive sobre a hipótese de não mais se poder pagar e alternativas para isso).

Muitas vezes, registre-se, as situações empresariais podem ser tratadas de forma híbrida, iniciando-se em um processo (judicial ou arbitral), seguindo para uma conciliação e sendo remetidas a uma mediação, devido ao tema e/ou à sua complexidade. Essa hibridização pode ocorrer com todas os demais "meios adequados" de gestão de conflitos, pensando-se na adequação do instrumento de gestão de conflitos às necessidades concretas, na ideia de que, para cada situação concreta, há um instrumento mais adequado para seu tratamento.

Eis um caso real que demonstra essa hibridização ocorrida em uma ação judicial de recuperação judicial: houve remessa pelo magistrado à conciliação para a composição amigável do quadro de credores. Naquele momento seria impossível tal composição; contudo, a conciliação foi frutífera por permitir a identificação de outro problema e pactuar seu encaminhamento a uma tentativa de mediação – tratava-se de questão relativa à hipoteca em um imóvel central para que a recuperação fosse administrada. Diante da composição sobre esse tema, retornou-se então à jurisdição judicial adjudicatória (para uma decisão homologatória da transação verificada na mediação) e depois voltou-se para a conciliação referente à composição do quadro credores.

Há que se lembrar que a ideia não é ter uma "justiça" alternativa ao Judiciário, mas o meio mais adequado em uma ordem jurídica que seja justa[86]. A adequação do meio em dadas situações concretas é tema relevante, que muitas vezes somente os envolvidos conseguem melhor compreender.

---

assistida, prevenção, gestão de crise nos sistemas e suas técnicas (ZAPPAROLLI, C. R.; KRAHENBÜHL, M. C. São Paulo: LTr, 2012).

86. TAKAHASHI, Bruno. *Jurisdição e Litigiosidade: partes e instituições em conflito*. Tese de Doutorado em Direito Processual defendida na USP sob orientação de Carlos Alberto de Salles, 2019, p. 261. Disponível em: https://www.teses.usp.br/teses/disponiveis/2/2137/tde-07082020-014555/publico/3102423_Tese_Parcial.pdf. Acesso em: 25 mar.2022.

5. O mediador deve ser especialista na mediação empresarial?

Essa questão sempre ronda os debates entre mediadores(ras) e não mediadores(as).

A rigor o(a) mediador(a) não precisa ser advogado(a).

Quanto a ter conhecimento nas especificidades da área em que for atuar, será útil que possa compreender os contextos – fazendo uso, se necessário, de equipe interdisciplinar composta por economistas e contabilistas, apenas para citar alguns – até porque para cada mediação um *design* se desenvolve e há métodos mais bem pensados para ela[87].

Como exemplo, considere-se a mediação sobre uma crise financeira empresarial em que há limites e especificidades legais – de que é exemplo a Lei nº 14.112/2020, Seção II-A – podendo a rodada consensual ocorrer antes de um processo de recuperação ou em seu curso.

Nesse sentido, vale conhecer os enunciados aprovados na II Jornada Prevenção e Solução Extrajudicial de Litígios, que aconteceu no Conselho da Justiça Federal em 26 e 27 de agosto de 2021:

> ENUNCIADO 222 – O juiz incentivará, com o auxílio do administrador judicial, a desjudicialização da crise empresarial, seja nos processos de recuperação judicial, seja extrajudicial, como forma de encontrar a solução mais adequada ao caso e, com isso, concretizar o princípio da preservação da atividade viável.
> ENUNCIADO 201 – Na mediação antecedente ou durante a recuperação judicial, não cabe ao mediador julgar a existência, exigibilidade e legalidade do crédito. Na mediação em recuperação judicial, todos os participantes, colaborativamente, devem zelar pela observância da ordem de preferência dos créditos e pela verificação de existência, exigibilidade e legalidade dos créditos.

---

87. ZAPPAROLLI, C. R. Procurando Entender as Partes nos Meios de Resolução Pacífica de Conflitos, Prevenção e Gestão de Crises. *In*: SALLES, C. A.; LORENCINI, M. A. G. L.; SILVA, P. E. A. (Orgs.). *Negociação, Mediação, Conciliação e Arbitragem – Curso de Métodos Adequados de Solução de Controvérsias*, 3ª Ed. Rio de Janeiro: GEN-Forense, 2020, p. 93.

Mesmo não cabendo ao mediador julgar a existência, a exigibilidade e a legalidade do crédito, caso não se atente aos limites legais dos pactos, procedimentos e às avaliações necessárias, inclusive periciais e contábeis, haverá a possibilidade de ele se perder na condução da mediação.

Mais um exemplo, agora em uma mediação societária: imaginemos um(a) mediador(a) que:

1. Não conhece a construção de indicadores financeiros, especialmente do EBITDA – *Earnings Before Interest, Taxes, Depreciation and Amortization* – sigla que significa lucros antecedentes a juros, impostos, depreciação e amortização, usada para avaliar a empresa, especialmente aquelas no mercado de bolsas de valores e;
2. Desconhece alternativas viáveis com cláusulas de amarras, que constituem direitos e deveres, como a *Tag-Along*, que trata da possibilidade de saída/ venda conjunta do sócio minoritário ou a *Drag-Along*, que cuida das possibilidades de saída ou venda conjunta deste mesmo sócio/acionista[88] ou;
3. Não compreende os tempos e as etapas em alienação de participação societária ou acionista, aquisições e fusões etc.

Agora, lembremos também do teste do "Gorila Invisível", citado anteriormente. Talvez valha refletir sobre alguns aspectos:

1. Há uma tendência de o(a) mediador(a) voltar sua atenção para entender o que identificou desconhecer durante a sessão, com a possibilidade de perder o foco do todo (*Gestalt* – Figura e Fundo), inclusive quanto ao *timing* em questionamentos relevantes em dado momento;
2. Não identificando seu desconhecimento, há possibilidade de não fazer questões ou usar técnicas de comunicação por não ter repertório temático;

88. Nesse sentido, vide a Lei das Sociedades por Ações (Lei nº 6.404/1976), que regulamenta a regência supletiva nas sociedades limitadas da Lei das SAs; o artigo 254-A da mesma lei que prevê o direito de venda ou saída conjunta, *Tag-Along*.

3. Ele pode não compreender argumentos e narrativas das partes, muitas vezes desconexos da realidade, como de mercado, contaminados pela falta de racionalidade justamente por estarem em conflito.

Esses pontos, ocorrendo, poderão fazer com que a mediação rode em círculos, o que indiscutivelmente viria em desestímulo dos participantes e, no limite, poderia levar ao encerramento de maneira ineficaz. Nesse ponto, ter cuidado e informações sobre o contexto jurídico tenderá a ser de suma importância.

Claro que, em uma mediação das dimensões como as exemplificadas, as partes tendem a estar representadas por advogados(as) e estes(as) cuidam dos temas técnicos ao proverem a devida orientação jurídica.

Mas cabe ao(à) mediador(a) trazer solidez e objetividade para a conversa com vistas a promover confiabilidade. Afinal, tempo é dinheiro e a credibilidade no processo só constrói pontes se houver clareza técnica.

A oralidade, princípio essencial da mediação, é o veículo pelo qual as informações circulam e são esclarecidas. Se a conversa está fluindo e o(a) mediador(a) está acompanhando seu teor a partir da escuta ativa, poderá aprender muito com o diálogo; sentindo-se seguro para participar e fazer intervenções, poderá atuar com proveito para todos os envolvidos.

A bagagem tende a ser determinante para que o mediador possa atuar em prol dos melhores rumos do diálogo em um conflito específico. Então, por exemplo, uma mediadora pode participar de uma mediação sobre fusões e aquisições (M&A) e aprender ali sobre como tais operações funcionam em relação a certos aspectos específicos; se os advogados estão formulando perguntas e restaurando a negociação em bases funcionais, a mediadora poderá participar sem pressão, acompanhando a conversa. Claro que, para tanto, ter um bom repertório é essencial para que efetivamente o fluxo seja acompanhado.

O risco de se exigir que mediadores sejam altamente especializados é acabar caindo em excessivas exigências, a ponto de cada tipo de contrato empresarial exigir um mediador específico. Ora, como o mediador não pode dar orientação jurídica (cabendo tal função à advocacia), faria sentido precisar ter um mediador empresarial para disputas de M&A e outro para casos de incorporação imobiliária? A resposta é negativa.

Sem perder de vista, um mediador que sempre atuou em mediações comunitárias e familiares, sem qualquer repertório sobre temas empresariais, certamente teria sérias dificuldades e colocaria em risco a sua credibilidade e a do processo ao trabalhar nesse campo antes de um preparo efetivo e de buscar o suporte técnico – ainda mais se pensarmos em mediações com elevado grau de especialização, como ocorre nas recuperações judiciais, por exemplo.

Como destacado no item 3 deste artigo, certas peculiaridades existem nas mediações empresariais e sua percepção demanda ajustes, mas não a ponto de limitar demais o espectro de mediadores(as) aptos(as).

6. Algumas estratégias para melhor proveito na mediação empresarial

Na práxis da mediação empresarial, considerando as dinâmicas de gestão, estruturas, tempos e missões, identificamos alguns aspectos que vulnerabilizavam seu processo, como:

i) A presença de muitos atores com responsabilidades distintas (complementares ou não);
ii) Alternância, falta ou demora na vinda desses atores de uma mesma empresa;
iii) Processos internos que burocraticamente se prolongavam.

Também nos deparamos com limites decisórios dos representantes empresariais pelos postos que ocupavam e pela necessidade de validação interna; além disso, a visão e o interesse pessoal de representantes já se revelaram em rota de colisão com os objetivos globais da empresa.

Pode haver conflito interno pela diferença entre as perspectivas de atuação dos setores de uma mesma empresa; algumas podem estar focadas na visão retrospectiva do conflito pelo fato já ocorrido e outras terem um olhar prospectivo. Em certo caso, essa dissonância impunha a vinda do CEO da empresa – que nem sempre estava disponível para o procedimento, como ocorreu em uma mediação que envolvia multinacional com sede nos EUA.

Assim, dessa experiência, algumas estratégias foram estabelecidas para atuar na seara empresarial:

a) Constância de atores: é importante que o(a) mediador(a) esclareça para os participantes sobre a relevância de tal fator, lembrando que evitar alternâncias de representantes das empresas evita descontinuidade nas informações e circularidade nas sessões de mediação;
b) Identificação da autonomia legal dos representantes empresariais pelo(a) mediador(a): necessidade de verificar se quem representa e pactua tem autorização legal para tanto – caso a resposta seja negativa, lembrar que é preciso ter um jeito de lidar com essa ausência (por exemplo, orientando que pode ser requerida pausa para consultar quem tenha poder decisório);
c) Necessidade de o(a) mediador(a) identificar eventuais conflitos na representação: quem está se manifestando, de fato, está expressando os interesses da empresa ou sua perspectiva pessoal?;
d) Estrutura de acompanhamento (*follow up*) e validação dos atos na mediação: caso os representantes das empresas precisem reportar as decisões tomadas na mediação à mesa diretora ou ao conselho gestor, dentre outras possibilidades, são necessários a previsão da validação e o estabelecimento de prazos para as devolutivas;
e) Esclarecimento aos participantes sobre a potencial necessidade de mediação interna entre distintos atores e setores de uma mesma empresa, paralelamente e durante o curso da mediação principal

com outras empresas, para o alinhamento de interesses e a construção de propostas que sejam viáveis e sustentáveis pelo sistema empresarial como um todo;

f) Possibilidade de construção paralela, pela mediação, de protocolos internos de caráter geral que auxiliem em conflitos futuros e nas crises, se necessário for.

Quanto a este último ponto, pensemos que a mediação tem um tempo de duração e que ela ocorre em meio ao andamento da vida empresária. A construção de protocolos contribui para evitar o recrudescimento do conflito ou a perda dos objetivos empresariais por fatores críticos. Além disso, é um alívio imaginar uma decisão pelo executor que já tenha passado pela análise de critérios globais anteriormente. A criação de critérios em espaços distanciados permite que, na ponta, e nos contextos-limite, a decisão possa ocorrer de forma racionalmente aceitável por meio de protocolos predefinidos, reduzindo-se os impactos no agente decisório.

Considerações finais

Tratamos aqui da perspectiva de o conflito empresarial não se limitar ao campo das controvérsias pontuais, sendo ampliada a noção sobre o conflito e, prospectivamente, haver a elaboração de protocolos futuros. Também foram destacadas algumas características e especificidades da mediação nessa área, quais sejam: objetividade no trato; presença marcante de reuniões privadas (*caucus*); repertório específico; relações continuativas ou não; *timing* variável; confiabilidade pelo modo de ser e pelo discurso do(a) mediador(a).

Debatemos alguns aspectos relativos ao conhecimento do *ethos* que podem a levar à perda de foco nos objetivos na mediação empresarial.

Consideramos ser uma estratégia interessante para o melhor proveito nas mediações empresariais atentar para:

a) A constância de atores;
b) A identificação da autonomia legal e de eventuais conflitos na representação;
c) A criação de uma estrutura de *follow up* e;
d) Esclarecimentos sobre a possibilidade de mediações paralelas.

A mediação, apesar de ser um procedimento autônomo com características próprias, pode ter aplicação híbrida e dialogar com outros processos de gestão de conflitos, disputas e crises - inclusive com a arbitragem e a adjudicação judiciária.

Esse diálogo pode ocorrer também com outros meios consensuais - como a conciliação, a avaliação neutra de terceiros e a facilitação assistida - e também com processos por natureza híbridos (como é o caso dos *dispute boards*).

Nesse sentido, a perspectiva de múltiplas portas de acesso à justiça, mesmo no campo privado da gestão de conflitos - o que se pretende para uma "Ordem Jurídica Justa" -, grifa não haver um melhor instrumento, processo, procedimento, escola ou modelo de gerenciamento para todas as controvérsias, **mas o mais adequado, segundo as características, o momento e o contexto em que esteja inserida a disputa**.

O diálogo no universo ainda ilimitado de meios adequados (porque novos surgem com o passar do tempo) dá-se em janelas de oportunidade identificadas tecnicamente pelos gestores de conflitos, pelas partes e pela advocacia estratégica.

Assim, mesmo estando em debate judicial certa controvérsia, é direito das partes e dos procuradores escolher mediadores(as) que não estejam credenciados(as) no Judiciário, bastando o consenso entre as partes quanto ao seu nome.

A cláusula compromissória contratual que preveja a mediação antecedente ao ajuizamento da ação deve ser detalhada, inclusive com a previsão de alternativas na hipótese da impossibilidade financeira futura à contratação dos serviços. Isso vale, destaque-se, para qualquer outro meio de gestão de conflitos.

Aos(às) mediandos(as) e advogados(as), ao contratarem ou verem nomeado(a) mediador(a), recomenda-se indagar qual a perspectiva técnica de seu trabalho e zelar para que, durante todo o processo de mediação, para além de agenda, estrutura, duração e etapas, sejam atendidas as necessidades postas em debate. Afinal, a autonomia – diretriz essencial da mediação – não se limita ao acordo final, mas embasa cada atitude das pessoas durante as conversas.

Referências bibliográficas

AGUIRRE, Caio Eduardo. *Mediação em empresas familiares*. Dissertação de Mestrado defendida na PUC/SP em 2015. Disponível em: https://sapientia.pucsp.br/bitstream/handle/6866/1/Caio%20Eduardo%20Aguirre.pdf. Acesso em: 10 mar. 2022.

CHABRIS, Christopher; SIMONS, Daniel. *The Invisible Gorilla: And Other Ways Our Intuitions Deceive Us*. New York, Harmony Books, 2011.

GABBAY, Daniela. *Mediação empresarial em números: onde estamos e para onde vamos*. Disponível em: https://www.jota.info/opiniao-e-analise/artigos/mediacao-empresarial-em-numeros-onde-estamos-e-para-onde-vamos-21042018. Acesso em: 21 jan. 2020.

MASCARO NASCIMENTO ADVOCACIA TRABALHISTA. *A ADC 66 e a pejotização das relações de trabalho*. Disponível em: <https://mascaro.com.br/boletim/boletim-224/a-adc-66-e-a-pejotizacao-das-relacoes-de-trabalho/>. Acesso em:14 mar. 2022.

SAMPAIO, Luciano. *Empresas familiares e plano de sucessão*. Disponível em: https://www.pwc.com.br/pt/sala-de-imprensa/artigos/empresas-familiares-e-plano-de-sucessao.html. Acesso em: 14 mar. 2022.

SILVA, Antonio Álvares da. A desjuridicização dos conflitos trabalhistas e o futuro da justiça do trabalho no Brasil. *In*: TEIXEIRA, Sálvio de Figueiredo (coord.). *As garantias do cidadão na justiça*. São Paulo: Saraiva, 1993.

TAKAHASHI, Bruno. *Jurisdição e litigiosidade: partes e instituições em conflito*. Tese de Doutorado em Direito Processual defendida na USP sob orientação de Carlos Alberto de Salles, 2019. Disponível em: https://www.teses.usp.br/teses/disponiveis/2/2137/tde-07082020-014555/publico/3102423_Tese_Parcial.pdf, p. 261. Acesso em: 25 mar.2022.

TARTUCE, Fernanda. Da audiência de conciliação ou mediação. *In*: PEIXOTO, Ravi (coord.). *Enunciados do Fórum Permanente de Processualistas Civis – FPPC* – organizados por assunto, anotados e comentados. 2ª Ed. Salvador: Juspodivum, 2019.

TARTUCE, Fernanda. *Mediação nos conflitos civis*. 6ª Ed. São Paulo: Método, 2021.

VASCONCELOS, Ronaldo; CARNAÚBA, César Augusto Martins; HANESAKA, Thais D'Angelo da Silva. *Mediação na recuperação judicial: paralelos com a evolução estrangeira*. Disponível em: https://www.academia.edu/40180088/Media%C3%A7%C3%A3o_na_recupera%C3%A7%C3%A3o_judicial_paralelos_com_a_evolu%C3%A7%C3%A3o_estrangeira. Acesso em: 24 jan. 2020.

WATANABE, K. *Acesso à ordem jurídica justa* (conceito atualizado de acesso à justiça) – processos coletivos e outros estudos. Belo Horizonte: Del Rey, 2019.

ZAPPAROLLI, C. R.; KRAHENBÜHL, M. C. *Negociação, mediação, conciliação, facilitação assistida, prevenção, gestão de crise nos sistemas e suas técnicas*. São Paulo: LTr, 2012.

ZAPPAROLLI, C. R. Procurando Entender as Partes nos Meios de Resolução Pacífica de Conflitos, Prevenção e Gestão de Crises. *In*: SALLES, C. A.; LORENCINI, M. A. G. L.; SILVA, P. E. A. (Orgs.). *Negociação, Mediação, Conciliação e Arbitragem – Curso de Métodos Adequados de Solução de Controvérsias*. 3ª Ed. Rio de Janeiro: GEN-Forense, 2020, p. 93-124.

Pré-mediação no contexto da mediação extrajudicial institucional

Sílvia Cristina Salatino e Adolfo Braga Neto[89]

Introdução

O presente artigo tem o objetivo de oferecer reflexões sobre a pré-mediação, seu uso na realidade brasileira com pouco emprego no âmbito judicial, institucionalizada nas entidades brasileiras prestadoras de serviços de mediação, praticada também no contexto de mediações *ad hoc*[90] e sem previsão legal no ordenamento jurídico brasileiro. Além disso, se propõe a assinalar sua evolução da prática da mediação no Brasil, o que se faz notar com a ampliação de seu uso, resultando em dois momentos distintos, cujos objetivos passam a ser diferentes a partir da incorporação de sua prática.

Nesse sentido, os autores dividiram didaticamente estes dois momentos, sendo o primeiro, chamado de momento antecedente e o segundo pré-mediação propriamente dita, já identificada pela doutrina brasileira. Apresentarão os elementos integrantes de cada um deles, diferenciando-os por suas características específicas, que acabam por apontar objetivos também distintos, sobretudo ao se tomar como referência os eixos da mediação, a saber: processo, participantes e mediador.

---

89. Silvia Cristina Salatino é advogada, tem Licenciatura em Letras, capacitada em Mediação pelo IMAB – Instituto de Mediação e Arbitragem do Brasil, diretora de Assunto Internacionais do CONIMA – Conselho Nacional das Instituições de Mediação e Arbitragem, coordenadora de Secretaria no CAM-CCBC – Centro de Arbitragem e Mediação da Câmara de Comércio Brasil-Canadá.
Adolfo Braga Neto é advogado graduado pela USP, mestre pela PUC-SP, mediador, instrutor do CNJ, presidente do Conselho de Administração do IMAB – Instituto de Mediação e Arbitragem do Brasil, da Comissão de Ética e Disciplina do CONIMA – Conselho Nacional das Instituições de Mediação e Arbitragem e membro do Conselho de Mediação do CAM-CCBC – Centro de Arbitragem e Mediação da Câmara de Comércio Brasil-Canadá.

90. *Ad hoc* – termo proveniente do latim, emprestado da arbitragem, que designa processo desenvolvido especificamente para o caso sem regras institucionais pré-estabelecidas.

Para além dos aspectos acima identificados, este artigo busca aprofundar o conhecimento sobre a prática da pré-mediação institucional brasileira, identificando todos os elementos de seu desenvolvimento, sobretudo da experiência da atividade no dia a dia de uma instituição prestadora dos serviços de mediação, o CAM-CCBC[91]. Todos eles relevantes, pois a prática adotada institucionalmente vem contribuindo no sentido de ser também utilizada nos demais contextos. Destacam-se as mediações *ad hoc* e as mediações judiciais, sobretudo no contexto da recuperação empresarial, no qual hoje se faz necessária.

1. Pré-mediação e seu momento antecedente

A pré-mediação, identificada por Christopher W. Moore como o primeiro momento de contato dos futuros participantes do processo sem consistir nele mesmo, deve ser realizada pelo mediador e/ou sua equipe e/ou a instituição prestadora do serviço, antes das reuniões formais da mediação (1998, p. 65). Em outras palavras, como preleciona David A. Hoffman, é todo e qualquer momento com atividades desenvolvidas pelos profissionais ou instituições que desenvolverão o início do processo de mediação propriamente dito (2013, p. 4).

Carlos Suplicy de Figueiredo Forbes bem identifica que o próprio Marco Legal da Mediação no Brasil diferencia este momento da mediação propriamente dita. Ele lembra que o artigo 17 da Lei nº 13.140/15 marca que a mediação se inicia com a primeira reunião com o mediador. E pontua claramente que "até este momento não existe Mediação, o que significa que eventual cláusula obrigando à Mediação não estará satisfeita com a realização das reuniões prévias" (2019, 199).

Vale notar que, com a evolução da prática da mediação, sobretudo extrajudicial institucional, observa-se claramente um momento antecedente

91. Centro de Arbitragem e Mediação da Câmara de Comércio Brasil-Canadá. Ver: www.ccbc.org.br.

à pré-mediação em que ideias, hipóteses ou conjecturas são expressadas por advogados ou futuros participantes potenciais. Seria uma espécie de sondagem a respeito de fatos conflituosos estudados e analisados de maneira informal e despretensiosa. As pessoas, não importando quem sejam, buscam informações e recebem respostas genéricas sobre a possível empregabilidade ou não da mediação, para depois buscarem com profissionais especializados detalhes mais específicos sobre a atividade ou mesmo instituições e serviços especializados. Com base nesses parâmetros, observa-se que os objetivos passam a ser específicos desta sondagem, já que o desconhecimento da mediação ainda se faz presente, margeando despretensiosamente o momento.

Tais elementos não estão presentes na pré-mediação, pois a maior tecnicidade ocorrerá com a análise conjunta ou não dos litigantes quanto ao emprego da mediação, além de constituir-se parâmetro para entendimento de como se realiza o processo (VASCONCELOS, 2016, p. 206), bem como o convite para coconstruí-lo com a ajuda do mediador. Importante notar que em ambos os momentos os eixos estruturantes da mediação – processo, participantes e mediador – estão presentes, porém com características distintas e específicas a cada um deles.

Antes de adentrar em considerações relativas a ambos os momentos, que, como mencionado anteriormente, são decorrentes da prática no país, torna-se importante oferecer breve histórico sobre a pré-mediação em território brasileiro.

Breve contextualização histórica da experiência brasileira com a pré-mediação

Remontam à última década do século passado as primeiras experiências em mediação no país, que se deram por profissionais que haviam participado de formações ministradas por especialistas estrangeiros e formações no exterior, onde a atividade era mais conhecida. Tais experiências acabaram por apontar a necessidade de um momento prévio explicativo do processo, face ao grande desconhecimento por parte da população brasileira, baseado em vários fatores, dentre eles a sua inexistência no ordenamento jurídico brasileiro, bem como a proposta paradigmática da existência de um terceiro que não decide.

Assim foram dados os primeiros passos da introdução da pré-mediação na prática brasileira em diversos contextos, inclusive judicial. A ideia era que os futuros participantes do processo melhor compreendessem a mediação e a aceitassem, face ao seu caráter não impositivo, elemento basilar que o cidadão comum não estava acostumado a vivenciar, pela rigidez do processo judicial. Tais experimentos foram sendo difundidos e praticados, resultando na melhor aceitação dos convidados a participar e a na diminuição da ansiedade natural decorrente do conflito vivenciado. Por isso, Adolfo Braga Neto afirma que a pré-mediação ou reunião prévia consiste em um momento de caráter informativo para os futuros participantes que

> privilegia justamente oferecer informações relativas à Mediação. Nele são explicados com detalhes todos os elementos do processo, baseados nos princípios da voluntariedade, respeito, cooperação e sigilo, para que os mediados possam deliberar se desejam efetivamente participar. O pré-mediador, profissional com ampla experiência em Mediação, bom domínio do processo e conhecedor das dificuldades da atividade, depois de explicar de maneira ampla o processo, convida a todos para falar sobre o que os trouxe para a Mediação. (2018, p.137)

Além disso, a prática aponta para a natural avaliação, conjunta ou não, sobre a conveniência ou não da participação na mediação. Tal momento se reveste de vital importância, pois, ao responderem sim à mediação, indicam que passaram a dar credibilidade ao seu processo e, ao mesmo tempo, poderão estar mais abertos para o diálogo por ela proposto (LEVY, 2013, p.155). Na sequência, foi adotada institucionalmente, sendo incluída como parte dos regulamentos das instituições prestadoras dos serviços de mediação, que ofereciam esse serviço muito antes do advento do seu Marco Legal. Exemplo foi o CAM-CCBC, que, ao oferecer nova roupagem em seus serviços de mediação, incluiu-a e hoje a denomina de reunião prévia. Por isso Carlos Forbes afirma

> a realização da reunião prévia à mediação é uma prática, desde sempre, utilizada pelo CAM-CCBC e vem revestida de enorme sucesso. Permitir que as partes perguntem, indaguem, sobre a instituição, a infraestrutura, as regras internas, os custos e detalhes do procedimento, revela enorme ganho de tempo para a mediação propriamente dita. (2019, p. 198)

Importante notar que a prática da pré-mediação acabou por criar o momento antecedente, pois, além de ocorrer antes em termos de critério temporal, possui um caráter mais especulativo e descompromissado para análise inicial da viabilidade ou não da mediação por parte dos envolvidos no conflito. Além disso, enseja a percepção mais objetiva da mediação pelos esclarecimentos que são oferecidos, propiciando a sensibilização para o início de sua credibilidade, partindo sempre de seus três eixos (processo, participantes e mediador), sendo que o processo de mediação só avança se ocorrer credibilidade mínima dos participantes no processo e no mediador.

Momento antecedente e seus elementos de esclarecimentos e sensibilização

O momento antecedente consiste nos contatos informais, quer pessoais, por telefone, videoconferência, whatsapp, *e-mail* ou qualquer outro meio de comunicação, bem como reuniões presenciais ou virtuais em que o diálogo que se desenvolve versa sobre aspectos pontuais relativos à mediação e eventuais informações gerais relativas ao conflito existente (STONER, 1999, p.2-4). Pode incluir entrevistas informais com advogados e/ou outros profissionais, com o objetivo de refletir de maneira descompromissada sobre a hipótese de se levar algum conflito pessoal ou a seu cliente para mediação. Carlos Eduardo Vasconcelos bem aponta sua contribuição para percepção das pessoas sobre a mediação e seu processo dialógico (2016, p. 206).

Aquele que cogita sobre a opção pela mediação naturalmente terá dúvidas a respeito de como ela poderá acontecer. Com o advento do conflito, o sentimento de ansiedade, medo e/ou insegurança naturalmente ocorre, daí a importância do oferecimento de informações iniciais sobre a atividade, mesmo que superficiais (FIORELLI; FIORELLI; MALHADAS JUNIOR, 2008, p. 121). Neste momento, é importante já se oferecer a marca registrada da mediação: o acolhimento. Assim é que se faz necessário o oferecimento de esclarecimentos pontuais para que sejam dimensionadas sua aplicabilidade ou não, mesmo pelo viés da informalidade.

Tendo como referência todos esses elementos, cabe chamar a atenção para com quem é feito o contato para os esclarecimentos iniciais. Aqui se iniciam perspectivas diferentes a partir do contexto em que é realizada. Caso seja feito no âmbito judicial, dependerá de em que momento se encontra o processo judicial, podendo ser pré-processual. Neste aspecto, vale reforçar as palavras iniciais deste artigo, no sentido que neste contexto judicial pouca é a prática de seu desenvolvimento. Diferentemente do que observa no contexto extrajudicial, quando este momento prévio já está incorporado institucionalmente e também ocorre, sendo realizadas as mediações *ad hoc*.

Com relação a este último, o pré-mediador será o mediador do caso, pois foi procurado por um ou mais de um dos futuros participantes, inclusive os advogados. Recomenda-se neste aspecto que ele tome todos os cuidados para efetuar todos os esclarecimentos sobre a sua atividade, com o objetivo de fazer valer os elementos mencionados anteriormente, não importando se realiza separadamente, conjuntamente na presença dos advogados ou sem eles (LEVY, 2013, p.154). Nesse sentido, as informações oferecidas sempre apontam para os eixos da mediação – processo, participantes e mediador –, a fim que seja estimulada a perspectiva de credibilidade a todos eles. Cabe lembrar ainda que este momento antecedente, quando realizado em uma instituição prestadora do serviço de mediação, será conduzido por um profissional qualificado e devidamente treinado.

Pré-mediação e seus elementos característicos impulsionadores da mediação

Segundo Sampaio e Braga Neto, na pré-mediação são realizados esclarecimentos de como poderá ser desenvolvida a partir do caso concreto, devendo ser apresentada a minuta do Termo de Mediação, na qual os elementos contratuais estarão devidamente expressados em um documento estruturador da atividade específica para o conflito (2007, p.53). Tende a ser um importante elemento para o nascimento da credibilidade do processo para os futuros mediandos e mediador, que começa efetivamente quando a possibilidade de sua utilização se inicia nos contatos com advogados ou outros profissionais que sugerem aos envolvidos no conflito a oportunidade de dialogar com a ajuda de um mediador, que possui o dever de imparcialidade e independência.

Assim, pode-se afirmar que esse momento de caráter informativo aos participantes privilegia justamente oferecer informações amplas relativas ao processo da mediação. Nele são explicadas com detalhes todas as regras do processo baseadas nos princípios de voluntariedade, respeito, cooperação e sigilo, para que possam melhor deliberar se desejam efetivamente utilizar o método (ALMEIDA, 2021, p. 12). Em outras palavras, o mediador ou o profissional treinado e habituado a desenvolvê-la em uma instituição informam como poderá ser realizado o diálogo a ser retomado, e os futuros participantes decidem conjuntamente com aquele terceiro os parâmetros do processo para a resolução ou transformação do conflito por eles vivenciado. São discutidas também as datas tentativas das reuniões e se estas serão individuais ou conjuntas.

O pré-mediador, mediador com ampla experiência em mediação, bom domínio das técnicas e conhecedor das dificuldades da atividade, depois de informar sobre o procedimento, deverá convidar as partes a falar sobre o que as trouxe para a mediação, devendo escutá-las atentamente para que, posteriormente avaliem em conjunto sobre a conveniência ou não de a utilizarem (BRAGA NETO, 2017, p.92).

Importante notar que existem três questionamentos básicos que este momento deverá incluir, consagrando com isso os princípios da mediação. Segundo Braga Neto, o primeiro é relativo ao tema, o conflito que os levou a pensar na mediação e se pode ser objeto da mediação. O segundo está ligado ao efetivo interesse dos futuros participantes em se submeterem ao processo. E o terceiro, mais relativo ao papel que cabe ao terceiro imparcial e independente, refere-se à escolha do mediador para o caso, podendo recair ou não em profissional que os informou sobre o processo, o pré-mediador (2018, p. 136).

Caso sejam positivas as respostas a estas questões, deverão avaliar conjuntamente sobre a conveniência de ser utilizada. É apresentada, também, a minuta de contrato de prestação do serviço da mediação, em que estará contemplado o modo como se realizará. É o momento em que nasce a confiança das partes no processo.

A prática frequente deste momento prévio auxilia, e muito, na quebra de paradigmas, bem como no início do desarmamento dos envolvidos no conflito. E, como complementa Carlos Eduardo Vasconcelos, contribui para a capacitação dos futuros mediandos para se expressarem enquanto protagonistas responsáveis do conflito (2016, p. 206).

Cabe ressaltar sua importância no sentido de tornar os futuros mediandos mais abertos para o início do processo com a possível diminuição da ansiedade, aspecto pessoal natural ao ser humano diante do conflito. Há que se salientar, também, que poderá ser realizada de maneira conjunta ou separada entre os envolvidos. Poderá até ser em datas e horários diferentes. O que rege sua dinâmica é a disponibilidade dos envolvidos, do mediador ou da instituição em que for realizada. Em todas as formas acima citadas, o importante é que se privilegiem informações suficientes para que os envolvidos no conflito possam decidir se desejam confirmar suas opções pela mediação a partir de seus eixos: processo, participantes e mediador. Em resumo, como pontua Gustavo Milaré Almeida, a pré-mediação objetiva esclarecer o papel dos participantes e do mediador durante o processo, assim como sua eficácia jurídica (2022, p. 9). E, como ensina Fernanda Rocha Lourenço Levy, a pré-mediação se encerra com a assinatura do Termo de Mediação (2013, p. 156).

Importante notar que, com a evolução da mediação no país, a mediação judicial começa a dar seus primeiros passos para a incorporação da pré-mediação em seu cotidiano, sobretudo nos processos envolvendo recuperação de empresas. Fruto da *expertise* de mediadores que têm sentido a necessidade de seu emprego para melhor desenvolvimento de diálogo entre recuperanda e credores.

2. A pré-mediação na prática institucional no CAM-CCBC

A equipe de mediação, responsável por receber os pedidos de instalação dos procedimentos, nas instituições prestadoras do serviço, passa a conduzir inicialmente as etapas que compõem o momento antecedente. Na prática utilizada pelo Centro de Arbitragem e Mediação da Câmara de Comércio Brasil-Canadá (CAM-CCBC), conforme previsto no artigo 3 do Regulamento de Mediação, o primeiro passo é informar às futuras participantes, tanto aquelas que apresentaram o Requerimento de Instituição da Mediação, chamadas de Solicitantes, como aquelas que foram convidadas a participar da reunião de Pré-Mediação, chamadas de Solicitadas (FORBES, 2019, p. 199). Destaca-se aqui a importância de evitar a utilização de termos que são usualmente adotados em processos de arbitragem ou judiciais para caracterizar as participantes do procedimento.

Importante notar que, naqueles procedimentos em que o contrato firmado entre as participantes estabelece a realização da mediação como medida para resolução da solução de disputas – quer seja como oportunidade prévia a outro método, como as cláusulas escalonadas descrevem, quer seja como o principal método estabelecido entre elas –, não causa estranheza o recebimento do convite para a participação em procedimento de mediação, sendo esse convite em geral aceito. Quando houver falta de resposta ou resposta negativa ao convite enviado, todas as tentativas de contato serão registradas num Termo de Encerramento, que formalizará a tentativa de instalação do procedimento de mediação por uma das partes do contrato. Para os contratos que não preveem cláusula de mediação, quando qualquer das partes decide por ela optar, algumas reações ao convite para participar do procedimento são mais frequentes, dentre elas os questionamentos sobre a possibilidade de realização da mediação por não haver previsão no contrato ou sobre como o método poderá colaborar com as questões que estão sendo enfrentadas.

As resistências em ambos os casos são trazidas e caberá à equipe de mediação das instituições esclarecer que a principal finalidade da reunião de pré-mediação, para a qual o convite foi enviado (CALCATERRA, 2002, p. 135), é exatamente a de esclarecer as características, as vantagens, os custos e as possibilidades que o método oferece. Há dúvidas que são trazidas sobre a necessidade de realização desse momento, principalmente quando os advogados das participantes já têm experiências anteriores em procedimentos e preferem eles mesmos cuidar dos esclarecimentos aos seus clientes. Nessas situações, a equipe de mediação informa que está à disposição para colaborar no que for necessário e informa o mediador, quando indicado, sobre a realização ou não das reuniões de pré-mediação.

O agendamento das reuniões com os participantes ocorre de acordo com a conveniência de cada um deles com relação a data e horário, de forma individual, por grupo de interesses ou de forma conjunta com todos os participantes. O detalhamento dessas possibilidades deve ser apresentado aos participantes, esclarecendo-se também que participem do procedimento aquelas pessoas que tenham conhecimento dos fatos e que tenham poder decisório para eventuais acordos que possam vir a ser firmados.

Como já apontado anteriormente, em grande parte das instituições que administram os procedimentos de mediação, as reuniões de pré-mediação são realizadas pela equipe de mediação. Essas reuniões não caracterizam o início do procedimento de mediação: cabe esclarecer que, conforme estabelece a Lei nº 13.140/15, a mediação só terá início na primeira reunião com a presença do mediador indicado, conforme já mencionado.

Participantes apresentam a descrição da controvérsia

As reuniões de pré-mediação ocorrerão de acordo com agenda e forma escolhidas pelos participantes. A equipe de mediação prestará atenção à regularização da representação de cada participante: nos casos de pessoas jurídicas, é importante ser apresentada a cópia do contrato social e, no caso de os participantes serem indicados pela empresa, deve ser apresentada carta de preposição. A escolha por estar representado ou não por advogado caberá a cada participante e todos terão conhecimento se os demais estão sendo acompanhados por advogados.

As datas das reuniões com cada participante poderão ser informadas aos demais e eventuais dificuldades de contatos também serão informadas para que possam ser rapidamente resolvidas. E, como as solicitantes já tiveram a oportunidade de apresentar suas considerações no requerimento de instituição do procedimento, nessa reunião terão liberdade para apresentar outros elementos que entenderem que devam ser trazidos e tirar todas as dúvidas que os advogados e clientes ainda tenham.

As solicitadas, geralmente, trazem paras as reuniões suas posições com versões próprias sobre o que foi descrito no requerimento de mediação e quais dificuldades vêm sendo enfrentadas.

O fato de as posições serem, na maioria das vezes, totalmente divergentes acaba por ocasionar a polarização entre as pessoas e a falsa impressão de que o diálogo não poderá reverter o que foi estabelecido pelo conflito pode gerar resistência na participação no procedimento. Nesse momento, é imprescindível a explicação de que será o mediador ou os mediadores, no caso de comediação, que, com sua *expertise*, facilitarão a aproximação e a retomada do diálogo.

Os esclarecimentos sobre a mediação apresentados pela equipe de mediação são importantes na medida em que colaboram para que as pessoas tenham conhecimento de como se dará todo o processo e daquilo em que ele difere dos demais métodos, conforme dito anteriormente (ALMEIDA, 2021, p. 13). Cabe também destacar que a mediação poderá colaborar na construção de acordos parciais, na hipótese de não acordo. E que, iniciado procedimento de arbitragem, poderá ser retomado incidentalmente sempre que os participantes tiverem interesse, inclusive em eventual fase de liquidação de sentença para evitar perícias longas e custosas, e ainda na hipótese de dificuldade de cumprimento de sentença. A ideia é que saibam que a atividade deixa a porta aberta para que o diálogo possa ser retomado sempre que necessário.

O primeiro acolhimento da equipe de mediação é o de ouvir todas as considerações, novos elementos, posições e preocupações que os participantes decidirem compartilhar. Interessante pontuar que a relação de reações aqui descrita pode vir dos advogados e dos clientes, e não raro, os clientes acabam trazendo versões que nem mesmo os advogados conheciam sobre os fatos (SLAIKEU, 2004, p.71). A equipe de mediação do CAM-CCBC considera a oportunidade que todos têm de ir ampliando a visão das questões desde um primeiro encontro. Devem estar seguros de que tudo que for trazido nessa reunião não será compartilhado, nem mesmo com o mediador, visto que terão oportunidade de fazer seus relatos diretamente a ele.

Vale destacar ainda que experiências anteriores na utilização da mediação são valiosas. No entanto, como bem apontado por Jean François Six (2001, p. 210), cada mediação é única, pelas pessoas e pelos grupos envolvidos, pelas circunstâncias, assim como pela personalidade do mediador e sua maneira de trabalhar. Uma vez ouvidos os participantes e apresentadas as concordâncias em participar, seguem-se os passos descritos abaixo durante a reunião, não necessariamente nessa ordem.

Apresentação da mediação

i. Reuniões de pré-mediação – em conjunto ou separadas

A intenção de descrever com detalhes o que ocorre ou o que pode ocorrer, nas reuniões de pré-mediação, é que os participantes se sintam confortáveis num ambiente que a maioria desconhece. Mesmo que haja experiência anterior em procedimento de mediação em outra instituição, dificilmente será o mesmo; por esta razão, a descrição é necessária. Os participantes são informados de que o procedimento terá início na primeira reunião entre eles e o mediador (VARGAS, 2006, p. 136), quando será assinado o Termo de Mediação e nele estabelecido o calendário das reuniões.

Havendo eventual dificuldade para que os participantes estejam juntos numa mesma sala, mesmo que de forma virtual nos procedimentos que ocorrem inteiramente de forma eletrônica, essa informação será levada ao mediador, que analisará e decidirá sobre o início do procedimento já com reuniões em separado. Deve restar claro que o teor do que for falado nas reuniões em separado só será levado aos demais participantes quando houver o consentimento ou o pedido para tanto.

Nos procedimentos em que as reuniões ocorrem de forma conjunta, as reuniões em separado podem ser solicitadas a qualquer momento: pelos participantes que quiserem falar com o mediador; pelo mediador, quando quiser falar isoladamente com os participantes; pelos advogados, quando quiserem falar com seus clientes; e pelos clientes, quando quiserem falar com seus advogados. Em qualquer das situações, é de extrema importância que estejam seguros de que estão de fato isolados nos momentos dessas sessões em separado, principalmente nos ambientes on-line.

ii. Quem pode participar das reuniões

Aqueles regularmente representados e com poder decisório, como acima indicado, também aqueles que possam de alguma forma colaborar com informações específicas ou técnicas e que poderão eventualmente ser convidados a participar de reuniões. As participações eventuais terão sempre a concordância de todos e serão firmados por eles termos de confidencialidade.

iii. Apresentação de documentos

A dinâmica que será adotada para a apresentação de documentos será estabelecida entre mediador e participantes. Cabe esclarecer que o que define a viabilidade de trazer documentos é a efetiva necessidade da apresentação e de que forma irão colaborar para esclarecer o que estiver sendo debatido. Os participantes poderão estabelecer quais documentos serão apresentados, se serão disponibilizadas cópias e se poderão ser utilizados em outro método de resolução de disputas, caso não cheguem a um acordo na mediação.

iv. A possibilidade de produção de provas

Da mesma forma, havendo necessidade de esclarecimentos técnicos que contribuirão para a clareza de algumas questões, poderá haver produção de provas no procedimento de mediação, inclusive podendo ficar estabelecido que essa prova técnica poderá ser também utilizada em outro método de resolução daquele conflito. O mediador cuidará para que sejam acordados entre os participantes a pertinência da prova que será produzida, como será escolhido o *expert* que irá realizar a perícia e quem ficará responsável por custear tal prova.

v. Responsabilidade sobre os custos do procedimento

A mediação institucional tem como vantagem o conhecimento prévio pelos participantes das regras da instituição escolhida para administrar o procedimento, como também dos valores e da forma de rateio dos custos envolvidos. Qualquer necessidade de alteração dessas regras terá sua viabilidade analisada pela instituição e pelos participantes, caso seja necessário concordarem. Quando houver dificuldade de pagamento dos valores do procedimento por qualquer dos participantes, serão aplicadas as regras da instituição previamente estabelecidas, não havendo a possibilidade de continuidade do procedimento sem o recolhimento das custas.

vi. Definição do valor da controvérsia

Nas reuniões de pré-mediação, um dos pontos discutidos é o valor da disputa, que geralmente é apontado pela solicitante no requerimento de mediação. Estando todos de acordo, os valores serão recolhidos e rateados conforme as regras da instituição. Havendo discordância, os participantes poderão estabelecer um valor prévio, que acarretará o recolhimento inicial dos custos, e no decorrer do procedimento, com o auxílio do mediador, o valor será definido e os custos, ajustados. Este é um dos primeiros pontos em que os participantes terão que, por vezes, já começar a praticar a colaboração para o bom andamento do procedimento.

vii. Escolha do(s) mediador(es)

O outro momento que exigirá a mesma colaboração dos participantes é quando é solicitada a indicação do mediador. Na pré-mediação é informada a possibilidade da comediação, a depender do interesse dos participantes, da complexidade da causa e do número de participantes. As regras da instituição vão estabelecer como se dá a indicação do comediador e as implicações financeiras. A principal característica para essa indicação do profissional que colaborará para a solução da disputa é a confiança. Dúvidas e questionamentos devem ser apresentados sempre que houver e a qualquer tempo.

Como bem indica Adolfo Braga Neto, ao descrever o mediador na obra *Negociação, Mediação e Arbitragem - Curso básico para programas de graduação em Direito* (2013, p. 114), este deve pautar sua conduta pela imparcialidade, independência, competência, discrição e diligência. Caberá ao(s) mediador(es) indicado(s) revelar os fatos que entender(em) relevantes sobre eventuais contatos anteriores com os participantes do procedimento, com a oportunidade de os participantes decidirem sobre a permanência ou não do profissional indicado.

O papel desempenhado pelo(s) mediador(es)

A atuação do mediador é muito bem esclarecida por ser oposta àquelas exercidas pelos juízes e árbitros e por ter a função de facilitador da comunicação sobre o entendimento que os participantes têm da disputa. Não interfere nas decisões, não induz a qualquer acordo e não profere decisão (ALMEIDA, 2021, p 13).

A colaboração deve ser por ter ferramentas que contribuem para a ressignificação do conflito e, com isso, propiciam novos olhares para antigos problemas, ajudando na inversão de posturas resistentes a posturas interativas, estabelecendo equilíbrio nas participações, abrindo espaço para outras possibilidades de convivência e promovendo a organização dos assuntos que serão tratados por ordem de urgência ou importância, conforme estabelecido pelos participantes.

As instituições que administram procedimentos de mediação têm, dentre os regramentos, seus respectivos Códigos de Ética e Conduta para orientar os mediadores integrantes ou não de suas listas para atuarem nos processos por elas administrados. O código do CAM-CCBC estabelece uma conduta pautada nos Princípios da Mediação e regras que deverão ser observadas pelo(s) mediador(es), participantes e seus advogados. Leitura essa que deve ser estimulada permanentemente[92].

Posturas dos participantes – representantes e advogados

Com os esclarecimentos apresentados sobre a postura e atuação do mediador, é também necessário trazer esclarecimentos sobre as posturas dos participantes e seus advogados, no procedimento de mediação. Na maioria das situações, no início do procedimento os participantes estabelecem entre eles diálogos difíceis, que são aqueles que causam desconforto. O trabalho do mediador levará em conta os comportamentos das participantes, se apresentam propensão para cooperar e a retomada de diálogos produtivos será construída (ALMEIDA, 2021, p. 9).

A equipe de mediação destaca a importância da participação mais ativa principalmente daqueles que têm conhecimento de como as pessoas envolvidas se aproximaram, decidiram sobre a relação que se formou entre elas, colaboraram com a redação do contrato ou conhecem o desencadear de fatos que deram causa ao conflito. Essas pessoas têm muito a colaborar e devem participar das reuniões, visto que terão importantes informações a trazer para a mesa de trabalhos. O mesmo vale para os advogados, participantes naturais da mediação, assim como da pré-mediação e do momento antecedente, como mencionado anteriormente.

Importante que a equipe de mediação ressalte que os participantes e seus advogados devem sempre apontar ao mediador situações que lhes causem desconforto, porque a confiança é a base de todo o trabalho que será realizado.

Considerações finais

A mediação é a escolha por um método de resolução de disputas no

92. Disponível em: https://ccbc.org.br/cam-ccbc-centro-arbitragem-mediacao/resolucao-de-disputas/mediacao/codigo-etica/. Acesso em: 01 abr.2022.

qual seus participantes têm a possibilidade de construir a solução a partir de suas liberdades de escolhas, com base em um processo por eles construído com a ajuda do mediador. A colaboração do mediador será a de retomar o diálogo e estimular que o protagonismo seja exercido pelos participantes, em busca de resultados com equilíbrio entre criação e distribuição de valor. Tais elementos tornam-se imprescindíveis para que se desenvolva a mediação a partir de seus princípios e norteadores.

O momento antecedente à pré-mediação torna-se cada vez mais visível e necessário, pois sua característica informal permite refletir sobre a oportunidade inicial promovida pela mediação. Esse momento, ainda pouco estudado pela doutrina, faz parte da tomada de decisão pela opção ou não da mediação, além de integrar o momento do preparo, constituindo-se em elemento não menos importante, pois poderá abrir ou fechar para os futuros participantes da pré-mediação, comprometendo posteriormente a própria mediação.

As reuniões de pré-mediação, ou reuniões prévias, por seu turno, são oportunidades de apresentar o ambiente em que se propõe a mediação, bastante diverso do convencional. Prima pela perspectiva de futuro, com base no ambiente conflituoso, podendo ser alterado, ajustado, adaptado ou mesmo encerrado da melhor forma. Além de vantagens propostas pela mediação, como processo mais econômico, ágil e rápido, não se pode esquecer a possibilidade de que a solução construída atenda às exatas medidas dos interesses dos que dela participam – o que desfavorece qualquer comparação que se queira estabelecer com os demais métodos, que, pelo viés adversarial, têm como foco o passado e a busca por estabelecer o certo ou o errado ou mesmo a quem cabe a culpa.

Nesse contexto, o papel que ambos os momentos exercem, tanto o antecedente, quanto a pré-mediação propriamente dita, vai muito além dos esclarecimentos prestados àqueles que ainda não utilizaram essa prática, ou mesmo para aqueles que a utilizaram. Colabora para eliminar resistências e evitar desconfortos nesse ambiente desconhecido. Deve, além disso, também oferecer a oportunidade aos participantes e seus advogados de verificar as inúmeras possibilidades que a mediação oferece para criação de novos valores e mudanças na perspectiva negocial.

Referências bibliográficas

ALMEIDA, Gustavo Milaré. Pré-Mediação e seus objetivos para as Partes e Mediadores. *Revista Brasileira de Arbitragem*. Ano XVIII. jul/ago/set 71. São Paulo: Kluwer Law International, 2021.

BRAGA NETO, Adolfo. Mediação de Conflitos: Conceito e Técnicas. *In*: SALLES, Carlos Alberto de; LORENCINI, Marco Antonio Garcia Lopes; ALVES DA SILVA, Paulo Eduardo (Orgs.). *Negociação, Mediação, Conciliação e Arbitragem – Curso de Métodos Adequados de Solução de Controvérsias*. 3ª Ed. Rio de Janeiro: Forense, 2019.

BRAGA NETO, Adolfo. *Mediação – uma experiência brasileira*. 2ª Ed. São Paulo: CL-A, 2019.

BRAGA NETO, Adolfo (Org.). A Mediação no Fórum do Tatuapé na visão de supervisores e mediadores. *In*: *Mediação Familiar: a experiência da 3ª Vara de Família do Tatuapé*. São Paulo: CL-A, 2018.

BRASIL. Lei 13.140 de 26 de junho de 2015. Disponível em: http://www.planalto.gov.br/ccivil_03/_ato2015-2018/2015/lei/l13140.htm. Acesso em: 01 abr. 2022.

BRASIL. Lei 14112 de 24 de dezembro de 2020. Disponível em: http://www.planalto.gov.br/ccivil_03/_ato2020-2021/2020/lei14112.htm. Acesso em: 01 abr. 2022.

CALCATERRA, Rubén A. *Mediación Estratégica*. Barcelona: Gedisa, 2002.

CAM-CCBC. *Regulamento de Mediação*. Disponível em: https://ccbc.org.br/cam-ccbc-centro-arbitragem-mediacao/resolucao-de-disputas/mediacao/regulamento-2016/. Acesso em: 01 abr. 2022.

CAM-CCBC. *Código de Ética e Conduta para os Mediadores*. Disponível em: https://ccbc.org.br/cam-ccbc-centro-arbitragem-mediacao/resolucao-de-disputas/mediacao/codigo-etica/. Acesso em: 01 abr. 2022.

FIORELLI, José Osmir, FIORELLI, Maria Rosa; MALHADAS JUNIOR, Marcos Julio Olivé. *Mediação e Solução de Conflitos – Teoria e Prática*. São Paulo: Atlas, 2008.

FORBES, Carlos Suplicy de Figueiredo. Mediação Empresarial: a experiência institucional do CAM-CCBC. *In*: BRAGA NETO, Adolfo (Org.). *Mediação Empresarial – experiências brasileiras*. São Paulo: CL-A, 2019.

LEVY, Fernanda Rocha Lourenço. *Cláusulas escalonadas – A mediação comercial no contexto da arbitragem*. São Paulo: Saraiva, 2013.

MOORE, Christopher W. *O Processo de Mediação*. Porto Alegre: Artmed, 1998.

PICKER, Bennett G. *Mediation Practice Guide: a Handbook for Resolving Business Disputes*. Nova York, ABA, 1998.

SAMPAIO, Lia Regina Castaldi; BRAGA NETO, Adolfo. *O que é Mediação de Conflitos*. São Paulo: Brasiliense, 2007.

SLAIKEU, Karl A. *No final das contas – Um manual prático para a Mediação de Conflitos*. Trad. Grupo de Pesquisa e Trabalho em Arbitragem, Mediação e Negociação na Faculdade de Direito da UNB. Brasília: Brasília Jurídica, 2004.

STONER, Katherine E. *Using Divorce Mediation – save your money and your sanity*. Berkeley: Nolo Press, 1999.

VARGAS, Lúcia Dias. Julgados de Paz e Mediação – Uma nova face da Justiça. Coimbra: Almedina, 2006.

VASCONCELOS, Carlos Eduardo de. *Mediação de Conflitos e Práticas Restaurativas*. 5ª Ed. São Paulo: Método, 2016.

PARTE 2

Aplicação nos diversos campos do ambiente empresarial

Visão sistêmica na mediação em empresas familiares

Ana Luiza Isoldi[93]

1. Introdução

Nascida e criada no seio de uma família empresária, me formei em Direito e me tornei mediadora, com experiência em ajudar fundadores, sócios e herdeiros de empresas familiares a lidar com a complexidade desse contexto.

Quem experimenta o cotidiano de uma empresa familiar sabe a confusão de sentimentos, emoções, dores e alegrias que ali transitam.

Como pode ser difícil para um pai, fundador de uma empresa, reconhecer que o seu filho não tem as competências necessárias para assumir a sucessão em uma posição importante; ou que acabou acostumando-o com tudo do bom e do melhor sem que pudesse desenvolver suas próprias frustrações e conquistas; ou até mesmo que no fundo necessita controlar a família criando dependência sob a fachada de proteção para manter as pessoas próximas; e quem sabe ainda que simplesmente aguarda um reconhecimento!

Como pode ser difícil para um filho, herdeiro de uma empresa, crescer à sombra de um pai que superou tantas adversidades; ou passar anos na expectativa de, quem sabe um dia, poder mostrar o seu talento; ou até mesmo morrer com a dúvida se obteve sucesso por mérito próprio ou teve

93. Mediadora, com certificação internacional master pelo ICFML e IMI. Fundadora da Algi, dedica-se à mediação e a treinamentos em gestão de conflitos no contexto empresarial e familiar. Mestre em Direito Urbanístico (PUCSP) e em Negociação e Mediação (IUKB-Argentina). Formada em dinâmica dos grupos, *coaching*, constelação e gestão de meios de hospedagem. Desenvolveu funções institucionais no CONIMA, CBAr, ICFML, OAB e SBDG.

seu caminho facilitado por ser filho de quem era; e quem sabe ainda que simplesmente aguarda o momento de poder ser autêntico!

Conforme o estágio de desenvolvimento, a complexidade da empresa familiar tende a aumentar, pois, do casal inicial ou dois irmãos fundadores, surgem as novas gerações e os cônjuges, surgem os novos produtos, surgem novas empresas dentro de um mesmo conjunto, e o potencial conflitivo acompanha esse crescimento.

Compartilhar a empresa com pessoas da mesma família ou compartilhar o ambiente familiar com pessoas do seu trabalho exigem um cuidado constante para que a engrenagem desses vários sistemas que se relacionam possa funcionar em um equilíbrio dinâmico.

O que comumente acontece quando se instala um desequilíbrio? Há repercussões nas finanças, na profissão, na saúde e nos relacionamentos, que limitam o sucesso e geram conflitos que podem ocasionar a quebra da empresa e o rompimento da família.

Quais as soluções que comumente surgem das consultorias e nas negociações? Profissionalização da empresa, separação e organização patrimonial, criação de *holding*, conselhos consultivo e familiar, preparo das futuras gerações e sucessão, e por aí seguem diferentes ferramentas jurídicas e de gestão.

Por que essas soluções muitas vezes não funcionam de acordo com o esperado? Porque cada empresa familiar é única! Soluções prontas, padronizadas, ainda que aplicadas considerando as características da empresa, acabam olhando para as questões com superficialidade.

O que a mediação pode fazer neste contexto? Criar um espaço de comunicação para que os interesses, sentimentos e emoções possam ser expressos em ambiente seguro, adequado, possibilitando a escuta e a fala, equilibrando as trocas, garantindo a autonomia da vontade, buscando solução que deixe todos satisfeitos.

Como a visão sistêmica da constelação familiar proposta por Bert Hellinger pode agregar valor na mediação para a empresa familiar? Mergulhar da superficialidade para a essência e trazer à tona as questões que levam aos conflitos relacionadas ao pertencimento, à ordem de hierarquia e ao equilíbrio nas trocas, bem como potenciais caminhos de solução, considerando o sistema familiar como um todo.

Isso é o que se pretende humildemente mostrar neste trabalho, para que possa servir de referência para as pessoas que direta ou indiretamente estão inseridas neste universo da empresa familiar, facilitando a compreensão e a gestão de seus conflitos.

2. Visão sistêmica na mediação em empresas familiares

A empresa está a serviço das pessoas, oferecendo-lhes algo de bom. Considerada como um sistema com componentes associados e justapostos, diferentes e complementares, interdependentes e harmônicos, é criada para oferecer às pessoas um produto ou serviço que lhes seja útil, facilite ou melhore suas vidas, e ao mesmo tempo traga retorno ao capital e sustente as famílias dos proprietários e de seus colaboradores e fornecedores.

Ao longo da sua existência, a empresa passa por desafios, dentre eles: ser competitiva e preservar valores; gerenciar crises internas e externas; criar, manter e inovar produtos; antever tendências; buscar e reter talentos; gerar lucro e preservar a qualidade; tornar-se referência no mercado. É um processo de constante aprendizagem, que dialoga para produzir, aperfeiçoar e construir soluções.

Se a empresa é um desafio, a empresa familiar é um desafio ainda maior, diante da complexidade de seus subsistemas.

A empresa familiar desenvolve-se, regra geral, sob os três eixos em várias etapas subsequentes, que formam seu ciclo de vida, propostos por Ward,

Gersick, Davis, Hampton e Lansberg[94], segundo o Modelo Tridimensional de Desenvolvimento, o que permite compreender melhor sua dinâmica, em que família, propriedade da empresa e gestão do negócio caminham lado a lado.

Sob o eixo da *família*, as questões-chaves da empresa familiar estão especialmente relacionadas com a transição. Desenvolve-se nas seguintes etapas: jovem família empresária, entrada dos filhos na empresa, trabalho conjunto da primeira e segunda geração, passagem do bastão.

Já sob o eixo da *propriedade*, as questões-chave estão especialmente relacionadas com a sua estrutura e distribuição, tais como a participação societária, que gera efeitos sobre outras decisões empresariais e familiares, em vários aspectos operacionais e estratégicos. Desenvolve-se nas seguintes etapas: proprietário controlador/fundador; sociedade entre irmãos; consórcio de primos.

Por sua vez, sob o eixo da *empresa*, as questões-chave estão especialmente relacionadas à gestão do negócio, ao funcionamento atual e potencial incremento, a partir do tamanho, idade, estrutura e desempenho financeiro. Desenvolve-se nas seguintes etapas: início, expansão e formalização, maturidade.

Como se vê, o ciclo de desenvolvimento da empresa familiar tende ao crescimento e expansão, só que em algumas situações acaba acontecendo de forma diferente e ocorrem situações que bloqueiam ou dificultam esse desenvolvimento, comumente relacionadas a finanças (falta dinheiro), saúde (alguém importante fica doente ou morre inesperadamente) ou relacionamentos (conflitos entre os sócios ou herdeiros).

A mediação, por sua vez, nos brinda com um procedimento que trabalha aspectos inter-relacionais, subjetivos e objetivos, num contexto de confidencialidade e discrição, com a facilitação de um terceiro imparcial engajado em movimentar as pessoas da empresa familiar, em conjunto,

94. Apresentado em GERSICK, Kelin E.; DAVIS John A.; HAMPTON, Marion McCollom; LANSBERG, Ivan. *De geração para geração: ciclos de vida das empresas familiares*. 4. reimp. Rio de Janeiro: Elsevier, 2006.

com ritmo, em direção aos seus objetivos, abarcando vários temas num único espaço de conversa. Compreender a dinâmica do ciclo de vida e funcionamento da empresa familiar é essencial na mediação.

A visão sistêmica na mediação nas empresas familiares é um importante diferencial na condução de suas questões, já que apresentam um potencial altamente conflitivo, a partir das intersecções entre os sistemas família e empresa (gestão), que englobam também a propriedade (controle e participações societárias) e são permeados por diversos fatores variáveis, tais como: hierarquia, sucessão, transição de poder, emoções, costumes, cultura, princípios, missão, valores, ética, história, dinheiro, desempenho profissional, responsabilidades, estruturas para crescimento e para o diálogo, aspectos legais etc. Torna-se ainda mais apurada quando considera as Ordens do Amor, da Ajuda e do Sucesso, sistematizadas por Bert Hellinger com a colaboração de Sophie Hellinger, por meio da constelação familiar, atualmente denominada por eles de *Familienstellen*.

Na mediação em empresa familiar, quando as informações encobertas, ignoradas e inexploradas se tornam acessíveis e visíveis, e revelam padrões, lealdades e emaranhamentos, que levam os mediandos a reflexões sobre a questão essencial do conflito e, com a compreensão do que faltava, estava fora de lugar ou desequilibrado no sistema, podem mudar a percepção e buscar soluções, caso queiram.

Quando o mediador olha para a família empresária sob a perspectiva sistêmica, amplia sua visão considerando também as gerações antecedentes, possíveis movimentos de lealdades e repetições de padrão, partindo da postura humilde e vazia do não saber, para respeitar a história de cada família.

Aqui vamos destacar as Ordens do Amor, em seus três desdobramentos, e as Consciências, que facilitam a compreensão das dinâmicas que ocorrem nas famílias empresárias para enxergar o que está acontecendo em termos de movimento, o que está por trás dos conflitos.

3. Ordens do Amor

Segundo Sophie Hellinger, "uma das condições fundamentais para o sucesso das relações é a ordem".[95]

Consoante as Ordens do Amor, em um sistema, todos que fazem parte têm o mesmo direito de pertencer; todos têm o seu lugar definido conforme ordem de precedência; e todos buscam o equilíbrio das relações por meio da troca entre o receber e o dar.

Pertencimento

O direito ao pertencimento significa que todos que fazem ou fizeram parte ou estão ligados por vínculo ao sistema familiar (ou a um grupo) devem ser nele incluídos. Trata-se de um movimento de inclusão e exclusão. Sempre que um membro é excluído, surge um movimento dentro da família para trazer o afastado ou esquecido de volta e lhe conceder o lugar que lhe cabe. Até que isto aconteça, ele será representado por outro membro da família.[96]

Na empresa familiar, o essencial é perceber que todos que fazem parte daquele sistema têm o direito de fazer parte de alguma forma. Quando alguém é excluído, seja por qual motivo for, esta exclusão vai aparecer por meio de algum elemento ou de alguma pessoa que vem depois, que vai surgir para mostrar que alguém foi excluído, que não teve seu lugar reconhecido.

Como a exclusão aparece na empresa familiar? Quando a sociedade se forma deixando de fora alguém que naturalmente deveria fazer parte (um irmão, filho ou pessoa que era significativa e não foi convidada para ser sócia); quando algum sócio acaba sendo retirado, ou não lhe é permitido assumir alguma função compatível com o seu *status*; quando se promove alienação parental e alguém acaba sendo afastado do convívio familiar e, por consequência, da empresa.

---

95. HELLINGER, Sophie. *A própria felicidade: fundamentos para a constelação familiar*. Volume 1. Brasília: Trampolim, 2019, p. 25.

96. Idem, p. 27-32.

Toda família ou empresa familiar têm aquela pessoa que os demais consideram que não deu certo, que é a ovelha negra; que é viciada em jogo, droga, álcool; que ninguém convida para festa da família porque vai tumultuar; que é dissonante, se veste diferente, tem uma religião diferente, tem valores diferentes; ou que casou com alguém que não combina com a família, que é deixada meio de canto; que foi registrada como filho sem ser ou não foi registrada como filho embora fosse; tem o filho fora do casamento que surpreende com a sua existência chegando a algum velório ou aparecendo no testamento; ou até aquela pessoa que não se pode mencionar, porque é preferível esquecer que ela existe, porque a dor de falar nisso é grande (às vezes um filho que acabou não nascendo ou foi abortado ou doado, ou que tem uma deficiência ou doença grave, alguém que morreu de uma forma chocante ou se suicidou, ou que é assassino).

São inúmeras as situações que podem configurar exclusão. Todas essas histórias e esses fatos, todas essas pessoas, fazem parte do sistema e contribuem para o seu movimento e é importante olhar para isso com carinho e reconhecer a sua existência.

Sob o viés jurídico, é possível dissolver a família ou a empresa familiar, a partir de instrumentos como dissolução da sociedade, exclusão de sócios, deserdação, divórcio. Sob a perspectiva sistêmica, é impossível dissolver a família, mesmo que seja dissolvida juridicamente, porque todos que estão vinculados ao sistema têm direito de a ele pertencer, ainda que não tenham sequer conhecido seu pai ou sua mãe, ou tenham tido pouca convivência com eles ou com irmãos e avós.

Como exemplo de aplicabilidade da visão sistêmica, podemos mencionar a inclusão no processo comunicacional propiciada pela mediação, por meio da escuta e da fala, com oportunidade a todos que fazem parte na empresa familiar, evidenciando o reconhecimento do pertencimento. Com todos presentes, com oportunidade de serem ouvidos, tende a baixar a escalada do conflito. Enquanto alguém na empresa familiar estiver preocupado com quem falta, haverá uma sensação de incompletude no sistema.

Precedência

Pela ordem de precedência, todos têm o seu lugar na família. Cada pessoa tem o seu lugar, que cabe unicamente a ela. O lugar é definido como ordem hierárquica, sendo que os que vêm primeiro precedem os que vêm depois. A violação da ordem de precedência é punida em última consequência com a pena equivalente à morte, em um sentido abrangente, inclusive simbólico[97].

Tal situação é observada especialmente no movimento do filho que diz internamente "antes eu do que você" para os pais e, ao buscar assumir o destino deles, inverte a ordem, colocando-se como superior ou como mais importante.

Na empresa familiar, várias ordens de precedência podem surgir concomitantemente, daí a complexidade. Por exemplo, os fundadores precedem as gerações posteriores; os mais velhos precedem os mais novos; os que trabalham há mais tempo na empresa precedem os que ingressaram depois; os especialistas precedem os que não têm formação específica; o primeiro produto precede os posteriores; quem teve a ideia da empresa precede os demais sócios; quem colocou o primeiro capital precede quem aportou depois, e assim por diante.

Identificar a ordem de precedência ajuda a trazer harmonia ao sistema, cada um ocupando o seu lugar, que é só seu e não pode ser ocupado por outrem, sem um custo.

Na empresa familiar, a desordem de hierarquia é muito comum. E por quê? Porque muitas vezes o fundador passou dificuldades, não estudou, fez sacrifícios e assumiu riscos para montar aquela empresa, sendo comum começar em casa, no quintal, na garagem, abraçando todas as funções (cria,

97. HELLINGER, Sophie. Op. Cit. vol. 2, p. 40-42.

produz, financia, vende, entrega), com dedicação integral e ajuda do cônjuge e familiares próximos. Preocupado com a sobrevivência da família, às vezes não tinha tempo sequer de ficar com os filhos. Depois, os filhos crescem, estudam e ingressam na empresa com uma formação melhor que a dele. Esse filho, que às vezes nem teve tanto contato com o pai porque o pai estava trabalhando, que estudou na melhor escola e universidade, aprendeu línguas, metodologias e técnicas, chega para o pai e diz: "você não sabe nada, porque eu aprendi que tudo que você fez até hoje está desatualizado". O filho se coloca maior do que o pai dentro da empresa, acha que sabe mais, que pode fazer melhor e rejeita aquilo que foi feito antes, desrespeitando a precedência, o que gera um conflito de hierarquia.

Para ter continuidade e sucesso, é importante respeitar a ordem e honrar o que foi construído antes, do jeito que foi, sem julgamentos.

Equilíbrio

Todos buscam o equilíbrio das relações por meio das trocas.

Quando recebemos algo de alguém, nós nos sentimos obrigados a equilibrar na mesma proporção. Somente então voltamos a nos sentir livres, e cada um pode ir trilhar seu caminho. No entanto, se a troca for desequilibrada e o retorno, insuficiente, o relacionamento continua existindo, no sentido em que eu me sinto em dívida em relação ao outro e o outro ainda espera algo de mim[98].

Na prática, não existe uma calculadora para contabilizar essas trocas, e elas se desenvolvem num equilíbrio dinâmico: um dá um pouquinho, o outro retribui um pouquinho, um dá um pouquinho a mais, o outro recebe e dá mais um pouquinho, e vão equilibrando a relação ao longo da vida. Mas, quando alguém dá muito mais e o outro só recebe, ou há uma desproporção grande entre o dar e o receber, este desequilíbrio acaba gerando um rompimento e, normalmente, quem rompe é quem recebeu demais, por-

98. HELLINGER, Sophie. Op. Cit., vol. 1, p. 60-61.

que se vê numa situação tão endividada que não consegue encontrar uma saída para compensar e reequilibrar, e aí vai embora. Como exemplo, isso se nota na empresa familiar quando chegam os cônjuges com a empresa já formada e não conseguem contribuir na medida que recebem, e acabam se divorciando ou deixando de trabalhar na empresa.

Este equilíbrio é diferente na relação entre pais e filhos. Por quê? Porque os pais dão a vida para os filhos e não tem nada que possa compensar a vida. Então, por mais que os filhos façam, não conseguem devolver aos pais algo equivalente à vida. E como o filho pode lidar com essa situação? O filho deve cuidar da sua própria vida, se sustentar, se tornar adulto e dar continuidade à vida que recebeu, criando sua própria família, tendo filhos, criando projetos, fazendo algo de bom e de útil para a sociedade, servindo aos outros. Esse é o jeito de equilibrar essa relação desproporcional entre pais e filhos.

A sobreposição de sistemas presente na empresa familiar pode levar a uma confusão de funções: na família, o pai dá tudo para o filho; e na empresa, enquanto chefe, pode fazer o mesmo com seu subordinado? Coloca o filho como diretor quando ele ainda é recém-formado ou ainda não teve outra experiência profissional? Se colocar o filho numa posição compatível com a sua formação, como fica sua autoridade perante os demais funcionários? Como fica sua autoestima? O filho tende a pensar que o pai não gosta dele ou não reconhece o seu talento.

Às vezes, o fundador aparece com uma doença grave ou morre de repente sem ter tido tempo hábil para organizar a sucessão, e esse filho que ainda não está pronto herda essa posição ou as ações, recebe o patrimônio e a gestão da empresa, e não sabe o que fazer. Assume uma posição para a qual ainda não está preparado ou não tem legitimidade.

Outros temas recorrentes envolvem remuneração, distribuição de lucros e prejuízos, salário, bônus. Isso é algo que deve ser olhado com especial atenção para o equilíbrio entre o dar e receber. A meritocracia por resultados, pela contribuição para a empresa, é um critério muito utilizado, só que talvez tenha que ser vista de modo mais amplo, considerando todo o sistema familiar em um equilíbrio a longo prazo. Às vezes, o filho esteve mais presente na família do que na empresa e vice-versa, o que deve também ser considerado. E muitas vezes, quando se olha de forma restrita, a sensação de injustiça ("meu irmão é o preferido, meu irmão recebeu mais, meu irmão está num cargo superior, meu irmão ganhou uma casa... e eu não...") leva a conflitos muito acirrados.

Às vezes, as pessoas olham para as famílias empresárias e pensam: "nossa, eu queria tanto ser filho de fulano, pessoa riquíssima, não precisa se preocupar com dinheiro, não precisa se preocupar com nada...". Só que toda herança vem com um peso e uma responsabilidade. O filho herdeiro é um feliz espectador de um direito, que tem um *status* no contexto em que a empresa está inserida e assim é tratado com deferência, adulado, colocado à prova dos interesses alheios. Mas, ao mesmo tempo, não tem nada, só uma expectativa que talvez nem se concretize. Muitos herdeiros passam a vida inteira numa expectativa que nem sempre se concretiza, ou quando vêm a assumir a empresa já estão com uma idade superior aos seus pares CEOs, e se sentem desambientados; às vezes já não têm mais energia nem motivação para gerir a empresa.

São temas que estão na mesa de negociação da empresa familiar e é importante cuidar disso, do que significa ter uma expectativa, de quando poderá vir a ser, o que é possível fazer antes e depois para que a herança chegue leve e no momento certo.

Ser herdeiro na empresa familiar, estar na linha de sucessão, significa que a pessoa será desde pequena criada para tocar aquela empresa, terá limites na sua escolha, não vai poder namorar quem quiser, a família vai influenciar em seus amigos, gostos, talentos. Ao ser preparado para suceder, o herdeiro fica contido no que a família decidiu para seu futuro, porque o que fizer vai impactar no todo, o regime de bens que escolher para se casar, as dívidas que contrair, os lugares que frequentar, onde vai morar. Então, isso faz com que o herdeiro tenha que ser cuidadoso e consciente de que sua liberdade será limitada. Esse é o preço de ser um feliz herdeiro numa empresa familiar, que fica com a escolha de seguir nessa linha e assumir essa responsabilidade, fazer o melhor que pode com isso, aceitar essas limitações ou seguir seu caminho e deixar essa responsabilidade para outro herdeiro ou outra pessoa. Essas são decisões importantes para quem está nesse contexto.

4. Consciências

Além das Ordens, Bert Hellinger identifica três níveis de consciência no sistema: individual, coletiva e espiritual, em duas modalidades, boa e má. Em linhas gerais, as consciências se desenvolvem a partir das necessidades das Ordens do Amor de pertencimento, precedência e equilíbrio entre dar e receber; e podem gerar sofrimentos, emaranhamentos[99].

A consciência **individual** está relacionada com a experiência de viver em grupo limitado em busca de bem-estar e sobrevivência, com a certeza de que posso a ele pertencer, se agir de acordo com as regras e expectativas.

Da consciência **coletiva** participa o grupo que engloba todas as pessoas que pertencem à família (toda a linhagem ascendente e descendente, bem como as pessoas que a ela se vinculam por terem sofrido ou causado algum dano). Seu objetivo é fazer o que precisar ser feito para preservar o grupo em sua totalidade. Para tanto, age ocultamente e de forma amoral, acolhe aqueles excluídos pela consciência individual, sem compaixão pelos que chegam depois, sacrificando algum membro da família para restabelecer o equilíbrio, ou punindo com o fracasso quando a precedência hierárquica é violada.

99. HELLINGER, Sophie. Op. Cit., vol. 2, p. 24.

A consciência **espiritual** está relacionada ao reconhecimento de igualdade entre os grupos, fluindo pelos movimentos do espírito criador, que junta o que estava separado, voltado para todos, com amor, encontrando harmonia e promovendo a reconciliação em sentido amplo.

A boa e a má consciência estão presentes em todos os níveis e não se confundem com os conceitos de bem ou mal.

A **boa consciência** é gerada pelo padrão, senso comum: sentir-se confortável, em segurança, fazer o que o grupo sempre fez e que assegura nosso pertencimento.

> Temos uma boa consciência quando pensamos, sentimos ou agimos de acordo com as expectativas e exigências dos membros do grupo ao qual pertencemos. (HELLINGER, S. vol. 2, 2019, p. 23)

A **má consciência** é a que nos leva a superar limites. Custa o bem-estar, expõe a riscos, coloca no lugar de incerteza sobre o que é certo e errado em relação ao que tem de ser feito para pertencer ao grupo. A pessoa busca atender a algo novo, que gera desconforto, pois não há referência nem previsibilidade.

> Ficamos com uma má consciência quando não estamos em sintonia com as expectativas do grupo ou da família. Nesse caso, a consciência reage com um sentimento de medo mortal, porque corremos perigo de perder a nossa ligação com essas pessoas e grupos. (HELLINGER, S. vol. 2, 2019, p. 23)

Passamos a carregar uma culpa.

Olhar para o movimento das consciências nesse contexto das empresas familiares é muito precioso.

Por que o filho faz a faculdade que o pai deseja? Por que o filho age de acordo com o que os pais querem? Por que o filho escolhe a esposa que os pais aprovam? Porque age de acordo com a consciência individual, e essa é a forma de o filho se sentir incluído, protegido, seguro, no grupo familiar de origem. O filho faz aquilo que dele esperam para poder pertencer a esse grupo, pois, se fizer diferente, corre o risco de ser excluído.

Só que, em um segundo momento, o filho começa a ir para o mundo, ver coisas diferentes, vai fazer a faculdade que o pai não fez, começa a questionar sua identidade: "será que eu sou mesmo assim do jeito que eu pensei que era até hoje? Será que eu gosto mesmo disso? Eu posso gostar de outras coisas?". Nesse trânsito para a vida adulta, o filho vai destacando sua individualidade da família de origem e, mesmo sob o risco de ser excluído, se abre para o novo, pautado pela má-consciência.

Essa é uma fase em que os conflitos eclodem na empresa familiar, em que o filho quer fazer parte e ficar na empresa, só que do seu jeito, imprimindo inovações e mudanças. Está ansioso para colocar em prática suas ideias e deixar sua marca ali. O segredo está em como fazer isso. Quando o filho reconhece e valoriza tudo o que veio antes e se percebe num movimento de continuidade, a relação com os pais e a empresa familiar costuma ganhar força. Quando o filho se coloca numa posição de superioridade, de que só ele pode salvar a empresa, desqualificando os pais e o passado que o trouxe até ali, costuma perder força.

Se o filho não encontra espaço para o novo na empresa familiar, é muito comum que abra sua própria empresa, com um produto criado por ele, assumindo riscos, deixando o lugar protegido. Apesar de certa culpa por ter desagradado, quando o filho realiza esse movimento honrando os pais e o que o precedeu, vem o sucesso. Os pais também se alegram com o sucesso do filho.

Quando alguma ordem é violada, costuma causar impacto nas finanças, na saúde e/ou nos relacionamentos. O sistema se movimenta para revelar a desordem, mesmo que tenha que sacrificar algo ou alguém: a empresa tem prejuízo, se enche de dívidas, o gestor fica doente ou falece, os sócios brigam, a família rompe.

Como isso aparece? Por meio das lealdades sistêmicas em que os padrões se repetem, quando o filho faz algo pelos pais ou avós, agindo igual a eles; ou quer ir em direção à doença ou morte no lugar deles. Podemos observar esses exemplos recorrentes na empresa familiar: se o pai passou necessidade, o filho se comporta como se também não pudesse desfrutar do dinheiro que ganhou; o filho fica doente na mesma idade em que o pai ficou.

Como desfazer essa lealdade? Tomando consciência e usando a liberdade de escolha para fazer diferente, com respeito. Enquanto a lealdade não é percebida, o sistema age. Para identificar as lealdades, as perguntas-chave são: "quem mais na sua família fazia também isso?"; "quem mais na sua família se endividava?", "quem mais na sua família se sentia perdido?", "quem mais na sua família tinha depressão", "quem mais na sua família sentia raiva?", e assim por diante. São as denominadas perguntas circulares, que vemos na mediação.

Quando os casos que se apresentam na mediação são analisados sob essa ótica, percebe-se que há uma relação do conflito com os movimentos da consciência. O mediador lida com pessoas frustradas porque esperavam que as outras se comportariam de forma diferente, conforme sua interpretação das regras, do que seria a atitude correta, do que consideram justo. A exclusão e a culpa ganham espaço e as relações ficam abaladas. Ampliar esse olhar junto com os mediandos confere amplitude ao campo das soluções, a partir da responsabilidade de cada um.

5. Conclusão

Este trabalho não pretende ter respostas certas, ter razão, impor soluções ou convencer alguém.

Pretende ampliar o olhar das pessoas que lidam com os relacionamentos nas famílias empresárias para que possam, a partir das dúvidas, do não saber, dos questionamentos, abrir as possibilidades para além do óbvio, além da razão.

Não há fórmula ou manual ou instruções que tornem a empresa familiar perfeita, perene, próspera, infalível.

A visão sistêmica na mediação nas empresas familiares é um possível ponto de partida, e não um ponto de chegada.

São hipóteses daquilo que pode estar bloqueando o sucesso e de como eventualmente superar os desafios.

Possibilidades a serem checadas e abandonadas se não fizerem sentido no caso concreto. Ou abraçadas, se tocarem aquelas pessoas. Somente elas têm as respostas. Elas saberão quando a alma se emocionar.

O mediador, do seu lugar imparcial, está a serviço. Acompanha os mediandos para que possam olhar para o relacionamento e o conflito, reconhecendo a situação tal como é e, assim, com essa consciência, fazer suas escolhas.

Referências bibliográficas

GERSICK, Kelin E.; DAVIS John A.; HAMPTON, Marion McCollom; LANSBERG, Ivan. *De geração para geração: ciclos de vida das empresas familiares*. 4. reimp. Rio de Janeiro: Elsevier, 2006.

HELLINGER, Bert. *Ordens do Amor. Um guia para trabalho com constelações familiares*. São Paulo, Cultrix, 2003.

HELLINGER, Bert. *O amor do espírito*. Patos de Minas: Atman, 2009.

HELLINGER, Bert. *Meu trabalho. minha vida: a autobiografia do criador da constelação familiar*. São Paulo: Cultrix, 2020.

HELLINGER, Sophie. *A própria felicidade: fundamentos para a constelação familiar*. Volumes 1 e 2. Brasília: Trampolim, 2019.

VASCONCELLOS, Maria José Esteves de. *Pensamento sistêmico: o novo paradigma da ciência*. 8ª Ed. Campinas, SP: Papirus, 2002.

Disputas entre empresas e consumidores: ODR, mediação assíncrona e a experiência nacional

Danilo Ribeiro Miranda Martins e Karina Volpato[100]

As disputas fazem parte do dia a dia das organizações. Há estudos que indicam que a alta gerência das corporações dedica entre 30% e 42% de seu tempo para resolver conflitos[101]. São situações que envolvem divergências entre sócios, com empregados, fornecedores, entre outras.

O surgimento de disputas também é bastante frequente no âmbito das relações com os consumidores. Nessa seara, especialmente com o desenvolvimento da internet e o aumento do fluxo de transações on-line, houve um crescimento expressivo no volume de situações não resolvidas, atraindo preocupação cada vez maior das empresas e do Poder Público.

São milhões de reclamações registradas todos os anos em plataformas como Reclame Aqui e consumidor.gov, bem como em Procons espalhados por todo o país. Parte desses problemas, que permanecem não resolvidos, gera milhões de ações que acabam aportando todo ano no Poder Judiciário, fazendo com que as questões consumeristas estejam hoje entre os três assuntos mais demandados de todos os tribunais[102].

---

100. Karina Volpato é advogada, mediadora extrajudicial e judicial pelo Tribunal de Justiça do Estado de Goiás, procuradora municipal, sócia fundadora da CAMES Goiás, pós-graduada em Mediação de Conflitos e Arbitragem pela Unyleya, coordenadora do Núcleo Especializado de Mediação Empresarial da Cames Brasil e administradora do Leegol.

Danilo Ribeiro Miranda Martins é procurador federal da AGU, mestre pela PUC-SP, MBA em Finanças pelo IBMEC, diretor jurídico do CONIMA e sócio-fundador da CAMES Brasil.

101. THOMAS, K.; SCHMIDT, W. *A survey of managerial interests with respect to conflict*, June, 1976. WATSON, Carol.; HOFFMAN, Richard. Managers as Negotiators. *Leadership Quarterly*, 1996.

102. Vide, a esse respeito, o Relatório Analítico Propositivo – Justiça Pesquisa: Políticas Públicas do Poder Judiciário – Os maiores litigantes em ações consumeristas: mapeamento e proposições. Disponível em: <https://www.

A mediação tem sido apontada, com frequência, como um caminho eficiente para a prevenção e resolução dessa espécie de conflito, com a intervenção de um terceiro neutro e qualificado para facilitar a comunicação e criar um ambiente propício para o acordo.

Paralelamente, tem se procurado associar os métodos adequados a novas ferramentas tecnológicas, de forma a tornar a resolução dessas disputas algo mais econômico e escalável, apto a lidar com o imenso volume de disputas nessa área. Tais iniciativas acabaram por receber o nome de *online dispute resolution* – ODR.

Por outro lado, exsurge também uma série de preocupações sobre como são desenvolvidos tais sistemas, em especial no tocante à sua acessibilidade e à sua neutralidade, uma vez que os algoritmos utilizados nesses *softwares* geralmente não são de conhecimento público.

A partir dessas discussões, diversas recomendações e enunciados têm sido emitidos dentro e fora do Brasil sobre o assunto, por instituições públicas e privadas. Vejamos, a seguir, alguns deles.

I. Princípios gerais de ODR e resolução de disputas com consumidores

Alguns dos principais documentos sobre a matéria são as Recomendações da Organização para Cooperação e Desenvolvimento Econômico – OCDE sobre resolução de disputas com consumidor.

Inicialmente, cumpre recordar as Diretrizes para Proteção do Consumidor no Contexto do Comércio Eletrônico, desenvolvidas em 1999 e atualizadas em 2016[103]. Sua principal finalidade é garantir que o consumidor que efetue a compra on-line não esteja menos protegido do que quem faz a compra presencialmente.

---

cnj.jus.br/wp-content/uploads/2011/02/28383cca082cb68ac79144e7b40f5568.pdf>. Acesso em: 18 mar.2022.

103. Disponível em: <https://www.oecd.org/sti/consumer/ECommerce-Recommendation-2016.pdf>. Acesso em: 18 mar.2022.

Consta do referido documento que os consumidores devem ter acesso a mecanismos efetivos, justos, fáceis de utilizar e transparentes para resolver disputas de uma forma rápida, sem custos desnecessários. Para tanto, devem ser oferecidos mecanismos de resolução de conflitos fora do Poder Judiciário.

Além disso, no tocante às ferramentas de ODR, esclarece que elas devem ser desenvolvidas em uma base objetiva, imparcial e consistente, independentemente de quem estiver arcando com os custos da plataforma.

Em julho de 2007, o Conselho da OCDE aprovou a Recomendação sobre Resolução de Disputas com Consumidor[104]. O documento foi produzido após a constatação de que os consumidores ainda tinham resistência com o mercado on-line por preocupações sobre a forma de resolução de eventuais disputas.

De acordo com a Recomendação, os mecanismos de resolução de disputas para os consumidores:

- Não podem impor um custo desproporcional ao valor da reclamação;
- Devem ser desenvolvidos para serem acessíveis e fáceis de utilizar sem a necessidade de representante ou assistência, tanto quanto possível;
- Devem conter informações claras e compreensíveis sobre como iniciar o procedimento, assim como uma estimativa de custo e duração;
- Podem incluir procedimentos para envolver a intervenção ativa de um terceiro neutro para facilitar a resolução da disputa.

A American Arbitration Association – AAA, entidade privada sem finalidade lucrativa criada em 1926 para oferecer mecanismos de resolução adequada de disputas, desenvolveu também uma Declaração de Princípios sobre Devido Processo Legal nas Disputas de Consumo.[105]

104. Disponível em: <https://www.oecd.org/sti/consumer/38960101.pdf>. Acesso em: 18 mar.2022.

105. Disponível em: <https://www.adr.org/sites/default/files/document_repository/Consumer%20Due%20Process%20Protocol%20(1).pdf>. Acesso em: 18 mar.2022.

Segundo a Declaração, tais procedimentos devem ser justos, com informações adequadas, contar com a intervenção de terceiros imparciais e qualificados, ter um prazo e custos razoáveis, resguardando-se ainda o direito das partes de serem representadas por quem quiserem.

O International Council for Online Dispute Resolution – ICODR[106] e o National Center for Technology and Dispute Resolution – NCTDR,[107] com a finalidade de estabelecerem padrões éticos específicos para o desenvolvimento de ferramentas de ODR, sustentam igualmente que os programas devem ser acessíveis, confiáveis, seguros, confidenciais, tratar todas as partes com respeito, dignidade e igualdade, além de contar com informações adequadas e transparentes sobre sua utilização.

Importante mencionar ainda as Notas Técnicas sobre *Online Dispute Resolution* da UNCITRAL[108], elaboradas com um foco maior nas transações comerciais transfronteiriças.

Após reconhecer que os mecanismos de ODR podem ajudar as partes a resolver uma disputa de uma forma simples, rápida e segura, fixam uma série de recomendações baseadas nos princípios de imparcialidade, independência, eficiência, devido processo, processo justo, responsabilidade e transparência.

Entre elas, ressaltamos as seguintes:

- Adoção de políticas para identificar e lidar com situações de conflito de interesses;
- Implementação de políticas de seleção e treinamento de profissionais que atuarão na plataforma;
- Procedimento baseado no consentimento explícito e informado das partes;

106. Disponível em: https://icodr.org/standards/. Acesso em: 18 mar.2022.

107. Disponível em: https://odr.info/ethics-and-odr/. Acesso em: 18 mar.2022.

108. Disponível em: <https://uncitral.un.org/sites/uncitral.un.org/files/media-documents/uncitral/en/v1700382_english_technical_notes_on_odr.pdf>. Acesso em: 18 mar. 2022.

- Possibilidade de o administrador da plataforma indicar um terceiro neutro para auxiliar na resolução da disputa;
- O sistema deve ser estruturado de uma forma que garanta a segurança dos dados.

Em âmbito nacional o tema tem merecido também cada vez mais atenção. Vale destacar, nessa linha, os enunciados emitidos durante a II Jornada Prevenção e Solução Extrajudicial de Litígios do Conselho de Justiça Federal[109], realizada em agosto de 2021, que teve como um dos seus eixos o tema "novas formas de solução de conflitos e novas tecnologias".

No tocante à temática objeto da presente análise, destacamos os seguintes enunciados:

> ENUNCIADO 144 - Recomenda-se a adoção de sistema gratuito *Online Dispute Resolution* (ODR) pelas plataformas de intermediação de comércio eletrônico para a composição de conflitos entre os seus usuários, sendo uma alternativa para disputas entre consumidores e fornecedores.
>
> ENUNCIADO 156 - As plataformas de ODR, privadas ou públicas, buscarão, sempre que possível, atender a critérios de acessibilidade digital para grupos possivelmente marginalizados pela exclusão digital, como a compatibilidade com meios de tecnologia para viabilizar acesso a pessoas com deficiência.
>
> ENUNCIADO 159 - Recomenda-se que as plataformas de resolução on-line de conflitos tenham um design centrado no usuário, com proteção de dados pessoais, como forma de estimular a sua utilização e aumentar a confiança das partes no uso da tecnologia.
>
> ENUNCIADO 179 - Para que a plataforma digital ou outro meio de comunicação à distância sejam considerados mediação ou conciliação, o procedimento deve atender aos requisitos legais destinados a tais formas de resolução de conflitos.

109. Disponível em: <https://www.cjf.jus.br/cjf/corregedoria-da-justica-federal/centro-de-estudos-judicia rios-1/publicacoes-1/cjf/corregedoria-da-justica-federal/centro-de-estudos-judiciarios-1/prevencao-e-solucao-extrajudicial-de-litigios/?_authenticator=60c7f30ef0d8002d17dbe298563b6fa2849c6669>. Acesso em 18 mar.2022.

Observe-se que há um alinhamento entre os enunciados e as diretrizes de âmbito internacional, especialmente quanto ao custo, à acessibilidade e à segurança dessas plataformas, para que elas possam constituir um instrumento efetivo de concretização de direitos e de acesso à justiça.

O Enunciado 179 ressalta ainda a necessidade de observância de todos os requisitos legais previstos para a realização de mediação ou conciliação, entre os quais estão a neutralidade e a devida capacitação desses profissionais, bem como a observância da confidencialidade do procedimento de mediação.

Essa preocupação tem fundamento no fato de que ainda há, no Brasil, empresas que, alegando desenvolver mediação, acabam agindo como verdadeiros negociadores, atuando na defesa do interesse de apenas uma das partes, ou até mesmo de forma similar a uma empresa de cobrança, sem qualquer preocupação com a utilização adequada do mecanismo.

Dessa forma, para que seja considerada efetivamente como mediação, com a atribuição de valor jurídico ao título formulado ao final do procedimento, é imprescindível que não se afaste dos parâmetros traçados pela Lei de Mediação (Lei nº 13.140/2015).

A propósito, registre-se que a referida lei cuidou de contemplar, em seu artigo 46, a possibilidade de realização de mediação pela internet ou outro meio de comunicação à distância, desde que as partes estejam de acordo, o que constitui um claro fomento à utilização das ferramentas de ODR no Brasil.

II. Experiência internacional: o *case* do Ebay/Modria

Ultrapassando as questões teóricas e conceituais, é possível verificar que a utilização de ferramentas ODR já é uma realidade no Brasil e no mundo. E um dos principais exemplos de sucesso na utilização desse mecanismo, em âmbito internacional, permanece sendo caso do eBay.

O eBay, criado em setembro de 1995, é uma das empresas de *e-commerce* consideradas pioneiras nessa área. Com o aumento exponencial do número de transações comerciais no ambiente on-line, percebeu-se que não seria possível lidar com os problemas decorrentes utilizando os mecanismos tradicionais de resolução de disputas até então existentes.

Além disso, compreendeu-se que a resolução rápida e adequada dessas disputas seria um elemento fundamental para o crescimento contínuo do negócio e para a própria preservação da imagem da empresa.

A partir dessa constatação, optou-se pelo desenvolvimento de uma plataforma com a finalidade de promover a resolução dessas disputas a um custo acessível e de forma escalável, que se transformou posteriormente no Modria, chegando a resolver mais de 60 milhões de reclamações por ano.

Orna Rabinovich-Einy e Ethan Katsh[110], membros do Centro Nacional de Tecnologia e Resolução de Disputas nos Estados Unidos, destacam que a ferramenta desenvolvida pelo eBay é o exemplo mais citado e bem-sucedido de resolução de grandes volumes de disputas on-line.

A plataforma buscou replicar, no ambiente da internet, a lógica do sistema multiportas, oferecendo vários módulos voltados para a resolução de disputas. Apresenta, assim, módulos de diagnóstico, de negociação automatizada, de mediação (preferencialmente assíncrona) e de arbitragem, tudo na mesma plataforma.

Stephanie Smith e Janet Martinez[111] afirmam que o caso do eBay apresenta dois tipos de inovação. Primeiro, demonstra que a tecnologia pode substituir as interações comerciais face a face e por meio telefônico que predominavam antes. Segundo, demonstram como as interações on-line têm a capacidade de aumentar a transparência, em termos de informação e acesso, para os consumidores.

Sobre a forma de funcionamento do Modria, explica Erik Navarro[112]:

---

110. RABINOVICH-EINY, O. ; KATSH E. T*echnology and the Future of Dispute Systems Design*. Disponível em https://www.hnlr.org/wp-content/uploads/sites/22/2012/09/151-200.pdf.> Acesso em: 18 mar.2022.

111. SMITH, Stephanie; MARTINEZ, Janet. An Analytic Framework for Dispute Systems Design, 14 *Harvard Negotiation Law Review* 123, 2009.

112. WOLKART, Erik Navarro. A*nálise econômica do processo civil*. São Paulo: Revista dos Tribunais, 2019, p. 730.

> Com base no sistema idealizado para o eBay, Colin Rule lançou o Modria (*modular online dispute resolution implementation assistance*), um sistema de ODR que pode ser alugado por qualquer empresa ou mesmo por cortes judiciais ao redor do mundo.
>
> O Modria inicia a abordagem do conflito com um módulo de diagnóstico semelhante ao do eBay, de forma a reduzir de plano as assimetrias de informação. Os requerentes podem anexar vídeos e fotos, além de alegações escritas. Não havendo acordo, os disputantes iniciam o módulo de negociação. O algoritmo do Modria funciona o tempo todo buscando pontos de acordo e sugerindo possíveis soluções. Não havendo composição, inicia-se o módulo de mediação, agora com intervenção humana, mas ainda assim on-line. Não havendo acordo, as partes terminam no módulo de arbitragem, quando então terceiro imparcial decidirá a questão.
>
> Da mesma forma que no eBay, o Modria utiliza *big data* gerado pelas disputas anteriores para refinar cada vez mais os diagnósticos e aumentar as possibilidades de acordo. Note-se que, quando a tecnologia entra no cenário, o alto volume de disputas deixa de ser uma tragédia e passa a ser um ativo do sistema. É que o subproduto dessas disputas é a imensa quantidade de informação que treinará o algoritmo para buscar os melhores padrões de solução para o problema.

Complementam ainda Danilo Martins, Carlos Butori e Nelson Rezende[113] que o Modria é uma das únicas ferramentas de ODR no mundo que oferece todos esses módulos (diagnóstico, negociação, mediação e arbitragem) na mesma plataforma, além de ser altamente flexível e adaptável aos fluxos de processo de cada organização.

Além disso, ressaltam que o Modria possui um ambiente de gerenciamento fundamental para os gestores acompanharem o estado das disputas, utilizando recursos que garantem a privacidade das informações. Dispondo de limitação do nível de acesso aos dados do conflito em função da

113. MARTINS, Danilo; BUTORI, Carlos; REZENDE, Nelson. Resolução de conflitos online e o case de Modria. *Jota*, 04/06/2019. Disponível em: <https://www.jota.info/opiniao-e-analise/artigos/resolucao-de-conflitos-online-e-o-case-de-modria-04062019>. Acesso em: 19 mar.2022.

responsabilidade das pessoas envolvidas, criam-se também limites claros para a atuação de cada um.

Em estudo de 2020 conduzido por Napoleão Casado Filho, na qualidade de consultor do Programa das Nações Unidas para o Desenvolvimento - PNUD, sob demanda da Secretaria Nacional de Defesa do Consumidor - SENACON, foram avaliadas essas novas formas de resolução adequadas de conflitos com o consumidor[114].

Conforme consta da referida pesquisa:

> O eBay, por sua vez, uma das empresas pioneiras a desenvolver um sistema de ODR, implementou-o por meio do SquareTrade, em 2004. Hoje, a empresa reporta mais de 60 milhões de disputas resolvidas por ano. A plataforma utilizada pelo eBay também foi desenvolvida com base em um sistema de multiportas: inicia-se com o diagnóstico do conflito, diretamente com o consumidor; passa-se, então, para a negociação direta entre consumidor e empresa, os quais são intermediados pelo aparato tecnológico oferecido pelo site; por fim, caso as partes não cheguem num consenso, o próprio eBay será o responsável por decidir o caso. **Trata-se da ferramenta de ODR mais bem sucedida do mercado, quanto à resolução de grandes volumes de disputas.**
>
> Esse sistema implementado pelo eBay é, na verdade, um exemplo da utilização da tecnologia Modria - *Modular Online Dispute Resolution Implementation Assistance.* Trata-se de uma plataforma de ODR, patenteada pela Tyler Technologies, destinada à resolução não apenas de conflitos de pouca relevância financeira, a exemplo dos consumeristas, mas também de disputas complexas, como processos de divórcio e de guarda de filhos. Esse método pode ser adaptado às necessidades de cada empresa, mas, em regra, utiliza-se o processo de faseamento. **Quando aplicado, esse modelo obtém uma média de taxas de acordo de 90%, sem a necessidade de intervenção de qualquer mediador. (...)**

114. Disponível em: <https://www.defesadoconsumidor.gov.br/images/2020/Consultoria_Produto_Me%CC%81todos_Alternativos.pdf>. Acesso em: 19 mar.2022. p. 17-19.

> Acrescente-se que a Tyler Technologies, empresa que detém esse sistema Modria, está desenvolvendo, junto à Câmara de Mediação e Arbitragem Especializada – CAMES Brasil – um projeto destinado a atender às necessidades dos Procons, de outros órgãos públicos e das empresas privadas. A ideia é que o consumidor que tenha uma queixa possa acionar esse sistema por meio do site do Procon; após todo o processo de negociação descrito acima, caso as partes cheguem a um acordo, esse será encaminhado ao Procon para validação e homologação. Não havendo acordo, as partes podem solicitar a intervenção direta do Procon, que irá designar um servidor para mediar a disputa. Caso, ainda assim, não haja acordo, as informações coletadas poderão ser utilizadas para a instrução de um processo administrativo.

Propõe ainda o referido estudo que o consumidor.gov seja desenvolvido para adotar uma sistemática de faseamento assemelhada ao Modria, sugerindo-se, igualmente, a integração entre as ferramentas públicas e privadas já existentes, bem como a celebração de parcerias, a fim de potencializar e facilitar a utilização desses mecanismos.

III. A mediação assíncrona

A experiência do Modria, acima descrita, deixa clara a necessidade de que na resolução de disputas de consumo se levem em consideração os custos, a rapidez e a capacidade da plataforma de lidar com um alto volume de reclamações. Por essa razão, passou-se a verificar que a melhor forma de se tratar essas disputas, quando se faz necessária a intervenção de um terceiro, é por meio da mediação assíncrona.

A esse respeito, observam Danilo Martins, Carlos Butori e Nelson Rezende[115]:

115. MARTINS, Danilo; BUTORI, Carlos; REZENDE, Nelson. Resolução de conflitos online e o case de Modria. *Jota*, 04/06/2019. Disponível em: <https://www.jota.info/opiniao-e-analise/artigos/resolucao-de-conflitos-online-e-o-case-de-modria-04062019>. Acesso em: 19 mar.2022.

> Ao longo dos anos esse formato de mediação online assíncrona tem se mostrado mais eficaz do que a mediação por vídeo, tanto por evitar desgastes no diálogo entre as partes e demora decorrente da necessidade de encontrar um horário em que todos estejam disponíveis, quanto por permitir que os envolvidos se manifestem sempre de forma mais refletida.
>
> Esse formato, ademais, permite maior eficiência na atuação do mediador, que poderá conduzir um número muito maior de mediações ao mesmo tempo, resultando em custos menores.

Na mesma linha, ressalta Napoleão Casado Filho que a utilização da mediação assíncrona permite a flexibilização do procedimento, evitando o desgaste de se acertar horários com mútua disponibilidade, assim como permitindo que as partes avaliem as propostas e contrapropostas no momento que lhes for mais conveniente. Registra, ainda, que nesse formato o tempo gasto pelo mediador com a resolução de disputas tende a ser substancialmente reduzido[116].

Colin Rule, um dos principais responsáveis pelo desenvolvimento do Modria, aponta outras vantagens da mediação assíncrona[117]:

> Como alguns autores sobre ODRs têm observado, esta capacidade de interagir de forma assíncrona pode ajudar as partes a estar "no seu melhor" em uma mediação. Em vez de reagirem emocionalmente a uma nova interação ou escalarem uma discussão de surpresa, as partes podem pensar mais sobre a questão e se comunicar de maneira mais ponderada. Eles ainda podem reagir emocionalmente, mas têm a opção de recuar e refletir antes de responder.
>
> Essa comunicação assíncrona também pode ser uma ferramenta valiosa para mediadores e facilitadores. Assim como as partes em conflito podem reagir emocionalmente a novas interações, os me-

116. Disponível em: <https://www.defesadoconsumidor.gov.br/images/2020/Consultoria_Produto_Me%CC%81todos_Alternativos.pdf>. Acesso em: 19 mar.2022, pp. 18, 33 e 41.

117. RULE, Colin. *New Mediator Capabilities in Online Dispute Resolution*. December 2000. Disponível em: <https://www.mediate.com/articles/rule.cfm>. Acesso em: 19 mar.2022 (trad. livre).

> diadores podem ser pegos no imediatismo de uma sessão face a face. Facilitadores podem se beneficiar da distância de resfriamento fornecida pela interação assíncrona, permitindo que eles prestem mais atenção aos seus próprios vieses e talvez permitindo que eles se tornem profissionais mais reflexivos. (...)
>
> On-line, o *caucus* pode ser muito mais flexível. No espaço para conversas privativas da resolução on-line, os mediadores podem fazer *caucus* com as partes ao mesmo tempo em que a discussão conjunta está acontecendo. Na discussão conjunta, as postagens alcançam todos os participantes, mas nas discussões do *caucus* o mediador interage com um lado ou com o outro. Isso permite que o mediador participe de toda a mediação, mesmo quando a discussão está progredindo bem. Também evita que o outro lado tenha que esperar durante o *caucus*, ou que se pergunte quais segredos estão sendo passados enquanto estão fora da sala.
>
> A comunicação baseada em texto tem a vantagem de que as pessoas são forçadas a traduzir suas preferências em texto desde o início do processo. Quando chega a hora de redigir um acordo, o mediador pode retirar a linguagem real de postagens anteriores para garantir que as partes aprovem a linguagem. Também ajuda as pessoas a serem mais específicas em seus comentários, pois é difícil terminar as frases de outras pessoas online ou confiar em linguagem genérica. É mais difícil ser reticente online, pois o silêncio nesse formato denota mais ausência do que mau humor ou postura agressiva, então pode haver mais incentivo para as partes expressem seus sentimentos, interesses ou desejos.

Nesse mesmo sentido é o entendimento de Joseph van´t Hooft, Wan Zhang & Sarah Mader[118], que acrescentam:

> Especificamente, com programas de mediação baseados em textos, as partes podem responder no seu tempo livre, ou pelo menos dentro do prazo definido no início do processo. Considerando que as partes estão engajadas em uma conversa de texto assíncrona, eles

118. HOOFT, Joseph van´t; ZHANG, Wan; MADER, Sarah. Preparing Mediators for Text-Basead Mediations on ODR Platforms. *International Journal on Online Dispute Resolution*, 2021, pp. 145-146 (trad. livre).

> podem refletir cuidadosamente antes de responder. Os participantes podem utilizar o tempo necessário para colher mais informações e fornecer respostas mais precisar e refletidas. (...)
>
> Muitas das vantagens da ODR para as partes coincidem com as vantagens que os mediadores apreciam quando utilizam uma plataforma ODR. A troca de mensagens de texto de forma assíncrona permite que o mediador reflita mais sobre sua estratégia. Os mediadores têm também a possibilidade de realizar o *caucus* com as duas partes ao mesmo tempo por meio de diferentes *chats*. Uma plataforma on-line oferece igualmente uma opção efetiva para continuar resolvendo disputas mesmo em situações extremas (como crises de saúde pública, condições climáticas desfavoráveis ou circunstâncias familiares) que não permitem reuniões presenciais. Os mediadores podem achar que eles não têm de gastar tanto tempo administrando altos níveis de emoção pois as partes não estão na mesma sala reagindo imediatamente uma à outra. As partes têm mais tempo para processar suas emoções. Assim o mediador pode estar menos exposto a entrar em uma discussão acalorada entre as partes. Considerando que as mensagens de texto estão sempre disponíveis na plataforma para as partes e o mediador se referirem a elas, os mediadores podem não precisar de resumir com tanta frequência como eles teriam de fazer em uma mediação presencial.

Para além das vantagens assinaladas, é certo que, do ponto de vista de custos, celeridade, acessibilidade e capacidade de lidar com um alto volume de disputas, a mediação assíncrona é altamente vantajosa, se comparada à mediação presencial ou por vídeo.

Por essa razão, assim como tem ocorrido no restante do mundo, é esperado que essa espécie de mediação também cresça no Brasil, especialmente no que diz respeito a disputas entre empresas e consumidores.

IV. As experiências nacionais

Segundo Estudo da Imagem do Judiciário Brasileiro, 76% dos entrevistados acreditam que o uso da tecnologia facilita ou facilita muito o acesso à Justiça[119]. A pandemia aumentou o interesse e a necessidade de adaptação do Poder Judiciário ao uso da tecnologia, inclusive para a realização de sessões de mediação e conciliação judiciais.

A exemplo do Tribunal de Justiça de São Paulo[120], o Poder Público tem instituído projetos de mediação e conciliação em que os procedimentos são solicitados pela internet e realizados de forma síncrona, por meio de plataformas de videoconferência, como Teams ou Zoom.

Na área pública, ainda cabe destaque para o consumidor.gov, plataforma gerida pelo Sistema Nacional de Defesa do Consumidor, em conjunto com a Secretaria Nacional do Consumidor (Senacon).

A plataforma oferece um espaço aberto ao consumidor para registro de sua reclamação, oportuniza a manifestação da empresa e, ao final da interação, há classificação da demanda e do atendimento recebido[121]. Não há, contudo, possibilidade de intervenção de terceiro neutro para auxiliar na resolução do problema, não se tratando, assim, de uma plataforma de mediação.

Na iniciativa privada, diversas empresas oferecem a resolução on-line de conflitos de forma síncrona ou assíncrona.

A Mediação Online – MOL[122] oferta mediações facilitadas pela tecnologia, com realização de sessões on-line e envio de documentos para assinatura eletrônica das partes[123], com foco na realização de sessões de mediação por videoconferência.

---

119. AMB; FGV; IPESPE. Dez/2019, p. 36. Disponível em: https://www.amb.com.br/wp-content/uploads/2020/04/ESTUDO_DA_IMAGEM_DO_JUDICIARIO_BRASILEIRO_COMPLETO.pdf. Acesso em: 27 mar.2022.

120. Ver: https://www.tjsp.jus.br/conciliacao. Acesso em: 27 mar.2022..

121. Ver: https://www.consumidor.gov.br/pages/conteudo/publico/1#:~:text=Como%20funciona%20o%20Consumidor.gov.br%3F,prazo%20para%20manifesta%C3%A7%C3%A3o%20da%20empresa. Acesso em: 27 mar. 2022.

122. Disponível em: https://www.mediacaonline.com/. Acesso em: 27 mar.2022.

123. Disponível em: https://www.cnj.jus.br/startup-brasileira-de-mediacao-digital-vence-premio-conciliar-e-legal-2018/. Acesso em: 27 mar.2022.

A CAMES Brasil[124], por sua vez, conta com sistema digital para tramitação de mediações e arbitragens (sistema pacto), podendo as partes solicitar a abertura do procedimento pelo *site* e, posteriormente, optar pelo desenvolvimento da mediação de forma presencial ou virtual, por meio de plataformas de videoconferência e assinatura digital de documentos.

Outras empresas oferecem a negociação como etapa prévia à judicialização, com foco na gestão do contencioso para empresas e escritórios de advocacia, como a Sem Processo[125] e a Justto[126], mas sem possibilitar a intervenção de um terceiro neutro.

Disponibilizando conciliação e mediação extrajudiciais, também há várias iniciativas, como Concilie Online, Acordo Fechado e Leegol.

Esta última[127], lançada em 2015 sob o formato de mediações síncronas, foi completamente redesenhada em 2022 para atendimento de empresas e consumidores no formato 100% digital. Utiliza, para tanto, a mesma tecnologia utilizada pelo eBay, o Modria.

A mediação é digital desde o cadastramento do caso e seu desenvolvimento se dá de forma assíncrona, estruturada com base em *chats* comuns, para interação entre empresa, consumidor e mediador, ou individuais, para interação entre mediador e cada uma das partes, em separado. Ao final da mediação, se houver acordo, é emitido um termo final de mediação desenvolvido e assinado na própria plataforma.

A mencionada ferramenta, alinhando-se aos enunciados do CJF, caracteriza-se ainda pela oferta da mediação gratuita para o consumidor, proteção de seus dados e facilidade de navegação, por meio de um *site* responsivo, que pode ser acessado por computadores, *tablets* ou *smartphones*. Também se observa a atenção técnica no desenvolvimento do procedimento, con-

124. Disponível em: https://camesbrasil.com.br/. Acesso em: 27 mar.2022.

125. Disponível em: https://www.semprocesso.com.br/. Acesso em: 27 mar.2022.

126. Disponível em: https://justto.com.br/. Acesso em: 27 mar.2022.

127. Disponível em: http://leegol.com/. Acesso em: 27 mar.2022.

duzido por mediadores reais, e nos documentos emitidos, elaborados em consonância com as disposições da Lei de Mediação.

Vale lembrar que, conceitualmente, há quem exclua do rol das ODRs os mecanismos digitais de resolução de disputas que utilizem a tecnologia de informação ou comunicação apenas para espelhar mecanismos presenciais e encurtar distâncias, como ocorre com a mediação por videoconferência ou telefone.

Nessa linha, segundo Daniel Arbix, "a ODR não é a ADR vista através de um espelho tecnológico" (2015, p. 51). Para ser classificada como tal, defende o autor, seria crucial que a tecnologia desenvolvesse um novo ambiente e um novo procedimento[128], o que não ocorre na maioria das plataformas de mediação on-line hoje disponíveis no mercado, que não oferecem nenhuma espécie de tecnologia específica para a resolução de disputas e, em muitos casos, sequer realizam um procedimento que possa ser efetivamente considerado como mediação.

V. Conclusão

Em sintonia com o movimento mundial, empresas brasileiras estão cada vez mais cientes de que um desafio tão grande quanto o ingresso no mercado é sua permanência nele.

A qualidade do pós-venda, a manutenção de uma boa reputação on-line junto aos consumidores e a transmissão de maior segurança sobre a postura da empresa na solução de eventuais problemas são diferenciais observados pelo consumidor contemporâneo, que influenciam na própria escolha do fornecedor de produtos ou serviços.

Os aprimoramentos na área, portanto, são constantes. Envolvem desde ferramentas de autoatendimento, como uma lista estática de perguntas e

128. BRAGANÇA, Fernanda; BRAGANÇA, Laurinda Fátima da F. P. G. *Mediação e o sistema digital de solução de controvérsias na conjuntura das relações empresariais*. Disponível em: <https://revista.univem. edu.br/emtempo/article/view/3205>. Acesso em: 27 mar.2022.

respostas (FAQ) e um atendimento automático via telefone ou whatsapp, até uma equipe do próprio fornecedor incumbida de atendimento via canal próprio (SAC).

Note-se que o autoatendimento, criado para ser fácil e ágil, não tem gerado boas experiências para o consumidor brasileiro, com 70,2% desse público noticiando uma experiência insatisfatória[129]. Parte dessa percepção negativa resulta justamente da ausência de interação humana e que considere as especificidades de cada caso.

Desse modo, cresce no país a importância dos canais de mediação, que suprem justamente a impessoalidade do autoatendimento, e que equilibram a relação entre empresa e consumidor, ao retirar o tratamento da questão do âmbito da empresa, deslocando-o para um novo ambiente, neutro e imparcial, no qual o diálogo será humanizado, colaborativo e facilitado pelo mediador.

Na busca por essas soluções, incumbe aos interessados analisar as opções disponíveis no mercado em consonância com as recomendações e os enunciados sobre o tema desenvolvidos em âmbito internacional e nacional, avaliando sempre o custo, a celeridade, a acessibilidade e a escalabilidade das plataformas.

Mais ainda, é necessário se atentar para a existência de soluções e procedimentos que sequer podem ser considerados efetivamente como mediação, tornando discutível a validade jurídica dos acordos celebrados por esse meio e se afastando, igualmente, dos propósitos para que a mediação foi desenvolvida.

---

129. MERCADO E CONSUMO. *70% dos brasileiros estão insatisfeitos com autoatendimento de SAC.* 08/07/2021. Disponível em: <https://mercadoeconsumo.com.br/2021/07/08/70-dos-brasileiros-estao-insatisfeitos-com-autoatendimento-de-sac/>. Acesso em: 27 mar.2022.

V. Referências bibliográficas

AAA – American Arbitration Association. *Consumer Due Process Protocol Statement of Principles.* Disponível em: <https://www.adr.org/sites/default/files/document_repository/Consumer%20Due%20Process%20Protocol%20(1).pdf >. Acesso em: 18 mar.2022.

AGÊNCIA CNJ DE NOTÍCIAS. *Startup brasileira de mediação digital vence prêmio Conciliar é Legal,* 2018. Disponível em <https://www.cnj.jus.br/startup-brasileira-de-mediacao-digital-vence-premio-conciliar-e-legal-2018/>. Acesso em: 18 mar.2022.

AMB – Associação dos Magistrados Brasileiros; FGV – Fundação Getúlio Vargas; IPESPE - Instituto de Pesquisas Sociais, Políticas e Econômicas. *Estudo da imagem do Judiciário brasileiro: Sumário Executivo.* Dez/2019, p. 36. Disponível em: <https://www.amb.com.br/wp-content/uploads/2020/04/ESTUDO_DA_IMAGEM_DO_JUDICIARIO_BRASILEIRO_COMPLETO.pdf.>. Acesso em: 18 mar.2022.

ARBIX, Daniel do Amaral. *Resolução online de controvérsias: Tecnologias e jurisdições.* Disponível em: <https://www.teses.usp.br/teses/disponiveis/2/2135/tde-01092016-154830/publico/Doutorado_Arbix_3mar15_INTEGRAL.pdf>. Acesso em: 18 mar.2022.

BRAGANÇA, Fernanda; BRAGANÇA, Laurinda Fátima da F. P. G. *Mediação e o sistema digital de solução de controvérsias na conjuntura das relações empresariais.* Disponível em: <https://revista.univem.edu.br/emtempo/article/view/3205>. Acesso em: 18 mar.2022.

BRASIL. CJF. Conselho de Justiça Federal. *Prevenção e Solução Extrajudicial de Litígios.* Disponível em: <https://www.cjf.jus.br/cjf/corregedoria-da-justica-federal/centro-de-estudos-judiciarios-1/publicacoes-1/cjf/corregedoria-da-justica-federal/centro-de-estudos-judiciarios-1/prevencao-e-solucao-extrajudicial-de-litigios/?_authenticator=60c7f30ef0d8002d17dbe298563b6fa2849c6669>. Acesso em: 18 mar.2022.

BRASIL. CNJ. Conselho Nacional de Justiça. *Relatório Analítico Propositivo – Justiça Pesquisa: Políticas Públicas do Poder Judiciário – Os maiores litigantes em ações consumeristas: mapeamento e proposições.* Disponível em: <https://www.cnj.jus.br/wp-content/uploads/2011/02/28383cca082cb68ac79144e7b40f5568.pdf>. Acesso em: 18 mar.2022.

BRASIL. Ministério da Justiça. SENACON. *Defesa do Consumidor*. Disponível em: <https://www.defesadoconsumidor.gov.br/images/2020/Consultoria_Produto_Me% CC%81todos_Alternativos.pdf>. Acesso em: 19 mar.2022.

CONSUMIDOR.GOV. *Conheça o Consumidor.gov*. Disponível em: <https://www.consumidor.gov.br/pages/conteudo/publico/1#:~:text=Como%20funciona%20o%20Consumidor.gov.br%3F,prazo%20para%20manifesta%C3%A7%C3%A3o%20da%20empresa>. Acesso em: 18 mar.2022.

HOOFT, Joseph van´t; ZHANG, Wan; MADER, Sarah. Preparing Mediators for Text-Basead Mediations on ODR Platforms. *International Journal on Online Dispute Resolution*, 2021.

ICODR – International Council for online disputes resolution. *ICODR Standards*. Disponível em: <https://icodr.org/standards/>. Acesso em: 18 mar.2022.

MARTINS, Danilo Ribeiro Miranda; BUTORI, Carlos; REZENDE, Nelson Soares de. Consenso: Resolução de Conflitos online e o case Modria. *Jota*. Disponível em: <https://www.jota.info/opiniao-e-analise/artigos/resolucao-de-conflitos-online-e-o-case-de-modria-04062019>. Acesso em: 19 mar. 2022.

MERCADO E CONSUMO. *70% dos brasileiros estão insatisfeitos com autoatendimento de SAC*. 08/07/2021. Disponível em: <https://mercadoeconsumo.com.br/2021/07/08/70-dos-brasileiros-estao-insatisfeitos-com-autoatendimento-de-sac/>. Acesso em: 27 mar.2022.

NCTDR – The National Center for Technology & Dispute Resolution. *Ethical Principles for ODR Initiative*. Disponível em: <https://odr.info/ethics-and-odr/>. Acesso em: 27 mar.2022.

OCDE – Organização para Cooperação e Desenvolvimento Econômico. *Consumer Protection in E-commerce. E-commerce recommendation*. Disponível em: <https://www.oecd.org/sti/consumer/ECommerce-Recommendation-2016.pdf>. Acesso em: 27 mar.2022.

RABINOVICH-EINY, Orna; KATSH, Ethan. *Technology and the Future of Dispute Systems Design*. Disponível em: <https://www.hnlr.org/wp-content/uploads/sites/22/2012/09/151-200.pdf.> Acesso em: 27 mar.2022.

RULE, Colin. *MEDIATE.COM: New Mediator Capabilities in Online Dispute Resolution*. December 2000. Disponível em: <https://www.mediate.com/articles/rule.

cfm>. Acesso em: 19 mar.2022.

SMITH, Stephanie; MARTINEZ, Janet. An Analytic Framework for Dispute Systems Design, 14 *Harvard Negotiation Law Review* 123, 2009.

THOMAS, Kenneth W.; SCHMIDT, Warren H.. *A survey of managerial interests with respect to conflict*, June, 1976. Disponível em: <https://journals.aom.org/doi/full/10.5465/255781>. Acesso em: 19 mar.2022.

TRIBUNAL DE JUSTIÇA DO ESTADO DE SÃO PAULO. *Conciliação e Mediação*. Disponível em: < https://www.tjsp.jus.br/conciliacao>. Acesso em: 19 mar.2022.

UNITED NATIONS. United Nations Commission On International Trade Law. *Technical Notes on Online Dispute Resolution*. Disponível em: < https://uncitral.un.org/sites/uncitral.un.org/files/media-documents/uncitral/en/v1700382_english_technical_notes_on_odr.pdf>. Acesso em: 19 mar.2022.

WOLKART, Erik Navarro. *Análise econômica do processo civil*. São Paulo: Revista dos Tribunais, 2019.

Os caminhos da mediação trabalhista no Brasil

Henrique Lenon Farias Guedes[130]

Introdução

O direito do trabalho adveio da necessidade de tratamento específico das relações nascidas da Revolução Industrial e afirmou sua autonomia científica[131], como ramo do direito privado, por ocasião do Tratado de Versalhes, em 1919, quando a sociedade internacional, então representada, reconheceu que o trabalho humano não poderia equivaler juridicamente às mercadorias[132].

Das rudes plantações de algodão à entrega motorizada de refeições, da construção civil às centrais de atendimento telefônico, do pátio de fábrica às cadeias produtivas transnacionais, busca-se um sentido de regulação do trabalho que atenda aos valores protetivos da pessoa humana, e a compreensão equilibrada das necessidades dinâmicas da empresa e das vulnerabilidades biopsicossociais do trabalhador tem ensejado debates ainda na atualidade.

Desde o seu nascimento no século XIX, o direito do trabalho floresceu

130. Advogado, Doutor em Direito Internacional e Direito Comparado pela Universidade de São Paulo (USP), Mestre em Direito Econômico pela Universidade Federal da Paraíba (UFPB) e professor da UFPB. Representante do Brasil no Comitê Human Rights in Times of Emergency da International Law Association (ILA). Sócio de Carvalho, Machado e Timm Advogados.

131. SÜSSEKIND, Arnaldo. *Direito internacional do trabalho.* 3ª Ed. São Paulo: LTr, 2000, p. 23.

132. "ARTICLE 427. The High Contracting Parties, recognising that the well-being, physical, moral and intellectual, of industrial wage-earners is of supreme international importance, have framed, in order to further this great end, the permanent machinery provided for in Section 1 and associated with that of the League of Nations. They recognise that differences of climate, habits, and customs, of economic opportunity and industrial tradition, make strict uniformity in the conditions of labour difficult of immediate attainment. But, holding as they do, that labour should not be regarded merely as an article of commerce, they think that there are methods and principles for regulating labour conditions which all industrial communities should endeavour to apply, so far as their special circumstances will permit." (PEACE Treaty of Versailles. 1919. Disponível em: https://net.lib.byu.edu/~rdh7/wwi/versa/versa13.html. Acesso em: 04 abr. 2022).

à luz de formas de solução de conflitos alternativas ao Poder Judiciário. A arbitragem trabalhista, por exemplo, era já conhecida no início do século XX, antes mesmo da instituição da Magistratura do Trabalho[133], enquanto mecanismos consensuais revelaram-se indispensáveis no alvorecer das relações trabalhistas, quando temas delicados, como greves e motins, demandavam apaziguamento imediato e eficiente. Desde sua redação original, em 1943, o artigo 764 da CLT reforça esse projeto de consenso: "Os dissídios individuais ou coletivos submetidos à apreciação da Justiça do Trabalho serão sempre sujeitos à conciliação".

A mediação tem técnicas fundamentais à compreensão do ser humano e se alinha a uma interessante e estimulante perspectiva que explora emoções, comportamentos e escolhas humanas, em um diálogo possível e imprescindível do Direito do Trabalho com a Psicologia, com a Economia e com a Antropologia, entre outras ciências[134]. É preciso, contudo, que o tratamento acadêmico da mediação não descuide dos caminhos e incentivos que o direito positivo oferece a esse método[135].

Não ignorando a relevância da transdisciplinaridade na abordagem da mediação, tema bem desenvolvido na literatura nacional[136], este texto prefere apresentar o panorama de direito positivo e as perspectivas práticas para a mediação trabalhista no Brasil. A partir de referências à Constituição, a leis, a decretos e a convenções internacionais, especialmente da

---

133. SCELLE, Georges. *Le droit ouvrier*. 2ª Ed. Paris: Librairie Armand Colin, 1929, p. 131 e 132.

134. Sobre as intersecções entre Direito, Economia e métodos adequados de solução de conflitos, cf. TIMM, Luciano Benetti; FARIAS GUEDES, Henrique Lenon; JARSKE, João Victor Porto. "Online dispute resolution", economia comportamental e direito do consumidor: os incentivos jurídicos e econômicos à resolução virtual de disputas consumeristas. *In*: CASADO FILHO, Napoleão; QUINTÃO, Luísa; SIMÃO, Camila (Org.). *Direito Internacional e Arbitragem – Estudos em Homenagem ao Prof. Cláudio Finkelstein*. São Paulo: Quartier Latin, 2019, p. 757-769.

135. Essa abordagem crítica do direito positivo foi feita, em outra oportunidade, no tema da incorporação de acordo realizado no estrangeiro, em sede de mediação comercial internacional, cf. FARIAS GUEDES, Henrique Lenon. Leveza e peso na mediação comercial internacional: o conteúdo jurídico do acordo corporativo mediado e sua incorporação pelo direito brasileiro. *Revista de Direito Internacional*, v. 15, p. 324-342, 2018.

136. Cita-se, por exemplo, ALMEIDA, Tania. *Caixa de Ferramentas em Mediação: aportes práticos e teóricos*. São Paulo: Dash, 2014.

Organização Internacional do Trabalho (OIT), o artigo oferece caminhos pelos quais a mediação pode ser utilizada para a solução de conflitos nas relações de trabalho.

A primeira seção esclarece o que especificamente diferencia a mediação "comercial" da mediação "trabalhista", indicando a aplicabilidade parcial da Lei Federal n° 13.140/2015; a segunda pontua as aplicações práticas – atuais e potenciais – que podem ser elencadas no direito brasileiro. O artigo emprega método hipotético-dedutivo e realiza pesquisa doutrinária, legislativa e jurisprudencial, contribuindo com o elenco crítico das possibilidades de mediação trabalhista no Brasil.

1. Como definir uma mediação especificamente trabalhista?

A Lei Brasileira de Mediação (LBM) é aplicável ao direito do trabalho? A Lei Federal n° 13.140/2015 confere um tratamento tão lacônico e terminativo ao tema, que poderia fazer esta seção do artigo se encerrar com apenas um parágrafo: "A mediação nas relações de trabalho será regulada por lei própria"[137].

Embora ainda não exista uma lei específica para a mediação laboral, não há por que enxergar, no citado dispositivo, um impeditivo à aplicação subsidiária da lei geral de mediação à solução de conflitos trabalhistas. O direito do trabalho não prescinde, desde sua gênese, da aplicação do direito comum, conforme o § 1° do artigo 8° da CLT[138], e os direitos trabalhistas, por serem patrimoniais e disponíveis[139], são compatíveis com a previsão do artigo 3° da LBM: "Pode ser objeto de mediação o conflito que verse sobre direitos disponíveis ou sobre direitos indisponíveis que admitam transação".

137. Trata-se do artigo 42, parágrafo único, da Lei Federal n° 13.140/2015.

138. "§ 1°. O direito comum será fonte subsidiária do direito do trabalho". O artigo 769 da CLT não se aplica à arbitragem e à mediação trabalhistas, por se referir especificamente ao processo judiciário do trabalho.

139. Sobre o tema, cf. FARIAS GUEDES, Henrique Lenon. *Arbitragem transnacional trabalhista: da ordem pública às normas de aplicação imediata*. Belo Horizonte: Arraes, 2021.

Devido às particularidades e ao dinamismo das relações laborais, tanto individuais quanto coletivas, as necessidades práticas da solução consensual de conflitos trabalhistas indicarão quais dispositivos serão compatíveis.

Cabe mencionar que as disposições da lei de arbitragem são aplicadas de forma explícita à solução de conflitos trabalhistas: o artigo 4º, II, da Lei nº 10.101/2000 dispõe que, frustrada a negociação sobre participação dos trabalhadores nos lucros e resultados da empresa, a questão pode ser solucionada por mediação ou por arbitragem de ofertas finais, "utilizando-se, no que couber, os termos da Lei nº 9.307, de 23 de setembro de 1996". Por outro lado, o artigo 507-A da CLT indica as condições em que "poderá ser pactuada cláusula compromissória de arbitragem, desde que por iniciativa do empregado ou mediante a sua concordância expressa, nos termos previstos na Lei nº 9.307, de 23 de setembro de 1996".

Dessa forma, a Lei Brasileira de Mediação pode ser aplicada às relações de trabalho, sem prejuízo de lei específica superveniente. Situação ligeiramente diversa diz respeito à Convenção das Nações Unidas Sobre Acordos Internacionais Resultantes de Mediação, conhecida como Convenção de Singapura[140], pois seu artigo 1:2 expressamente exclui a incidência sobre questões de consumo, família, herança e emprego[141].

Contudo, para o direito brasileiro, cabe fazer a distinção entre a relação de trabalho e a relação de emprego: enquanto esta é uma espécie formada

---

140. Sobre a Convenção de Singapura, cf. FARIAS GUEDES, Henrique Lenon. Leveza e peso na mediação comercial internacional: o conteúdo jurídico do acordo corporativo mediado e sua incorporação pelo direito brasileiro. *Revista de Direito Internacional*, v. 15, p. 324-342, 2018; FARIAS GUEDES, Henrique Lenon. Singapura e a mediação comercial internacional: por que uma convenção sobre acordos corporativos é bem-vinda? *Jota*, 07 jul. 2018. Disponível em: https://www.jota.info/opiniao-e-analise/artigos/por-que-uma-convencao-sobre-mediacao-comercial-internacional-e-necessaria-03072018. Acesso em: 04 abr. 2022.

141. "This Convention does not apply to settlement agreements: (a) Concluded to resolve a dispute arising from transactions engaged in by one of the parties (a consumer) for personal, family or household purposes; (b) Relating to family, inheritance or employment law" (UNITED Nations Commission on International Trade Law. United Nations Convention on International Settlement Agreements Resulting from Mediation. Viena, 2019. Disponível em: https://uncitral.un.org/sites/uncitral.un.org/files/singapore_convention_eng.pdf. Acesso em: 04 abr. 2022).

pela clássica ligação entre empregado e empregador[142], aquela é gênero que envolve a prestação de trabalho humano, abrangendo, por exemplo, o trabalho rural, o trabalho doméstico, a pequena empreitada, os estágios e os vínculos jurídicos-administrativos dos servidores públicos com o Estado.

No Brasil, a reforma promovida pela Emenda Constitucional n° 45/2004 tentou atribuir ao artigo 114 uma abrangência tal, que incluísse todas essas formas de prestação de trabalho, ao destacar que competiria à Justiça do Trabalho "processar e julgar: I – as ações oriundas da relação de trabalho". Todavia, o Supremo Tribunal Federal (STF) tem restringido o alcance do dispositivo, para excluir, por exemplo, questões envolvendo servidores públicos[143] e ações penais[144].

Sem embargo das peculiaridades constitucionais brasileiras, a OIT mantém uma atenção suficientemente ampla ao que, no direito nacional, é conhecido como "relação de trabalho", desde seus primórdios nos anos 1920 – quando a Corte Permanente de Justiça Internacional reconheceu a inclusão do trabalho rural entre os propósitos regulatórios da OIT[145] – até os dias contemporâneos. Por exemplo, a Convenção 151 da OIT trata das relações coletivas na Administração Pública e, no Brasil, é aplicável aos servidores públicos estatutários, conforme será retomado na próxima seção deste artigo.

Além disso, a Recomendação nº 198 da OIT indica, em seu artigo I:4:e, que os membros da Organização devem proporcionar aos interessados me-

---

142. A definição dos requisitos para a caracterização da relação de emprego está presente em diversas legislações nacionais; no Brasil, aplicam-se conjuntamente os artigos 2º e 3º da CLT: "Art. 2º. Considera-se empregador a empresa, individual ou coletiva, que, assumindo os riscos da atividade econômica, admite, assalaria e dirige a prestação pessoal de serviço. (...) Art. 3º. Considera-se empregado toda pessoa física que prestar serviços de natureza não eventual a empregador, sob a dependência deste e mediante salário. (...)"

143. "A interpretação adequadamente constitucional da expressão 'relação do trabalho' deve excluir os vínculos de natureza jurídico-estatutária, em razão do que a competência da Justiça do Trabalho não alcança as ações judiciais entre o Poder Público e seus servidores" (STF, ADI 3395/DF, Rel. Min. Alexandre de Moraes, Pub. 01/07/2020).

144. STF, ADI 3.684/DF, Rel. Min. Gilmar Mendes, Pub. 01/06/2020.

145. CORTE Permanente de Justiça Internacional. *Advisory Opinion n° 02* – Competence of the ILO in regard to International Regulation of the Conditions of the Labour of Persons Employed in Agriculture. A Haia, 12 ago. 1922.

canismos céleres, pouco onerosos, justos e eficazes para a solução de conflitos relativos à existência e às condições de uma relação de emprego[146]. De forma ainda mais explícita, o artigo I:4:g da Recomendação nº 198 indica a necessidade de treinamento do Judiciário, de árbitros, de mediadores e dos auditores do trabalho, para lidar com a solução de disputas decorrentes da legislação nacional de emprego[147].

Apesar da dubiedade das traduções da Recomendação – a versão espanhola cita *relación de trabajo*, e a versão inglesa, *employment relationship* –, esse documento internacional envolve diversas formas de prestação de serviços, incluindo, em alguns casos, trabalhadores vulneráveis da economia informal. Além disso, a Recomendação traz diversas preocupações com a prestação transnacional de serviços, buscando evitar que a migração de trabalhadores incentive a fraude ao reconhecimento da relação trabalhista por legislações nacionais distintas[148].

Ao reforçar a atenção com o movimento transnacional de trabalhadores, a Recomendação oportunamente recorda a relevância de um tratamento adequado das demandas relativas a questões trabalhistas das cadeias produtivas. No contexto contemporâneo do mercado global, cada vez mais, acordos privados e tratados comerciais têm buscado assegurar cláusulas sociais que indiquem padrões laborais precisos e estabeleçam uma responsabilidade compartilhada para a proteção dos trabalhadores. Do ponto de vista da formação dos mediadores, do objeto a ser discutido na mediação e dos impactos práticos do acordo obtido pela mediação, não há dúvidas de

146. ORGANIZACIÓN Internacional del Trabajo. *Recomendación sobre la relación del trabajo*, 2006 (núm. 198). Genebra, 2006. Disponível em: https://www.ilo.org/dyn/normlex/es/f?p=NORMLEXPUB:55:0::NO::P55_TYPE,P55_LANG,P55_DOCUMENT,P55_NODE:REC,es,R198,%2FDocument. Acesso em: 04 abr. 2022.

147. Idem.

148. Eis a previsão do artigo I:5 da Recomendação: "En el marco de la política nacional los Miembros deberían velar en particular por asegurar una protección efectiva a los trabajadores especialmente afectados por la incertidumbre en cuanto a la existencia de una relación de trabajo, incluyendo a las trabajadoras, así como a los trabajadores más vulnerables, los jóvenes trabajadores, los trabajadores de edad, los trabajadores de la economía informal, los trabajadores migrantes y los trabajadores con discapacidades" (Idem).

que se trata de uma mediação tão trabalhista quanto aquela que resolve disputas entre empregados e empregadores, ou entre sindicatos profissionais e sindicatos patronais.

Em 2019, por ocasião de seu primeiro centenário, a OIT divulgou seu mais recente tratado: a Convenção n° 190, que aborda a violência e o assédio no ambiente de trabalho. Seu artigo 2º explica que a convenção abrange "pessoas que trabalhem", independentemente de seu *status* contratual, incluindo os setores público e privado, a economia formal e a informal, bem como áreas urbanas e rurais. Como o artigo 10 desse tratado aborda a necessidade de garantir às vítimas de assédio mecanismos efetivos de solução de disputas, não limitados ao Poder Judiciário, trata-se de uma sinalização da realização de mediações para disputas envolvendo qualquer forma de trabalho humano.

Assim, considerando o propósito deste artigo, pode-se indicar como trabalhista toda mediação que, no Brasil ou conectada com o direito brasileiro, tenha como consequência prática a regulação do trabalho humano, não se limitando ao conceito de relação de trabalho do artigo 114 da Constituição, mas abrangendo também a prestação de serviços na Administração Pública e demandas relativas a questões sociais-trabalhistas das cadeias produtivas.

2- Aplicações da mediação na prática trabalhista

Quando se trata de experiências bem-sucedidas de mediação trabalhista, as relações coletivas – envolvendo empresas e sindicatos – são destaque positivo. Contudo, como já abordado em outra oportunidade[149], há certa confusão entre as possibilidades de negociação, mediação e arbitragem envolvendo o que muitos autores chamam de conflito "capital *versus* trabalho"[150].

149. Sobre as distinções entre arbitragem positiva e arbitragem normativa, cf. FARIAS GUEDES, Henrique Lenon. *Arbitragem transnacional trabalhista: da ordem pública às normas de aplicação imediata*. Belo Horizonte: Arraes, 2021, especialmente os capítulos 1 e 5.

150. A oposição foi mencionada já na Encíclica *Rerum Novarum*, do Papa Leão XIII, um dos documentos

De fato, a Constituição[151] e muitas convenções da OIT preveem a negociação e a arbitragem para a solução de conflitos coletivos[152], que, entretanto, não demandam a *aplicação* do direito, mas a *criação* de novo direito[153]. Trata-se do que o Regimento Interno do Tribunal Superior do Trabalho chama *conflito de natureza econômica*, que visa à "instituição de normas e condições de trabalho"[154]. Esse é o indicativo também do artigo 4 da Convenção 98 da OIT[155], que incentiva o protagonismo das entidades representativas de trabalhadores e de empregadores na regulação das condições de emprego.

A atividade normativa, resultante das negociações e das arbitragens coletivas, é uma peculiaridade que remonta aos momentos iniciais da legislação

---

fundantes do direito do trabalho: "O problema nem é fácil de resolver, nem isento de perigos. E difícil, efectivamente, precisar com exactidão os direitos e os deveres que devem ao mesmo tempo reger a riqueza e o proletariado, o capital e o trabalho. Por outro lado, o problema não é sem perigos, porque não poucas vezes homens turbulentos e astuciosos procuram desvirtuar-lhe o sentido e aproveitam-no para excitar as multidões e fomentar desordens" (LEÃO XIII. *Rerum Novarum* [Sobre a Condição dos Operários]. Vaticano, 1891. Disponível em: https://www.vatican.va/content/leo-xiii/pt/encyclicals/documents/hf_l-xiii_enc_15051891_rerum-novarum.html. Acesso em: 04 abr. 2022).

151. Eis a previsão do artigo 114 da CRFB: "§ 1º. Frustrada a negociação coletiva, as partes poderão eleger árbitros. § 2º. Recusando-se qualquer das partes à negociação coletiva ou à arbitragem, é facultado às mesmas, de comum acordo, ajuizar dissídio coletivo de natureza econômica, podendo a Justiça do Trabalho decidir o conflito, respeitadas as disposições mínimas legais de proteção ao trabalho, bem como as convencionadas anteriormente".

152. Tão relevante é a via arbitral para a OIT, que o artigo 27 da Convenção n° 81 delega aos auditores fiscais do trabalho a tarefa de fiscalizar o correto cumprimento das sentenças arbitrais.

153. Um exemplo de possível uso da negociação para conflitos decorrentes da aplicação do direito poderá ser a comissão de representantes. Abordadas pela Convenção 135 da OIT e previstas no artigo 11 da Constituição, essas comissões foram regulamentadas pelos artigos 510-A a 510-D da CLT, inseridos pela Lei Federal n° 13.467/2017. Uma das suas atribuições, previstas no artigo 510-B da CLT, é exatamente "buscar soluções para os conflitos decorrentes da relação de trabalho, de forma rápida e eficaz, visando à efetiva aplicação das normas legais e contratuais" (inciso IV).

154. Eis a previsão do RI-TST: "Art. 241. Os dissídios coletivos podem ser: I - de natureza econômica, para a instituição de normas e condições de trabalho; II - de natureza jurídica, para interpretação de cláusulas de sentenças normativas, de instrumentos de negociação coletiva, acordos e convenções coletivas, de disposições legais particulares de categoria profissional ou econômica e de atos normativos; III - originários, quando inexistentes ou em vigor normas e condições especiais de trabalho, decretadas em sentença normativa; IV - de revisão, quando destinados a reavaliar normas e condições coletivas de trabalho preexistentes que se tornarem injustas ou ineficazes pela modificação das circunstâncias que as ditaram; V - de declaração sobre a paralisação do trabalho decorrente de greve" (TRIBUNAL SUPERIOR DO TRABALHO. *Regimento Interno*. Brasília, 13 dez. 2021. Disponível em: https://juslaboris.tst.jus.br/bitstream/handle/20.500.12178/116169/2017_ra1937_ri_tst_rep01_livro_compilado.pdf. Acesso em: 04 abr. 2022).

155. "Art. 4 — Deverão ser tomadas, se necessário for, medidas apropriadas às condições nacionais, para fomentar e promover o pleno desenvolvimento e utilização dos meios de negociação voluntária entre empregadores ou organizações de empregadores e organizações de trabalhadores com o objetivo de regular, por meio de convenções, os termos e condições de emprego".

do trabalho, quando, no século XIX, sequer havia direitos básicos como limitação de jornada ou salário-mínimo, e cabia aos nascentes sindicatos negociar, com os empregadores, os padrões de contratação aplicáveis às categorias de trabalhadores. Essa não é apenas uma reminiscência histórica: desde 2013, os Acordos de Bangladesh têm revelado uma profícua possibilidade de convenções coletivas transnacionais que vinculam empresas multinacionais e trabalhadores bengaleses, representados por sindicatos globais, sendo um exemplo também de arbitragem transnacional trabalhista[156].

Como é natural que surjam divergências em uma negociação trabalhista, é preciso observar os incentivos à rápida solução da disputa - por exemplo, a data-base da categoria[157]. Embora a legislação brasileira seja suficientemente detalhada, para reger relações de forma padronizada - um *default* –, interessa aos trabalhadores a continuidade das condições de trabalho negociadas em norma coletiva, mormente após a Lei Federal n° 13.467/2017 ter eliminado a possibilidade de aplicação de convenções e acordos coletivos de trabalho para além do prazo de suas vigências[158]. Na verdade, caso não cumpridas as negociações nos prazos previstos em lei, os trabalhadores podem deixar de ter, por determinado período, qualquer norma coletiva em seu benefício.

Para o empregador, também interessa solucionar rápida e eficazmente o conflito coletivo de natureza econômica, pois sua continuidade constitui motivação típica para a paralisação legal da prestação de serviços, conforme autorizado pela Lei de Greve[159].

---

156. PERMANENT Court of Arbitration. *Annual Report 2018*. A Haia, 2018, p. 26-27.

157. Eis a redação do artigo 4º, § 1º, da Lei Federal n° 7.238/1984: "Entende-se por data-base, para fins desta Lei, a data de início de vigência de acordo ou convenção coletiva, ou sentença normativa".

158. Trata-se do fenômeno da ultratividade, vedado expressamente pelo artigo 614, § 3º, da CLT, na redação dada pela Lei Federal n° 13.467/2017. O tema foi apreciado na ADPF 323 pelo STF, que acolheu o mesmo entendimento do legislador.

159. Eis o artigo 3º da Lei Federal n° 7.783/1989: "Art. 3º Frustrada a negociação ou verificada a impossibilidade de recursos via arbitral, é facultada a cessação coletiva do trabalho. Parágrafo único. A entidade patronal correspondente ou os empregadores diretamente interessados serão notificados, com antecedência mínima de 48 (quarenta e oito) horas, da paralisação".

A legislação brasileira, nesse contexto, prevê a participação de diversos órgãos públicos como facilitadores das negociações coletivas. O Ministério Público do Trabalho, a par da função de fiscalizar greves com o propósito de evitar a paralisação de serviços essenciais em prejuízo da população, pode atuar na conciliação e na arbitragem de dissídios coletivos[160].

Já o Ministério do Trabalho e Previdência oferece aos sindicatos dos trabalhadores e dos empregadores e às próprias empresas, sem ônus, a possibilidade de solicitar a composição do conflito coletivo, por meio de mediação, a ser conduzida por servidor público em exercício no Ministério, inclusive os auditores fiscais do trabalho[161].

O artigo 36 do Decreto Presidencial n° 10.854/2021, ao dispor sobre a mediação realizada pelo Ministério, prevê que a ata de mediação terá natureza de título executivo extrajudicial, pois se trataria de "documento público assinado pelo devedor" (CPC, art. 784, II). Essa é uma opção desnecessariamente arriscada do decreto, pois há reserva legal para classificação de títulos como executivos (CPC, art. 784, XII), e um decreto não poderia criar mais uma qualificação. Se a intenção do decreto era ser meramente interpretativo, saída mais simples seria que dois servidores públicos assinassem o documento como testemunhas (CPC, art. 784, III), ou ainda que o Ministério do Trabalho e Previdência aplicasse a Lei de Mediação, cujo artigo 20 já prevê a natureza executiva do acordo celebrado segundo seu procedimento, sendo compatível com a reserva legal exigida pelo citado artigo 784, XII, do CPC.

A atuação dos auditores na mediação coletiva trabalhista tem sido mui-

160. Eis o artigo 83, IX, da Lei Complementar n° 75/1993: "Art. 83. Compete ao Ministério Público do Trabalho o exercício das seguintes atribuições junto aos órgãos da Justiça do Trabalho: (...) VIII – instaurar instância em caso de greve, quando a defesa da ordem jurídica ou o interesse público assim o exigir; IX – promover ou participar da instrução e conciliação em dissídios decorrentes da paralisação de serviços de qualquer natureza, oficiando obrigatoriamente nos processos, manifestando sua concordância ou discordância, em eventuais acordos firmados antes da homologação, resguardado o direito de recorrer em caso de violação à lei e à Constituição Federal; (...) XI – atuar como árbitro, se assim for solicitado pelas partes, nos dissídios de competência da Justiça do Trabalho (...)".

161. Trata-se do capítulo VIII do Decreto Presidencial n° 10.854, de 10 de novembro de 2021.

to oportuna, especialmente porque, seguindo o previsto pela OIT, o direito brasileiro confere estabilidade à carreira[162], permitindo-lhes conduzir o procedimento sem necessariamente haver interferências externas – o que acabaria frustrando ainda outra convenção da OIT, a de nº 98, que prevê a plena liberdade nas negociações coletivas.

Há, todavia, oportunidade de amadurecimento da mediação nas relações de trabalho na Administração Pública, envolvendo os interesses coletivos dos próprios agentes públicos, para os quais a Convenção 151 da OIT assegura o direito de organização associativa e a consequente liberdade sindical, além de prever claramente o uso de mediação e de arbitragem para a instituição de novas condições de trabalho[163].

Ao incorporar o texto internacional, conforme o Decreto Presidencial nº 7.944/2013, o direito brasileiro esclareceu a aplicabilidade da convenção tanto para os empregados públicos regidos pela CLT quanto para os servidores públicos regidos pelos estatutos municipais, estaduais e federal[164], o que ensejou a alteração da Orientação Jurisprudencial da Seção de Dissídios Coletivos do TST, nos seguintes termos:

> Em face de pessoa jurídica de direito público que mantenha empregados, cabe dissídio coletivo exclusivamente para apreciação de cláusulas de natureza social.

Embora as carreiras militares e policiais, tipicamente de Estado, costumem ser ressalvadas nas convenções da OIT, o STF criou, em sede de repercussão geral, uma interessante hipótese de mediação obrigatória em

162. Eis a previsão do artigo 6º da Convenção 81 da OIT, sobre a Inspeção do Trabalho na Indústria e no Comércio: "O pessoal da inspeção será composto de funcionários públicos cujo estatuto e condições de serviço lhes assegurem a estabilidade nos seus empregos e os tornem independentes de qualquer mudança de governo ou de qualquer influência externa indevida". O artigo 8:1 da Convenção 129 da OIT, Relativa à Inspeção do Trabalho na Agricultura, traz disposição semelhante.

163. "Art. 8 — A solução dos conflitos que se apresentem por motivo da determinação das condições de emprego tratar-se-á de conseguir, de maneira apropriada às condições nacionais, por meio da negociação entre as partes ou mediante procedimentos independentes e imparciais, tais como a mediação, a conciliação e a arbitragem, estabelecidos de modo que inspirem a confiança dos interessados."

164. Trata-se da Lei Federal nº 8.112/1990.

matéria típica de direito coletivo do trabalho: para a Corte, a greve de servidores públicos integrantes das carreiras policiais ou atuantes na segurança pública é vedada; os órgãos classistas dessas carreiras, contudo, podem instaurar mediação para "vocalização dos interesses da categoria", sendo o Poder Público obrigado a participar desse procedimento[165].

Na confluência entre a mediação coletiva e a mediação individual, o Conselho Superior da Justiça do Trabalho (CSJT) instituiu a Resolução n° 174/2016, com propósitos administrativos, ou seja, criou uma política judiciária nacional para a difusão da conciliação e da mediação entre os tribunais trabalhistas.

Na verdade, a "conciliação" está na gênese da legislação brasileira do trabalho, especialmente porque a CLT dispõe, desde sua redação original, que, "[n]ão havendo acordo, o juízo conciliatório converter-se-á obrigatoriamente em arbitral, proferindo decisão" (art. 764, § 2º). Assim, o grande impacto da resolução do CSJT – não por acaso, no ano seguinte à Lei Brasileira de Mediação e ao Código de Processo Civil (CPC) de 2015 –, foi mesmo trazer mecanismos que promovessem a "mediação"[166] dentro e fora das salas de audiência do país.

A resolução, porém, cria uma restrição à atuação de conciliadores e mediadores em processos judiciais: embora os tribunais devam manter órgãos administrativos, para organizar os procedimentos consensuais, somente podem atuar em conciliação e em mediação, nos CEJUSCs da Justiça do Trabalho, juízes e servidores ativos ou aposentados[167]. Trata-se de impedimento irrazoável, especialmente porque as técnicas necessárias à realização

165. STF, Tribunal Pleno, ARE 654432, julgado em 05/04/2017.

166. A resolução, em seu primeiro artigo, acolhe a tese da distinção entre conciliação e mediação com base na postura mais ou menos interventiva do facilitador, conforme o artigo 165, §§ 2º e 3º, do CPC.

167. "Art. 6º. (...) § 6º. Os magistrados togados e servidores inativos poderão atuar como conciliadores e/ou mediadores, desde que declarem, sob responsabilidade pessoal, que não militam como advogados na jurisdição dos Órgãos judiciários abrangidos pelo CEJUSC-JT. (...) § 8º. Fica vedada a realização de conciliação ou mediação judicial, no âmbito da Justiça do Trabalho, por pessoas que não pertençam aos quadros da ativa ou inativos do respectivo Tribunal Regional do Trabalho".

da conciliação e da mediação, previstas no artigo 7º da mesma resolução, podem ser bem desenvolvidas por facilitadores que não tenham sido agentes públicos[168].

A resolução, de fato, impede, até mesmo, a aplicação dos dispositivos do CPC os quais disciplinam a atuação das câmaras privadas[169], e, ao tratar da mediação pré-processual, restringe-a aos conflitos coletivos[170]. Embora as limitações do CSJT sejam criticáveis, porque desprovidas de fundamento razoável[171], não há por que conferir à Resolução nº 174 mais significado ou impacto que ela deve ter: nada impede que mediações extrajudiciais – fora do alcance do CSJT – sejam realizadas nas relações laborais, tanto coletivas quanto individuais, pois se trata de procedimento compatível com o direito do trabalho, conforme indicado no tópico anterior.

Em suma, a Resolução nº 174 aplica-se apenas a processos judiciais em curso na Justiça do Trabalho e, se as partes do conflito coletivo desejarem,

168. O conteúdo programático das capacitações a que os conciliadores e mediadores devem se submeter, conforme o Anexo I da Resolução 174, revela ser plenamente possível que pessoas sem prévio vínculo com o Poder Judiciário bem desempenhem a tarefa de pacificação: "1.0) Introdução e visão geral dos métodos autocompositivos; 2.0) Panorama do procedimento de conciliação e mediação e a sessão de conciliação/mediação; 3.0) Teoria dos jogos e moderna teoria do conflito; 4.0) Fundamentos de negociação para conciliadores e mediadores; 5.0) Competências autocompositivas; 6.0) Qualidade em processos autocompositivos; 7.0) Empatia, inteligência emocional e as relações de confiança; 8.0) Controle sobre o processo; e 9.0) A provocação de mudanças".

169. Eis a redação do artigo 7º, § 6º: "As conciliações e mediações realizadas no âmbito da Justiça do Trabalho somente terão validade nas hipóteses previstas na CLT, aí incluída a homologação pelo magistrado que supervisionou a audiência e a mediação pré-processual de conflitos coletivos, sendo inaplicáveis à Justiça do Trabalho as disposições referentes às Câmaras Privadas de Conciliação, Mediação e Arbitragem, e normas atinentes à conciliação e mediação extrajudicial e pré-processual previstas no NCPC".

170. Trata-se do § 7º do artigo 7º. Previsão similar encontra-se no artigo 2º do Ato 168/2016 da Presidência do TST: "Podem ser submetidos ao procedimento de mediação e conciliação pré-processual as relações jurídicas passíveis de submissão a dissídio coletivo de natureza econômica, jurídica ou de greve" (TRIBUNAL Superior do Trabalho. *Ato nº 168/TST.GP, de 4 de abril de 2016.* Dispõe sobre os pedidos de mediação e conciliação préprocessual de conflitos coletivos no âmbito do Tribunal Superior do Trabalho. Brasília, 2016. Disponível em: https://juslaboris.tst.jus.br/bitstream/handle/20.500.12178/82592/2016_ato0168.pdf?sequence=1&isAllowed=y. Acesso em: 04 abr. 2022).

171. Por ocasião da suspensão das atividades presenciais administrativas e judiciárias, no início da pandemia de 2020, o próprio CSJT incentivou, por meio da Recomendação CSJT.GVP nº 01/2020, que fossem divulgadas e promovidas mediações pré-processuais em conflitos individuais (CONSELHO Superior da Justiça do Trabalho. Recomendação CSJT.GVP nº 01/2020. Brasília, 25 de março de 2020. Disponível em: https://juslaboris.tst.jus.br/bitstream/handle/20.500.12178/169693/2020_rec0001_csjt.pdf?sequence=1&isAllowed=y. Acesso em: 04 abr. 2022).

também se submetem ao seu regramento quanto às chamadas mediações "pré-processuais". Se, entretanto, os sindicatos ou as empresas interessadas preferirem afastar-se da solução judiciária, basta que adiram a um termo de mediação ou, simultaneamente e de forma escalonada, a um compromisso arbitral.

É interessante observar que a condução da mediação pré-processual dos conflitos coletivos revela certas formalidades típicas do Poder Judiciário, como decisões de admissibilidade prévia[172], As partes deverão estar cientes das particularidades procedimentais que, em comparação com entidades privadas de solução de conflitos, podem soar mais rigorosas. Além disso, o artigo 5º do Ato 01/2019 da Vice-Presidência do TST deixa explícito que, a par de serem públicos, os procedimentos de mediação poderão ser acompanhados pela Secretaria de Comunicação Social do Tribunal, a fim de divulgar informações à imprensa, incluindo as propostas de acordo. Essa publicidade, por óbvio, contrasta com o sigilo típico das mediações extrajudiciais.

Para além dos conflitos relativos à criação ou à aplicação das normas coletivas – como, por exemplo, a já mencionada participação dos trabalhadores nos lucros e resultados das empresas[173] –, é importante ressaltar a pertinência da mediação para temas ínsitos à vida sindical, seja para conflitos internos – como eleições –, seja para conflitos entre sindicatos – como aqueles relacionados à representação em bases territoriais comuns ou ao desmembramento de entidades.

Por fim, apesar das imotivadas resistências dos dispositivos examinados à aplicação da mediação às relações individuais trabalhistas, não há qualquer incompatibilidade entre a mediação privada e a solução de conflitos

172. Artigo 2º (TRIBUNAL Superior do Trabalho. *Ato GVP n.º 01, de 26 de março de 2019*. Institui o Protocolo de Mediação e Conciliação da Vice-Presidência do Tribunal Superior do Trabalho. Brasília, 2019. Disponível em: https://juslaboris.tst.jus.br/bitstream/handle/20.500.12178/152650/2019_ato0001_gvp.pdf?sequence=1&isAllowed=y. Acesso em: 04 abr. 2022).

173. Eis a previsão da Lei Federal nº 10.101/2000: "Art. 4º. Caso a negociação visando à participação nos lucros ou resultados da empresa resulte em impasse, as partes poderão utilizar-se dos seguintes mecanismos de solução do litígio: I - mediação; (...) § 2º. O mediador ou o árbitro será escolhido de comum acordo entre as partes".

entre empregado e empregador, ou entre trabalhador e tomador de serviços. A própria legislação do trabalho tem incentivado negociações sobre condições contratuais[174] e sobre verbas devidas pelo empregador[175], ou seja, há possibilidade de um facilitador auxiliar as partes na busca por um consenso antes, durante e após a vigência do contrato de trabalho.

A participação de um mediador especializado em questões trabalhistas e atento às peculiaridades da legislação brasileira, ao invés de frustrar direitos trabalhistas – como uma imotivada visão distorcida do instituto poderia acusar –, contribuiria para equilibrar as partes e identificar corretamente seus interesses, em linha com as melhores práticas internacionais de solução de conflitos e com os princípios do artigo 2º da Lei Brasileira de Mediação.

Um facilitador serviria, inclusive, para bem informar o empregado sobre aspectos da transação e, em vez de atuar como mero homologador em favor da empresa, poderia evitar vícios de vontade e assegurar a plena compreensão dos caminhos da negociação pelo empregado. Em suma, o mediador privado teria o condão de reforçar a eficácia dos princípios do direito do trabalho, empoderando as partes e conferindo previsibilidade e estabilidade à negociação.

Conclusão

Afastando-se do preconceito a que, em certas sendas do direito do tra-

---

174. Eis a redação do parágrafo único do artigo 444 da CLT, inserido pela Lei Federal nº 13.467/2017: "Art. 444. As relações contratuais de trabalho podem ser objeto de livre estipulação das partes interessadas em tudo quanto não contravenha às disposições de proteção ao trabalho, aos contratos coletivos que lhes sejam aplicáveis e às decisões das autoridades competentes. Parágrafo único. A livre estipulação a que se refere o *caput* deste artigo aplica-se às hipóteses previstas no art. 611-A desta Consolidação, com a mesma eficácia legal e preponderância sobre os instrumentos coletivos, no caso de empregado portador de diploma de nível superior e que perceba salário mensal igual ou superior a duas vezes o limite máximo dos benefícios do Regime Geral de Previdência Social".

175. Trata-se do procedimento previsto no artigo 855-B da CLT, inserido pela Lei Federal nº 13.467/2017: "O processo de homologação de acordo extrajudicial terá início por petição conjunta, sendo obrigatória a representação das partes por advogado".

balho, ainda se relegam os métodos não estatais de solução de conflitos, este artigo apontou a naturalidade com que a Organização Internacional do Trabalho trata da mediação e da arbitragem, além das oportunidades que o direito brasileiro oferece à mediação trabalhista.

Após analisar as previsões e restrições que o direito brasileiro roteiriza para a solução consensual de conflitos laborais, é importante esclarecer que a mediação, se conduzida extrajudicialmente e por entidades privadas e facilitadores sem vínculo prévio com o Poder Judiciário, também pode se revelar eficiente mecanismo de pacificação das relações trabalhistas, tanto individuais quanto coletivas, pois assegura pragmatismo, especialidade, sigilo e informalidade em níveis que nem mesmo a Justiça do Trabalho – de respeitável tradição na solução consensual dos conflitos trabalhistas – tem oferecido aos interessados.

O ambiente privado, a esse propósito, é afim às expectativas da OIT, já que o direito internacional laboral rechaça a intervenção dos Estados nas relações sindicais. Assim, quanto mais o Estado incentiva a solução extraestatal dos conflitos coletivos, mais próximo está de atender a uma obrigação que ele próprio, Estado, assumiu internacionalmente.

Em caso de greve, a propósito, há um interesse social na continuidade de serviços essenciais. Seria, por exemplo, interesse dos sindicatos evitar o risco de declaração da ilegalidade da greve, a qual tem repercussões nas reivindicações a serem processadas. Percebe-se, assim, que é estratégico desjudicializar o tema, construindo uma solução de disputas a qual contemple a mediação para atendimento dos serviços essenciais e a arbitragem para a decisão sobre eventuais novas cláusulas das convenções e dos acordos coletivos de trabalho.

Como mencionado no início, o exame do tema sob a perspectiva do direito positivo não elimina a necessidade de se refletir, com base em pesquisa transdisciplinar, sobre as peculiaridades na condução de uma mediação especificamente trabalhista. Na verdade, são visões que se complementam, sendo muito oportuno que se desenvolva, a partir das Ciências Comportamentais, métodos próprios à mediação trabalhista, ou ainda, no futuro próximo, que se estruture uma arquitetura da escolha no direito do trabalho.

Referências bibliográficas

ALMEIDA, Tania. *Caixa de Ferramentas em Mediação: aportes práticos e teóricos*. São Paulo: Dash, 2014.

CONSELHO Superior da Justiça do Trabalho. *Recomendação CSJT.GVP nº 01/2020*. Brasília, 25 de março de 2020. Disponível em: https://juslaboris.tst.jus.br/bitstream/handle/20.500.12178/169693/2020_rec0001_csjt.pdf?sequence=1&isAllowed=y. Acesso em: 04 abr. 2022.

CONSELHO Superior da Justiça do Trabalho. *Resolução CSJT nº 174, de 30 de setembro de 2016*. Dispõe sobre a política judiciária nacional de tratamento adequado das disputas de interesses no âmbito do Poder Judiciário Trabalhista e dá outras providências. Brasília, 2016. Disponível em: https://www.csjt.jus.br/c/document_library/get_file?uuid=235e3400-9476-47a0-8bbb-bccacf94fab4&groupId=955023. Acesso em: 04 abr. 2022.

CORTE Permanente de Justiça Internacional. *Advisory Opinion nº 02* – Competence of the ILO in regard to International Regulation of the Conditions of the Labour of Persons Employed in Agriculture. A Haia, 12 ago. 1922.

FARIAS GUEDES, Henrique Lenon. *Arbitragem transnacional trabalhista: da ordem pública às normas de aplicação imediata*. Belo Horizonte: Arraes, 2021.

FARIAS GUEDES, Henrique Lenon. Leveza e peso na mediação comercial internacional: o conteúdo jurídico do acordo corporativo mediado e sua incorporação pelo direito brasileiro. *Revista de Direito Internacional*, v. 15, p. 324-342, 2018.

FARIAS GUEDES, Henrique Lenon. Singapura e a mediação comercial internacional: por que uma convenção sobre acordos corporativos é bem-vinda? *Jota*, 07 jul. 2018. Disponível em: https://www.jota.info/opiniao-e-analise/artigos/por-que-uma-convencao-sobre-mediacao-comercial-internacional-e-necessaria-03072018. Acesso em: 04 abr. 2022.

LEÃO XIII. *Rerum Novarum* (Sobre a Condição dos Operários). Vaticano, 1891. Disponível em: https://www.vatican.va/content/leo-xiii/pt/encyclicals/documents/hf_l-xiii_enc_15051891_rerum-novarum.html. Acesso em: 04 abr. 2022.

ORGANIZACIÓN Internacional del Trabajo. *La libertad sindical: recopilación de decisiones y principios del Comité de Libertad Sindical del Consejo de Administración de la OIT*. 5. ed. Genebra: Oficina Internacional del Trabajo, 2006.

ORGANIZACIÓN Internacional del Trabajo. *Recomendación sobre la relación del trabajo, 2006 (núm. 198)*. Genebra, 2006. Disponível em: https://www.ilo.org/dyn/normlex/es/f?p=NORMLEXPUB:55:0::NO::P55_TYPE,P55_LANG,P55_DOCUMENT,P55_NODE:REC,es,R198,%2FDocument. Acesso em: 04 abr. 2022.

PEACE Treaty of Versailles. 1919. Disponível em: https://net.lib.byu.edu/~rdh7/wwi/versa/versa13.html. Acesso em: 04 abr. 2022.

PERMANENT Court of Arbitration. *Annual Report 2018*. A Haia, 2018.

SCELLE, Georges. *Le droit ouvrier*. 2ª Ed. Paris: Librairie Armand Colin, 1929.

SÜSSEKIND, Arnaldo. *Direito internacional do trabalho*. 3ª Ed. São Paulo: LTr, 2000.

SÜSSEKIND, Arnaldo. *Direito constitucional do trabalho*. 4ª Ed. Rio de Janeiro: Renovar, 2010.

TIMM, Luciano Benetti; FARIAS GUEDES, Henrique Lenon; JARSKE, João Victor Porto. "Online dispute resolution", economia comportamental e direito do consumidor: os incentivos jurídicos e econômicos à resolução virtual de disputas consumeristas. *In*: CASADO FILHO, Napoleão; QUINTÃO, Luísa; SIMÃO, Camila (Org.). *Direito Internacional e Arbitragem – Estudos em Homenagem ao Prof. Cláudio Finkelstein*. São Paulo: Quartier Latin, 2019, p. 757-769.

TRIBUNAL Superior do Trabalho. *Ato nº 168/TST.GP, de 4 de abril de 2016*. Dispõe sobre os pedidos de mediação e conciliação pré-processual de conflitos coletivos no âmbito do Tribunal Superior do Trabalho. Brasília, 2016. Disponível em: https://juslaboris.tst.jus.br/bitstream/handle/20.500.12178/82592/2016_ato0168.pdf?sequence=1&isAllowed=y. Acesso em: 04 abr. 2022.

TRIBUNAL Superior do Trabalho. *Ato GVP n.º 01, de 26 de março de 2019.* Institui o Protocolo de Mediação e Conciliação da Vice-Presidência do Tribunal Superior do Trabalho. Brasília, 2019. Disponível em: https://juslaboris.tst.jus.br/bitstream/handle/20.500.12178/152650/2019_ato0001_gvp.pdf?sequence=1&isAllowed=y. Acesso em: 04 abr. 2022.

TRIBUNAL Superior do Trabalho. *Regimento Interno.* Brasília, 13 dez. 2021. Disponível em: https://juslaboris.tst.jus.br/bitstream/handle/20.500.12178/116169/2017_ra1937_ri_tst_rep01_livro_compilado.pdf. Acesso em: 04 abr. 2022.

UNITED Nations Commission on International Trade Law. *United Nations Convention on International Settlement Agreements Resulting from Mediation.* Viena, 2019. Disponível em: https://uncitral.un.org/sites/uncitral.un.org/files/singapore_convention_eng.pdf. Acesso em: 04 abr. 2022.

A mediação extrajudicial como meio de solução de conflitos na saúde privada

Lizandra Colossi[176]

1. Introdução

A mediação de conflitos é, por excelência, um método adequado de solução de controvérsias que promove as pessoas, tanto físicas quanto jurídicas, no sentido de as colocar em lugar de destaque, como detentoras da palavra final sobre a crise que atravessam, com controle final sobre a decisão que querem tomar. Vale dizer: enquanto o processo judicial adjudica ao juiz a solução, na mediação os participantes é que vão dialogar primeiro e, assim, resolver o conflito depois.

A mediação de conflitos começou a ser praticada no país na década de 90 do século passado, de forma extrajudicial, por expoentes como Adolfo Braga Neto, Tânia Almeida, Juan Vezzulla, Rosane Fagundes, Fernanda Levy, para citar alguns nomes da constelação de excelentes profissionais, os quais foram os responsáveis por semear essa forma humanizada de resolução dos conflitos interpessoais. Em estudos, produção literária e palestras, esses e outros mediadores fizeram um grande movimento, no sentido de apresentar a mediação à sociedade brasileira, e aos operadores do Direito, em particular.

---

176. Advogada consensual, mediadora extrajudicial, presidente e cofundadora da Comissão de Mediação, Arbitragem e Práticas Colaborativas da OAB/BA - Subseção Lauro de Freitas. Sócia-fundadora do Colossi Oliveira Advogados Associados e do Mediar é Somar. Professora, palestrante e mentora na Advocacia Consensual em Direito Médico. Mestranda em Direitos Fundamentais e Alteridade pela Universidade Católica do Salvador.

Antes de ser prevista na legislação federal, a mediação de conflitos foi expressamente recomendada pela Resolução nº 125, de 29 de novembro de 2010, do Conselho Nacional de Justiça. Por meio dela, os Tribunais de Justiça foram instados a criar Núcleos Permanentes de Resolução de Conflitos (NUPEMECs), com a função de buscar alternativas consensuais de solução para as demandas, como a conciliação e a mediação, e a fomentar a sua prática, auxiliando os magistrados na administração da Justiça ao caso concreto, e a reduzir o volume de processos judiciais em trâmite.

A seguir, em março de 2015, o Novo Código de Processo Civil traz a mediação judicial, mas também prevê a sua modalidade extrajudicial, dedicando uma seção ao tema. Ao prever tal modalidade de resolução consensual, expressamente, no seu texto, incluindo a extrajudicial, o Código de Ritos inaugura a chamada Justiça Multiportas[177], deixando clara a compreensão do legislador de que o acesso à Justiça não mais se poderia confundir com o acesso ao Poder Judiciário.

A aposta na mediação de conflitos pelo Estado Legislador atinge seu ápice com a promulgação da lei que regula o assunto de forma mais específica, a Lei nº 13.140/2015. Por meio desse diploma, os princípios norteadores da mediação foram positivados, e o instituto passou a ser mais conhecido e disseminado entre os operadores do Direito no Brasil.

A mediação de conflitos mais conhecida no país ainda é a que ocorre na seara familiarista, mas, por meio deste artigo, demonstrar-se-á que a mediação é expressamente indicada para litígios na área da saúde, com enfoque nas entidades privadas de prestação de serviços médicos, nos planos de saúde e na relação médico-paciente, sobretudo com o aumento das demandas em virtude da pandemia de Covid-19.

177. "Nesta nova justiça, a solução judicial deixa de ter a primazia nos litígios que permitem a autocomposição, e passa a ser *ultima ratio, extrema ratio*. Assim, do acesso à justiça dos tribunais passamos ao acesso aos direitos pela via adequada de composição, da mesma forma que, no campo do processo, migramos da tutela processual, como fim em si mesmo, para a tutela dos direitos, com finalidade do processo." (DIDIER JR.; ZANETI JR., 2017, p.35)

Podem participar de uma mediação sanitária todos os que estiverem na cadeia de fornecimento do serviço ao paciente: o médico, a clínica, o hospital, ou mesmo planos de saúde – todos de uma só vez ou separadamente, dependendo da situação controversa que se apresenta. Num conflito em que a saúde de alguém está em jogo, seja por lesão efetiva ou ameaça a direito, mediar é, em primeiro lugar, dar atenção a essa pessoa, validar seu sofrimento – coisa que a dinâmica processual nem sempre consegue.

Ao optar pela mediação de conflitos, o médico, a clínica ou o hospital estão dando voz e vez àquele que bate à sua porta à procura de acolhimento – o que gera no paciente satisfação, retomada de confiança e abertura para uma solução consensual, e extrajudicial, sem contar o restabelecimento do vínculo desgastado (quando for o caso) em nova perspectiva após a transformação do conflito. Assim, a mediação é, hoje, num mundo digital e, portanto, sem fronteiras, em que a imagem do prestador de saúde pode ser maculada em segundos com um *post*, a alternativa mais eficiente, rápida e humanizada de lidar com os conflitos.

2. Mediação de conflitos e sua aplicabilidade na saúde privada

O conflito é uma crise na interação humana, que surge naturalmente do entrechoque de diferentes visões sobre um mesmo ponto, de expectativas de comportamento frustradas, de direitos e deveres contrapostos – para citar alguns dos seus inúmeros catalisadores. Inobstante, a forma como se enxerga o conflito, e se lida com ele, é determinante para sua solução, seja judicial ou extrajudicial.

A mediação se propõe auxiliar aquele que tem seu direito lesado ou ameaçado por outrem, visto que chama à mesa de conversa ambas as pessoas: quem se ressente pela falta, e quem supostamente a praticou. "A mediação como processo de solução de conflitos se desenvolve em três eixos:

processo, quem dele participa e alguém que os ajuda a construir algo", explica BRAGA NETO (2021, p.51). TARTUCE (2019, p.197) contribui para o esclarecimento do tema:

> Até o advento do marco legal brasileiro sobre a mediação, a doutrina vinha trabalhando o conceito desse importante meio consensual de modo cuidadoso, para evitar confusões em relação a outros institutos.
>
> Partindo do dicionário, constata-se que a 'mediação' indica o ato ou efeito de mediar, retratando intercessão, intervenção, intermédio e interposição.
>
> A mediação consiste no meio consensual de abordagem de controvérsias em que alguém imparcial atua para facilitar a comunicação entre os envolvidos, e propiciar que eles possam, a partir da percepção ampliada dos meandros da situação controvertida, protagonizar saídas produtivas para os impasses que os envolvem.

Sob o viés psicológico, a solução do conflito na mediação, com a presença de um terceiro neutro e, portanto, alheio ao problema, mas que ajuda no diálogo que será construído ali, tem como repercussão o atendimento às necessidades do ser humano, como respeito, validação de sentimentos e justiça: "promove-se o respeito mútuo às diferenças, e o reconhecimento das limitações próprias e das perspectivas pessoais diferentes ou mesmo opostas, o que pode proporcionar a integração de visões individuais" (BRAGA NETO, 2021, p.52).

Logrando ou não acordo, a mediação modifica a relação entre as pessoas para melhor, iluminando novos caminhos de interação entre elas, convindo ressaltar que a mediação de conflitos não visa pura e simplesmente ao acordo, mas sim a construir soluções a partir de mudanças dos participantes em direção ao reconhecimento mútuo (BRAGA NETO, 2021, p.54).

A mediação judicial é aquela que se dá com demanda proposta, mas antes do início da marcha processual, ou ao se requerer suspensão do processo; é a oportunidade de sobrestar o feito para uma tentativa consensual, mesmo tendo sido provocado o Poder Judiciário. Isso foi inovador e ousado, pois a mediação é mais complexa tanto na abordagem das questões, quanto no resultado que se pode obter, por aprofundá-las, ao passo que a conciliação[178] as trata de forma mais superficial e pontual. Ainda assim, deve-se à inclusão da mediação nas normas de processo civil o conhecimento que já se tinha sobre a conciliação no país.

A mediação extrajudicial tem expressa previsão legal como dito, e traz a vantagem de ocorrer fora do Judiciário, seja nos escritórios de advocacia (após o Provimento nº 196, do Conselho Federal da Ordem dos Advogados do Brasil - CFOAB, de 10 de fevereiro de 2020[179]), seja nas Câmaras de Mediação ou mesmo num local neutro, escolhido pelos participantes. Com isso, o fator ambiente ajuda no desenvolvimento do método, deixando as pessoas mais distensionadas e abertas à autocomposição dos interesses inicialmente contrapostos. Como dito, a presença de um terceiro neutro com habilidade na condução do diálogo auxilia na apresentação das questões e na sua superação conjunta pelos participantes.

A mediação de conflitos tem sido muito utilizada para a área do Direito das Famílias; porém, não está adstrita a ela. Sendo um meio consensual, serve a todas as áreas do Direito, inclusive a do Direito Médico e da Saúde, prestando excelente serviço nessa seara delicada, que envolve direitos fundamentais como o próprio direito à saúde e a defesa do consumidor, como se verá.

A mediação sanitária tem a vantagem de unir, na mesa de negociação, o paciente e o hospital, o paciente e seu médico, ou mesmo o paciente e o ente

178. "A Conciliação é conhecida no Brasil desde o Império, posto que prevista nas Ordenações Filipinas; contudo, na República a conciliação se transformou, de ato jurídico condicional, em mera técnica processual. Com o advento da Constituição de 1988, a conciliação voltou aos holofotes pela busca da pacificação social, e da redução do número de processos judiciais." (CAMPOS; FRANCO, 2017, p.263).

179. Esse Provimento reconheceu como atividade típica da advocacia a mediação de conflitos, consolidando o entendimento de que o advogado mediador pode realizar a mediação em seu escritório, desde que esteja claro o seu papel de mediador no caso, em respeito à Lei nº 13.140/2015 e suas orientações.

federativo lá representado por sua secretaria de saúde. As possibilidades de solução são inúmeras, visto que as partes têm capacidade de transigir sobre direitos disponíveis, aventando soluções que não caberiam numa petição inicial pelo simples fato de que não haviam sido criadas antes – foi a interação entre os participantes que as gerou.

Além disso, é preciso ressaltar o caráter humanizado do procedimento, pois, ao contrário do que se dá na sentença, em que a vitória de um pressupõe a derrota de outro, na mediação de conflitos ambos ou todos os participantes podem sair vencedores: o paciente, porque terá o tratamento postulado, ou outro similar sugerido na mediação e aceito por ele; o médico, porque não será acionado, e não terá mácula na sua carreira por responder a processo judicial (e, quiçá, ser vencido); o hospital, porque poderá receber ou encaminhar o doente a uma rede parceira, por exemplo – enfim, as possibilidades e os exemplos são inúmeros, e proporcionais ao esforço das partes em encontrar soluções para o conflito.

Por esses e outros motivos é que se entende ser a mediação um método tão eficiente quanto singular: além de se resolverem os conflitos, realiza-se a justiça, no caso concreto com a participação das pessoas na solução. Há, portanto, uma nova forma de efetivar o acesso à Justiça, como acesso à ordem jurídica justa[180], bem como concretizar a dignidade dos participantes, que exercem sua autonomia privada sem precisarem da chancela estatal. Em outras palavras, o sentimento de justiça, de equilíbrio e de respeito à esfera dos direitos da pessoa é concretizado de forma privada, sem interferência do Estado-Juiz.

3. A mediação em hospitais, clínicas e com planos de saúde

Visto que a mediação de conflitos é a oportunidade de um novo diálogo

180. "A problemática do acesso à Justiça não pode ser estudada nos acanhados limites do acesso aos órgãos judiciais já existentes. Não se trata apenas de possibilitar o acesso à Justiça enquanto instituição estatal, e sim de viabilizar o *acesso à ordem jurídica justa*." (WATANABE, 2019, p.03)

entre as pessoas em conflito, sejam elas pessoas físicas ou jurídicas, um meio adequado de solução de controvérsias preconizado pelo direito positivo brasileiro, e já aplicado, no Brasil, nas mais diversas relações jurídicas, naturalmente a área da saúde não poderia deixar de se beneficiar dela.

Tratando-se da saúde em conflitos entre pessoas físicas ou jurídicas, dá-se o nome a tal mediação de sanitária, que tem como peculiaridade envolver o direito à saúde, individual ou coletivamente considerado, pois, para Ingo Sarlet[181], e para a doutrina mais abalizada sobre os direitos fundamentais, mesmo em se tratando de um direito fundamental social (leia-se de segunda geração, que demanda prestação positiva do Estado), tem sua repercussão individual, sendo corolário da dignidade da pessoa humana.

Ademais, em se tratando da saúde prestada por entidades privadas, como hospitais e clínicas, a saúde do paciente também é um direito exercido por meio de relação jurídica de consumo, donde recebe especial proteção do Código de Defesa do Consumidor (CDC). A relação médico-paciente, *a priori* cível por natureza, cada vez mais recebe a nuance consumerista, visto se dar em clínicas ou hospitais, que formam com o médico uma verdadeira cadeia de prestadores de serviços. Portanto, na mediação sanitária privada, está-se diante de um direito fundamental de dupla grandeza e proteção no direito positivo: direito à saúde, como bem jurídico fundamental à dignidade da pessoa humana, exercido sob e com a proteção do direito do consumidor.

No que tange aos planos de saúde, a relação jurídica travada com o paciente é de consumo, e não raro derivam conflitos de toda a espécie, como cobertura de tratamento, prazo para autorização de cirurgias e procedimentos, médicos e hospitais conveniados ou não – enfim, as controvérsias

181. "O que há de ser devidamente enfatizado é a circunstância de que direito humanos e fundamentais, sejam eles civis e políticos, sejam eles sociais, econômicos e culturais (assim como ambientais, em certo sentido), são sempre direitos referidos, em primeira linha, à pessoa individualmente considerada, e é a pessoa (cuja dignidade é pessoal, individual, embora socialmente vinculada e responsiva) o seu titular por excelência." (2018, p.223)

são inúmeras e uma das razões do abarrotamento do Judiciário com processos na área da saúde.

Contudo, para todos esses casos citados de relação jurídica envolvendo uma pessoa na qualidade de paciente é cabível a mediação de conflitos, que terá nuances próprias à especificidade da prestação do serviço em discussão: se realizada em hospitais e clínicas, conflitos próprios a essa realidade; se na relação médico-paciente em específico, controvérsias sobre esse profissional e seu atendimento; e, se ocorrer entre paciente e plano de saúde, características próprias a essa prestação. Passa-se a desenvolver cada uma das relações mencionadas, deixando um capítulo específico apenas para a relação médico-paciente.

Conflitos envolvendo hospitais e clínicas podem se dar num âmbito mais administrativo – admissão ou não do paciente, qualidade do quarto oferecido, equipe de enfermeiros, tempo de remoção da emergência para o quarto, dentre outros – ou abranger a prestação de serviços médicos propriamente ditos, como com residentes e médicos contratados do próprio hospital (porque há procedimentos que demandam médicos não contratados pelo hospital, dada a sua *expertise*, por exemplo). Para todo e qualquer conflito em clínicas ou hospitais, a mediação é aplicável. Mas como se daria? Qual o passo a passo desse método consensual na realidade hospitalar? E em que local poderia ocorrer? É possível realizá-la dentro do consultório ou hospital? E os advogados, são necessários na sessão de mediação? A estas perguntas é que se procurará responder agora.

Como meio consensual regulado em lei, a mediação de conflitos sanitários dar-se-á da mesma maneira que a que ocorre em outras áreas do Direito, em termos de procedimento: seguindo a Lei nº 13.140/2015, observando todos os seus princípios, notadamente a autonomia da vontade das partes, a busca do consenso, a confidencialidade e a boa-fé. Pode ocorrer por um convite do hospital ou clínica ao paciente, feito após a reclamação deste sobre o serviço, em sede de ouvidoria, de resposta a questionários de qualidade, dentre outras formas de a entidade tomar conhecimento da insatisfação do seu paciente; pode também ser solicitada pelo paciente, que buscará os canais de comunicação com a clínica ou hospital para apresentar sua queixa.

Portanto, na realidade hospitalar, a mediação de conflitos pode acontecer por iniciativa do estabelecimento ou do paciente. Quando hospitais e clínicas se antecipam ao encontro do paciente, procurando cuidar da relação jurídica que se mostrou desgastada, seja por falha real de prestação, seja por inconformismo ou insatisfação do paciente, tais empresas demonstram interesse por esse cliente e suscitam nele confiabilidade, até mesmo revertendo a impressão de eventual falta de qualidade dos seus serviços. Poder-se-ia nomear tal contato com o paciente como "pós-atendimento mediado", já criando de si condições para resolver qualquer controvérsia pendente.

Escolhendo, assim, tratar do conflito em seu nascedouro, hospitais e clínicas minimizam as chances de judicialização e ampliam as possibilidades de acordo após a mediação propriamente dita – tudo porque tais estabelecimentos optaram por adiantar-se ao encontro do paciente e a ouvi-lo por meio do diálogo, oferecendo a validação de seu sentimento e sofrimento pela escuta ativa, procurando servi-lo da melhor forma. Como resultado, além da contenção de processo judicial, fideliza-se esse cliente-paciente que, sem dúvida, procurará o mesmo hospital onde foi bem atendido, mesmo que só tenha sido efetivamente bem atendido na mediação.

Quando é o paciente quem busca o prestador de serviços médicos e/ou hospitalares porque houve uma falha na prestação desse serviço – seja um erro médico, seja uma situação vivenciada no hospital, por exemplo –, o importante é que o prestador já o acolha e encaminhe à mediação de conflitos. Essa antecipação ou proatividade reduz em muito a chamada escalada do conflito, pois o paciente é atendido, ainda que de forma preliminar –

situação muito diferente de quando o médico lhe nega atenção para tratar de suposto erro médico, ou a clínica se nega a discutir determinado evento ocorrido em seus corredores.

Uma outra importante nota sobre a mediação sanitária: pode ser realizada nas dependências do próprio hospital ou clínica. Inclusive, o processo dialógico da mediação, realizado no local onde se deu o conflito, pode retirar do paciente a má impressão, diminuir o dano pelo efeito do acolhimento da sessão e recriar na mente dessa pessoa a primeira boa imagem que teve do estabelecimento – o que, provavelmente, levou-a a escolher esse hospital ou clínica. Aconselha-se uma sala própria para a mediação, seguindo os parâmetros da mesa redonda, cadeiras iguais entre si, e sugerindo-se a utilização de cores que acalmem, bem como música ambiente serena e tranquila. Na Inglaterra, há hospitais que contam com a sala da conversa, apropriada para notícias difíceis sobre diagnóstico e afins. Pode-se seguir o estilo, por exemplo.

Uma vez que a Lei nº 13.140/2015 faculta a presença de advogados na sessão, fica a critério dos participantes estar com seu patrono ou não. Porém, a experiência nos demonstra que a presença de advogados bem instruídos sobre o procedimento da mediação, e colaboradores do diálogo, é benéfica, porque se dedicam às questões legais, à pertinência do acordo às normas vigentes, ao objeto sempre lícito e possível do ajuste criado em mesa de mediação – preocupações que não orbitam o papel do mediador, profissional que pode ou não ser formado em Direito.

Por fim, mas não menos importante, a mediação de conflitos envolvendo paciente e planos de saúde. Segundo dados do Plataforma Digital Mediação On-Line (MOL, 2022), que é cadastrada no Tribunal de Justiça do Estado de São Paulo, a mediação realizada pela Agência Nacional de Saúde, de forma prioritariamente automatizada, é um sucesso, pois a cada dez mediações de conflitos entre consumidor e plano de saúde, nove têm acordo.

Essa plataforma existe desde 2010 e veio trazendo agilidade e efetividade dos direitos do consumidor. Assim, pensar-se em criar núcleos de mediação para cada operadora de plano de saúde é agir de forma estratégica, inclusive em relação a custos para essas empresas – prevenir o litígio é mais barato do que prolongá-lo.

4. A mediação na relação médico-paciente

A mediação na relação médico-paciente é objeto do estudo desta autora há algum tempo. Tendo coordenado grupo de pesquisa sobre a Advocacia Consensual em Direito Médico pela Ordem dos Advogados do Brasil, seção Bahia, ao longo de seis meses (julho a dezembro de 2020), cujo fruto foi uma obra coletiva de artigos sobre o tema[182], pôde perceber a eficácia do instituto da mediação, bem como a sua pertinência para a solução dos conflitos emergentes da relação médico-paciente.

A relação médico-paciente é delicada, porque envolve dois bens jurídicos valiosíssimos, quiçá os mais valiosos para o ser humano: vida e saúde. Ademais, é uma relação jurídica tradicionalmente verticalizada, pois, de um lado, tem-se o médico, detentor do saber que promove os bens jurídicos valiosos vida e saúde, e de outro o paciente, dependente desse saber. O médico já foi visto como um emissário do deus grego Esculápio[183] na Grécia Antiga, e não raro é alguém de proeminência na sociedade até os dias atuais pela relevância do seu papel social de curar. Entretanto, desde o século passado, um movimento pela horizontalização dessa relação[184] vem ganhando

182. A obra coletiva chamou-se *Diálogos sobre Advocacia Consensual em Direito Médico* (OAB/BA, 2020).

183. "Esculápio é a derivação em latim do nome do deus grego Asclépio. Filho do deus Apolo com a mortal Corônis. A lenda conta que ele foi criado pelo centauro Quíron, que o educou na arte das ervas medicinais e das cirurgias. Tornou-se, portanto, o deus mais apropriado no panteão para os doentes e desesperados. (...)." (BRASIL, Centro Cultural do Ministério da Saúde, 2022)

184. "Muito se discute na literatura jurídica e médica acerca dos novos rumos que a relação médico-paciente está seguindo. Afirma-se que gradativamente os profissionais da saúde abandonam a tradicional postura paternalista em prol da construção de um relacionamento horizontalizado, por meio do qual, médico e paciente

força, conferindo ao paciente mais autonomia sobre o seu tratamento, o que hoje repercute numa mudança substancial dessa relação.

Os conflitos na relação médico-paciente podem se originar de diversas situações ou circunstâncias, como a falta de clareza na comunicação do diagnóstico e tratamento, quebra de expectativas, falta de acesso ao prontuário do paciente, erro médico, para citar alguns. Na práxis diária da mediação, o que mais se vê são conflitos gerados por problemas de comunicação entre o médico e o seu paciente, e por erro médico – ou suposto erro médico, visto que, muitas vezes, não se trata de erro, mas, sim, de um dano iatrogênico[185], esperado e até previsto, sem existência do elemento culposo do erro médico *stricto sensu*. Contudo, essa situação danosa para o paciente pode acabar sendo judicializada por falta de uma boa conversa entre ele e o seu médico – o que a mediação vai oportunizar.

Na sessão, médico e o paciente terão a oportunidade de se exporem, sem receio de terem suas falas convertidas em armas contra si, a serem usadas em processo judicial, porque a confidencialidade é um dos princípios norteadores do procedimento, e o que for tratado em mesa de negociação lá deve ficar, sob pena de responsabilização civil ou até criminal. Sem o medo da exposição que uma audiência promove, mesmo o processo tramitando em segredo de justiça, o médico pode, na sessão de mediação, resguardado pela confidencialidade, fazer o *disclosure*[186] sobre a sua conduta, se realmente entender pelo erro culposo. Assim, o médico pode se utilizar da mediação para uma medida tão simples quanto salutar, e que resolve um bom

constroem em conjunto, por meio do diálogo, os rumos do tratamento adequando-os à concepção de vida boa do enfermo." (BIZAWU; SILVA; GORDILHO, 2017, p.08)

185. Neste artigo segue-se a corrente doutrinária que diferencia dano iatrogênico de erro médico, detalhadamente desenvolvida por Henrique Princhak em seu trabalho de conclusão de curso, obra que se indica. "Ana Thereza Meirelles Araújo e Amanda Souza Barbosa (2017, p.200), entendem ser mais apropriada, a compreensão de que a iatrogenia seria um fenômeno referente às circunstâncias em que o ato médico provocou uma lesão previsível ao paciente e cuja materialização se deu com o profissional da Medicina agindo conforme os ditames de sua atividade." (PRINCHAK, 2019, p.58)

186. *Disclosure*: palavra da língua inglesa que traduz, no âmbito do Direito Médico, uma postura de abertura do médico, reconhecendo intercorrências, e mesmo erro médico, na sua atividade profissional.

número de situações conflituosas: um sincero pedido de desculpas – quanto mais autêntico, mais capaz de conectá-los novamente, pois o paciente vê no médico um homem igual a ele, capaz de errar também. Pela experiência na advocacia há 17 anos, e na mediação há quase quatro, afirma-se com segurança que a empatia e a conexão restabelecidas pela mediação de conflitos na relação médico-paciente previnem litígios, e tornam tal relação mais horizontalizada e, portanto, humana.

Os problemas decorrentes da falha na comunicação entre médico e paciente têm como motivos a falta de conexão entre um e outro, de empatia, e a maneira de comunicar notícias difíceis. Inobstante a existência do Protocolo Spikes[187], não raro médicos pecam por falta de clareza e de proximidade com seu paciente no momento de comunicar notícias difíceis, que podem mudar a vida dessa pessoa, como um carcinoma em estágio avançado de metástase. Muitas vezes, pela própria dinâmica de consultório, de muitos pacientes por dia, o médico pode acabar adotando uma postura mecanizada, sem escuta ativa do paciente, sem se conectar com ele em momentos cruciais do diagnóstico e tratamento. Para todos os conflitos advindos da relação médico-paciente, a mediação de conflitos é indicada, visto oportunizar uma nova conversa entre eles, agora auxiliados por mediador – o que pode gerar soluções nem pensadas até ali, além de sanar a relação jurídica em si, evitando macular a carreira do médico e atendendo às necessidades do paciente.

5. Conclusão

Nesta pesquisa investigou-se o cabimento da mediação de conflitos como método consensual de resolução de controvérsias para a prestação de serviços médicos e hospitalares por entidades privadas. Viu-se que a me-

187. Protocolo Spikes: seis passos para anunciar notícias difíceis em Medicina. Protocolo criado por médicos oncologistas canadenses e norte-americanos na década de 90 do século passado, incorporado ao ensino na faculdade de Medicina como auxílio ao médico para comunicação com o paciente.

diação é um diálogo qualificado pela presença de um terceiro neutro, que se mantém imparcial, sem função judicante, unicamente presente no intuito de auxiliar as pessoas, físicas ou jurídicas, a saírem da espiral do conflito.

Na mediação, há espaço para, por meio do diálogo, as pessoas construírem entre si saídas e soluções dentro da legalidade, acompanhadas que podem (e devem) estar de seus patronos na sessão. Oportunizada a fala a cada um dos participantes, ouvidos todos eles, cria-se uma nova dinâmica, não mais na lógica binária do certo e errado, de quem tem ou não razão, mas, sim, da alteridade, ou seja, da compreensão do outro na perspectiva que tem, seja paciente, médico, hospital ou clínica, ou mesmo o plano de saúde. A escuta ativa de uns pelo outros promove conexão e gera esse novo caminho a ser trilhado por eles, ajudados pelo mediador.

O mediador, desinteressado no sucesso de um ou de outro, difere diametralmente do juiz, posto que este, inobstante também se tratar de terceiro neutro e sem interesse na causa, deve colocar um ponto final nela, prolatando sentença em que um ou outro lado sai vencedor. Essa diferença é crucial, inclusive, para o senso individual de justiça: ajudadas pelo mediador, as pessoas descobrem o caminho da solução entre elas, sem imposições ou julgamentos – o que valer para as duas como justo será feito; já na intervenção judicial, as pessoas passam a delegar a um terceiro a sua contenda, como se fossem inaptos a resolvê-la, para que esse terceiro, à luz das normas, decida quem tinha ou não direito.

Para os conflitos na área da saúde privada, delicados pela natureza dos direitos fundamentais à saúde e à defesa do consumidor, a mediação é o método mais indicado, posto preservar o prestador de serviços médicos e hospitalares dos holofotes e gastos com um processo judicial lento pela própria especificidade das questões, ao tempo em que promove os interesses do paciente, em ambiente preservado pela confiabilidade.

É chegado o momento de as entidades privadas – como hospitais, clínicas e planos de saúde – apostarem nesse método como em vários países ao redor do mundo, criando Núcleos de Mediação Sanitária em seus estabelecimentos, com mediadores contratados para auxiliar nesses conflitos, promovendo essa cultura de paz, e sendo reconhecidos pela transformação de possíveis *ex adversos* em cliente satisfeitos, fiéis e que publicizam as boas práticas desse prestador de serviços médicos.

Referências bibliográficas

BIZAWU, Sébastien Kiwonghi; SILVA, Mônica Neves Aguiar da; GORDILHO, Heron José de Santana. *Biodireito e direito dos animais* – organização CONPEDI. Brasília: 2017. Disponível em: http://site.conpedi.org.br/publicacoes/roj0xn13/kh115op5/2gRjzGCgC2E6L7G2.pdf 2017 Acesso em: 24 mar. 2022.

BRAGA NETO, Adolfo. *A Mediação e a Administração Pública*. 2021. Dissertação. (Mestrado em Direito) – Faculdade de Direito, Pontifícia Universidade Católica de São Paulo. São Paulo Biblioteca Depositária: Repositório PUCSP. Disponível em: https://tede2.pucsp.br/handle/handle/23274. Acesso em: 19 mar. 2022.

BRASIL. Centro Cultural do Ministério da Saúde. *Esculápio, o deus da Medicina*. Disponível em: http://www.ccms.saude.gov.br/noticias/esculapio-o-deus-da-medicina#:~:text=Escul%C3%A1pio%20%C3%A9%20a%20deriva%C3%A7%C3%A3o%20em,para%20os%20doentes%20e%20desesperados. Acesso em: 24 mar. 2022.

BRASIL Conselho Federal da Ordem dos Advogados do Brasil. *Provimento 196, de 10 de fevereiro de 2020*. Dispõe sobre o reconhecimento da atividade advocatícia decorrente da atuação de advogados como conciliadores ou mediadores, árbitros ou pareceristas e no testemunho (expert witness) ou no assessoramento às partes em arbitragem e dá outras providências. Disponível em: https://www.oab.org.br/leisnormas/legislacao/provimentos/196-2020?provimentos=True. Acesso em: 25 mar. 2022.

BRASIL. *Lei nº13.105*, de 16 de março de 2015. Código de Processo Civil. Disponível em: http://www.planalto.gov.br/ccivil_03/_Ato2015-2018/2015/Lei/L13105.htm. Acesso em: 08 dez. 2021.

BRASIL. *Lei nº13.140*, de 26 de junho de 2015. Lei de Mediação entre particulares como meio de solução de controvérsias e sobre a autocomposição de conflitos no âmbito da administração pública. Disponível em: http://www.planalto.gov.br/ccivil_03/_ato2015-2018/2015/lei/l13140.htm. Acesso em: 19 mar. 2022.

BRASIL. *Resolução nº125*, de 29 de novembro de 2010. Dispõe sobre a Política Judiciária de tratamento adequado dos conflitos de interesses no âmbito do Poder Judiciário e dá outras providências. Disponível em: https://atos.cnj.jus.br/files/compilado160204202007225f1862fcc81a3.pdf. Acesso em: 01 mai. 2021.

CAMPOS, Adriana Pereira; FRANCO, João Vitor Sias. A conciliação no Brasil e a sua importância como tratamento adequado de conflitos. *Revista de Direito Brasileiro*. São Paulo, v. 18, n. 7. P. 263-281. Set./Dez. 2017. Disponível em: https://www.indexlaw.org/index.php/rdb/article/view/3292/2854. Acesso em: 05 mai. 2021.

DIDIER JR., Fredie; ZANETI JR., Hermes. *Grandes Temas do NCPC*, v.9 – Justiça Multiportas. Salvador, Ed. JusPodivm, 2017. p.35. Disponível em: https://www.academia.edu/30771734/Justi%C3%A7a_multiportas_e_tutela_constitucional_adequada_autocomposi%C3%A7%C3%A3o_em_Direitos_coletivos?bulkDownload=thisPaper-topRelated-sameAuthor-citingThis-citedByThis-secondOrderCitations&from=cover_page. Acesso em: 21 mar. 2022.

MOL – Mediação Online, Plataforma cadastrada no Tribunal de Justiça de São Paulo. Disponível em: https://www.mediacaonline.com/blog/mediacao-de-conflitos-entre-consumidor-e-plano-de-saude/. Acesso em: 25 mar. 2022.

ORDEM DOS ADVOGADOS DO BRASIL, Seção Bahia. Comissão de Direito Médico e da Saúde, em parceria com a Escola Superior da Advocacia. *Diálogos sobre Advocacia Consensual em Direito Médico*. Salvador: Editora Paginae, 2020. Disponível em: https://www.esaoabba.org.br/Cursos/Detalhe/315/EBookDilogos-sobreadvocaciaconsensualemdireitomdico. Acesso em: 23 mar. 2022.

PRINCHAK, Henrique Costa. *A (im)possibilidade de responsabilização civil do profissional de medicina por dano iatrogênico em casos de intervenções cirúrgicas estéticas*. Monografia apresentada ao curso de graduação em Direito, Faculdade Baiana de Direito, como requisito parcial para obtenção do grau de bacharel em Direito. Salvador: 2019. Disponível em: http://portal.faculdadebaianadedireito.com.br/portal/monografias/Henrique%20Costa%20Princhak.pdf. Acesso em: 23 mar. 2022.

SARLET, Ingo Wolfgang. *A Eficácia dos Direitos Fundamentais – Uma teoria geral dos Direitos Fundamentais na Perspectiva Constitucional.* 3ª Ed. Porto Alegre: Livraria do Advogado, 2018.

TARTUCE, Fernanda. *Mediação nos Conflitos Civis*. 5ª Ed. São Paulo: Método, 2019.

WATANABE, Kazuo. *Acesso à Ordem Jurídica Justa (Conceito Atualizado de Acesso à Justiça), Processos Coletivos e Outros Estudos*. Belo Horizonte: Del Rey, 2019.

Mediação nos contratos de pesquisa clínica

Marina Corrêa Dias e Mariana Teixeira de Sousa[188]

1. Introdução

Em tempos de pandemia mundial, muito tem se falado sobre a pesquisa clínica. De acordo com a Sociedade Brasileira de Profissionais em Pesquisa Clínica (SBPPC)[189]:

> A pesquisa clínica é uma investigação que envolve seres humanos. Segundo definição dada pelo Conselho Nacional de Saúde, as pesquisas envolvendo seres humanos são aquelas pesquisas que, individual ou coletivamente, tenham como participante o ser humano, em sua totalidade ou partes dele, e o envolvam de forma direta ou indireta, incluindo o manejo de seus dados, informações ou materiais biológicos (Resolução 466 de 2012 CNS).

No Brasil, ainda não temos uma lei em vigor que disponha sobre a condução de estudos clínicos em seres humanos. Sendo assim, cumpre destacar que a pesquisa clínica em seres humanos carece de lei ordinária, visto que temos apenas um projeto de lei (PL nº 7.082/2017) sobre o assunto.

Tal projeto de lei determina que a pesquisa clínica em seres humanos consiste em uma série de procedimentos científicos desenvolvidos de for-

---

188. Marina Corrêa Dias é advogada formada pela PUC-SP, mediadora certificada pelo Instituto de Mediação e Arbitragem do Brasil (IMAB) e pelo Instituto dos Advogados de São Paulo (IASP), formada em Comunicação Não Violenta pelo Instituto Tiê, cursando MBA em Gestão de Pessoas na USP/Esalq e atuante no setor de pesquisa clínica como negociadora de contratos com os centros de pesquisa clínica.

Mariana Teixeira de Sousa é advogada formada pela Universidade São Judas Tadeu, cursando LL.M em Direito dos Contratos no Insper – Instituto de Ensino e Pesquisa, atuante experiente no setor de pesquisa clínica como negociadora de contratos e orçamentos com instituições pesquisadoras.

189. Disponível em: https://www.sbppc.org.br/pesquisa-clinica. Acesso em: 07 mar. 2022.

ma sistemática, com o intuito de avaliar, entre outros elementos, a segurança e a eficácia de medicamentos, procedimentos e dispositivos médicos[190]. O PL nº 7.082/2017 já foi aprovado pelo Senado e, no momento da publicação deste livro, encontra-se em trâmite na Câmara dos Deputados.

Entretanto, isso não significa que a pesquisa clínica não seja regulamentada no Brasil. Existem resoluções, diretrizes e normativas emitidas por órgãos internos, reguladores e éticos, tais como o Conselho Federal de Medicina (CFM), o Conselho Nacional de Saúde (CNS), por meio da Comissão Nacional de Ética em Pesquisa (CONEP), e a Agência Nacional de Vigilância Sanitária (ANVISA).

Dentre elas, destaca-se a Resolução nº 466, de 12 de dezembro de 2012, do Conselho Nacional de Saúde, que trata dos projetos de pesquisa envolvendo seres humanos. De acordo com o capítulo I – Das disposições preliminares, referida resolução trata dos referenciais de bioética como "autonomia, não maleficência, beneficência, justiça e equidade, dentre outros, e visa a assegurar os direitos e deveres que dizem respeito aos participantes da pesquisa, à comunidade científica e ao Estado"[191].

Ademais, diversas normas internacionais também se aplicam aos estudos clínicos. Assim, os resultados provenientes podem ser utilizados de forma global e com o intuito de beneficiar o maior número de pessoas. Dentre tais normas internacionais, podemos destacar, especialmente, o guia de Boas Práticas Clínicas ICH E6(R2). Segundo o próprio guia:

> Boas Práticas Clínicas (BPC) é um padrão internacional de ética e qualidade científica para desenhar, conduzir, registrar e reportar ensaios que envolvam a participação de seres humanos. O cumprimento desse padrão oferece uma garantia pública de que os direitos, a segurança e o bem-estar dos participantes do ensaio estão protegidos, de forma consistente com os princípios que têm sua origem

190. Disponível em: https://www.camara.leg.br/proposicoesWeb/fichadetramitacao?idProposicao=2125189. Acesso em: 23 mar. 2022.

191. Disponível em: https://conselho.saude.gov.br/resolucoes/2012/Reso466.pdf. Acesso em: 17 mar. 2022.

> na Declaração de Helsinque, e que os dados do ensaio clínico têm credibilidade. O objetivo deste Guia de BPC do ICH é estabelecer um padrão unificado para a União Europeia (EU), o Japão e os Estados Unidos para facilitar a aceitação mútua de dados clínicos pelas autoridades regulatórias em tais jurisdições. (Guia de Boas Práticas Clínicas – ICH E6(R2))[192]

No tocante à pesquisa clínica, outros dois pontos importantes a serem mencionados são: o Protocolo de Pesquisa e o TCLE (Termo de Consentimento Livre e Esclarecido).

De acordo com a Invitare,

> a execução de uma pesquisa clínica está baseada no rígido cumprimento das regras contidas em um documento denominado Protocolo de Pesquisa. Esse documento deve conter a descrição completa da pesquisa, com exposição clara de seus objetivos.[193]

Assim, percebe-se que o Protocolo de Pesquisa será o documento-base que guiará a pesquisa daquele determinado medicamento.

A própria Resolução nº 466 de 2012 do CNS define o Protocolo de Pesquisa como

> conjunto de documentos contemplando a descrição da pesquisa em seus aspectos fundamentais e as informações relativas ao participante da pesquisa, à qualificação dos pesquisadores e a todas as instâncias responsáveis.[194]

A respeito do TCLE, vale mencionar que é o documento que torna possível a participação de uma pessoa em um estudo clínico, através do esclarecimento e obtenção do seu consentimento. Sobre o assunto, cumpre elucubrar:

> O Termo de Consentimento Livre e Esclarecido (TCLE) é docu-

---

192. Disponível em: https://www.gov.br/anvisa/pt-br/centraisdeconteudo/publicacoes/medicamentos/publicacoes-sobre-medicamentos/guia-de-boas-praticas-clinicas-ich-e6-r2/view. Acesso em: 07 mar. 2022.

193. Disponível em: https://www.invitare.com.br/site/publicacoes/manual-sobre-pesquisa-clinica-voltado-para-o-paciente/. Acesso em: 24 mar. 2022.

194. Disponível em: https://conselho.saude.gov.br/resolucoes/2012/Reso466.pdf. Acesso em: 17 mar. 2022.

mento de caráter explicativo, onde são abordadas todas as questões relativas ao estudo clínico que possam estar relacionadas à decisão do sujeito da pesquisa e, assim, garantir sua participação voluntária. A participação voluntária em estudos humanos é baseada no direito de ser informado de todos os aspectos do estudo, bem como ter respostas para questões em linguagem clara e de fácil entendimento.

Para garantir sua participação voluntária, o sujeito de pesquisa não deverá ser pressionado ou coagido. Através do TCLE e de sua assinatura, o sujeito de pesquisa reconhece que ele entende e aceita todos os aspectos do estudo, incluindo os riscos e possíveis benefícios envolvidos. Ele prioriza a garantia da autonomia através da ausência de coerção, do respeito através de uma explicação simples, clara e honesta e da possibilidade de recusa ou desistência do paciente, que poderá ocorrer em qualquer fase do estudo clínico.

A aplicação de TCLE adequada proporciona tratamento ético na relação pesquisador-sujeito da pesquisa e estimula o respeito aos direitos humanos, disto resultando seu crescente uso nos últimos anos. (SOUZA, M.K.; JACOB, C.E.; GAMA-RODRIGUES, J.; ZILBERSTEIN, B.; CECCONELLO, I.; HABR-GAMA, A.)[195]

Para que um estudo clínico envolvendo seres humanos inicie em um centro de pesquisa (clínica ou hospital, que pode ser público ou particular) são necessárias várias aprovações éticas e regulatórias, como CEP (Comitê de Ética em Pesquisa), CONEP e ANVISA. Além disso, é fundamental a celebração de um contrato de pesquisa clínica, usualmente denominado CTA (*Clinical Trial Agreement*).

2. Contrato de pesquisa clínica

O contrato de pesquisa clínica é um dos documentos essenciais ao início da condução de um estudo clínico, pois é nele que são estabelecidos

195. Disponível em: https://www.scielo.br/j/abcd/a/PZYGqFG7mwwDH9sBzZjZ4Vw/?lang=pt. Acesso em: 24 mar. 2022.

os direitos e deveres das partes, atribuídas tarefas e delegação de alguns poderes e responsabilidades, bem como definidos os custos previstos para aquele determinado estudo clínico.

A Organização Pan-Americana de Saúde define o contrato de pesquisa clínica como

> um acordo escrito, datado e assinado, entre duas ou mais partes que estabelece qualquer ajuste de delegação e distribuição de tarefas e obrigações, incluindo assuntos financeiros, se aplicável. O protocolo pode servir como base para um contrato.[196]

Geralmente, o contrato de pesquisa clínica no Brasil tem como partes o centro de pesquisa (instituição pública ou privada de cuidado ou apoio à saúde, que podem ser hospitais ou clínicas) – chamado de Instituição –; o médico responsável e especialista em determinada área terapêutica que irá conduzir e supervisionar todas as atividades decorrentes do estudo clínico, devidamente indicadas no Protocolo de Pesquisa (chamado de Investigador Principal); a indústria farmacêutica, ou de dispositivos médicos, que irá arcar com os custos e despesas decorrentes da condução do estudo clínico, e que comumente tem a propriedade intelectual da medicação em estudo ou do dispositivo médico (chamada de Patrocinador do estudo); e, eventualmente, uma CRO (*Contract Research Organization*), empresa especializada na condução de estudos clínicos, contratada pelo Patrocinador do estudo para execução/gerenciamento de certas atividades e para realização de pagamentos. Não obstante, também há possibilidade de a Instituição nomear e indicar no contrato pessoa jurídica com o propósito específico de gerenciar e receber os recursos provenientes do estudo clínico (Interveniente Administrativo), situação em que o Interveniente Administrativo é parte integrante do contrato de pesquisa clínica.

É importante mencionar que grande parte dos estudos clínicos são

---

196. Disponível em: https://bvsms.saude.gov.br/bvs/publicacoes/boas_praticas_clinicas_opas.pdf. Acesso em: 23 mar. 2022.

multicêntricos (desenvolvidos em vários centros de pesquisa) ao redor do mundo. Sendo assim, o modelo de contrato ofertado pelo Patrocinador é comumente o mesmo aplicado em diversos países em que o estudo será conduzido, com exceção daqueles que possuem legislação específica sobre o tema e que trazem a obrigatoriedade legal quanto à previsão de determinadas cláusulas, como é o caso de Suíça e Países Baixos, por exemplo. Ou seja, utiliza-se, muitas vezes, uma minuta de contrato padrão adaptada à realidade jurídica de cada país em que a pesquisa será executada.

Além disso, durante a negociação desses contratos com os centros de pesquisa, podem ser solicitados ajustes na minuta, de maneira a adaptá-lo para a realidade daquele centro específico.

Como já mencionado anteriormente, no Brasil não há lei ordinária a respeito desses contratos especificamente. Consequentemente, não temos positivados os requisitos legais que devem estar presentes em um contrato de pesquisa clínica, o que o torna essencialmente atípico, cabendo às partes a negociação e previsão de cláusulas consideradas essenciais à execução desse tipo de contrato, ou que facilite a solução de eventuais conflitos durante sua execução.

No decorrer dos anos, percebemos que os centros de pesquisa têm procurado estruturar setores jurídicos mais especializados nesse tipo de contrato e, da mesma forma, as indústrias farmacêuticas e as CROs também criaram equipes com conhecimentos voltados a esse assunto. Dessa forma, ainda existem diversas discussões e possibilidades de melhoria nos contratos de pesquisa clínica, pois se trata de um tema a ser desenvolvido e explorado.

3. Resolução de controvérsias

O foco do presente artigo é tratar sobre a resolução de eventuais controvérsias que surjam durante a execução do estudo clínico no centro de pesquisa.

Nos contratos de pesquisa clínica no Brasil é usual a inserção de cláusula de eleição de foro e de legislação aplicável, prevendo que eventuais controvérsias que possam surgir entre as partes sejam dirimidas no foro indicado em contrato, tendo a legislação brasileira como regente. Outra cláusula possível é a cláusula arbitral, também denominada de cláusula compromissória. De acordo com Francisco José Cahali:

> A cláusula compromissória é a previsão em contrato de que eventuais conflitos dele emergentes serão resolvidos pela arbitragem. Tem caráter preventivo, na medida em que as partes estão na expectativa de contratar e honrar seus compromissos contratuais, porém, desde então deixam previsto que eventual conflito decorrente do contrato deverá ser resolvido por arbitragem, não pelo Judiciário.[197]

No entanto, em relação à arbitragem, é importante pontuar que, apesar de ser uma alternativa bastante interessante à resolução de conflitos, em razão da confidencialidade e da tecnicidade/especialidade de alguns árbitros, por ser um meio de resolução de conflitos com alto custo para as partes, não é muito comum adotá-lo.

Sobre o assunto, em publicação na *Revista dos Tribunais*, Analluza Bravo Bolívar discorre:

> Outro ponto importante a atentar-se diz respeito ao meio de solução de controvérsias para conflitos resultantes da interpretação ou inadimplemento do contrato. Muito embora os benefícios de celeridade e confidencialidade da arbitragem, no Brasil esse meio alternativo de solução de controvérsias ainda é muito caro para um centro de pesquisa clínica arcar com os custos do tribunal e árbitros. Portanto, o mais vantajoso para o centro de pesquisa é exigir uma cláusula de eleição de foro e preferencialmente a cidade de domicílio do centro. (2015, p.8)[198]

---

197. CAHALI, Francisco José. *Curso de arbitragem: resolução CNJ 125/2010: mediação e conciliação.* 2ª Ed. São Paulo: Revista dos Tribunais, 2012, p. 111.

198. Disponível em: http://www.mpsp.mp.br/portal/page/portal/documentacao_e_divulgacao/doc_biblioteca/bibli_servicos_produtos/bibli_boletim/bibli_bol_2006/RTrib_n.958.03.PDF. Acesso em: 07 mar. 2022.

Infere-se assim que, na prática da pesquisa clínica, o mais comum é encontrarmos a cláusula de eleição de foro e de legislação aplicável, as quais nem sempre estão presentes na versão inicial da minuta ofertada pelo Patrocinador/CRO e, em poucos casos, a cláusula arbitral.

Salta aos olhos o fato de a mediação sequer ser mencionada como possível meio de resolução de conflitos nos contratos de pesquisa clínica brasileiros.

Acontece que, em boa parte dos casos, o Patrocinador está localizado fora do Brasil e não possui uma filial local. Sendo assim, ainda que esteja sendo auxiliado ou representado por uma CRO localizada no Brasil, é muito comum que a entidade jurídica que figurará como parte contratual seja uma pessoa jurídica residente no exterior.

Dessa forma, o contrato de pesquisa clínica passa a ter caráter internacional, obrigando-nos a interpretá-lo sob à luz das regras de Direito Internacional Privado (DIPr), uma vez que tem (i) parte contratual pessoa jurídica residente no exterior; e (ii) relação jurídica envolvendo mais de um ordenamento jurídico, visto que, apesar do estudo clínico ser conduzido no Brasil, ele também está sujeito a regras e diretrizes internacionais como anteriormente mencionado. Neste sentido, Luiz Olavo Baptista afirma que

> um contrato tem caráter internacional quando, pelos atos concernentes à sua celebração ou sua execução, ou a situação das partes quanto à sua nacionalidade ou seu domicílio, ou a localização de seu objeto, ele tem liame com mais de um sistema jurídico.[199]

Tendo em vista que a proposta e aceitação do contrato de pesquisa clínica não se fazem de maneira simultânea, mas, sim, demasiadamente diluída no tempo, se considerarmos as inúmeras solicitações de alteração ocorridas durante a fase negocial (troca de *e-mails* e mensagens) deste contrato atípico, depreende-se que estamos diante de um contrato entre ausentes, agregando esta característica ao contrato de pesquisa clínica.

199. BAPTISTA, Luiz Olavo. *Contratos internacionais*. São Paulo: Lex, 2010, p. 21.

Dado o caráter internacional e entre ausentes, é imprescindível que haja previsão contratual expressa quanto à legislação aplicável e ao foro de eleição, visto que, de acordo com a Lei de Introdução às Normas do Direito Brasileiro[200], a lei de aplicação neste tipo de contrato deveria ser a do local em que residir o proponente, ou seja, a lei do local em que o Patrocinador/CRO está situado (lei estrangeira). Não obstante, a eleição de foro garante fácil acesso ao Judiciário brasileiro pelo centro de pesquisa, se necessário.

O artigo 9º, *caput* da referida lei, dispõe que para qualificar e reger obrigações, aplica-se a lei do país em que se constituírem, e o §2º deixa claro que a obrigação resultante do contrato se reputa constituída no lugar em que residir o proponente. Em outras palavras, o contrato internacional entre ausentes deve ser interpretado de acordo com as regras do DIPr, dando prevalência ao princípio da territorialidade.

Dessa forma, no Brasil há dois elementos distintos responsáveis por regular os aspectos intrínsecos das obrigações, quais sejam: (i) o local em que se constituiu a obrigação, no caso de contratação entre presentes; e (ii) a residência da parte de onde partiu a proposta, quando as contratações são feitas efetivamente entre ausentes[201].

Seguindo a mesma linha de raciocínio em relação à residência do proponente, o artigo 431 do CC/2002 expressamente declara que a aceitação com adições, restrições ou modificações importará em uma nova proposta. Ou seja, se a proposta recebida pelo oblato (instituição) for alterada e enviada de volta ao proponente (patrocinador com residência no exterior), que, por sua vez, aceita os novos termos apresentados pelo oblato, ocorre a inversão dos papéis, em que o oblato passa a ser o proponente, e este passa a ser o oblato.

Em outras palavras, sendo o contrato de pesquisa clínica um negócio

---

200. Disponível em: http://www.planalto.gov.br/ccivil_03/decreto-lei/del4657compilado.htm. Acesso em: 17 mar. 2022.

201. SKITNEVSKY, Karin H. A formação dos contratos internacionais. *Doutrinas Essenciais e Direito Internacional*, v. 5, p. 5, fev. 2012.

jurídico entre ausentes, em razão da sua negociação se dar (i) demasiadamente diluída no tempo e (ii) por meio de mensagens através de endereços eletrônicos, se faz necessário estar sempre atento quanto à residência do proponente, sabendo que poderá haver inversão da situação, conforme preceitua o artigo 431 do CC. Quando o proponente for residente no exterior, referido contrato será regido e interpretado por lei estrangeira, enquanto que, se o proponente for residente no Brasil, o contrato será regido e interpretado pela lei brasileira, e com prerrogativa dos tribunais brasileiros como competentes para dirimir eventuais controvérsias.

A fim de garantir maior segurança jurídica à Instituição e ao Investigador Principal na hipótese de controvérsias levadas ao Judiciário, (i) seja por facilitar o acesso à justiça, visto que seria extremamente custoso a uma Instituição ou Investigador Principal, dependendo dos recursos financeiros disponíveis, arcar com as despesas, produzir provas e conduzir um processo em corte estrangeira; (ii) seja por garantir a tais partes a compreensão integral de todos os seus direitos e deveres, considerando o conhecimento da legislação brasileira ou maior facilidade ao acesso a este conhecimento; é importante que esteja presente no contrato de pesquisa clínica a cláusula de lei aplicável e de foro de eleição, pois, apesar de algumas divergências na doutrina, o princípio da autonomia privada vem sendo cada vez mais ratificado como plenamente admissível na celebração de contratos internacionais.

Não obstante, a autonomia da vontade também é vista como um importante aspecto na aferição da lei aplicável, na medida em que se confere à vontade individual a faculdade de escolher, de forma expressa ou tácita, a lei competente em certas matérias[202].

Cabe ainda ressaltar que o inadimplemento em um contrato de pesquisa clínica vai muito além do mero dissabor de uma parte que vivencia uma contrapartida frustrada. O inadimplemento pode impactar direta ou indi-

---

202. SKITNEVSKY, Karin H. A formação dos contratos internacionais. *Doutrinas Essenciais e Direito Internacional*, v. 5, p. 5, fev. 2012.

retamente o participante que está sendo acompanhado no estudo clínico, o que é inconcebível, visto que a premissa da pesquisa clínica é assegurar a saúde e segurança do participante.

Em outras palavras, o adimplemento do contrato de pesquisa clínica pelas partes é peça fundamental à manutenção do estudo clínico, de maneira que as diretrizes e regras previstas nele se prolonguem no tempo, a fim de alcançar o seu objetivo final.

Neste sentido, visando maior celeridade na resolução de eventuais conflitos que possam surgir durante a execução deste tipo de contrato, a mediação se apresenta como alternativa promissora, sem que as partes renunciem ao seu direito de ação junto ao Poder Judiciário.

4. Aplicabilidade da mediação

Como se sabe, a mediação tem ganhado espaço no cenário nacional, especialmente, após três importantes marcos: (i) a Resolução nº 125/2010[203] do Conselho Nacional de Justiça (CNJ), (ii) a Lei de Mediação[204] (Lei nº 13.140/2015) e (iii) o Novo Código de Processo Civil (Lei nº 13.105/2015)[205].

O primeiro marco incluiu a conciliação e mediação judiciais como política pública a ser observada por todos os órgãos do Poder Judiciário (denominada Política Judiciária Nacional de Tratamento Adequado dos Conflitos de Interesse no Âmbito do Poder Judiciário).

O segundo marco, por sua vez, proporcionou a inserção da mediação nos tribunais de justiça do país, tornando-a mais acessível às pessoas, as quais puderam se familiarizar com o tema e escolher utilizá-la para resolução de seus conflitos.

203. Disponível em: https://atos.cnj.jus.br/files/compilado18553820210820611ffaaaa2655.pdf. Acesso em: 23 mar. 2022.

204. Disponível em: http://www.planalto.gov.br/ccivil_03/_ato2015-2018/2015/lei/l13140.htm. Acesso em: 07 mar. 2022.

205. Disponível em: http://www.planalto.gov.br/ccivil_03/_ato2015-2018/2015/lei/l13105.htm. Acesso em: 23 mar. 2022.

Em seu artigo 1º, parágrafo único, a Lei nº 13.140/2015 define mediação como

> a atividade técnica exercida por terceiro imparcial sem poder decisório, que, escolhido ou aceito pelas partes, as auxilia e estimula a identificar ou desenvolver soluções consensuais para a controvérsia.

O terceiro marco apresenta a mediação como método de solução consensual de conflitos que deverá ser estimulado por juízes, advogados, defensores públicos e membros do Ministério Público, inclusive no curso do processo judicial.

Os marcos acima citados são extremamente importantes para uma mudança de paradigma social no Brasil. Afinal, culturalmente, ainda é comum que as pessoas deleguem seus conflitos para decisão do Poder Judiciário. No entanto, tem-se enfatizado a necessidade de empoderar as pessoas para que resolvam seus próprios conflitos com liberdade e responsabilidade, tomando as melhores decisões a favor de todos os envolvidos.

Por questões de celeridade, redução de custos, menos desgaste emocional e, consequentemente, desafogamento do Poder Judiciário, podemos dizer que a cada dia que passa a mediação é mais reconhecida, valorizada e praticada em território nacional.

Vale enfatizar que a mediação empodera as partes para restabelecer o diálogo e, eventualmente, encontrar a solução que melhor atende a todos. Sendo assim, o mediador nada mais é do que um facilitador que promove diálogo entre os envolvidos e gera reflexões, de modo que as partes possam enxergar novos caminhos e decidir o que melhor lhes aprouver para a situação.

A utilização da mediação como instrumento para resolução de conflitos emergentes de contratos de pesquisa clínica é de extrema importância, uma vez que as partes envolvidas, na maioria das vezes, desejam a manutenção daquela relação. Afinal, novos estudos clínicos virão, e como consequência, novos contratos serão celebrados entre eles.

A respeito disso, Tânia Almeida explica que:

> Se todos são atendidos em seus interesses e necessidades, a satisfação é consequência natural. Se todos sentem-se satisfeitos com as soluções propostas, viabiliza-se a continuidade do diálogo, a preservação da relação social e a continuidade de ações colaborativas. O presente e o futuro ganham cenário muitíssimo mais favorável quando soluções ganha-ganha são meta.[206]

Percebe-se que não se trata de uma relação pontual entre as partes. Sendo assim, é de extrema relevância a busca por uma solução ganha-ganha. Dessa forma, a mediação se apresenta como importante meio para resolução de eventuais conflitos advindos dos referidos contratos.

A inclusão da possibilidade de mediação em contratos de pesquisa clínica pode evitar também o desconforto de um embate judicial ou até uma demanda arbitral, ou seja, pode ter caráter preventivo. Sobre isso, Francisco José Cahali dispõe:

> Lembrando que o proveito da mediação projeta-se muito além da solução de um litígio para encerrar uma demanda (judicial ou arbitral), o instituto tem aplicação para tratamento de diversos conflitos, mesmo que deles não decorra, por questões várias um processo (judicial ou arbitral). Em outras palavras, aproveita-se da medição para pacificação de conflitos mesmo que eles não tenham a perspectiva de chegar às portas do Judiciário (...)[207]

Percebe-se que a mediação pode ser realizada preventivamente, já que as partes desejam a manutenção da relação. Afinal, é muito comum que o Patrocinador seja detentor de vários medicamentos em estudo e que o Investigador ou centro de pesquisa sejam referências naquela área terapêutica. Sendo assim, provavelmente voltarão a se relacionar no futuro. Além disso, os custos podem ser bem menores se compararmos com a opção da arbitragem.

---

206. ALMEIDA, Tania. *Caixa de ferramentas em mediação: aportes práticos e teóricos*. São Paulo: Dash, 2014, p. 327.

207. CAHALI, Francisco José. *Curso de arbitragem: resolução CNJ 125/2010: mediação e conciliação*. 2ª Ed. São Paulo: Revista dos Tribunais, 2012, p.67.

5. Conclusão

A pesquisa clínica no Brasil carece de legislação específica para regulamentá-la, uma vez que o arcabouço jurídico que disciplina a condução de estudos clínicos no Brasil está baseado em normas infralegais e leis esparsas. Nessa seara, os contratos de pesquisa clínica necessitam de parâmetros e atenção especial, por se tratar de contratos atípicos internacionais.

O ponto central deste artigo foi tratar a respeito da resolução de conflitos no âmbito dos contratos de pesquisa clínica e, para isso, fez-se necessário abordar maiores detalhes sobre esta modalidade contratual e a sua aplicabilidade, essencialmente em razão de sua atipicidade.

Percebe-se que, usualmente, o mais comum é a previsão de cláusula de eleição de foro, juntamente com legislação aplicável, para dirimir eventuais conflitos (via judicial) levantados durante a execução desse contrato, principalmente em razão da natureza internacional atribuída ao contrato de pesquisa clínica.

Em casos raros, tem-se a previsão de cláusula compromissória (arbitral). Todavia, apesar de comprovado benefício quanto ao tempo de resolução de conflitos, tecnicidade e confidencialidade, essa alternativa é pouco explorada no Brasil em razão do custo decorrente.

No entanto, tendo em vista que, em geral, as partes envolvidas em um contrato de pesquisa clínica desejam a manutenção da relação para que possam trabalhar juntas em estudos futuros, faz todo sentido pensarmos na inclusão de cláusula prevendo a possibilidade de mediação, que atualmente não é comum em contratos de pesquisa clínica no Brasil.

Assim, conclui-se que a cláusula prevendo a possibilidade de dirimir conflitos emergentes nos contratos de pesquisa clínica utilizando a mediação pode ser uma excelente alternativa para a celeridade da resolução de eventuais controvérsias e a perpetuação da relação entre as partes.

Referências bibliográficas

ALMEIDA, Tania. *Caixa de ferramentas em mediação: aportes práticos e teóricos.* São Paulo: Dash, 2014.

BAPTISTA, Luiz Olavo. *Contratos internacionais.* São Paulo: Lex Editoria, 2010.

BOLÍVAR, Analluza Bravo. *O contrato de pesquisa clínica - Estratégias para a negociação de um contrato atípico.* Disponível em: http://www.mpsp.mp.br/portal/page/portal/documentacao_e_divulgacao/doc_biblioteca/bibli_servicos_produtos/bibli_boletim/bibli_bol_2006/RTrib_n.958.03.PDF. Acesso em: 07 mar. 2022.

CAHALI, Francisco José. *Curso de arbitragem: resolução CNJ 125/2010: mediação e conciliação.* 2ª Ed. São Paulo: Revista dos Tribunais, 2012.

CONSELHO INTERNACIONAL PARA HARMONIZAÇÃO DE REQUISITOS TÉCNICOS PARA PRODUTOS FARMACÊUTICOS DE USO HUMANO (ICH). *Adendo Integrado ao ICH E6(R1): Guia de Boas Práticas Clínicas E6(R2).* Novembro 2016. Disponível em: https://www.gov.br/anvisa/pt-br/centraisdeconteudo/publicacoes/medicamentos/publicacoes-sobre-medicamentos/guia-de-boas-praticas-clinicas-ich-e6-r2/view. Acesso em: 07 mar. 2022.

INVITARE BRASIL. 2022. Disponível em: https://www.invitare.com.br/site/publicacoes/manual-sobre-pesquisa-clinica-voltado-para-o-paciente/. Acesso em: 24 mar. 2022.

ORGANIZAÇÃO PAN-AMERICANA DA SAÚDE (OPAS). *Boas Práticas Clínicas: Documento das Américas.* 2005. Disponível em: https://bvsms.saude.gov.br/bvs/publicacoes/boas_praticas_clinicas_opas.pdf. Acesso em: 23 mar. 2022.

SBBPC BRASIL. 2022. Disponível em: https://www.sbppc.org.br/pesquisa-clinica. Acesso em: 07 mar. 2022.

SKITNEVSKY, Karin H. A formação dos contratos internacionais. *Doutrinas Essenciais e Direito Internacional,* v. 5, p. 1-12, fev. 2012. Disponível em: URL do artigo. Acesso em: 23 mar. 2022 (Paginação da versão eletrônica difere da versão impressa).

SOUZA, M.K.; JACOB, C.E.; GAMA-RODRIGUES, J.; ZILBERSTEIN, B.; CECCONELLO, I.; HABR-GAMA, A. Termo de consentimento livre e esclarecido (TCLE): fatores que interferem na adesão. *ABCD Arq Bras Cir Dig* São Paulo. setembro de 2013;26(3):200–5. Disponível em: https://www.scielo.br/j/abcd/a/PZYGqFG7mwwDH9sBzZjZ4Vw/?lang=pt. Acesso em: 24 mar. 2022.

Legislação citada

BRASIL. Conselho Nacional de Justiça. Resolução nº 125, de 29 de novembro de 2010. DJE/CNJ nº 219/2010, de 01/12/2010, p.2-14 e republicada no DJE/CNJ nº 39/2011, de 01/03/2011, p. 2-15. Disponível em: https://atos.cnj.jus.br/files/compilado18553820210820611ffaaaa2655.pdf. Acesso em: 23 mar. 2022.

BRASIL. Conselho Nacional de Saúde. Resolução nº. 466, de 12 de dezembro de 2012. Diário Oficial da República Federativa do Brasil, Poder Executivo, Brasília, DF, 13 dez. 2012. Disponível em: http://conselho.saude.gov.br/resolucoes/2012/Reso466.pdf. Acesso em: 17 mar. 2022.

BRASIL. Decreto-lei nº 4657, de 04 de setembro de 1942. Lei de Introdução às normas do Direito Brasileiro. Palácio do Planalto Presidência da República, Rio de Janeiro, RJ, 04 set. 1942. Disponível em: http://www.planalto.gov.br/ccivil_03/decreto-lei/del4657compilado.htm. Acesso em: 17 mar. 2022.

BRASIL. Lei nº 13105, de 16 de março de 2015. Código de Processo Civil. Palácio do Planalto Presidência da República, Brasília, DF, 16 mar. 2015. Disponível em: http://www.planalto.gov.br/ccivil_03/_ato2015-2018/2015/lei/l13105.htm. Acesso em: 23 mar. 2022.

BRASIL. Lei nº 13140, de 26 de junho de 2015. Dispõe sobre a mediação entre particulares como meio de solução de controvérsias e sobre a autocomposição de conflitos no âmbito da administração pública; altera a Lei nº 9.469, de 10 de julho de 1997, e o Decreto nº 70.235, de 6 de março de 1972; e revoga o § 2º do art. 6º da Lei nº 9.469, de 10 de julho de 1997. Palácio do Planalto Presidência da República, Brasília, DF, 26 jun. 2015. Disponível em: http://www.planalto.gov.br/ccivil_03/_ato2015-2018/2015/lei/l13140.htm. Acesso em: 07 mar. 2022.

BRASIL. Projeto de Lei nº 7082, de 13 de março de 2017. Dispõe sobre a pesquisa clínica com seres humanos e institui o Sistema Nacional de Ética em Pesquisa Clínica com Seres Humanos. Senado Federal, Brasília, DF, 13 mar. 2017. Disponível em: https://www.camara.leg.br/proposicoesWeb/fichadetramitacao?idProposicao=2125189. Acesso em: 23 mar. 2022.

PARTE 3

Aplicação na recuperação de empresas

Mediação antecedente à recuperação judicial - questões teóricas e práticas

Agenor Lisot, Alexandre Augusto Fiori Tella, Andrea Décourt Savelli, Camila Peixoto Olivetti Regina, Déborah Baptistella Sundfeld e Sergio E. Vieira dos Santos Jr.[208]

Introdução

Tradicionalmente, no Brasil, a resolução de problemas de insolvência

208. Agenor Lisot é economista, perito judicial, mediador, diretor secretário do Instituto de Mediação e Arbitragem do Brasil - IMAB, docente na Capacitação de Mediadores, mediador e supervisor de Estágios na 3ª Vara de Família - Fórum Tatuapé, coordenador e facilitador do grupo de estudos, setor Juízes, do Projeto Multiportas da Universidade de Saint Thomas (Minnesota, EUA), palestrante sobre Técnicas de Mediação na Defensoria Pública do Estado de São Paulo.
Alexandre Augusto Fiori Tella é mediador, advogado e professor universitário. Mediador certificado pela Escola Paulista de Magistratura. Mediador para casos civis certificado pela Suprema Corte do Estado do Missouri. Bacharel em Ciências Jurídicas e Sociais pela PUCCAMP. Mestre em Direito Processual Civil pela Universidade Paulista e em Resolução de Disputas pela Universidade do Missouri. Doutorando em Ensino Superior e Resolução de Disputas pela Universidade do Missouri.
Andrea Décourt Savelli é mediadora certificada pelo ICFML e CNJ, cadastrada no Tribunal de Justiça de SP; advogada; mestre em Administração de Empresas, com ênfase em Finanças Estratégicas; pós-graduada em Direito Civil e Processo Civil. Possui cursos de Negociação e de Mediação na Recuperação de Empresas. É membro da Task Force IMAB de Mediação para Empresas em Recuperação; da Comissão de Mediação e Conciliação da OAB Pinheiros; do Grupo de Excelência em Mediação e Arbitragem do CRA-SP; e do CBAr.
Camila Peixoto Olivetti Regina é advogada, negociadora e mediadora, cadastrada no CNJ e no TJSP. Mediadora certificada pelo ICFML. Especialista em Direito Processual Civil pela EPM. LLM em Direito Internacional por Oxford Brookes University (Inglaterra). Possui diversos cursos complementares de Mediação, com destaque para Mediação em Recuperação Judicial (IMAB e IBAJUD), Mediação e Negociação Empresarial (CBMAE). Membro da Task Force IMAB de Mediação para Empresas em Recuperação.
Déborah Baptistella Sundfeld é advogada formada pela UNIP-Campinas. Capacitada em Mediação Transformativa pelo Institute for the Study of Conflict Transformation. Mediadora judicial e extrajudicial. Pós-graduada pela EPM em Métodos Alternativos de Solução de Conflitos e pela Faculdade de Direito Prof. Damásio de Jesus. Aperfeiçoamento em Direito Público e Privado. Membro da Task Force IMAB de Mediação para Recuperação de Empresas, com capacitação pelo IMAB e IBAJUD. Instrutora de Mediação do CNJ. Professora, tutora e supervisora EAD.
Sergio E. Vieira dos Santos Jr. é administrador, advogado e mediador, cadastrado no CNJ e no TJSP, mediador integrante da CMAASP, CMIRB e da Task Force IMAB de Mediação em Recuperação de Empresas. Membro efetivo da Comissão de Mediação e Conciliação da OAB subseção de Pinheiros/SP e do Grupo de Excelência em Mediação e Arbitragem (GEMA) do CRA-SP. Pós-graduado em Direito Empresarial pela Escola Paulista de Direito. MBA em Fusões e Aquisições - Mergers & Acquisitions (M&A). Suplente de vogal pelo CRA-SP na Junta Comercial do Estado de São Paulo - JUCESP.

empresarial estava restrita aos procedimentos formais de falência e recuperação judicial (RJ). No entanto, atentos ao uso cada vez maior dos métodos consensuais de resolução de conflitos, os legisladores atualizaram a Lei nº 11.101/05 (LREF), com o escopo de aprimorar e modernizar a legislação referente à recuperação judicial, extrajudicial e à falência do empresário e da sociedade empresária.

O advento da Lei nº 14.112/2020 alterou as Leis nº 11.101/2005, nº 10.522/2002 e nº 8.929/1994, sendo uma das principais mudanças a previsão expressa da possibilidade de se instaurar mediação antecedente ou incidental ao processo de recuperação judicial, mais especificamente no novel artigo 20-B e parágrafos da Lei nº 11.101/2005, dando destaque e importância a outras formas possíveis de cuidar da recuperação judicial das empresas em dificuldade.

O §1º do referido artigo ainda faz menção à possibilidade de as empresas em crise, que preencham os requisitos legais para requerimento de recuperação judicial, requererem tutela de urgência cautelar, a fim de que sejam suspensas as execuções contra elas propostas pelo prazo de até 60 dias (*stay period*), para tentativa de composição com seus credores, em procedimento de mediação ou conciliação já instaurado perante CEJUSC do tribunal competente ou câmara especializada.

Tal medida é interessante para que a devedora tenha a possibilidade de negociar suas dívidas e pendências com mais calma, já que o prazo ficará suspenso também para os credores que não tenham aceitado eventual convite para mediação e/ou conciliação[209]. Em artigo publicado no portal de notícias jurídicas *Migalhas*, Samantha Mendes Longo retrata que a mediação antecedente à recuperação judicial é considerada uma mudança importante dentro do dia a dia das recuperandas[210].

209. LONGO, Samantha Mendes; NETTO, Antônio Evangelista de Souza. A *Recuperação Empresarial e os Métodos Adequados de Solução de Conflitos*. Porto Alegre. Paixão Editores, 2020.

210. Idem. Mediação antecedente à recuperação judicial: chegou a hora de mudar a cultura do litígio. Dis-

A mediação antecedente em sede de tutela de urgência cautelar tem gerado muitos debates, não só em relação à sua utilização, mas principalmente acerca das formas e extensão de sua aplicação.

Além disso, a jurisprudência acerca da matéria ainda é muito incipiente, de forma que se pretende, com o presente artigo, com base na experiência prática, no estudo doutrinário e na leitura de artigos de outros profissionais e professores da matéria, estimular reflexões, discutir possibilidades, bem como indicar diretrizes de como preparar a mediação antecedente, com o intuito de trazer colaborações relevantes para sua aplicação e construção conjunta de propostas e soluções que atendam aos interesses e necessidades de credores e devedores.

Para tanto, optou-se por discutir questões como:

i. A possiblidade de ser conduzida por mediador *ad hoc*;
ii. Incertezas acerca da necessidade de haver procedimento de mediação já instaurado antes do pedido da tutela de urgência cautelar;
iii. A pré-mediação e as negociações entre devedor e credores;
iv. Quais ações judiciais estariam abrangidas pela suspensão das execuções no prazo de 60 dias;
v. Quais credores estariam abrangidos pelos efeitos da suspensão; e
vi. A possibilidade (ou necessidade) de prorrogação do prazo de 60 (sessenta) dias.

Apenas CEJUSCs e câmaras privadas podem realizar mediação antecedente?

O §1º do artigo 20-B da Lei nº 11.101/2005 prevê o requerimento de tutela de urgência cautelar para tentativa de composição entre devedor e seus credores, em procedimento de mediação ou conciliação "já instaurado

ponível em: https://www.migalhas.com.br/coluna/migalhas-consensuais/355035/mediacao-antecedente-a-recuperacao-judicial%20prepara%C3%A7%C3%A3o%20de%20todos%20os%20envolvidos%20%C3%A9%20crucial%20para%20um%20bom. Acesso em: 14 fev.2022.

perante o Centro Judiciário de Solução de Conflitos e Cidadania (CEJUSC) do tribunal competente ou câmara especializada".

Não obstante a previsão legal, Longo observa:

> Apesar da lei falar em Cejusc e câmara, nada impede que a mediação *ad hoc* aconteça. O importante é que ela seja conduzida por profissional sério, com respeito às regras da Lei de Mediação.[211]

Reforçando essa ideia de cuidado e investimento na formação de bons mediadores, Lagrasta destaca a importância de mediadores bem formados para melhores resultados, defendendo que é isso que deve ser estimulado, e não a criação de CEJUSCs empresariais[212].

Sabe-se que nem todas as cidades ou Fóruns do Brasil possuem CEJUSCs, e os que existem muitas vezes carecem da estrutura e do preparo necessários para lidar com uma mediação antecedente determinada em tutela de urgência cautelar relacionada à recuperação financeira de empresas, com diversos credores e interessados. Por isso, realmente parece ser efetivo, nesses casos, procurar por um profissional específico e especializado, em quem os envolvidos (inicialmente o devedor, que tomará as providências iniciais) confiam.

A procura e a contratação de tal profissional podem se dar tanto antecipadamente ao pedido da tutela, como também via indicação em petição do próprio devedor, em processos judiciais a se iniciar ou já iniciados.

Mediação ou conciliação já instaurados como requisito para a concessão da tutela de urgência

Percebe-se, ainda, outra incerteza quanto às alterações legislativas e o

---

211. LONGO, Samantha. *Mediação Antecedente à Recuperação Judicial: chegou a hora de mudar a cultura do litígio*. Disponível em: https://www.migalhas.com.br/coluna/migalhas-consensuais/355035/mediacao-antecedente-a-recuperacao-judicial. Acesso em: 03 mar.2022.

212. LAGRASTA, Valéria F. CEJUSC Empresarial ou Adequada Formação de Conciliadores e Mediadores? *In*: MOREIRA, Antônio Júdice *et al.* (Coord.). *Recuperação Judicial e Falência*. São Paulo: Almedina, 2022, p. 34.

instituto que aqui se discute, como o alcance da expressão "*procedimento de mediação ou conciliação já instaurado*", que seria um suposto "requisito" para a concessão da tutela de urgência para suspensão das execuções por 60 dias e mediação entre devedor e credores, nos termos do §1º do artigo 20-B da Lei nº 11.101/05.

Importante ressaltar que a Lei nº 13.140/15 (Lei da Mediação) estabelece que "considera-se instituída a mediação na data para a qual for marcada a primeira reunião de mediação". Em entendimento similar, o enunciado nº 194 da II Jornada de Prevenção e Solução Extrajudicial de Conflitos do CJF[213] estatui que:

> No que se refere à comprovação da instauração do procedimento de mediação prevista na Lei n. 11.101/2005, basta a apresentação do convite para a primeira reunião de mediação ou pré-mediação nos moldes previstos na Lei n. 13.140/2015.

No entanto,

> na prática, é comum que haja um intervalo entre o requerimento de instauração da mediação formulado pela parte e sua efetiva instituição, com a nomeação do mediador.[214]

Embora o instituto seja recente, já existem algumas experiências com base nas quais pode-se confirmar como isso tem ocorrido na prática.

Em processo que corria na Comarca de Araraquara/SP no momento da publicação deste livro, na mesma decisão em que o juiz deferiu a tutela de urgência cautelar e determinou a suspensão das execuções, também já nomeou o mediador que conduziria os trabalhos de mediação, independente-

213. CJF. *II Jornada Prevenção e solução extrajudicial de litígios: Enunciados Aprovados*. Brasília: Conselho da Justiça Federal, Centro de Estudos Judiciários, 2021. Disponível em: https://www.cjf.jus.br/cjf/corregedoria-da-justica-federal/centro-de-estudos-judiciarios-1/publicacoes-1/cjf/corregedoria-da-justica-federal/centro-de-estudos-judiciarios-1/prevencao-e-solucao-extrajudicial-de-litigios/?_authenticator=60c7f30ef0d8002d17dbe298563b6fa2849c6669. Acesso em: 03 mar.2022.

214. PAIVA, Luiz Fernando Valente de; BONTEMPO, Joana Gomes Baptista. Mediação Antecedente e Tutela e Urgência Cautelar: Aspectos Práticos e Pontos Controvertidos, p. 197. *In*: MOREIRA, Antônio Júdice *et al.* (Coord.). *Recuperação Judicial e Falência*. São Paulo: Almedina, 2022.

mente de comprovação, pela empresa devedora, de já haver procedimento de mediação instaurado. Em outro processo, e em situação similar (apesar de não haver nomeação expressa de mediador), também foi deferida a tutela de urgência cautelar a ser realizada pelo CEJUSC local, sem que a mediação tivesse sido previamente instituída[215].

Assim, pelos casos analisados, percebe-se uma certa relativização desse suposto "requisito legal" para a concessão da tutela de urgência, que não tem sido encarado como pressuposto essencial para que magistrados defiram as tutelas pretendidas, o que não significa que as decisões sejam ilegais ou não fundamentadas. Pelo contrário, estão embasadas em outras análises e cumprimentos de outros requisitos legais, e demonstram um cuidado dos magistrados de não se exigir, pelo menos nesse momento de práticas iniciais da mediação antecedente, um cumprimento tão exato das exigências trazidas pelo §1º do artigo 20-B da Lei nº 11.101/05.

Pré-mediação, preparo e negociação na mediação antecedente à recuperação judicial

Os principais institutos formadores de mediadores extrajudiciais, como o ICFML[216], por exemplo, bem como as principais câmaras privadas de mediação no Brasil[217], orientam que a mediação seja realizada e organizada, em geral, da seguinte forma:

1. Pré-mediação;
2. Termo de Adesão à Mediação (Contrato);
3. Declaração de abertura;

215. Processo nº 1022215-67.2021.8.26.0114, p. 66, ajuizado perante o Tribunal de Justiça do Estado de São Paulo, Comarca de Campinas, 9ª Vara Cível. Disponível em: https://esaj.tjsp.jus.br. Acesso em: 25 mar. 2022.

216. Instituto de Formação e Certificação Internacional de Mediadores Lusófonos.

217. IMAB – Instituto de Mediação e Arbitragem do Brasil; CAMARB – Câmara de Mediação e Arbitragem Empresarial; CAM-CCBC – Centro de Arbitragem e Mediação da Câmara de Comércio Brasil-Canadá; ICC – International Chamber of Commerce; Câmara de Conciliação, Mediação e Arbitragem CIESP FIESP; CAMES – Câmara de Mediação e Arbitragem Especializada; dentre outras.

4. Narrativas do caso pelos mediandos;
5. Negociação e geração de opções;
6. Construção de possíveis acordos;
7. Termo de Encerramento.

Essa organização também encontra respaldo na própria Resolução nº 125/10[218] do Conselho Nacional de Justiça – CNJ, que norteia os cursos de formação de conciliadores e mediadores judiciais e extrajudiciais no Brasil.

A pré-mediação é, portanto, a etapa inicial e pedra angular para o início do procedimento da mediação, e tem fundamental importância no bom desenrolar da mediação.

Autores de referência na mediação, como a professora Tania Almeida, conceituam a pré-mediação como etapa "meramente informativa" a ocorrer no início da mediação[219], que pode se realizar de forma conjunta com todos os envolvidos ou privada com cada mediando, a depender do grau de conflituosidade existente entre eles e da complexidade do caso.

Além disso, ensinam Adolfo Braga Neto e Lia Regina Sampaio[220] que, na fase da pré-mediação,

> são explicadas em detalhes todas as regras do processo baseadas nos princípios da voluntariedade, respeito, cooperação e sigilo, a fim de que os mediandos possam melhor deliberar se desejam efetivamente recorrer a esse método.

Esse cuidado garante não só a formalização da adesão dos mediandos à mediação, como também a forma de remuneração dos mediadores envolvidos, devendo ser definidos valores, conta e prazos de pagamentos. A base legal para calcular a remuneração no âmbito judicial, em São Paulo, é a Re-

---

218. Disponível em: https://atos.cnj.jus.br/atos/detalhar/atos-normativos?documento=2579. Acesso em: 05/03/2022.

219. ALMEIDA, Tania. *Caixa de Ferramentas em mediação: aportes práticos e teóricos*. São Paulo: Dash, 2020, p. 156-157.

220. BRAGA NETO, Adolfo; SAMPAIO, Lia Regina. *O que é mediação de conflitos*. São Paulo: Brasiliense, 2007, p.53.

solução nº 809/2019 do Tribunal de Justiça do Estado de São Paulo (TJSP). No âmbito extrajudicial, cada câmara ou mediador *ad hoc* é livre para estipular a forma de cobrança que melhor lhe atender. É possível acordar que apenas uma das partes pagará os honorários, ou que todos repartirão em quotas iguais.

Tomando por base os processos em que já houve deferimento do pedido de tutela de urgência cautelar, cumulado com determinação de suspensão das execuções contra as devedoras pelo prazo de 60 dias, foram realizadas sessões de pré-mediação com credores e devedores, com o intuito de

> orientar as partes a respeito do procedimento de mediação, sanar eventuais dúvidas, ajustar formas eficientes de comunicação, identificar expectativas, ajustar o valor dos honorários, identificar a responsabilidade pelo pagamento, bem como definir forma de pagamento dos mesmos.[221]

Sabe-se que ainda há desconhecimento e até uma certa resistência à mediação por parte de advogados e até mesmo da sociedade civil, que ainda não foram suficientemente expostos à cultura da mediação, ou a procedimentos de mediação bem feitos, pelo que realmente se faz fundamental ter sessões de pré-mediação. O objetivo é efetivamente esclarecer aos envolvidos como funciona a mediação, quais são seus princípios e suas bases, alinhar expectativas e orientar sobre os papéis de cada um, tudo para favorecer o melhor andamento possível de todo o processo após seu efetivo início.

Esse alinhamento inicial se faz ainda mais necessário nas mediações antecedentes à recuperação judicial, nas quais invariavelmente haverá uma quantidade considerável de credores que serão chamados para a negociação, com diversidade de patronos, advogados e conselheiros, que igualmente desconhecem a mediação ou precisam ser relembrados do seu funcionamento e pressupostos, uma vez que estão muito mais acostumados à

221. Processo nº 1011311-25.2021.8.26.0037, fls. 926, disponível em: https://esaj.tjsp.jus.br. Acesso em: 05 mar.2022.

cultura do litígio, do embate, da comodidade de contar com um terceiro (juiz) que efetivamente irá decidir o conflito posto. As sessões de pré-mediação, nessas situações, também servem para equalizar informações entre todos e esclarecer eventuais dúvidas que os envolvidos possam ter.

Destaca-se, ainda, que, embora o protagonismo seja dos mediandos, a presença de advogados, desde o início da pré-mediação até o encerramento do procedimento de mediação, é fundamental. Advogados são de grande valia e importantes parceiros do mediador para ajudar a tornar claras as demandas e as necessidades do seu cliente, orientá-los, assim como para construir soluções mais equilibradas, que contemplem interesses mútuos ou coletivos.

Finda a etapa da pré-mediação e havendo interesse dos credores e devedora em permanecer no procedimento determinado judicialmente, é necessário que mediandos, advogados e mediadores se organizem para o início das sessões de mediação propriamente ditas, como uma "lição de casa".

A preparação dos mediadores é fundamental e engloba montar equipe capacitada e comprometida, buscar informações adequadas sobre o caso, conversar com advogados e administradores judiciais, saber trabalhar em equipe, proporcionar um ambiente propício à negociação e ao diálogo, deixar as pessoas à vontade e confortáveis para que se sintam acolhidas e transmitir a elas confiança, conhecimento, habilidade e atitude para conduzir as sessões.

Com relação à preparação dos advogados e partes, é mister salientar que devem buscar conhecer o procedimento autocompositivo como um todo, além de possuir, claro, a *expertise* necessária no que se refere à própria Recuperação Judicial.

O papel do advogado nas formas de resolução de conflitos autocompositivas como a mediação e a conciliação, além de amparar juridicamente e tecnicamente seu cliente, é acompanhar o procedimento do começo ao fim, com o objetivo de trazer conforto ao(s) cliente(s) quando tiverem que tomar uma decisão, bem como ajudá-lo(s) a se posicionar nas suas horas de fala (buscando não soar agressivo, combativo, irritado).

Caso se tratasse de questão de fácil resolução, não haveria necessidade de mediação. Assim, tal profissional deve, juntamente com o cliente, seja recuperanda/devedora ou credor(a), criar alternativas variadas para viabilizar amplitude de possibilidades de solução para o caso, buscando construir saídas criativas e inovadoras (e factíveis na prática) durante as negociações, para que tanto a devedora consiga adimplir suas obrigações sem que venha a entrar em recuperação judicial ou falência, como para que os credores vejam suas expectativas de recebimento atendidas de modo concreto e factível.

As técnicas de negociação evoluíram muito nos últimos anos, tornando-se ferramentas importantíssimas para o ambiente de negócios. Dentro desse universo de publicações e livros sobre negociação, é importante destacar a obra *Como Chegar ao Sim*[222], de Roger Fisher, William Ury e Bruce Patton, que conceitua a negociação como "um meio básico de conseguir o que se quer de outrem", por meio da "comunicação bidirecional concedida para chegar a um acordo, quando você e o outro lado têm alguns interesses em comum e outros opostos".

Fisher, Ury e Patton propõem um modelo de negociação baseada em princípios, que se divide, basicamente, em quatro etapas:

(i) Separar as pessoas do problema;

(ii) Concentrar-se nos interesses, não nas posições;

(iii) Criar opções de ganhos mútuos;

(iv) Insistir em critérios objetivos.

Além disso, frisam a importância de desenvolver sua melhor alternativa à negociação de um acordo.

---

222. ROGER, Fisher; URY, William e PATTON, Bruce. *Como Chegar ao Sim*. Tradução Vera Ribeiro e Ana Luiza Borges. 2ª Ed., revisada e ampliada. Rio de Janeiro: Imago, 2005.

A negociação é a oportunidade que se abre de buscar soluções extraordinárias, atípicas, para o problema e, principalmente, para manter e/ou restabelecer o diálogo.

Claro que não é uma jornada fácil, ainda mais na conjuntura da cultura brasileira, que requer a superação de alguns paradigmas, como a ideia de que numa negociação sempre há um lado vencedor e outro perdedor, além da noção de que o ganho de alguém implica necessariamente uma perda para o outrem. E, também, ultrapassar a fronteira de que só se alcança a justiça com a intervenção do Poder Judiciário. É importante superar o preconceito com relação ao que é novo (inova), visto que este é até então desconhecido e pode chegar a resultados imprevisíveis e até inesperados[223].

Vencidas as barreiras iniciais, instalada a mediação, é importante que todos os agentes envolvidos tragam as informações necessárias a permitir a criação de soluções conjuntas.

Estando as partes bem estruturadas com as informações e possibilidades econômico-financeiras – e aqui não estamos falando em plano de credores, apenas dos estudos de cenários levantados pelas partes –, o empenho e a dedicação do mediador favorecem a criação de um ambiente que estimule e propicie encaminhamentos para uma solução conjunta. Em que pese o comentário do prof. dr. Fábio Ulhoa Coelho[224] de não acreditar que esse propósito possa ser alcançado de forma objetiva, na mesma obra, em passagem adiante, tece comentário favorável ao trabalho do mediador que "se empenha em eliminar assimetrias entre os envolvidos e prepará-los para a negociação"[225].

A possibilidade de se instituir uma mediação a qualquer tempo e efetuar

223. BRAGA NETO, Adolfo. Alguns aspectos relevantes sobre a mediação de conflitos. *In*: GRINOVER, Ada Pellegrini; WATANABE, Kazuo; LAGRASTA NETO, Caetano (Coords.). *Mediação e gerenciamento do processo: revolução na prestação jurisdicional: guia prático para a instalação do setor de conciliação e mediação.* 2ª reimpressão. São Paulo: Atlas, 2008.

224. COELHO, Fabio Ulhoa. *Comentários à Lei de Falências e de Recuperação Judicial de Empresas.* 14ª Ed. rev, atual. e ampl. São Paulo: Thomson Reuters Brasil, 2021.

225. Op. Cit., p. 96.

uma negociação franca e sincera, dentro das reais capacidades e necessidades dos envolvidos, de forma colaborativa, não só tem o potencial de salvar a empresa de uma falência, como de proporcionar a preservação de seu patrimônio e a continuidade da manutenção do contrato do credor, o que pode ser importante para a sobrevivência dele. Tudo em período de tempo menor do que pelas vias tradicionais e amplamente conhecidas.

A mediação bem implementada tende a alcançar resultados diversos dos até então obtidos nos casos de Recuperação Judicial, por proporcionar um ambiente de tratativas pouco explorado.

Stay Period de 60 dias – discussões práticas sobre suas abrangências, extensões e efeitos

A alteração prevista no §1º do artigo 20-B da Lei de Recuperação Judicial e Falência (LREF) demonstra a clara intenção do legislador no sentido de fornecer mais mecanismos legais para que a empresa em dificuldades possa manter a sua função social e continuar a sua atividade econômica sem que tenha que tomar medidas mais drásticas. Ocorre que, com relação a esse prazo de 60 dias, ainda persistem algumas dúvidas e questionamentos:

- **Quais ações judiciais estariam abrangidas por tal suspensão?**

O dispositivo legal supracitado indica que as empresas em dificuldades podem pedir tutela cautelar antecedente para suspender "as execuções contra elas propostas pelo prazo de até 60 (sessenta) dias, para tentativa de composição com seus credores"[226]. Com uma leitura perfunctória de tal dispositivo, tem-se a ideia de que a tutela cautelar pretendida buscaria suspender apenas as ações de execução que foram ajuizadas contra a empresa em dificuldade.

226. Art. 20-B, §1º LREF.

Contudo, o entendimento é diverso. A tutela cautelar antecedente pode suspender não só as execuções ajuizadas contra a empresa devedora, mas também as execuções propostas pelos credores particulares do sócio solidário, cujos créditos ou obrigações, de alguma forma interfiram na recuperação judicial ou falência. A suspensão alcança, ainda, a proibição de qualquer forma de retenção, arresto, penhora, sequestro, busca e apreensão e constrição judicial ou extrajudicial sobre os bens do devedor, oriunda de quaisquer demandas cujos créditos ou obrigações se sujeitem à recuperação judicial ou à falência nos termos do artigo 6º da LREF (SACRAMONE, 2021, p. 153).

Tal assertiva se faz em razão do fato de que o §3º do artigo 20-B da LREF atrela o tempo de suspensão das ações ao *stay period*, indicando que eventual prazo concedido em tutela cautelar será deduzido do período de suspensão previsto pelo artigo 6º da LREF. Ora, se o legislador indicou que o prazo de suspensão de 60 dias da tutela cautelar de urgência será deduzido do prazo de suspensão definido pelo § 4º do artigo 6º da LREF, as implicações previstas pelo artigo 6º, II e III da LREF também devem ser aplicadas à tutela cautelar antecedente.

Nessa mesma seara, em um caso real, o pedido formulado por empresa em dificuldade para que certos credores deixem de efetuar retenções de valores por multas aplicadas e retenção de valores das suas contas bancárias foi acolhido[227]. Diante do exposto, entende-se que todas as ações previstas no artigo 6º, II e III da LREF devem ser suspensas.

- **Quais credores estariam abrangidos pelos efeitos da suspensão?**

Samantha Longo (2021) entende que a suspensão de 60 dias alcançará apenas os credores convidados para o processo de mediação/conciliação.[228] Nesse mesmo sentido, Fabio Coelho (2021) entende que não estão

227. Processo nº 1011311-25.2021.8.26.0037. Disponível em: https://esaj.tjsp.jus.br. Acesso em: 05 mar.2022.

228. MEDIAÇÃO antecedente à recuperação judicial: chegou a hora de mudar a cultura do litígio. [S. l.], 19

suspensas todas as obrigações do devedor, mas apenas a exigibilidade das obrigações especificamente alcançadas pelas tentativas de renegociação.[229] Marcelo Sacramone (2021) aponta que a cautelar só poderá produzir efeitos em face dos credores submetidos à mediação e conciliação, e desde que tais créditos possam vir a ter execução suspensa em razão do processo de recuperação judicial[230].

De forma contrária, acredita-se que a suspensão das providências concedidas em tutela cautelar antecedente deva atingir todos os credores, para que a empresa negocie suas pendências de forma calma, por meio de mediação ou conciliação, sem as constantes pressões adotadas pelos credores para receber seus créditos, e evitar o ajuizamento de pedido de recuperação da empresa. Hatanaka *et al.* (2022) destacaram que em certos casos não foi feita a identificação na petição inicial do polo passivo da cautelar, portanto as decisões suspenderam as ações de todos os credores[231].

Ainda, caso seja necessário o ajuizamento de pedido recuperacional, e considerando que o período de suspensão concedido na tutela cautelar será descontado do período de *stay*, a não suspensão de todas as ações poderia implicar uma situação de desigualdade entre os credores, pois aqueles que não participaram das mediações e conciliações teriam um período de *stay* menor do que aqueles que participaram dos processos dialógicos.

Destarte, entende-se que a suspensão deve abranger todos os credores da empresa em dificuldade, para que ela possa dialogar com seus credores

---

nov. 2021. Disponível em: https://www.migalhas.com.br/coluna/migalhas-consensuais/355035/mediacao-antecedente-a-recuperacao-judicial. Acesso em: 13 mar. 2022.

229. COELHO, Fabio. Art. 20-A - Seção Ii-A. Das Conciliações e das Mediações Antecedentes ou Incidentais aos Processos de Recuperação Judicial. In: COELHO, Fabio. *Comentários à Lei de Falências e de Recuperação Judicial de Empresas*. São Paulo: Revista dos Tribunais, 2021. Disponível em: https://thomsonreuters.jusbrasil.com.br/doutrina/130338279/comentarios-a-lei-de-falencias-e-de-recuperacao-de-empresas-ed-2021. Acesso em: 12 mar. 2022.

230. SACRAMONE, Marcelo Barbosa. *Comentários à Lei de Recuperação de Empresas e Falência*, 2ª. Ed. São Paulo: Saraiva, 2021, p. 153.

231. MEDIAÇÃO e tutela cautelar na recuperação judicial: Uma análise sobre os impactos após um ano da reforma da lei 14.112/20. [S. l.], 23 fev. 2022. Disponível em: https://www.migalhas.com.br/depeso/360289/mediacao-e-tutela-cautelar-na-recuperacao-judicial. Acesso em: 13 mar. 2022.

tranquilamente e para que não haja diferenciação entre os credores no *stay period*, caso venha a ser proposto pedido recuperacional.

- **O prazo de 60 (sessenta) dias é fixo ou prorrogável?**

Sacramone (2021) leciona que a suspensão deve se restringir aos 60 dias, pois os credores não poderão ser impedidos de exercer seus direitos eternamente. Decorrido o prazo, cessaria a suspensão, a menos que deferido o processamento da recuperação judicial com a dedução desse prazo do período de suspensão conferido pelo processamento da recuperação judicial. Nesse sentido, foi proferida decisão que negou o pedido de prorrogação do prazo da tutela por não haver previsão legal, mesmo com as mediações em andamento.[232]

A bem da verdade, o legislador também não vedou essa prorrogação, situação diferente da que ocorria antes da reforma da LREF, cujo prazo era improrrogável[233]. Rocha Schmidt e Bumachar (2021) entendem que justamente em razão da lacuna da lei não é vedada a prorrogação do prazo de suspensão.[234] Nessa mesma trilha, foram deferidos alguns pedidos de prorrogação do prazo em razão de a empresa em dificuldade não ter dado causa ao decurso do prazo sem o encerramento da mediação.[235/236] Vale mencionar que a jurisprudência e a doutrina, quando ainda havia a proibição expressa de ampliação do *stay period*, consolidaram a possibilidade de prorrogação do período de *stay*, conforme observado no enunciado 42 da I Jornada Direito Comercial[237].

---

232. Processo nº 1011311-25.2021.8.26.0037.

233. Lei nº 11.101/05, §4 do artigo 6.

234. Disponível em: https://www.conjur.com.br/2021-jun-09/opiniao-mediacao-reforma-lei-recuperacao-empresas. Acesso em: 13 mar. 2022.

235. Processo nº 1008387-08.2021.8.26.0048, p. 510, disponível em: https://esaj.tjsp.jus.br. Acesso em: 13 mar. 2022.

236. Processo nº 1022215-67.2021.8.26.0114, p. 147, disponível em: https://esaj.tjsp.jus.br. Acesso em: 13 mar. 2022.

237. "O prazo de suspensão previsto no artigo 6, §4, da Lei nº 11.101/05 pode excepcionalmente ser prorrogado, se o retardamento do feito não puder ser imputado ao devedor".

É preciso pontuar, ainda, que o lapso temporal entre o deferimento da cautelar e o início do procedimento de mediação pode se estender em razão dos vários procedimentos que devem ser adotados – nomeação do mediador; intimação e aceitação do mediador; elaboração, envio, discussão e aceitação da proposta de trabalho; agendamento e realização das sessões de pré-mediação; e mapeamento do conflito –; tudo antes do início do processo de mediação.

Portanto, o que se tem presenciado na prática é que o prazo efetivo para as mediações ocorrerem é inferior aos concedidos 60 dias, tempo que pode ser exíguo para iniciar e encerrar um processo de mediação com diversos credores de forma satisfatória. Destarte, diante da insuficiência do prazo, e por não existir vedação legal, entende-se pela possibilidade de prorrogação do prazo, desde que demonstradas a boa fé e a evolução das mediações e/ou conciliações.

Conclusão

A instituição da mediação antecedente em tutela de urgência cautelar é uma atualização trazida pela Lei nº 14.112/2020, que busca incentivar a retomada do diálogo entre credores e devedores para tentarem obter uma composição amigável, sendo um caminho para a preservação da função social da empresa.

O fato de a mediação antecedente permitir a suspensão das execuções, sem que haja a necessidade de ajuizar uma ação de recuperação, faz dela uma poderosa alternativa para auxiliar na reestruturação econômico-financeira das empresas em crise. E, se utilizada com boa-fé, pressuposto de toda mediação, pode ser igualmente benéfica aos credores, que participam da solução do problema como protagonistas.

Trata-se de instituto ainda muito novo no ordenamento jurídico brasileiro, cujas eficiência e aplicabilidade dependem não só do entendimento da doutrina e jurisprudência, como também do comprometimento e dos esforços dos diversos integrantes envolvidos no procedimento autocompositivo (mediadores, advogados, mediandos, assessores técnicos, serventuários dos CEJUSCs, magistrados, administradores judiciais, dentre outros).

Assim, espera-se que as questões aqui debatidas tragam bases para ajudar a pavimentar a construção de um caminho de eficácia e sucesso da mediação antecedente, ainda que isso signifique não necessariamente alcançar acordos nas sessões, mas, sim, uma melhora do ambiente do diálogo e de criação de soluções de ganhos mútuos e na preservação das empresas.

Referências bibliográficas

ALMEIDA, Tania. *Caixa de Ferramentas em mediação: aportes práticos e teóricos.* São Paulo: Dash, 2020.

BERNI, Duilio de Avila. *Teoria dos Jogos. Jogos de estratégia, estratégias decisórias, teoria da decisão.* Rio de Janeiro: Reichmann & Affonso, 2004.

BEZERRA FILHO, Manoel Justino. *Lei de recuperação de empresas e falência: 11.101/2005: comentada artigo por artigo.* 15ª Ed. rev., atual e ampl. São Paulo: Thomson Reuters Brasil, 2021.

BRAGA NETO, Adolfo. Alguns aspectos relevantes sobre a mediação de conflitos. *In*: GRINOVER, Ada Pellegrini; WATANABE, Kazuo; LAGRASTA NETO, Caetano (Coords.). *Mediação e gerenciamento do processo: revolução na prestação jurisdicional: guia prático para a instalação do setor de conciliação e mediação.* 2ª reimpressão. São Paulo: Atlas, 2008.

BRAGA NETO, Adolfo (Org.). *Justiça: Reflexões sobre caminhos além do Judiciário.* São Paulo: CL-A Cultural, 2022.

BRAGA NETO, Adolfo. *A Mediação e a Administração Pública.* São Paulo: CL-A Cultural, 2021.

BRAGA NETO, Adolfo (Org.). *Mediação Empresarial: experiências brasileiras.* São Paulo: CL-A Cultural, 2019.

BRAGA NETO, Adolfo *et al. Negociação, Mediação, Conciliação e Arbitragem: curso de métodos adequados de solução de controvérsias.* Rio de Janeiro: Forense, 2019.

BRASIL. Conselho Nacional de Justiça. *Manual de Mediação Judicial.* 6ª Ed., 2016.

BRASIL. Novo Código de Processo Civil. Lei nº 13.105, de 16 de março de 2015.

BRASIL. Lei nº 13.140, de 26 de junho de 2015.

BRASIL. Lei nº 11.101, de 09 de fevereiro de 2005.

CJF. *II Jornada Prevenção e solução extrajudicial de litígios: Enunciados Aprovados.* Brasília: Conselho da Justiça Federal, Centro de Estudos Judiciários, 2021. Disponível em: https://www.cjf.jus.br/cjf/corregedoria-da-justica-federal/centro-de-estudos-judiciarios-1/publicacoes-1/cjf/corregedoria-da-justica-federal/centro-de-estudos-judiciarios-1/prevencao-e-solucao-extrajudicial-de-litigios/?_authenticator=60c7f30ef0d8002d17dbe298563b6fa2849c6669. Acesso em: 03 mar. 2022.

COELHO, Fabio. Art. 20-A - Seção Ii-A. Das Conciliações e das Mediações Antecedentes ou Incidentais aos Processos de Recuperação Judicial. *In:* COELHO, Fabio. *Comentários à Lei de Falências e de Recuperação Judicial de Empresas* - Ed. 2021. São Paulo (SP): Revista dos Tribunais. Disponível em: https://thomsonreuters.jusbrasil.com.br/doutrina/130338279/comentarios-a-lei-de-falencias-e-de-recuperacao-de-empresas-ed-2021. Acesso em: 12 mar.2022.

COSTA, Daniel Carnio; MELO, Alexandre Nasser de. *Comentários à Lei de Recuperação de Empresas e Falências.* 2ª Ed. Curitiba: Juruá, 2021.

FISHER, Roger *et al. Como Chegar Ao Sim.* Tradução Vera Ribeiro e Ana Luiza Borges. 2ª Ed., revisada e ampliada. Rio de Janeiro: Imago, 2005.

LAGRASTA, Valéria Ferioli. *Curso de Formação de Instrutores, Negociação, Mediação e Conciliação.* ENAPRES – Escola Nacional de Prevenção e Solução de Conflitos, 2020.

LAGRASTA, Valéria F. CEJUSC Empresarial ou Adequada Formação de Conciliadores e Mediadores? *In*: MOREIRA, António Júdice; NASCIMBENI, Asdrubal Franco; BEYRODT, Christiana; TONIN, Maurício Morais; OLIVEIRA FILHO, Paulo Furtado de (Coords.). R*ecuperação Judicial e Falência, Métodos de Solução – Brasil e Portugal.* São Paulo: Almedina, 2022.

LONGO, Samantha. *Mediação Antecedente à Recuperação Judicial: chegou a hora de mudar a cultura do litígio*. Disponível em: https://www.migalhas.com.br/coluna/migalhas-consensuais/355035/mediacao-antecedente-a-recuperacao-judicial. Acesso: em 03 mar.2022.

LONGO, Samantha Mendes; NETTO, Antonio Evangelista de Souza. *A Recuperação Empresarial e os Métodos Adequados de Solução de Conflitos*. Porto Alegre. Paixão Editores, 2020.

MOREIRA, António Júdice; NASCIMBENI, Asdrubal Franco; BEYRODT, Christiana; TONIN, Maurício Morais; OLIVEIRA FILHO, Paulo Furtado de (Coords.). *Recuperação Judicial e Falência, Métodos de Solução – Brasil e Portugal*. São Paulo: Almedina, 2022.

PAIVA, Luiz Fernando Valente de; BONTEMPO, Joana Gomes Baptista. Mediação Antecedente e Tutela e Urgência Cautelar: Aspectos Práticos e Pontos Controvertidos. *In*: MOREIRA, António Júdice; NASCIMBENI, Asdrubal Franco; BEYRODT, Christiana; TONIN, Maurício Morais; OLIVEIRA FILHO, Paulo Furtado de (Coords.). *Recuperação Judicial e Falência, Métodos de Solução – Brasil e Portugal*. São Paulo: Almedina, 2022.

REVISTA do Advogado, nº 150, Recuperação de empresas e falência – Alterações da Lei nº 14.112/2020. AASP Jun. 2021.

SACRAMONE, Marcelo Barbosa. *Comentários à Lei de Recuperação de Empresas e Falência*, 2ª Ed. São Paulo: Saraiva, 2021.

Mediação para a recuperação extrajudicial de empresas: vantagens e planejamento

Andrea Décourt Savelli, Lizandra Colossi, Maria Rita de Cassia Almada Neder e Paulo Henrique Moraes de Assumpção[238]

"Planos não são nada, planejamento é tudo" (Kotler, 2019)

1. Introdução

A mediação, como procedimento consensual para resolução de conflitos, já é realidade no Brasil ao menos desde 2010, quando foi promulgada a Resolução nº 125/2010 do Conselho Nacional de Justiça – CNJ, instituin-

238. Andrea Décourt Savelli é mediadora certificada pelo ICFML e CNJ, cadastrada no Tribunal de Justiça de SP; advogada; mestre em Administração de Empresas, com ênfase em Finanças Estratégicas; pós-graduada em Direito Civil e Processo Civil. Possui cursos de Negociação e de Mediação na Recuperação de Empresas. É membro da Task Force IMAB – Mediação para Empresas em Recuperação; da Comissão de Mediação e Conciliação da OAB Pinheiros; do Grupo de Excelência em Mediação e Arbitragem do CRA-SP; e do CBAr.

Lizandra Colossi é advogada consensual, mediadora extrajudicial, presidente e cofundadora da Comissão de Mediação, Arbitragem e Práticas Colaborativas da OAB/BA – Subseção Lauro de Freitas. Sócia-fundadora do Colossi Oliveira Advogados Associados e do Mediar é Somar. Professora, palestrante e mentora na Advocacia Consensual em Direito Médico. Mestranda em Direitos Fundamentais e Alteridade pela Universidade Católica do Salvador.

Maria Rita de Cassia Almada Neder é mediadora TJSP, CNJ, nomeada pelo TRF3; graduada em Comunicação Social (Anhembi); pós-graduada em Adm. Mercadológica (FGV). Possui cursos de Advantage Executive Program (FDC/Nortwestern University); Recuperação de Empresas (TMA), Recuperação Judicial (IMAB), Resolucion de Conflictos (ODR Latinoamerica/CSViews); Gestão de Conflitos Corporativos(FGV); Ferramentas da Mediação na Crise Empresarial (IRB/CiArb); Mediação Empresas em Crise (TMA). É membro da Comissão de Mediação e Conciliação OAB Santana e GEMA/CRA-SP.

Paulo Henrique Moraes de Assumpção é Mediador privado (IASP – Instituto dos Advogados de São Paulo). Advogado (PUC-Campinas) com especialização em Direito Tributário (IBET – Instituto Brasileiro de Estudos Tributários). Membro da Comissão da Advocacia na Mediação e Conciliação da OAB/SP.

do-se a Política Judiciária Nacional de tratamento adequado de conflitos de interesses no âmbito do Poder Judiciário.

Já em 2015, grande evolução legislativa se fez com a promulgação da Lei nº 13.140/2015 – Lei da Mediação – e com a inserção no Código de Processo Civil (Lei nº 13.105/2015) de normas que incentivam a utilização do instituto, informando os requisitos formais e materiais para sua aplicação.

Seguindo o mesmo caminho de solidificação dos meios autocompositivos, a Lei nº 14.112/2020 abordou a conciliação e a mediação no âmbito dos processos de Recuperação Judicial (RJ), inclusive com a positivação da mediação antecedente ao processo, tudo com o intuito de auxiliar as empresas em dificuldade e seus credores a encontrarem uma saída da crise que preserve as relações comerciais, sem a necessidade de adoção de medidas impositivas pelo Poder Judiciário.

Ocorre que a aplicação do instituto não pode ser desacompanhada de cuidados básicos e estratégia própria. A eficácia ou não do procedimento está diretamente atrelada à capacidade de os atores desempenharem suas funções de forma coordenada e direcionada para o fim comum, que é a efetiva recuperação do negócio.

A propósito, não por outra razão, foi prevista a mediação em fase pré-processual, posto que seu sucesso representa verdadeiro alento para a já assoberbada Justiça Comum ao evitar o incremento da judicialização, além de preservar de maneira definitiva e adequada a autonomia da vontade das partes envolvidas.

Assim, mostra-se oportuna a análise das vantagens do procedimento ainda na fase extrajudicial, bem como das ferramentas que podem auxiliar os envolvidos a encontrar as melhores alternativas para a efetiva recuperação da empresa em crise.

2. Conceitos básicos da mediação e como ela se aplica ao contexto da recuperação extrajudicial

Como já dito, a mediação de conflitos é um dos métodos de resolução consensual de controvérsias inserido no direito positivo por meio do Novo Código de Processo Civil (Lei nº 13.105/2015) e, mais especificamente, pela Lei de Mediação (Lei nº 13.140/2015).

Por meio da mediação, as pessoas, físicas ou jurídicas, procuram (re) encontrar um caminho de diálogo entre si, para supcração da crise na interação, que repercute nas suas relações jurídicas. Por outro viés, é possível dizer que as dificuldades para cumprimento de obrigações ou as lesões e ameaças a direitos podem ser transpostas pelo diálogo estruturado e conduzido de maneira profissional.

Sendo um instituto muito antigo, encontrável, de formas peculiares a cada um dos povos que a praticavam, a mediação vem ganhando os holofotes no mundo principalmente após a notoriedade da Escola de Harvard de Negociação, que a instrumentalizou com vistas à autocomposição das relações empresariais e financeiras.

No Brasil, antes da promulgação das leis anteriormente citadas, já havia um movimento pela conciliação, instaurado na década de 90 do século passado, por meio do qual mediadores de renome, como o organizador desta obra coletiva, Adolfo Braga Neto, procuravam torná-la conhecida em solo brasileiro.

A expansão da mediação no país vem ganhando força ainda maior pelas dificuldades que acometem o Judiciário brasileiro, sobretudo pela carga massiva e excessiva de judicializações em todas as áreas do Direito. No campo das empresas, a situação de crise enfrentada pela empresa solvente pode desaguar num processo judicial de recuperação, mas, graças às previsões da Lei nº 11.101/2005 – Lei de Recuperação Judicial e Falência (LRF), a propositura de demanda não é o único caminho.

De fato, consoante Fábio Ulhôa Coelho, até a entrada em vigor da referida lei, o

> direito brasileiro não estimulava soluções de mercado para a recuperação de empresas, pois sancionava como ato de falência qualquer iniciativa do devedor no sentido de reunir seus credores para uma renegociação das dívidas. (COELHO *apud* COSTA, 2018, p.03)

Esse era o cenário em 2005: um legislador que promulgou lei em atenção à subsistência das empresas por meio da recuperação, seja extra ou judicial. No decorrer de uma década, com o influxo da conciliação e mediação sendo propaladas como meios eficazes de resolução de controvérsias, o caminho natural para o legislador foi idealizar uma alteração legislativa que favorecesse ainda mais essa empresa em crise: trazer o procedimento da mediação de conflitos como auxílio às recuperações judiciais e extrajudiciais – o que foi feito pela Lei nº 14.112/2020.

A partir dessa alteração legislativa na Lei de Falência e Recuperação de Empresas, a mediação de conflitos passou a servir de instrumento para a autocomposição, seja antecedente ou incidente à recuperação judicial, seja no procedimento da recuperação extrajudicial. Com isso, o diálogo entre credores e devedor foi trazido para o centro do conflito, onde é, de fato, o seu lugar, se se quer que a empresa continue existindo e gerando riqueza, e que os credores sejam atendidos na sua justa postulação de pagamento das dívidas.

Dessa forma, cabe àquele que se depara com a possibilidade do procedimento amigável extrajudicial efetivamente incentivá-lo. Seja o advogado que orienta o devedor, seja a própria empresa a ser recuperada, ou ainda o credor interessado, o importante é ter em mente que a previsão legislativa não pode se tornar letra morta, possibilitando a satisfação das obrigações com a manutenção da atividade de maneira menos traumática e dispendiosa do que os caminhos até então existentes.

3. Das vantagens da mediação para a empresa em recuperação e para os credores

Um dos pontos fortes da mediação, algo que tem atraído o olhar dos operadores do Direito, é a celeridade do procedimento em contraste com a já conhecida morosidade do processo judicial. A mediação se revela uma grande oportunidade para que as pessoas que têm interesses convergentes – um quer receber, o outro quer pagar – possam dialogar, ajudados por um terceiro neutro, sem ligações por qualquer dos lados, apenas dedicado à conversa.

Antes mesmo de se elaborar um plano de recuperação extrajudicial, é cabível uma mediação entre devedor e credores, para que, em conversa, já se esquadrinhem possibilidades de pagamento e prazos melhores para todos, o que se refletirá num plano de recuperação extrajudicial muito mais factível, e desde logo aceito pelos maiores interessados na sua homologação: os credores.

Essa mediação antecedente à recuperação extrajudicial é estratégica e acelera o procedimento, contribuindo para a manutenção das relações jurídicas devedor-credores, estremecidas com a falta de adimplemento das obrigações.

O valor da mediação como forma de ajuste entre devedor-credores é tão ínsito ao procedimento consensual que a própria legislação que rege a recuperação extra e judicial de empresas prevê a possibilidade de suspensão de prazos legais por acordo entre as partes (Art. 20-A, Lei nº 14.112/2020).

Vê-se aí o estímulo à autocomposição entre os maiores interessados na recuperação da empresa: devedor e credores, a ponto de se suspenderem até mesmo prazos processuais!

Outra vantagem da mediação na recuperação extrajudicial também é visualizada quando algum(ns) dos credores quiser(em) desistir da adesão ao plano, mesmo já tendo confirmada sua anuência.

De fato, tal situação se mostra irreversível senão pela utilização da mediação, já que o obstáculo do §5º do art. 161 da LRF impede o arrependimento.

Neste caso, somente será possível ao credor recalcitrante obter algum sucesso se lançar mão da via negociada, solicitando uma mediação para facilitar a exposição de motivos que o levaram a rever a adesão, buscando igualmente saídas para o recebimento do seu crédito.

Uma vez obtido o acordo fora dos autos processuais, nada impede que este seja levado a juízo para homologação, garantindo-se segurança jurídica em toda a operação.

Não menos importante é o fato de que a mediação na recuperação extrajudicial pode evitar, além de todo o processo judicial, as dispendiosas e intermináveis impugnações ao plano apresentado em juízo.

Em verdade, ainda que já exista o processo de recuperação, convocados os credores para apresentarem suas impugnações após a oferta do plano, é totalmente cabível e aconselhável que o devedor proponha uma mediação de conflitos, na qual explanará melhor seu plano por meio do diálogo, ao passo que ouvirá de logo as objeções.

Agindo assim, de maneira preventiva às impugnações, as chances de seu plano passar direto à homologação judicial crescerão sobremaneira.

Importante frisar que a mediação extrajudicial pode proporcionar uma conduta revolucionária nos processos recuperacionais: a cocriação de alternativas por todos os agentes interessados, em oposição ao tradicional mecanismo de apresentação de um plano unilateral pela empresa devedora.

Com efeito, diferentemente do mecanismo mais comum, em que a empresa em crise luta para conseguir a aprovação de seu plano, exercendo um esforço desmedido para reunir a maioria do crédito concorrencial, na mediação pré-processual todos podem ser chamados a opinar logo no nascimento do procedimento de recuperação, Essa situação pode ser muito mais rica na criação de possibilidades, como também na visualização de saídas que proporcionem um novo equilíbrio econômico-financeiro.

É do trabalho em conjunto que sairão as melhores soluções para os envolvidos, o que também resultará numa maior chance de sucesso, dadas a transparência e a previsibilidade de cada passo encontrado.

Outro ponto favorável à mediação é permitir que se reúnam devedor e credores de qualquer localidade, sem a necessidade de deslocamento, na modalidade virtual. A mediação on-line foi muito praticada desde o início da pandemia de Covid-19, e tornou-se uma alternativa que os usuários desse método podem escolher no momento do agendamento: formato on-line, ou híbrido, com algumas pessoas presentes em determinado local, e outras de forma remota.

Respeitadas a confidencialidade, pela escolha de plataforma segura, e a orientação aos participantes sobre a necessidade de câmera aberta para a ciência de todos do que se passa ao redor do mediando, a mediação virtual, como chama a lei (nº 14.112/2020, art. 20-D), facilita o encontro e o diálogo entre devedor e credores, acelerando o procedimento.

Por fim, mas não menos atrativa, há a redução de custos diretos e indiretos no procedimento consensual, quando comparado com o processo judicial.

De saída, é fácil de notar que as sessões de negociação extrajudicial, ainda que numerosas para a obtenção de um acordo, inexoravelmente terão menor custo financeiro direto do que um longo e imprevisível processo de recuperação judicial. Taxas processuais, honorários advocatícios, periciais e do administrador judicial encarecem o procedimento, tornando-o proibitivo em diversas situações.

Já em relação aos custos indiretos, tem-se que estes são sensivelmente menores, uma vez que o tempo gasto em processos consensuais tende a ser muito menor, demandando menos horas dos interessados e, consequentemente, menos desgastes e dissabores próprios da crise instalada pela momentânea insolvência.

Portanto, não são poucos os incentivos práticos para a adoção da mediação ainda na fase da recuperação extrajudicial de empresas. Os temas aqui abordados não são excludentes de outras vantagens, devendo os interessados percorrer os caminhos postos conforme a particularidade de cada caso para extrair desse estudo outros incentivos para a adoção dessa alternativa.

Nada obstante, a maior ou menor eficácia do procedimento dependerá de sua correta aplicação, cabendo ora ao mediador, ora às partes, atentar para algumas particularidades, especialmente àquelas tocantes à boa condução do procedimento.

4. A importância do planejamento da mediação e a condução por parte do mediador – questões de ordem prática

Planejamento é essencial na vida empresarial, profissional ou pessoal, tal como no lançamento de um produto ou serviço, criação de uma empresa ou desenvolvimento de uma carreira profissional. Sem ele, é difícil, senão impossível, obter o sucesso esperado.

Na mediação da empresa em crise, planejamento se mostra uma verdadeira condição de validade e eficiência, independentemente de a mediação ser antecedente, judicial ou extrajudicial, principalmente quando envolvidas multipartes.

O planejamento, portanto, é a base para a estruturação e o desenvolvimento das sessões, visto que permite ao mediador mapear e definir estrategicamente todos os passos e atividades para otimizar as negociações.

Tais conceitos aplicados no âmbito da recuperação extrajudicial revelam que planejar é uma medida bastante útil para conseguir a colaboração dos mediandos e direcionar o foco para os reais interesses, na busca de soluções criativas, com confiança e boa-fé.

Antes mesmo da reunião de mediação e de qualquer planejamento, recomenda-se que o mediador busque uma conversa com os gestores da empresa em crise para entender as necessidades da empresa devedora, e se de fato há a indicação do procedimento.

Em seguida, passa-se à fase da pré-mediação, para que seja realizada uma explicação detalhada do que é e de como funciona o método, como ele pode auxiliar na recuperação e, se houver interesse, serão apresentados os honorários do mediador e fixada a forma de remuneração.

Após a aceitação do valor e forma de pagamento, devem ser assinados o contrato de mediação, para firmar o compromisso, e o de confidencialidade, para reforçar a garantia de sigilo que a técnica impõe. Concluída essa etapa, dá-se início ao trabalho da mediação diretamente com os credores e demais envolvidos.

Logo, planejar é decidir com antecedência como, quando e o que fazer, com a indicação dos responsáveis pelas tarefas. Elaborar um cronograma, priorizar tarefas, estipular prazos e estruturar uma estratégia para obter os resultados desejados são importantes para que as metas sejam atingidas de forma mais rápida e eficiente, conforme os passos sugeridos a seguir.

5. Diagnóstico, cenário e análise da situação da empresa

Na primeira conversa com os gestores da empresa em dificuldades, inicia-se o diagnóstico para elucidar quais as situações de conflito existentes, buscando conhecer a natureza do negócio, as necessidades dos sócios/acionistas, executivos e demais agentes.

Para tanto, o mediador deve verificar todo o cenário, os ambientes interno e externo, identificar as oportunidades, ameaças, forças e fraquezas, pois a análise *swot*[239] sem dúvida auxiliará na criação de um plano de ação mais efetivo.

Ter uma visão sistêmica, com boa compreensão das causas que levaram a empresa à situação penosa em que se encontra e das medidas propostas

239. A sigla SWOT, em inglês, refere-se a *Strengths*, *Weaknesses*, *Opportunities* e *Threats*. Já no português literal, significa "Forças", "Fraquezas", "Oportunidades" e "Ameaças", respectivamente.

para a sua recuperação, é elemento valoroso para que o mediador realize bem o seu trabalho.

Espera-se que as informações sobre a real e atual situação financeira da empresa, suas dificuldades e objetivos, a relação dos credores e demais partes envolvidas, bem como as medidas previstas para a reestruturação, sejam transmitidas com transparência e boa-fé, já que estão protegidas pelo ambiente de confidencialidade.

Assim, o mediador, munido de conhecimento, terá uma melhor compreensão dos problemas da empresa e de como esta pretende solucioná-lo.

Caso ainda não haja um plano de recuperação, ou o esboço de um, é imperioso tomar o cuidado de apurar quais são os ativos e dívidas da empresa, o que pode ser feito junto ao responsável pela área financeira, inclusive com a participação deste na mediação, se conveniente.

A despeito de não ser função do mediador fazer tais análises, este pode conferir se há consenso sobre a viabilidade da empresa entre os sócios/acionistas e aplicar o choque de realidade, se oportuno. A intenção é descartar a hipótese de falência como opção e assegurar-se de que os gestores da empresa realmente querem recuperá-la.

Entretanto, na hipótese de o mediador identificar a má-fé da devedora, deve finalizar o seu trabalho por ausência do princípio norteador da mediação, pré-requisito indispensável para utilização do procedimento. Verificar se há alinhamento sobre o rumo a ser tomado e prestar atenção a eventuais conflitos de interesses são cautelas que não podem ser dispensadas.

Ao dar continuidade ao trabalho, tem-se que uma decorrência natural da conversa com os gestores é a obtenção da relação de credores a serem contatados, e exatamente a mesma pré-mediação será realizada com eles. Será feita então uma explicação detalhada do que é e de como funciona o método, e de como ele pode contribuir na recuperação do crédito ou no atendimento dos interesses destes da melhor forma possível.

A aplicação da análise *swot* também é oportuna, pois é acertado conhecer os credores, para identificar suas reais necessidades e classificá-los. Após essa fase, em que todas as informações possíveis, o cenário atual, os pontos de resistência da empresa, internos e externos, e dados dos credores foram coletados e analisados, finaliza-se o diagnóstico.

6. Estratégia e plano de ação

Neste momento, o mediador, com uma visão estendida, deve se debruçar na criação e no desenvolvimento das estratégias que irão direcionar a proposta de atuação da mediação.

A Lei nº 11.101/05, tendo em vista a função social da empresa, ampliou as possibilidades de saneamento financeiro e, com a Lei nº 14.112/20, o instituto da Recuperação Extrajudicial (RE) foi aprimorado e dispõe de maior segurança jurídica.

A RE muitas vezes foi preterida por não ter as mesmas proteções e vantagens que a RJ oferecia, como o fato de o empresário não ter a garantia da concessão do *stay period*, além da questão da sucessão de passivos e da declaração de ineficácia no caso da falência.

Com a alteração da lei, esses impedimentos foram praticamente sanados, e ainda há a possibilidade da inclusão de créditos trabalhistas, o que transformou o instituto numa alternativa eficaz e menos custosa.

Assim sendo, quando ainda há viabilidade, a empresa devedora deve implementar "[...] um plano que identifica problemas fundamentais, ataca causas e prioriza as necessidades críticas" (BIOLCHI, 2022, p.163). Todavia, nem sempre há entre os sócios/acionistas unanimidade na preferência do melhor "remédio" a ser tomado.

> A escolha, dentre os múltiplos veículos (meios legais), será determinada pelo conhecimento da situação (diagnóstico) e definição de um plano de ação (plano de reestruturação). (BIOLCHI, 2022, p.173)

O mediador, ao trabalhar nessa e em outras questões, pode encontrar soluções que melhor atendam as partes, como sugerido por Fernando Domingos e Ivo Ferreira:

> O acionista minoritário, por exemplo, pode já há muito estar insatisfeito com a maneira com o que o controlador está conduzindo os negócios sociais (inclusive, eventualmente culpando-o pelo estado de crise econômico-financeira da sociedade), de modo que é a melhor resolução da questão – ao invés do convencimento pelo ajuizamento de uma recuperação judicial – seja mediar a alienação de sua participação minoritária, tanto pelo controlador, como por terceiros, anteriormente ao pedido de recuperação judicial, a possibilitar que o controlador seguisse com os seus planos de soerguimento da empresa sem as amarras de uma sociedade conflituosa. (DOMINGOS; FERREIRA, 2022, p. 109)

Uma vez feita a opção pela RE, resta decidir o tipo a ser buscado: a homologatória ou a impositiva. Nesta última, apenas uma parte dos credores concorda com as alterações das condições ou forma de pagamento de seu crédito (SACRAMONE, 2021, p.606), e o devedor, desde que tais credores representem mais da metade dos créditos de cada espécie abrangidos pelo plano de recuperação extrajudicial, poderá requerer a homologação do plano, que obrigará a todos os credores por ele abrangidos, consoante art. 163 da Lei nº 11.101/2005.

Quando se fala da estratégia de atuação e plano de ação da mediação, importa saber que quem traçará os passos a serem seguidos serão o mediador nomeado e sua equipe, com base no diagnóstico realizado. Eles irão se dedicar à construção de um plano estrategicamente factível, que atenda às necessidades das partes, de maneira célere e menos onerosa possível, para alcançar os objetivos propostos, satisfazendo a todos os envolvidos.

Despender uma energia maior para conseguir o apoio dos credores estratégicos e buscar manter o bom relacionamento com os fornecedores indispensáveis pode ser vital para se ter êxito.

> [...] é coerente pensar em identificar credores estratégicos e com eles estabelecer, dentro dos limites legais, laços mais estreitos de colaboração[...]
>
> Por ser estrutura relacional, os esforços para superar a crise não se esgotam exclusivamente na empresa. É condição de sucesso de uma reestruturação (*turnaround*) a identificação das partes interessadas (credores, investidores, clientes e funcionários) e o entendimento das dinâmicas possíveis entre elas e a empresa, principalmente em relação ao grau de influência de determinados credores, a serem considerados estratégicos, o que também toca na classificação de seus créditos, entre outros aspectos. (BIOLCHI, 2022, p. 168, 177)

Por isso, a análise de interdependência entre as empresas, com definição do nível de influência de cada um dos credores, é básica. Partes interessadas influentes, incluindo o Fisco, devem estar ativamente envolvidas no processo de reorganização desde o início.

> [...] o engajamento das partes é aspecto essencial, porque ele fomenta peça fundamental na negociação, a reputação. (BIOLCHI, 2022, p.168)

O mediador, com suas habilidades e técnicas, ao se propor a auxiliar nas negociações de maneira imparcial e independente, traz eficiência ao processo. No entanto, para um melhor desempenho, é imprescindível uma boa preparação: analisar as alternativas, saber com quem mediar, quando e em que momento, pode fazer toda a diferença. De nada adianta um plano de ação bem estruturado, sem a devida preparação dos mediadores.

Valem as reflexões: melhor marcar primeiro as reuniões de mediação com os credores estratégicos? Será uma reunião com vários credores juntos ou apenas com um? Representante da devedora deve estar presente em todas as reuniões? A presença dele traz mais seriedade, demonstra compromisso e boa vontade, ou inibe os credores de se expressarem livremente? Ou as duas opções simultaneamente?

O como também deve ser levado em consideração. A comunicação precisa ser transparente e sincera para que a tão almejada confiança seja conquistada. Nenhum plano será aprovado sem que haja credibilidade.

> A negociação focada em reputação e baseada em proteger os relacionamentos, com o fim de cooperar, é feita a partir de interesses – (e não posições), porque considera o quanto as partes se afetam mutuamente. (BIOLCHI, 2022, p.176)

É tarefa do mediador se afastar da lógica da barganha e adentrar nas verdadeiras necessidades de cada parte. A mediação visa apresentar aos credores a

> ...perspectiva de um procedimento recuperatório mais alinhado com seus anseios, sejam financeiros, sejam comerciais, gerando valor ou, ao menos, sem destruir valor para todos os interessados. (DOMINGOS; FERREIRA, 2022, p.109)

Fato é que as variáveis a serem apuradas são inúmeras e, por isso, seguir os passos anteriores pode ser bastante proveitoso. Como cada caso é único e o método comporta grande flexibilidade, só depois de cumpridas as etapas prévias é que o mediador terá a capacidade de optar pela melhor estratégia e estimar com mais acerto o cronograma.

Assim, estará mais apto a indicar o melhor local para a realização das reuniões, o tempo de duração de cada uma delas, os participantes, a adequação de comediação, se estas serão conjuntas ou individuais etc. Seguirá então com a execução do plano, com o agendamento das reuniões e envio dos convites.

7. Implementação, análise e redirecionamento

As diretrizes estratégicas definidas serão colocadas em prática no decorrer da fase de implementação ou, melhor dizendo, da execução do plano e início da atuação dos mediadores junto aos credores. Implementar o plano de ação fora de hora, ou de maneira incorreta, pode ser tão ineficiente quanto uma estratégia ruim, o que salienta a necessidade de os mediadores estarem bem preparados.

A partir de um roteiro padrão e, após a aceitação dos convites formulados, os mediadores irão realizar as sessões de pré-mediação, sessões de esclarecimento, caso necessárias, sessões de mediação, separadas por classe, tipo ou forma, até a aprovação do plano, sempre de acordo com a estratégia aprazada.

O procedimento precisa ter constante controle, acompanhamento e análise por parte da equipe de mediadores, a qual deve ter o cuidado de negociar com pessoas que tenham poderes para transigir, ou seja, que tenham autonomia para decidir. Esse acompanhamento se faz necessário, porque, a depender do resultado obtido durante as mediações, a estratégia estabelecida pode sofrer alterações, se vantajoso for.

A reunião desses profissionais é muito rica, visto que possibilita a troca de percepções e permite que avaliem conjuntamente os resultados, sendo que é a partir dessa avaliação que o processo do planejamento será realimentado, com a redefinição dos próximos passos, os quais podem, inclusive, ser o encerramento das mediações.

8. Conclusões

Por todas as razões acima debatidas, é inegável que a mediação extrajudicial se apresenta como uma das melhores saídas para resolver a crise financeiro-empresarial de maneira menos onerosa e definitiva.

A criação das alternativas com a participação efetiva – e não apenas responsiva – das partes interessadas tende a produzir efeitos mais perenes e vantajosos para todos.

Por outro lado, o conhecimento sobre a real situação da empresa e sobre as ferramentas consensuais de resolução de conflitos, hoje, inclusive, legalmente previstas, permite a criação de um leque de opções e alternativas de negociação para que se diminuam os conflitos entre devedora e credores, facilitando a utilização da mediação extrajudicial.

Para tanto, há a necessidade de se ter um planejamento bem estruturado, o qual permitirá aos mediadores trabalharem com um melhor direcionamento, proporcionando mais clareza na tomada de decisões.

Também se possibilita que a empresa reveja os pontos conflitantes e busque soluções alternativas e viáveis, para que se alcancem os objetivos com mais eficiência, com mais facilidade e de forma mais célere, inclusive com menores custos.

A mediação não está vinculada a um acordo final, embora em uma recuperação extrajudicial a aprovação de um plano seja o objetivo. Há diversos ganhos que podem ser conquistados com o procedimento, como o resgate da confiança, o restabelecimento da comunicação, a manutenção do relacionamento ou até mesmo um acordo parcial.

Enfim, ela pode ir além ao preservar a viabilidade do negócio com a manutenção de toda a cadeia que dele se beneficia, garantindo a continuidade da geração de riqueza para trabalhadores, sócios, fornecedores e clientes, tudo em um círculo virtuoso que atende a função social e outros tantos respeitáveis princípios.

Referências bibliográficas

BIOLCHI, Juliana Della Valle. Reputação e Recuperação Extrajudicial: para uma abordagem colaborativa da preservação empresarial. *In*: MOREIRA, Antônio Júdice *et al.* (Coords.). *Recuperação Judicial e Falência*. São Paulo: Almedina, 2022.

COSTA, Daniel Carnio. Recuperação Extrajudicial. *Enciclopédia Jurídica da PUC-SP*, Tomo 4, Direito Comercial. São Paulo, 2018. Disponível em: https://enciclopediajuridica.pucsp.br/verbete/212/edicao-1/recuperacao=-extrajudicial#:~:text-O%20plano%20de%20recupera%C3%A7%C3%A3o%20extrajudicial%20 poder%C3%A1%20ser%20apresentado%20ao%20juiz,162%20da%20Lei%20 11.101%2F2005. Acesso em: 15 mar. 2022.

DOMINGOS, Fernando Refinetti; FERREIRA, Ivo Bari. Mediação de Disputas Societárias no Contexto Recuperacional: Breves comentários sobre autorização societária ao pedido de recuperação judicial. *In*: MOREIRA, Antônio Júdice *et al.* (Coords.). *Recuperação Judicial e Falência*. São Paulo: Almedina, 2022.

KOTLER, Philip. *Administração de marketing.* 15ª Ed. São Paulo, Pearson Universidades, 2019.

SACRAMONE, Marcelo B. *Comentários à Lei de Recuperação de Empresas e Falência*, 2ª Ed. São Paulo: Saraiva, 2021.

Mediação na recuperação de empresas: uma análise principiológica com foco na boa-fé

Caio Cesar Infantini e Déborah Baptistella Sundfeld[240]

"Não se pode criar a experiência. É preciso passar por ela".
(Albert Camus)

I – Introdução

O microssistema jurídico que trata das empresas em dificuldades econômico-financeiras tem passado, desde 2015, por um bem-vindo aperfeiçoamento institucional, com vistas à melhora do ambiente da insolvência dentro (e fora) do Judiciário. Nesse contexto, a nova disciplina da recuperação de empresas e da falência, constante especialmente na Lei nº 14.112/2020, que alterou a Lei nº 11.101/2005, aprimora o sistema jurídico que trata da crise da empresa, para cuidar dos benefícios econômicos e sociais que decorrem do exercício da atividade empresarial, e preservá-los, se possível.

Essa mudança legislativa não ocorre isoladamente. Ela acompanha uma

240. Caio Cesar Infantini é mediador formado e certificado pelo ICFML, integrante de diversas listas de câmaras privadas de mediação empresarial. Membro da Task Force IMAB de Mediação para Empresas em Recuperação, com capacitação pelo IMAB, pelo Instituto D'Accord em colaboração com a ALGI e pelo TMA, com extensão em recuperação de empresas e falência pelo COGEAE/PUC-SP. Advogado formado pela PUC-SP. Pós-graduado em Direito Empresarial (CEU Law School) e em Direito Civil e Processual Civil (EPD).

Déborah Baptistella Sundfeld é mediadora pós-graduada pela EPM em Métodos Alternativos de Solução de Conflitos. Membro da Task Force IMAB de Mediação para Empresas em Recuperação, com capacitação pelo IMAB e IBAJUD. Instrutora de mediação do CNJ. Professora, tutora e supervisora EAD. Capacitada em Mediação Transformativa pelo Institute for the Study of Conflict Transformation. Advogada capacitada em Práticas Colaborativas e pós-graduada em Aperfeiçoamento em Direito Público e Privado.

tendência que vem sendo observada ao longo dos últimos anos, especialmente no trato do direito privado, depois da entrada em vigor do Código Civil de 2002 (Lei nº 10.406/2002). Desde então, cada microssistema legislativo tem deixado de ser aplicado e interpretado isoladamente, para sê-lo como parte de um todo de onde se extrai a *fattispecie* pertinente a cada caso concreto, por força do chamado diálogo das fontes, teoria que sustenta a interpretação do ordenamento jurídico como um todo, de forma unitária, sistemática e coordenada.

Para além da hermenêutica pura e simples, a mencionada evolução legislativa tratou de privilegiar a autonomia privada (para alguns autonomia da vontade), em vez de optar pela regulação estatal das obrigações e dos negócios jurídicos, relativizou os efeitos dos contratos (em contraposição à *pacta sunt servanda*) e alçou à categoria de princípios maiores das relações contratuais a sua função social e a boa-fé (objetiva).

No que interessa à recuperação de empresas, afigura-se adequado, pertinente e oportuno um breve estudo dos princípios de direito privado aplicáveis às relações contratuais, cotejando-os com os princípios da mediação e da recuperação de empresas, sem descurar daqueles de natureza processual eventualmente cabíveis na espécie, com foco na boa-fé, para averiguar a eficiência dos processos de recuperação de empresas que se valem da mediação para atingir seus desideratos.

À primeira vista, um artigo cujo título alude à principiologia poderia dar a entender que se trata, do ponto de vista epistemológico, de um trabalho precipuamente teórico e com pouco (ou nenhum) conteúdo prático, distante da experiência do dia a dia e da aplicação da teoria em situações reais. Contudo, os autores pretendem valer-se de sua experiência profissional, desenvolvendo o ensaio conforme o método hipotético-dedutivo, tendo por objeto a análise das fontes de pesquisa obtidas, visando compreender os fenômenos objeto do estudo nos planos teórico, empírico e principalmente casuístico, como corolário das práticas vividas em sua atuação como mediadores em recuperação de empresas.

É o que se passa a fazer daqui por diante.

II – Princípios da mediação

Princípio, em seu significado não jurídico, é o começo, o que vem antes, o início, a origem, a causa primária de algo. Essa palavra, usada também como sinônimo de "valor moral, dignidade" (AULETE, 2022), têm, no âmbito jurídico, uma acepção similar, porém muito mais ampla. Canotilho (1991, p. 173), por exemplo, refere-se a princípio, segundo a dogmática jurídica, como uma ideia fundamental em que se baseia todo um sistema de normas, preconizando que

> os princípios são fundamento de regras, isto é, são normas que estão na base ou constituem a *ratio* de regras jurídicas, desempenhando, por isso, uma função normogenética fundamentante.

No que concerne aos princípios informadores da mediação, ainda que seja cada vez mais presente, na legislação pátria, a sua adoção como meio adequado (ou alternativo) de solução de conflitos[241], é necessário que se entenda, antes de tudo, o que é a mediação, para, somente então, avançar para o estudo de sua principiologia.

A mediação pode ser conceituada como um processo ou um procedimento para a tomada de decisões. Ela é indicada para situações de impasse, em que as pessoas agem sob distintas perspectivas. É conduzida por um ou mais mediadores, que trabalham para todas as partes envolvidas na disputa, escolhidos ou indicados pela sua legitimidade, neutralidade e

241. Basta ver que, desde a edição da Resolução nº 125/2010 do CNJ, inúmeras normas jurídicas foram editadas para prever expressamente a utilização da mediação como meio autocompositivo de solução de disputas, destacando-se o Código de Processo Civil, a Lei de Mediação, a Lei Geral de Proteção de Dados, a Lei de Licitações, Resoluções e Provimentos do CNJ e dos Tribunais Estaduais, além, evidentemente, da própria Lei nº 14.122/2020, que mais interessa ao teor do presente trabalho.

imparcialidade. Esse terceiro neutro (o mediador), sob confidencialidade, com foco na relação e visão de futuro e do possível, facilita a comunicação entre as partes em conflito, estimula o protagonismo destas e as auxilia na negociação, para que possam fazer escolhas voluntárias e informadas, a partir do levantamento de opções e da eleição daquela que melhor atenda, qualitativa e quantitativamente, aos interesses de todos os envolvidos, para a construção de acordos sustentáveis.

"A observância dos princípios da mediação é crucial para que sua prática seja realizada de forma adequada em proveito das pessoas em crise" (TARTUCE, 2017, p. 78), e essas diretrizes essenciais têm como objetivo orientar, nortear, regular e inspirar o trabalho realizado pelos mediadores em litígios de qualquer natureza, com especial destaque, para fins deste artigo, na recuperação de empresas.

Os princípios basilares da mediação, aplicáveis, ao menos em tese, aos demais métodos adequados de solução de conflitos (MASCs) em geral, estão previstos no Código de Ética de Conciliadores e Mediadores Judiciais (Anexo III da Resolução nº 125/10 do CNJ), na Lei de Mediação (art. 2º) e no Código de Processo Civil (art. 166). Não há uma uniformidade de tratamento legal desses princípios, e na doutrina tampouco há consenso: alguns autores ampliam esse rol, ao passo que outros consideram menor o número de princípios da mediação propriamente ditos.

Segundo o Código de Ética de Conciliadores e Mediadores Judiciais (Anexo III da Resolução nº 125/10 do CNJ), a mediação se pauta pelos seguintes princípios: confidencialidade, decisão informada, competência, imparcialidade, independência e autonomia, respeito à ordem pública e às leis vigentes, empoderamento e validação.

Com o advento da Lei de Mediação (Lei nº 13.140/2015), vieram à tona, agora de forma positivada dentro do ordenamento jurídico, várias novas diretrizes para que o instituto da mediação se tornasse mais efetivo, com o escopo de mudar alguns paradigmas enraizados em nossa sociedade, bem como de tornar os métodos alternativos/adequados de solução de conflitos mais próximos das pessoas (naturais ou jurídicas) como outra opção de acesso à justiça.

Importante lembrar que os métodos adequados/alternativos de solução de disputas buscam o restabelecimento do diálogo, a manutenção das relações interpessoais e, consequentemente, a pacificação social. Nesse diapasão, a Lei de Mediação (art. 2º), em comparação com o que dispõe o já mencionado Código de Ética, trouxe um novo olhar para os princípios informadores da mediação, dando a essa principiologia um tratamento diferente, ao aludir à isonomia entre as partes, oralidade, informalidade, autonomia da vontade das partes, busca do consenso e boa-fé, reafirmando a necessidade de observância da confidencialidade e da imparcialidade do mediador.

Já o Código de Processo Civil (Lei nº 13.105/2015), em seu artigo 166, repete alguns princípios mencionados tanto no Código de Ética anexo à Resolução CNJ nº 125/2010 quanto no artigo 2º da Lei de Mediação, ao dispor que

> a conciliação e a mediação são informadas pelos princípios da independência, da imparcialidade, da autonomia da vontade, da confidencialidade, da oralidade, da informalidade e da decisão informada.

Todos esses princípios norteiam as boas práticas aplicáveis à mediação e a deontologia a que mediadores públicos e privados estão sujeitos. Mesmo correndo risco de pecar pela repetição, alguns aspectos relacionados aos princípios da mediação merecem ser abordados nesse breve ensaio.

II.1 - Princípios da mediação

Um dos grandes diferenciais da mediação é a confidencialidade. Segundo esse princípio, tudo o que for trazido, gerado e/ou conversado durante a mediação, salvo convenção expressa em sentido contrário, fica adstrito ao procedimento. O mediador, seus estagiários, secretários, comediadores e equipe reflexiva[242], entre outros que participem do procedimento, não podem revelar o que se passou na mediação, nem podem ser chamados para prestar depoimento como testemunhas em processo judicial ou arbitral posterior.

Também permanecem sob sigilo os relatos das partes, de seus advogados e eventuais auxiliares técnicos que estejam participando do procedimento, assim como as opções geradas para uma possível solução consensual do conflito.

Como ensina Mariana França Gouveia (2018, p. 98), "a confidencialidade é essencial à plena confiança no processo de mediação", pois traz tranquilidade, acolhimento e conforto a todos os participantes, que podem falar à vontade, em ambiente seguro, de modo a retomar o diálogo, esclarecer questões, diminuir a assimetria de informações e buscar soluções criativas livremente, sem censura, e sem que isso seja levado em consideração por ocasião de eventual julgamento por terceiro encarregado da solução heterocompositiva do litígio (processos judicial ou arbitral).

A par de todas essas vantagens que a confidencialidade empresta à mediação, no ambiente empresarial de crise econômico-financeira é também relevante a preservação da imagem do empresário, da empresa e de seus *stakeholders*, que, cobertos pelo sigilo da mediação, evitam a geração ou a potencialização dos chamados danos reputacionais, que levam, para exemplificar, à restrição da concessão de crédito e insegurança para novas contratações, entre outras situações que invariavelmente impedem o soerguimento da atividade viável.

Tão importante para a mediação quanto a confidencialidade é a volun-

242. A Equipe Reflexiva é "constituída de mediadores que observam o procedimento numa antecâmara ou na própria sala da mediação e que, a seu pedido ou dos mediadores do caso, iniciam uma conversação com estes, por algum tempo, na presença dos mediandos, que apenas escutam." (VASCONCELOS, 2014, p. 42).

tariedade. Mesmo no contexto dos processos judiciais, a mediação é um procedimento voluntário, do qual participa somente quem quiser: conforme o artigo 2º, § 2º, da Lei de Mediação, ninguém pode ser obrigado a permanecer em mediação (nem mesmo o mediador[243]), e é um direito potestativo das partes optar pelo procedimento, e dele se utilizar ou se retirar.

A voluntariedade pode ser considerada um desdobramento do princípio da autonomia da vontade (nomenclatura adotada para fins deste artigo – a par da controvérsia doutrinária a respeito: autonomia privada ou autonomia da vontade?[244] – com base no critério adotado pelo sistema legislativo vigente).

Este princípio consagra a autodeterminação das partes envolvidas no conflito, assegurando-lhes que as decisões incidentais e final do procedimento (com ou sem acordo), inclusive quanto à sua forma e dinâmica e escolha do mediador, cabem tão somente às partes, como fruto de seu livre arbítrio e sua decisão informada (melhor explorada mais adiante), sem possibilidade de imposição por quem quer que seja.

Outros dois princípios que merecem consideração são o da informalidade e o da oralidade. Embora tenham conceitos que se aproximam e conteúdos de certo modo complementares, não se confundem. A informalidade permite flexibilidade do procedimento conforme a vontade das partes, sem rigidez ou ritos rigorosos. Não há forma preconcebida, apesar de haver uma estruturação do processo e um caminho para a aplicação das técnicas, tudo absolutamente adaptável conforme a percepção do mediador (guardião do procedimento) e as necessidades apresentadas de parte a parte.

Já o princípio da oralidade decorre da natureza comunicacional da me-

243. Exemplificativamente, o mediador pode se retirar do procedimento por razões de foro íntimo que comprometam sua imparcialidade, por suspeição ou impedimento superveniente, ou mesmo quando o próprio mediador entender que "não se justificam novos esforços para obtenção de consenso" (Lei de Mediação, art. 20).

244. A respeito dessa controvérsia, remete-se o leitor para artigo (INFANTINI, 2019, p. 7) escrito como requisito para a formação de um dos autores deste artigo como mediador judicial.

diação: sua dialética é ditada pela linguagem verbal comum, que as partes e o mediador utilizarão em suas conversações, sem descurar de outros meios de comunicação que afetam o procedimento, como a linguagem, as expressões corporais e o silêncio.

Como decorrência do princípio da independência, o mediador não deve ter vínculos de amizade, trabalho ou parentesco com nenhuma das partes, e nem qualquer interesse pessoal no conflito mediado. Ao mediador devem ser garantidas liberdade e autonomia para desempenhar sua função, conforme as melhores práticas e o conhecimento interdisciplinar de sua formação, e sem ingerências ou pressões internas ou externas de qualquer espécie.

Ser independente, porém, não significa, necessariamente, ser imparcial – posturas próximas que não se confundem. E ambas as características são inafastáveis.

De fato. Merecem transcrição as palavras de Diogo A. Rezende de Almeida e Fernanda Paiva (2019, p. 108), que, com base nos ensinamentos de Maria de Nazareth Serpa e Marinês Suares, definem o que seja imparcialidade, para, daí, se extrair um conceito do referido princípio:

> A imparcialidade exterioriza-se de diversas maneiras, não permitindo ao mediador aconselhar os participantes ou apresentar parecer ou solução, devendo agir sem favoritismos ou preconceitos. Ademais, impõe-se o auxílio a todas as partes, tratando de forma igual suas sugestões e propostas, além da necessidade de lhes conceder possibilidades equivalentes de manifestação, tanto em sessões conjuntas como privadas (*caucus*).

Outro princípio da mediação é o da isonomia, em virtude do qual deve ser assegurado às partes igualdade de tratamento e de oportunidades para se manifestarem.

A isonomia é de extrema importância no âmbito da recuperação de empresas, em que não é incomum a assimetria de informações e a disparidade de poder entre as partes. Essa importância se evidencia pelo teor do Enunciado nº 34, da I Jornada de Prevenção e Solução Extrajudicial de Litígios, realizada pelo Centro de Estudos Judiciários do Conselho da Justiça Federal em 2016, do seguinte teor:

> Se constatar a configuração de uma notória situação de desequilíbrio entre as partes, o mediador deve alertar sobre a importância de que ambas obtenham, organizem e analisem dados, estimulando-as a planejarem uma eficiente atuação na negociação.

Seja ou não obtido o acordo, que, afinal, não é o objetivo principal da mediação[245], o essencial é que as partes tomem uma decisão informada, que pode ser incidental ou como finalização do procedimento. E este é outro princípio basilar da mediação, que, parafraseando Fernanda Tartuce (2017, p. 206-207), impõe ao mediador o dever de esclarecer sobre os direitos de aceitar participar e permanecer no procedimento de mediação, não cabendo a ele (mediador), quanto ao mérito da disputa, prestar qualquer espécie de assessoria ou consultoria jurídica, apenas checando se

> os envolvidos estão devidamente informados sobre o contexto em que se inserem e sobre o direito envolvido; se for o caso, ele deve também advertir sobre a necessidade de que se informem com um profissional.

Para finalizar este tópico, é necessário mencionar um dos princípios mais caros para a mediação e as negociações como um todo, com preponderância no âmbito da recuperação de empresas: a busca do consenso.

Trocando em miúdos, significa dizer que a mediação busca uma visão prospectiva, de construção conjunta do futuro, em busca de uma comunicação cooperativa que afaste as partes das posturas litigantes e adversariais, de modo que todo o diálogo e as decisões no curso do procedimento sejam construídos consensual e livremente, com respeito à ordem pública e às leis vigentes.

---

245. Para evitar digressões, recomenda-se, a respeito, a leitura do artigo "O objetivo da mediação em processos de insolvência" (MILARÉ, 2022).

Há, ainda, um último princípio a ser estudado: o da boa-fé. Este, porém, como tema central do presente estudo, será objeto de um tópico específico, mais adiante.

III - Princípios da recuperação de empresas

Como sói acontecer quando se trata de conceituação e classificação doutrinária, não há consenso quanto aos princípios que disciplinam a LRF (Lei nº 11.101/2005, com as modificações introduzidas especialmente pela Lei nº 14.112/2020). A despeito da controvérsia acerca do tema, no que concerne especificamente à recuperação de empresas, quer parecer adequado discorrer minimamente, e de forma conjunta, sobre os princípios da preservação da empresa, e da proteção (i) aos trabalhadores e (ii) dos interesses dos credores, todos eles extraídos do artigo 47 da LRF.

A recuperação empresarial tem por objetivo ajudar o gestor a encontrar uma solução para a superação da crise da empresa viável, preservando os benefícios econômicos e sociais da atividade. Não se fala em recuperação de empresa sem viabilidade, como ocorria na maioria das antigas concordatas (favor legal que era uma combinação impositiva de moratória mais deságio), que, na verdade, ao fim e ao cabo, eram um infindo subsídio judiciário que evitava uma falência mandatória.

A solução que viabiliza a superação judicial ou extrajudicial da dificuldade econômico-financeira é obtida pela negociação coletiva da empresa em crise com seus *stakeholders*, com destaque para os trabalhadores com quem tem vínculo, e a imensa maioria de seus credores, salvo as exceções previstas em lei.

Para tanto, deve-se observar o que dispõe o artigo 47 da LRF, de modo que as obrigações anteriormente contraídas sejam renegociadas, em juízo ou fora dele, com o objetivo de viabilizar a superação da situação de crise econômico-financeira (e eventualmente patrimonial) da atividade empresarial, permitindo a manutenção da fonte produtora, do emprego dos trabalhadores e dos interesses dos credores, promovendo, assim, a preservação da atividade empresarial e de sua função social, com estímulo à atividade econômica e prestígio à livre iniciativa.

Bem se vê que este dispositivo basta em si no tratamento dos três princípios que norteiam a recuperação de empresas (preservação da empresa, proteção aos trabalhadores e dos interesses dos credores), direcionando a legislação que rege a recuperação de empresas, a partir de 2005, para a proteção direta dos interesses gerais sociais e econômicos de todos os *stakeholders*, corrigindo a desigualdade de tratamento que vigorava sob a égide do Decreto-Lei nº 7.661/45.

IV – Princípios contratuais e processuais

O Código Civil de 2002 introduziu em nosso sistema jurídico uma nova disciplina do direito privado, formada pelo tripé eticidade/socialidade/operabilidade (REALE, 1975, p. 17-59), que visa à orientação do comportamento para a implementação de um novo contrato social.

No campo das obrigações contratuais e extracontratuais e da atividade empresária está a maior parte das relações jurídicas sujeitas à recuperação de empresas em crise, também submetida ao precitado tripé principiológico e aos seus vetores de aplicação: os princípios da autonomia da vontade e da função social (já tratados neste artigo), da força obrigatória e da relatividade dos efeitos contratuais, e da boa-fé (objetiva).

A força obrigatória dos contratos, nos dias de hoje, cede espaço para a função social, a probidade e a boa-fé (objetiva), que mitigam a *pacta sunt servanda* para viabilizar maior equilíbrio material nos negócios jurídicos (preservação do sinalagma). É o que se depreende de uma leitura conjunta dos artigos 421 e 422 do Código Civil.

Em contrapartida, os negócios jurídicos passíveis de repactuação na recuperação de empresas geram efeitos diretos apenas e tão somente *inter partes*, pois o contrato é um instituto de direito pessoal que não pode atingir terceiros que a ele não aderiram, senão indiretamente, e desde que não os prejudique. Este é o conceito da relatividade dos contratos, extremamente importante para fins do presente estudo.

De outra sorte, até mesmo o processo civil, parte que é do sistema jurídico brasileiro como um todo, vem sendo submetido a esses novos paradigmas e princípios. Ampliando as normas de conduta dos litigantes previstas no CPC/73 (v. g., arts. 14, 15, 17, 339 e 600), a Lei nº 13.105/2015 (CPC/2015) impõe novos deveres a todos aqueles que de qualquer forma participam do processo (art. 5º): além da boa-fé, é instituída a obrigação de cooperar (princípio da cooperação – art. 6º) e de estimular a utilização dos meios autocompositivos de solução dos conflitos (art. 3º, § 3º), bem como de ampliar o dever de informação (art. 77, incisos V e VII e 774, V), entre outros exemplos que poderiam ser mencionados.

Esse dever de colaboração, como se verá mais adiante, é fundamental na recuperação de empresas, especialmente se a mediação for utilizada como ferramenta em seu contexto.

V – A boa-fé: "princípio dos princípios"

A boa-fé é um valor que orienta todo o ordenamento jurídico e seus microssistemas. Em seu conceito "estão subentendidas as regras de conduta fundadas na honestidade, na lealdade, na retidão, em consideração e cooperação com a outra parte, ou, ainda, com a sociedade" (VICENZI, 2003, p. 159). Parafraseando Rosa Nery e Nelson Nery Jr., trata-se uma fonte de direitos e obrigações que funciona como uma cláusula geral para a disciplina de comportamentos, e que tem por corolário a exigência de lealdade, de cuidado, de previdência, de segurança, de aviso, de esclarecimento e de informação (NERY, NERY; 2015, p. 569-570).

Como princípio geral de Direito, tem aplicação mandatória nas relações jurídicas como um todo (contratuais e processuais, por exemplo), devendo, também, ser observado (o princípio) no âmbito do microssistema da recuperação de empresas, para que se assegure uma concreta consideração aos legítimos interesses tanto da atividade empresária quanto dos *stakeholders*, evitando ou diminuindo, na medida do possível, os riscos de todos (ressalvada a autonomia da vontade e a decisão informada de cada qual).

No que tange à mediação, evidentemente a boa-fé constitui um de seus pressupostos, e não seria exagero afirmar que sua falta inviabiliza a mediação.

Isto porque, ao contrário do tratamento geral do direito privado, em que hodiernamente há uma objetivação da boa-fé, com minimização de seus aspectos subjetivos (ligados à intenção do sujeito), na mediação é fundamental trabalhar

> com a percepção das partes, convidando-as a investigar se, de fato, aquilo que foi percebido no outro corresponde realmente à sua vontade, aos seus interesses e necessidades. (HAIMENIS; FERNANDES, 2019, p. 177)

Quer parecer que este seja o ponto central dessa problemática: a mediação procura entender o que cada parte envolvida no conflito busca (sua vontade legítima, seus reais interesses e suas necessidades, sem descurar das emoções envolvidas, porque elas, no mais das vezes, são o propulsor das ações humanas, e mesmo no contexto empresarial é inequívoco que, por trás das corporações, há pessoas), tirando-as de suas posições, assim entendidas como o que se diz que se quer, o que é aparente, fruto da "decisão" do indivíduo diante do conflito.

Para tanto, repete-se, é imprescindível haver boa-fé, sem o que se torna mais difícil, senão impossível, a criação (melhor dizer o restabelecimento) de um ambiente de confiança, em que prevaleçam a comunicação e a troca de informações transparentes (essenciais para gerar valor), a vontade real e o desejo efetivo de resolver o conflito.

Sem isso, o que se vê, com frequência – como ficará demonstrado adiante –, é o chamado oportunismo estratégico, em que agentes de má-fé usam a mediação, por exemplo, para obter informações sem um real objetivo de chegar a um acordo, ou para procrastinar o cumprimento de obrigações.

VI – A boa-fé na prática das mediações em recuperação de empresas

A confidencialidade que permeia os procedimentos de mediação, especificamente no que concerne ao dever de sigilo imposto ao mediador, tem sido um entrave para o compartilhamento de experiências em recuperação de empresas e o consequente aprimoramento de ambos os institutos.

Embora a mediação já viesse sendo utilizada em casos de insolvência empresarial antes mesmo das modificações introduzidas pela Lei nº 14.112/2020, ou da edição da Recomendação nº 58/2019 do CNJ, essa nova disciplina ainda é uma novidade, e sua implementação ainda suscita muitas dúvidas. Trata-se, por isso mesmo, de um *processo* em construção, em que é essencial a colaboração entre todos os agentes envolvidos nos casos de recuperação de empresas: magistrados, administradores judiciais, advogados, mediadores, empresários, trabalhadores e até mesmo credores extraconcursais como o Fisco, por exemplo.

A grande verdade é que as normas jurídicas mencionadas não trouxeram soluções prontas — até porque o mundo jurídico jamais terá a capacidade de prever tudo o que ocorre no plano dos fenômenos —, e todos estamos aprendendo, juntos, conforme os fatos sucedem. Por isso a frase de Albert Camus na epígrafe deste artigo.

Mesmo assim, os autores deste artigo, como membros da Task Force IMAB de Mediação para Recuperação de Empresas, já passaram por algumas experiências que, sem violar o dever de confidencialidade, podem ser compartilhadas, especialmente no que diz respeito à boa-fé, como forma de contribuir para esse debate e esse aprendizado.

A preocupação com a boa-fé na recuperação de empresas não é inédita. Gleycon Jonathan Queiróz e Marco Flávio de Sá (2014, pp. 7 e 10) já trataram da necessária observância do princípio da boa-fé (objetiva), pelos credores, na análise de viabilidade do plano de recuperação judicial. João Glicério de Oliveira Filho e Marcus Borel Silva Moreira (2017, p. 15), por sua vez, ampliaram o alcance do princípio na recuperação de empresas, fazendo-o nos seguintes termos:

> Como espécie de negócio jurídico coletivo e vinculado a condição suspensiva, o plano de recuperação judicial apresentado pelo devedor empresário não poderá olvidar em observar o princípio da boa-fé objetiva. Seja pelo credor ou pelo devedor, o mencionado princípio deve ser observado nas fases pré e pós-contratuais do plano, bem como no momento da formação deste.

Os autores deste artigo, no exercício de sua atividade profissional, têm-se deparado com situações que não traduzem boa-fé e não ajudam na busca pela convergência; ao contrário, geram uma escalada do conflito. E compartilham um exemplo para ilustrar essa afirmação.

Numa sessão de pré-mediação feita exclusivamente com uma empresa em dificuldades (as pré-mediações com credores foram feitas separadamente), que solicitara medida cautelar antecedente para fins de mediação, a devedora se apresentou por um de seus sócios-administradores, acompanhado de seus advogados e de uma procuradora, credenciada com plenos poderes para transigir, e que era quem estaria presente nas sessões de mediação.

No entanto, depois de encerradas as pré-mediações e iniciadas as sessões conjuntas, em pelo menos duas ocasiões em que credores formularam contrapropostas, obtiveram como resposta da referida procuradora, de viva-voz, que ela não tinha alçada para responder nem "sim" nem "não" naquele momento, e que o sócio da empresa, que estava viajando, teria de ser consultado. Os credores não se opuseram à designação de uma nova data para continuidade da sessão. Isso foi feito. E as contrapropostas, em sessões posteriores, foram recusadas pela devedora, que sequer se esforçou para a geração de opções.

Por quê? Porque a empresa em dificuldades propunha como "solução" para liquidação das dívidas apenas e tão somente a dação em pagamento de determinados bens de valores muito inferiores aos créditos desses credores. Enquanto perdurou a mediação, a empresa em dificuldades não apresentou qualquer documentação relativa à propriedade desses bens ou seus valores, e nem mesmo comprovou se estavam ou não disponíveis para uma negociação que não aumentasse ainda mais riscos dos credores, que já vinham sofrendo efeitos nefastos como decorrência do inadimplemento das obrigações pela devedora.

Evidentemente, essa postura não se coaduna com a boa-fé a que se refere este artigo.

Como a cooperação e a transparência são fundamentais para a geração de soluções que atendam aos interesses das partes envolvidas no litígio (negociações ganha-ganha), a percepção da equipe de mediadores, especialmente depois de novas reuniões privadas com a representante da devedora e/ou seus advogados (foram realizadas sessões separadamente, com advogados e procuradora, para tratar da representatividade da empresa, dos poderes para transigir e da documentação solicitada pelos credores, entre outros assuntos), acabou-se constatando, pelas manifestações dos credores, que, depois da obtenção da tutela de urgência cautelar prevista no § 1º do artigo 20-B da LRF, que suspendeu por sessenta dias todas as execuções movidas contra devedora (prazo esse que expirou antes mesmo do início das mediações e foi posteriormente renovado), havia evidente intenção de ganhar tempo e procrastinar o processo. Nada além disso.

Não houve tempo hábil para a equipe investigar qual o real interesse da devedora, mas ficou evidente que não era o de colaborar para restabelecer confiança ou diminuir a assimetria de informações, nem o de criar resultados comuns a partir de uma visão prospectiva, e menos ainda de agir com lealdade, cuidado e previdência, gerando segurança por meio de aviso, esclarecimento e informação. Efetivamente, a devedora deu sinais concretos de que pouco estava se importando com a sua reputação ou os legítimos interesses de *stakeholders*, pois em momento algum tentou evitar ou diminuir os riscos de todos.

Resultado: valendo-se da faculdade prevista no artigo 20 da Lei de Mediação, a equipe, entendendo que não se justificavam novos esforços para a obtenção de consenso, retirou-se do procedimento.

Pode-se afirmar, sem margem de dúvidas, que, no caso acima mencionado, a equipe de mediadores, sempre trabalhando em comediação e com uso das mais diversas técnicas, conforme as boas práticas, fez o possível para gerar cooperação, restabelecer a confiança e trazer as partes, genuinamente, para o procedimento.

Isso não foi possível. Todavia, antes de se afirmar que essa situação revela uma mediação frustrada, infrutífera, que não deu certo e/ou não produziu resultados, vale lembrar a seguinte lição de Felicia Zuardi e Juliana Biolchi (2022, p. 218), como se fizessem uma leitura do caso acima descrito:

> (...) o espaço para gerenciar o engajamento, que cabe ao devedor, é muito maior. Dele se espera uma postura madura, de protagonismo, que deve partir da individualidade da empresa, atuar para preservar sua reputação e fortalecer o relacionamento com *stakeholders*, materializando essa realidade no plano.

Estas mesmas autoras preconizam, ao longo de seu trabalho (2022, p. 209-229), que "a complexidade da crise dificilmente é superada apenas com estratégias jurídicas". Embora se refiram ao trabalho conforme as práticas colaborativas, a ideia de "um olhar sistêmico e ampliado", em busca do "nivelamento de informações relevantes, organização de dados, análise de cenários e estudos de viabilidade de possíveis soluções", é absolutamente compatível com a mediação.

Esse objetivo, contudo, não se atinge sem boa-fé de absolutamente todos aqueles que estivem envolvidos na mediação em recuperação de empresas, indistintamente. Especialmente da empresa que busca soerguer-se, à qual incumbe fomentar o engajamento dos *stakeholders* e aderir, genuinamente, à negociação assistida.

Nesse cenário ideal, resultante da boa-fé em seu sentido mais amplo, mesmo que acordos não sejam atingidos, os resultados da mediação, mais cedo ou mais tarde, aflorarão.

VII - Conclusões

A experiência mostra que, mesmo em situações nas quais, para exemplificar, a mediação não resultou em acordos que atingissem os quóruns necessários para evitar o manejo da recuperação judicial, ou quando o tempo destinado a essa prática foi insuficiente para progredir em direção a um plano de reestruturação, ela gerou resultados benéficos para as partes envolvidas em processos de recuperação de empresas antes da aprovação do plano. Entre inúmeros outros benefícios — e que são objeto de outro artigo desta obra coletiva —, devem ser mencionados a retomada do diálogo e da concessão de crédito; o restabelecimento de fornecimentos e da confiança; a redução da assimetria de informações; e a transformação de posições antagônicas e adversariais em compreensão dos mútuos interesses.

De todo modo, alcançar esses objetivos, e finalmente obter um plano de recuperação (judicial ou extrajudicial) que distribua entre os interessados as perdas que tenham de suportar, conforme a vontade autônoma e a decisão informada, depende de que todos ajam conforme a boa-fé. Com isso, serão observados todos os demais princípios tratados neste artigo, permitindo que a crise seja superada e que a função social da empresa seja preservada, porque, assim, as empresas em dificuldade e seus *stakeholders*, de uma forma legítima e por cada qual legitimada, como fruto do empoderamento e do engajamento mútuos, terão feito, juntos, "justiça com as próprias mãos".

Referências bibliográficas

ALMEIDA, Diogo A. Rezende de; PAIVA, Fernanda. Princípios da Mediação de Conflitos. *In*: ALMEIDA, Tânia *et al.* (Coord.). *Mediação de Conflitos: para iniciantes, praticantes e docentes.* 2ª Ed., revista, atualizada e ampliada. Salvador: JusPodivm, 2019.

AULETE, Francisco J. Caldas. Princípio. *Dicionário Aulete Online.* Disponível em: <https://www.aulete.com.br/princ%C3%ADpio>. Acesso em: 15.mar.2022.

CANOTILHO, José Joaquim Gomes. *Direito Constitucional.* 5ª Ed. Coimbra: Almedina, 1991.

GOUVEIA, Mariana França. *Curso de Resolução Alternativa de Litígios.* 3ª Ed. (reimpressão). Coimbra: Almedina, 2018.

HAIMENIS, Elizabeth; FERNANDES, Fernando Antônio. Alguns aportes da filosofia e da negociação par a mediação de conflitos. *In*: ALMEIDA, Tânia *et al.* (Coord.). *Mediação de Conflitos: para iniciantes, praticantes e docentes.* 2ª Ed., revista, atualizada e ampliada. Salvador, JusPodivm, 2019.

INFANTINI, Caio Cesar. *O Princípio da Autonomia da Vontade das Partes na Mediação.* Disponível em: <https://www.linkedin.com/in/caio-cesar-infantini/overlay/1613154951759/ single-media-viewer/>. Acesso em: 20.mar.2022.

MILARÉ, Gustavo. *O objetivo da mediação em processos de insolvência.* Disponível em: <https://www.migalhas.com.br/coluna/migalhas-consensuais/360365/o-objetivo-da-mediacao-em-processos-de-insolvencia>. Acesso em: 22.mar.2022.

NERY, Rosa Maria Barreto Borrielo de Andrade; NERY JR., Nelson. *Instituições de Direito Civil.* Vol. I, Tomo I: Teoria Geral do Direito Privado. São Paulo: RT, 2015.

OLIVEIRA FILHO, João Glicério de; MOREIRA, Marcus Borel Silva. A boa fé objetiva nos planos de recuperação judicial. *In*: VII Encontro Internacional do CONPEDI/BRAGA – Portugal – *Direito empresarial* [Recurso eletrônico on-line]. Org. CONPEDI/ UMinho. Coord.: PILAU SOBRINHO; Liton Lanes; SANTOS, Rafael Padilha dos. Florianópolis: CONPEDI, 2017. Disponível em: <http://conpedi.danilolr.info/publicacoes/pi88duoz/ichijnb6/5x3d2UKN2dps Gr63.pdf>. Acesso em: 25.mar.2022.

QUEIRÓZ, Gleycon Jonathan; SÁ, Marco Flávio de. *A observância do princípio da boa-fé objetiva pelos credores na análise de viabilidade do plano de recuperação judicial.* Disponível em: <https://revistas.newtonpaiva.br/letras-juridicas/lj02-43-a-observancia-do-principio-da-boa-fe-objetiva-pelos-credores-na-analise-de-viabilidade-do-plano-de-recuperacao-judicial/>. Acesso em: 22.mar.2022.

REALE, Miguel. *Exposição de Motivos do Supervisor da Comissão Revisora e Elaboradora do Código Civil.* Disponível em: <https://www2.senado.leg.br/bdsf/bitstream/handle/id/ 70319/743415.pdf?sequence=2&isAllowed=y>. Acesso em: 20.mar.2022.

REALE, Miguel. *Visão Geral do novo Código Civil.* Disponível em: <https://jus.com.br/artigos/2718/visao-geral-do-novo-codigo-civil>. Acesso em: 22.mar.2022.

TARTUCE, Fernanda. *Mediação nos conflitos civis.* 4ª Ed., revista, atualizada e ampliada. São Paulo: Método, 2017.

VASCONCELOS, Carlos Eduardo de. Principais características da Mediação de Conflitos. *In*: Escola Nacional de Mediação e Conciliação (Org.). *Manual de Mediação de Conflitos para Advogados.* Brasília: Ministério da Justiça, 2014. Disponível em: <http://camc.oabrj.org.br/camc/home/download/manual_mediacao.pdf>. Acesso em: 20.mar.2022.

VICENZI, Brunela Videira de. *A Boa-Fé no Processo Civil.* São Paulo Atlas, 2003.

ZUARDI, Felicia; BIOLCHI, Juliana. Recuperação extrajudicial e práticas colaborativas: a aplicação de métodos consensuais para promover o engajamento de stakeholders em situações de crise. *In*: ZUARDI, Felicia *et al.* (Coord.). *Práticas colaborativas sob a perspectiva da experiência brasileira* – Volume 2. Rio de Janeiro: Processo, 2022.

Referências legislativas

BRASIL. Conselho Nacional de Justiça. Resolução nº 125, de 29 de novembro de 2010. Disponível em: <https://atos.cnj.jus.br/files/compilado18553820210820611f-faaaa2655.pdf>. Acesso em: 11.mar.2022.

BRASIL. Conselho Nacional de Justiça. Recomendação nº 58, de 22 de outubro de 2019, com a redação dada pela Recomendação nº112/2021. Disponível em: <ht-tps://atos.cnj.jus.br/files/ compilado2351102021102561 7742ee28e72.pdf>. Acesso em: 20.mar.2022.

BRASIL. Decreto-Lei nº 7.661, de 21 de junho de 1945. Lei de Falências. Disponível em: <http://www.planalto.gov.br/ccivil_03/decreto-lei/del7661.htm>. Acesso em: 21.mar.2022.

BRASIL. Lei nº 5.869, de 11 de janeiro de 1973. Institui o Código de Processo Civil. Disponível em: <http://www.planalto.gov.br/ccivil_03/leis/l5869.htm>. Acesso em: 20.mar.2022.

BRASIL. Lei nº 10.406, de 10 de janeiro de 2002. Institui o Código Civil. Disponível em: <http:// www.planalto.gov.br/ccivil_03/leis/2002/l10406compilada.htm>. Acesso em: 28.mar.2022.

BRASIL. Lei nº 11.101, de 9 de fevereiro de 2005. Regula a recuperação judicial, a extrajudicial e a falência do empresário e da sociedade empresária. Disponível em: <http://www.planalto.gov. br/ccivil_03/_ato2004-2006/2005/lei/l11101.htm>. Acesso em: 28. mar.2022.

BRASIL. Lei nº 13.105, de 16 de março de 2015. Institui o Código de Processo Civil. Disponível em: <http://www.planalto.gov.br/ccivil_03/_ato2015-2018/2015/lei/l13105.htm>. Acesso em: 11.mar.2022.

BRASIL. Lei nº 13.140, de 26 de junho de 2015. Dispõe sobre a mediação entre particulares como meio de solução de controvérsias e sobre a autocomposição de conflitos no âmbito da administração pública. Disponível em: <http://www.planalto.gov.br/ccivil_03/_Ato2015-2018/2015/Lei/L13140.htm>. Acesso em: 11.mar.2022.

BRASIL. Lei nº 14.112, de 24 de dezembro de 2020. Altera as Leis nºs 11.101, de 9 de fevereiro de 2005, 10.522, de 19 de julho de 2002, e 8.929, de 22 de agosto de 1994, para atualizar a legislação referente à recuperação judicial, à recuperação extrajudicial e à falência do empresário e da sociedade empresária. Disponível em: <http://www.planalto.gov.br/ccivil_03/_ato2019-2022/2020/lei/L14112.htm>. Acesso em: 28.mar.2022.

CJF. II Jornada de prevenção e solução extrajudicial de litígios. E*nunciados Aprovados*. Enunciado nº 34. Brasília: Conselho da Justiça Federal, Centro de Estudos Judiciários, 2021. Disponível em: <https://www.cjf.jus.br/cjf/corregedoria-da-justica-federal/centro-de-estudos-judiciarios-1/publicacoes-1/cjf/corregedoria-da-justica-federal/centro-de-estudos-judiciarios-1/ prevencao-e-solucao-extrajudicial-de-litigios/?_authenticator=60c7f30ef0d8002d17dbe298563b 6fa2849c6669>. Acesso em: 28.mar.2022.

Mediação na recuperação judicial de empresas

Cláudia Fillett Fernandes, Flávio Faibischew Prado e Maria Inês Alves de Campos[246]

1. Introdução

No universo da resolução consensual de disputas, a mediação tem despontado como um instrumento frequentemente disponibilizado para diversas relações e contextos. Em caráter antecedente ou incidental, a mediação apresenta-se, na prática, como verdadeiro princípio para a recuperação judicial a partir da vigência da Lei nº 14.112/2020, e deverá ser incentivada em qualquer grau de jurisdição (artigo 20-A da Lei nº 11.101/2005). Agrega-se, assim, à tradicional jurisdição estatal, um meio para dialogar e facilitar a obtenção do consenso na negociação durante a fase de crise empre-

---

246. Cláudia Fillett Fernandes é mediadora certificada (IASP e ICFML/IMI), cadastrada junto ao TJSP e CNJ. Engenheira química (Escola de Engenharia Mauá) com pós-graduação em Gestão e Estratégia de Produto (ESPM), graduanda em Direito (UNIP). Possui formação continuada em Negociação e Administração de Conflitos (FGV), Mediação e Recuperação Judicial (IMAB), Mediação Familiar Avançada, Mediação Transformativa (IMAB), Aperfeiçoamento em Mediação familiar (EPM/TJSP), Capacitação em Mediação (Algi/Mediara/AR), Arbitragem e Mediação (ESA). É membro da Comissão Advocacia na Mediação Conciliação (OAB/SP).

Flávio Faibischew Prado é mediador e advogado. Graduado em Direito pela USP. Especialista em Direito Processual Civil. Capacitado em Mediação pela AASP. Formado em Mediação Transformativa pelo Mediativa e pelo IMAB. Mediador Certificado ICFML. Mediador judicial cadastrado junto ao CNJ e ao TJ-SP. Facilitador e capacitador em Práticas de Justiça Restaurativa pelo IIRP e Justiça em Círculo. Capacitado em Práticas Colaborativas Interdisciplinares em Direito de Família pelo IBPC. Capacitado em Mediação em Recuperação de Empresas pelo IMAB e pela parceria Algi/D'Accord. Formado em Negociação pela FGV.

Maria Inês Alves de Campos é mediadora de conflitos e advogada, graduada pela Ritter dos Reis, mediadora judicial - Cível, Família, Empresarial e Conflitos Coletivos, instrutora e supervisora de Mediação Judicial cadastrada junto ao CNJ - TJRS. Mediadora certificada pelo ICFML - 2016. Capacitada em Mediação Transformativa pelo IMAB, Harvard Negotiation Project - CMI Interser, Mediação Emancipatória Familiar pelo IMAP - Portugal, facilitadora de Círculos Restaurativos TJRS, capacitada em Mediação em Recuperação de Empresas pelo IMAB e pelo Instituto Recupera Brasil, membro do Taskforce Mediação para Recuperação de Empresas em Crise do IMAB e do Centro de Mediadores do Instituto Recupera Brasil - CMIRB.

sarial. O estabelecimento das novas regras alteradas da Lei nº 11.101/2005 vem de encontro aos efeitos da pandemia de Covid-19, que colocou empresas, em diversos segmentos e portes, em grave crise econômico-financeira.

2. A mediação aplicada ao contexto de crise empresarial

A partir do momento em que uma relação se torna disfuncional e se instala uma situação conflituosa, a mediação tem a capacidade de conduzir as pessoas físicas e jurídicas envolvidas de volta à lógica da interdependência, com o desafio de pensar na responsabilidade mútua pela resolução da disputa.

Na mediação, o poder de decisão é mantido na mão dos empresários contratantes. Os envolvidos têm controle sobre o resultado e também sobre o próprio processo decisório e seu procedimento. Com isso, os riscos e as incertezas são minimizados. Além dessa minimização, a solução construída através do protagonismo dos empresários amplia o foco para maximização dos benefícios sócio-econômico-financeiros, com a criação de oportunidades de gestão dos negócios já existentes e aventando-se possibilidade de pensar na relação futura entre as empresas.

A mediação não nega a existência da divergência: o conflito está instaurado, mas é gerido através da reunião dos envolvidos, instigando-os a tratá-lo de modo resolutivo e prospectivo. A gestão da crise ocorre prestigiando a *expertise* do empresário, que é o especialista em seu negócio e poderá gerir o conflito sabendo, exatamente, quais são seus interesses, suas possibilidades, suas urgências.

> É necessário compreender os interesses, objetivos e o relacionamento entre tais partes. Não apenas, deve-se investigar o contexto do problema, a dinâmica das relações, os costumes e as considerações políticas pertinentes.[247]

---

247. FALECK, Diego. *Manual de design de sistemas: criação de estratégias e processos eficazes para tratar conflitos*. Rio de Janeiro: Lúmen Juris, 2018, p. 53.

A mediação tem como pressuposto a voluntariedade (autonomia da vontade) e pode ser encerrada a qualquer momento, por vontade de qualquer um dos participantes. Não há a obrigatoriedade de ser assinado um acordo ao final da mediação. A consequência prática, dentre outras, é a de que a mediação, em tese, pode gerar vantagens para os participantes, como agentes efetivamente engajados na construção de uma solução.

A mediação possibilita acordos parciais e/ou temporários, válidos para situações prementes, para conter danos. Permite, se assim desejarem as pessoas, o retorno à mesa de negociações, para adaptações e repactuações. Trazendo como exemplo os contextos de crise, como a gerada pela pandemia de coronavírus, nota-se que diversas relações empresariais precisarão ser revistas e adaptadas na nova normalidade que se instalará.

Observa-se que, frequentemente, os conflitos são complexos e multifatoriais. Envolvem questões subjetivas e objetivas. Envolvem múltiplos atores e interessados. Possuem nuances ligadas a aspectos técnicos, econômico-financeiros, administrativos e gerenciais, ou mesmo emocionais, entre muitos outros. Todos esses traços transcendem uma discussão meramente jurídica entre autor *versus* réu (credor *versus* devedor). Para gerir esses conflitos empresariais complexos, os parâmetros legalistas (encaixar os fatos nas leis ou exigir que um contrato seja cumprido) não são suficientes para gerar uma solução otimizada. A mediação, fundada na autonomia dos participantes, é capaz de abarcar essa multiplicidade de interesses e de agentes.

As pessoas trarão para mediação seus interesses e necessidades, pensando em como gerir o conflito e reescrever a história dessa relação contratual para o futuro. Como assinala Diogo Faleck, "O mediador atua para estruturar um processo de negociação que ajude as partes a superar os obstáculos a um acordo e encontrar uma solução para o caso"[248]. Cabe ao mediador

248. FALECK, Diego. Mediação como mecanismo de resolução de disputas jurídicas: raízes e perspectivas. *In:* PEREZ, Clotilde; TRINDADE, Eneus (Coords.). *Mediações: perspectivas plurais*. Barueri: Estação das Letras e Cores, 2020, p. 160.

impulsionar as pessoas para a melhor solução possível, eficaz e legítima para todos.

De maneira criativa, a mediação tem o potencial de instigar os participantes a construir uma solução inovadora que atenda aos interesses de todos, com "enfoque na negociação criativa para a solução de problemas, ao invés do enfoque em uma 'vitória' na negociação"[249].

Mesmo diante de um conflito, a mediação possibilita, se os envolvidos desejarem, a continuidade da relação, quer seja com parceiros da cadeia produtiva, com fornecedores, com financiadores, com clientes ou com consumidores. Tanto o conflito quanto o desejo da continuidade da relação podem ocorrer em todas as fases da vida das empresas, desde a sua criação, em seus negócios habituais, em eventuais necessidades de restruturação, nos planos de crescimento e em eventual crise que coloque a própria continuidade da atividade empresarial em risco.

Transportemos os exemplos para a realidade das empresas em crise:

> O atual contexto de covid-19 e de crise econômica decorrente trouxe uma nova onda de otimismo e reforço sobre a importância da mediação... na iminência do surgimento de um número avassalador de disputas comerciais e recuperações judiciais.[250]

O pressuposto que sustenta esse otimismo sobre a importância da mediação é o de que não há solução mais eficiente do que a solução negociada; ademais, uma empresa em atividade vale mais do que a soma de seus ativos (o desmonte da estrutura organizada da empresa equivale a uma perda de riquezas).

Portanto, manter a empresa em atividade gera receita, gera valor, e o sobrevalor pode ser dividido entre os credores; é racional que os credores façam um acordo entre si e com o devedor para tentar manter a empresa

249. Ibid., p. 164.

250. Ibid., p. 137.

em atividade, transformando a crise de encerramento em oportunidade de reestruturação.

> Será fundamental que os empresários e seus consultores jurídicos e financeiros, contratados para auxiliar na reestruturação da dívida, busquem no mercado profissionais qualificados e que dominem técnicas de negociação e mediação, para que sejam alcançadas soluções inovadoras e para que as relações negociais sejam mantidas.[251]

A própria lei de recuperação de empresas (Lei nº 11.101/2005, artigo 47) estabelece, como objetivo da recuperação judicial, a viabilização da superação da

> situação de crise econômico-financeira do devedor, a fim de permitir a manutenção da fonte produtora, do emprego dos trabalhadores e dos interesses dos credores, promovendo, assim, a preservação da empresa, sua função social e o estímulo à atividade econômica.

Ou seja, a lei estabelece o interesse maior na continuidade das relações em toda a cadeia produtiva. A mediação mostra-se, portanto, como um instrumento capaz de potencializar o princípio da preservação da empresa, estabelecido no referido artigo 47 e que tem base constitucional assentada na função social da empresa (artigo 5º, inciso XXIII).

3. A compatibilidade entre a mediação e a recuperação judicial de empresas

Andréa Palma e Carmen Jacir afirmam que "A mediação é compatível com a recuperação judicial, eficaz para elaboração de um plano de soerguimento factível, viável e consensual e para as disputas empresárias satélites"[252]. As mesmas autoras enfatizam que

> por tratar a recuperação de equilibrar os interesses do devedor, dos

251. LONGO, Samantha M.; SOUZA NETTO, Antonio E. de. *A recuperação empresarial e os métodos adequados de solução de conflitos*. Porto Alegre: Paixão, 2020, p. 159.

252. Ibid., p. 16.

> credores e terceiros, possibilitando e exigindo que haja cooperação entre eles... num ambiente de negociação, é que sua natureza se compatibiliza com o instituto da mediação.[253]

Como se vê, a mediação pode ser utilizada tanto na fase de elaboração do plano de recuperação judicial, quanto após a sua apresentação, o que permite o ajuste prévio em suas disposições, considerando os interesses de todos os envolvidos antes da sua votação, evitando, assim, uma possível falência[254].

> Quando a crise é administrável, a empresa pode ser recuperada, o que é importante, porque a falência, por si só, não interessa a ninguém, nem aos credores, que dificilmente receberão seus créditos; nem aos trabalhadores, que perderão seus empregos; nem à sociedade em geral, que irá sofrer os reflexos negativos do fechamento de mais uma empresa.[255]

Durante a crise, aspectos de urgência e custo para a administração empresarial vêm à tona. Tanto no que se refere à duração, quanto no aspecto dos custos, a mediação é dotada de previsibilidade, dada a sua natureza contratual[256], fundada na autonomia de vontade dos envolvidos; as pessoas têm noção e controle de quanto tempo durará a mediação e qual valor será investido nesse trabalho de gestão do conflito.

Não bastassem todas as vantagens sócio-econômico-financeiras proporcionadas pela mediação, a compatibilidade entre a mediação e o processo de recuperação judicial ainda se deve ao fato de que ambos os institutos têm natureza contratual:

> Na recuperação judicial prevalece a autonomia privada das partes

---

253. PALMA, Andréa G.; JACIR, Carmem S. *A mediação na recuperação judicial e as técnicas inerentes ao mediador empresarial.* p. 10. Disponível em: https://www.migalhas.com.br/arquivos/2021/6/4041555177A901_consensuais.pdf. Acesso em: 13 mar. 2022.

254. LONGO; SOUZA NETTO, Op. cit., p. 157.

255. SALES, Fernando Augusto de Vita Borges de. *Nova lei de falência e recuperação: análises e comentários da reforma promovida na Lei 11.101/2005 pela Lei nº14.112/2020.* Leme, SP: Mizuno, 2021, p.28-29.

256. BRAGA NETO, Adolfo. *A mediação e a Administração Pública.* São Paulo: CL-A, 2021, p. 154-198.

> para alcançar a finalidade recuperatória. O fato de o plano de recuperação encontrar-se submetido a uma avaliação judicial não lhe retira essa índole contratual.[257]
>
> Para além disso, em termos pragmáticos, na recuperação, a negociação judicial funciona da seguinte forma: conquanto possa ser utilizada em todas as oito fases, preenchidos os requisitos, seu processamento será deferido logo de início, dada sua maior efetividade nesta fase, auxiliando na elaboração de um plano conjunto, evitando impugnações desnecessárias e uma futura assembleia geral de credores.[258]

Aliás, mesmo que instaurada antecedentemente à recuperação, a mediação poderá prosseguir na fase recuperacional, em sendo a vontade dos envolvidos, sempre com o foco em ampliar o ambiente negocial entre os atores econômicos.

4. O mediador no processo de recuperação judicial

Sobre o papel do mediador, não será demais ressaltar que ele é um terceiro, com *expertise* em comunicação e em técnicas de negociação, escolhido (ou aceito) pelos envolvidos, que facilitará a negociação.

A começar pela *escolha do mediador*, respeitando-se a voluntariedade e a autodeterminação, o ideal seria que fosse escolhido pelas pessoas e empresas envolvidas na recuperação. Porém, considerando-se a dificuldade de produção de consenso na fase inicial de gestão da crise e com o objetivo de incentivar o uso da mediação, "o mediador poderá ser nomeado de ofício nos casos em que o magistrado entender útil que o processo se desenvolva de maneira mais eficiente"[259].

---

257. CAMPINHO, Sérgio. *Falência e recuperação de empresa*, 8ª Ed. Rio de Janeiro: Renovar, 2017, p. 33.

258. MOREIRA, Antônio Júdice *et al.* (Coord.). *Recuperação judicial e falência: métodos de solução de conflitos*, Capítulo15. São Paulo: Almedina, 2022, p. 261.

259. LONGO; SOUZA NETTO, Op. cit., p. 176, em comentários à recomendação nº 58/2019 do Conselho Nacional de Justiça - CNJ.

A atuação do mediador ocorre de maneira imparcial e independente – ele não privilegiará qualquer um dos envolvidos. Esse é um dos diferenciais da mediação quando as tentativas de negociação direta falharem: a imparcialidade do mediador impulsiona as pessoas a encontrarem a solução comum, que seja eficaz e exequível.

Visando à excelência da prestação dos serviços, a depender do grau de complexidade do conflito, a mediação poderá ser conduzida por um único mediador, por uma dupla ou por uma equipe; não há formato pré-definido. As equipes de mediação costumam ser multidisciplinares, trazendo mais flexibilidade e estímulo a uma visão mais criativa e produtiva, além de se somarem as competências.

Espera-se do mediador ou equipe tanto o domínio de técnicas de comunicação e de negociação, quanto noções dos direitos materiais e processuais envolvidos, assim como noções do mercado e do negócio empresarial que está em jogo. A tudo isso, some-se o necessário senso de urgência, que move empresas em situação de crise. Como exemplo, menciona-se que de pouca valia será atuação de um exímio mediador, se ele não tiver consciência dos princípios que regem a recuperação judicial de empresas. Um acordo que, hipoteticamente, venha a ferir o princípio da paridade de condições entre os credores não obterá a necessária homologação judicial.

Por outro lado, pensemos em um mediador que conheça profundamente o contexto empresarial em crise e que ajude os envolvidos a identificar, por critérios objetivos, um subgrupo de credores com interesses homogêneos, dentro de uma das classes de credores. A fim de dar maior efetividade à recuperação, este mediador poderá facilitar a criação de uma subclasse de credores, que receberá tratamento isonômico, ao mesmo tempo em que terá suas peculiaridades levadas em consideração[260]. A responsabilidade pela tomada de decisões continuará nas mãos dos atores processuais, po-

260. LONGO; SOUZA NETTO, Op. cit., p. 106.

rém parece-nos óbvio que o mediador devidamente habilitado será fundamental para conduzir adequadamente as negociações.

No que tange à remuneração do mediador, traz-se como parâmetro de estipulação dos honorários o critério estabelecido pelo Tribunal de Justiça de São Paulo, por meio da Resolução nº 809/2019, que contém uma tabela de remuneração para mediadores[261]. Respeitando os diversos patamares (básico, intermediário, avançado e extraordinário), a resolução estipula valores de remuneração dos mediadores judiciais, assim como é utilizada como referência para as práticas em câmaras privadas. Em tese, a definição do patamar a ser considerado para remuneração resulta da *expertise* do profissional e da complexidade da causa. Vale ressaltar que o universo retrata a condição de empresas em crise e esta situação leva à negociação destes valores de remuneração. A responsabilidade pelo pagamento dos honorários poderá ser determinada pelo juízo ou estipulada, de comum acordo, pelos envolvidos, recaindo sobre o administrador judicial ou sobre a empresa recuperanda. Importa notar que, mais do que um custo para a devedora, a mediação deve ser vista como um investimento que proporcionará vantagens aos envolvidos e ao procedimento recuperacional como um todo.

5. A pré-mediação

Boas práticas demonstram que a realização de uma primeira reunião individual, dita pré-mediação, entre o mediador (e sua equipe) e, separadamente, os representantes da empresa em crise (devedora) e os credores, garante ao procedimento equilíbrio e efetividade. A pré-mediação é fundamental para gerar a decisão informada de adesão à mediação e para possibilitar o verdadeiro engajamento dos participantes. É nessa fase que

261. Disponível em: https://www.tjsp.jus.br/Download/Conciliacao/Resolucao809-2019.pdf. Acesso em: 28 mar. 2022.

> são explicadas em detalhes todas as regras do processo baseadas nos princípios da voluntariedade, respeito, cooperação e sigilo, a fim de que os mediandos possam melhor deliberar se desejam efetivamente recorrer a esse método.[262]

A etapa de pré-mediação ocorre em diversas sessões, a depender do aceite ao convite feito aos credores, e contempla a participação destes credores de classes variadas em uma mesma sessão, uma vez que não serão tratadas particularidades de cada caso. Pode ocorrer também, o atendimento à solicitação de credores que desejem essa reunião de forma privada.

Inicia-se a construção de um ambiente de confiança para as negociações bilaterais ou multilaterais que ocorrerão na mediação, em que a dinâmica de troca de informações trará simetria e compreensão da atual situação da devedora e dos credores envolvidos, e também a visão de suas possibilidades de negociação.

A não ser que os envolvidos combinem de outra maneira com o mediador, é praxe que, caso não haja adesão, não sejam devidos honorários ao mediador pela realização dessa primeira reunião de pré-mediação (esta prática veio a ser encampada nos textos legais que tratam da mediação, como, por exemplo, no § 3º do artigo 22 da Lei de Mediação e no § 9º do artigo 3º da Recomendação nº 58 do CNJ).

6. A preparação dos envolvidos para a mediação

Na mediação, para construir a melhor solução possível, legal e legítima para todos, os participantes são assistidos por seus advogados e por especialistas de áreas do conhecimento que se façam necessárias: avaliadores, contadores, economistas, engenheiros, dentre outros, tudo a depender das especificidades em jogo. Este suporte técnico, que não têm natureza proba-

262. BRAGA NETO, Adolfo; SAMPAIO, Lia Regina. *O que é mediação de conflitos*. São Paulo, Brasiliense, 2007. p.53.

tória, será dirigido para todos os envolvidos no conflito, para suprir suas necessidades de informação e sanar suas dúvidas. É princípio da mediação a geração de uma decisão forte e informada.

É importante ressaltar que a etapa de preparação é peça chave para uma mediação bem-sucedida. Por parte do mediador, a preparação corresponde à escolha dos métodos e técnicas adequados para a gestão do conflito a ele apresentado, previsão das tecnologias de informação e comunicação que serão utilizadas, quantidade de horas que serão trabalhadas, ordem das reuniões, entre muitos outros detalhes. É papel do mediador planejar os passos para a boa execução do trabalho e, ao mesmo tempo, estar aberto para ouvir as necessidades dos mediandos e redesenhar os planos em conformidade com tais necessidades. Por exemplo, vale observar a técnica chamada Desenho de Sistemas de Disputas. O DSD traz consigo um processo dinâmico e flexível, considerando que, para cada tipo de conflito, existe uma solução adequada com técnicas próprias de escuta ativa, acolhimento, estruturação de agenda objetiva, facilitação da comunicação, cronogramas, estímulo à criatividade, visão de futuro, com foco em interesses mútuos.

O mediador deve estar sensível para ajudar no equacionamento das demandas urgentes dos empresários. A reconstrução do plano de mediação inicial é uma tarefa fundamental do trabalho do mediador, sempre exercido com flexibilidade e criatividade e com total respeito à autodeterminação dos envolvidos.

A preparação também é essencial por parte dos empresários e demais envolvidos na mediação, bem como de seus assessores. Antes mesmo da primeira reunião de mediação, advogado, responsáveis pela empresa e técnicos das mais diversas áreas trabalharão lado a lado com os objetivos de[263]:

- Mapear o conflito e seus efeitos: os efeitos do conflito vão muito além dos custos financeiros e abrangem aspectos emocionais, re-

263. URY, William; FISHER, Roger; PATTON, Bruce. *Como chegar ao sim – Como negociar acordos sem fazer concessões*, edição revista e atualizada. Rio de Janeiro: Sextante, 2018.

lacionais, de tempo, de perda de produtividade, perda de imagem perante o mercado etc. — todos estes podem ser abarcados pela mediação. Um mapeamento bem realizado, além de fortalecer as pessoas para estarem na mediação, organiza os temas da disputa, de modo que, mesmo se a mediação não vier a pôr termo a todos os temas, propiciará maior eficácia na condução do conflito por outros métodos de resolução. Um mapa amplo e complexo considera a saúde financeira da empresa, seus resultados, lucros, investimentos, e leva em consideração a performance não financeira, como valores de segurança, sustentabilidade, diversidade, ações sociais. Também inclui a cultura das empresas envolvidas, assim como suas necessidades, seus anseios, receios e impasses. Ter em mente um mapa sistêmico permite a gestão adequada de relações e de conflitos.

- Analisar quais são os reais <u>interesses</u> em jogo: aquilo que mais importa para a empresa; o que é fundamental obter/preservar ao final da mediação. Ter em mente seus próprios interesses e estudar os prováveis interesses dos outros envolvidos ajudará muito a encontrar soluções de ganhos mútuos. Reconhecer que os outros envolvidos têm interesses legítimos é um passo importante para o encontro de saídas criativas que atendam a todos. Mesmo quando os pedidos (posições) são diferentes, os interesses que os fundamentam podem ser compatíveis. Um exemplo clássico de interesses complementares em negociações é aquele que remete às duas crianças que brigam por uma laranja: a resposta padronizada de justiça mandaria dividir a laranja ao meio; o mediador pergunta pelos interesses das crianças (os "porquês") e descobre que uma quer a casca para fazer um bolo e a outra quer beber o suco; a solução é otimizada e ambas saem plenamente satisfeitas.
- Pensar em <u>critérios objetivos</u>: como o mercado costuma atuar, cri-

térios técnicos, jurisprudência aplicável, tudo isso pode ajudar a solucionar a disputa e trazer a colaboração das pessoas em prol de uma solução comum. Pensar em critérios objetivos não significa tirar a emoção da mesa de negociação. É comum, nas mediações, após uma compreensão mútua das pautas subjetivas e emocionais que travavam a negociação, que ocorra uma ampliação de opções objetivas para a gestão do conflito. Grosman e Bayer enfatizam: "Qualquer empresa é constituída e gerida por seres humanos, o que traz para o mundo empresarial uma instabilidade natural nas suas relações internas e externas"[264]. Na mediação, ambas as pautas (objetivas e subjetivas) podem ser harmonizadas.

- Estudar quais seriam o melhor e o pior cenário, caso não se construa um acordo na mediação. Saber o que nos espera fora da mesa de negociação conduz à celebração de um acordo realmente vantajoso. E, se existe uma melhor alternativa além da negociada (BATNA), não há motivo para prosseguir na mediação. A visão sistêmica e dinâmica (a) do *mapeamento do conflito*, (b) dos *critérios objetivos* e (c) das *alternativas à negociação* permitirá aos empresários realizar uma verdadeira análise dos riscos envolvidos, que servirá como uma bússola a indicar o modo de gerir o conflito de maneira otimizada e realista.
- Estabelecer uma zona de possível acordo (ZOPA), com uma meta, ou seja, um "ponto alvo", seja ideal ou de aspiração, que se pretenda atingir através da negociação; e com um "ponto de reserva", que corresponde ao limite mínimo e aceitável a ser negociado. Assim como nos interesses, ter em mente a sua ZOPA e estudar os limites de negociação dos outros envolvidos ajudará muito a encontrar soluções de ganhos mútuos.

264. GROSMAN, Claudia F.; BAYER, Sandra R. G. O. As oportunidades da aplicação da mediação no âmbito empresarial. *In*: ALMEIDA, Tânia *et al.* (Coord.). *Mediação de conflitos para iniciantes, praticantes e docentes.* Salvador: Juspodivm, 2016. p. 383.

Toda a preparação citada e seu passo a passo devem ser norteados dentro das margens da legalidade. A figura do advogado faz-se premente, cuidando para que as decisões tomadas partam de soluções criativas com o devido respaldo jurídico, contribuindo com a definição de parâmetros objetivos para a tomada de decisão. A experiência do advogado permite ampliar o leque de opções para a resolução da disputa. Sua participação é firme na defesa dos interesses de seu cliente e busca englobar o atendimento aos interesses dos demais participantes.

A mediação é dinâmica. As pessoas dispõem de informações de maneira assimétrica e a mediação reduz essa assimetria. O mediador trabalha para gerar um fluxo de informações úteis e compreensíveis a todos os envolvidos. Assim, conforme as reuniões se desenvolvem, advogado, sócios e demais assessores de outras áreas do conhecimento devem conversar, permanentemente, para redefinir suas estratégias e metas. A mediação exige uma dedicação profunda dos consultores (jurídicos, financeiros, entre outros) aos empresários, desde o início, para o desenho das estratégias a serem adotadas e, continuamente, no transcorrer do processo negocial, para adaptar essas estratégias às novas realidades que se constroem.

7. Análise de casos

Com o objetivo de demonstrar possíveis vantagens e efeitos da utilização da mediação em processos de recuperação judicial de empresas, passaremos a analisar, brevemente, alguns casos práticos.

A mediação tem se mostrado uma ferramenta bastante eficaz para organizar e facilitar as inúmeras negociações, complexas, dinâmicas, multipartes e/ou coletivas inerentes ao desenrolar do processo de recuperação judicial, o qual, sendo de natureza negocial, pode ser potencializado e agilizado, tornando seus resultados mais sustentáveis e ainda manter o sigilo preservado.

No Brasil, o número de casos de utilização da mediação como um recurso para qualificar e agilizar o andamento dos processos de recuperação judicial das empresas vem crescendo. Cabe ponderar sobre a confidencialidade, que é da essência da mediação e uma de suas fortes vantagens sobre outros procedimentos que são necessariamente públicos, como o próprio processo judicial. Essa peculiaridade intrínseca à mediação faz com que muitos dos casos ou detalhes que, embora muito interessantes, permaneçam propositadamente preservados. A valiosíssima preservação da imagem das pessoas e empresas envolvidas traz também no seu bojo a dificuldade para que possam vir a conhecimento público muitas experiências de soluções geniais e criativas, resultados grandiosos decorrentes de negociações potencializadas mediante o uso da mediação.

Há vários casos com suas informações já larga e publicamente divulgadas, como os emblemáticos casos das mediações da Oi ou da Livraria Saraiva, e também outros citados e comentados na doutrina[265/266/267], de onde também se traz alguns outros dados interessantes sobre as recuperações judiciais de empresas como: Sete Brasil (Rio de Janeiro), Grupo Isolux Corsán (São Paulo), nos quais a atuação da mediação se deu antes da Assembleia Geral de Credores; bem como a recuperação judicial da Superpesa Cia. de Transportes Especiais e Intermodais (Rio de Janeiro), na qual a mediação se deu na fase de cumprimento do plano.

A respeito do caso da Livraria Saraiva, parece interessante trazer, para reflexão, alguns trechos de artigos e reportagens, bem como do processo[268],

---

265. LONGO, Samantha M.; SOUZA NETTO, Antonio E. de. A *Recuperação empresarial e os métodos adequados de solução de conflitos*. Porto Alegre: Paixão, 2020 p.156-57.

266. PALMA, Andrea G.; JACIR, Carmen S. *A mediação na recuperação judicial e as técnicas inerentes ao mediador empresarial*. Disponível em: https://www.migalhas.com.br/arquivos/2021/6/4041555177A901_consensuais.pdf. Acesso em: 13 mar. 2022.

267. Disponível em: https://rsde.com.br/a-mediacao-aplicada-aos-processos-de-recuperacao-judicial-analise-de-um-incentivo-necessario/#_ftn39. Acesso em: 28 mar. 2022.

268. TJSP. 1119642-14.2018.8.26.0100. 2ª Vara de Falências e Recuperação Judicial, Dr. Paulo Furtado de Oliveira Filho.

que ilustram o contexto no qual a mediação vem traçando seu caminho na recuperação judicial. As notícias do Tribunal de Justiça do Estado de São Paulo descrevem tanto o objetivo da mediação, quanto o mérito de ter ajudado a evitar a decretação da falência:

> No início do procedimento judicial, foram realizadas sessões de mediação com a participação de vários credores, cujo objetivo era proporcionar ambiente adequado para o compartilhamento de seus interesses e insatisfações e promover atuação coordenada no processo de recuperação. (...) Além disso, com relação ao deságio, índice de correção monetária e forma de pagamento, [o magistrado responsável pelo processo] destacou que "não há dúvida que impõem grande sacrifício aos credores, porém, a solução diversa seria a falência, cujas consequências poderiam ser mais graves, o que certamente levou a Assembleia Geral de Credores à aprovação do plano.[269]

Em 29/08/2019, o plano de recuperação judicial da Saraiva foi aprovado depois de série de atrasos e entraves. Em publicação da *folha.uol*[270] foi noticiada a aprovação do plano, bem como a decisão criativa construída em mediação, na qual houve a oportunidade de que os credores manifestassem o interesse no aperfeiçoamento na administração da companhia:

> Em uma Assembleia mais esvaziada se comparada a edições anteriores e com uma percepção geral de que finalmente o plano seria aprovado, o encontro terminou com o placar de 381 votos favoráveis ao plano e de apenas 57 votos contrários. (...) Pelo plano aprovado, a Saraiva aceita afastar a família fundadora da gestão da empresa.

Passaremos a relatar brevemente alguns casos recentes, como, o da ENPAVI, na 2ª Vara de Falências e Recuperação Judicial, de São Paulo, sob o juízo do dr. Paulo Furtado. Pedido de Recuperação Judicial protocolado em 17/06/2020[271], cujo deferimento ocorreu ainda em junho de 2020 e,

269. Disponível em: https:www.tjsp.jus.br/Noticias/Noticia=58833. Acesso em: 28 mar. 2022.

270. Disponível em: https:/www1.folha.uol.com.br/ilustrada/2019/plano-de-recuperacao-judicial-da-saraiva-e-aprovado.shtml. Acesso em: 28 mar. 2022.

271. TJSP. 1050778502020.8.26.0100 2ª Vara de Falências e Recuperação Judicial, Dr. Paulo Furtado de Oli-

juntamente, já se efetivou a nomeação da mediadora Nathalia Mazzonetto, que contou com um time de profissionais com formação multidisciplinar e capacitação em mediação e práticas colaborativas.

A aprovação do Plano de Recuperação Judicial ocorreu na Assembleia Geral de Credores realizada em 26/05/2021. Interessante salientar que neste caso, juntamente com a aprovação do Plano de Recuperação Judicial, foi também aprovada a continuidade da mediação para o transcorrer da aplicação do Plano de Recuperação Judicial. Segue trecho do despacho do juiz, publicado em 08.07.2021 sobre a mediação:

> xi) Cláusula 11.7 Não há ilegalidade na manutenção da mediação, utilizada de forma eficiente neste processo e também ao enaltecer o trabalho da administradora judicial: O trabalho foi realizado de forma eficiente, com análise de uma quantidade relevante de habilitações e divergências de créditos, além da integração satisfatória com a equipe de mediação, que no presente caso trouxe benefícios para a atuação colaborativa dos credores e Recuperanda.

Para os moldes brasileiros atuais, o desenrolar ocorreu de forma bastante célere: a aprovação do plano ocorreu em menos de um ano. Para trazer estas informações foram consultadas peças do processo judicial, bem como o *site* da própria mediação[272], de onde se trazem alguns trechos interessantes para ilustrar melhor o ambiente e o que motiva a aplicação da mediação no cenário da recuperação judicial:

> A mediação é um procedimento informal e flexível para se adequar ao contexto das partes e é confidencial para permitir uma conversa transparente na qual os envolvidos possam negociar a melhor solução ao caso e para cada situação específica que se apresenta. A solução pode se voltar à compreensão de expectativas e possibilidades das partes e ao seu endereçamento; a estabelecer e/ou restabelecer canais de comunicação e trocas; a criar cenários e então delinear

veira Filho.

272. Disponível em: www.mediacaorjenpavi.com.br. Acesso em: 28 mar. 2022.

> filtros fundamentados em aspectos / parâmetros objetivos, de modo a propor ajustes e compromissos; dentre outros. Importante ter presente que há muitas mediações dentro de uma mediação.

Procurou-se também trazer casos de fora do eixo Rio/São Paulo: conforme noticiado na época[273], em dezembro de 2019, o Tribunal de Justiça do Rio Grande do Sul experimentou um mutirão de mediação e conciliação entre os envolvidos em processo de recuperação judicial no município de Piratini/RS. Momento ainda anterior à nova lei de Recuperação Judicial, o caso ocorreu na Vara Judicial da Comarca de Piratini, da sociedade empresária Westermann Comércio e Agropecuária Ltda. A pedido da administradora judicial do caso – Brizola e Japur Administração Judicial –, instaurou-se a mediação extrajudicial com posterior mutirão de conciliação na Recuperação Judicial.

Para entender a situação foram consultados: o processo judicial, o *site* da administradora judicial[274/275], além de artigos e notícias sobre o caso.

A petição da administradora judicial, datada de 25/12/2019, às fls. 432-7 do processo com a solicitação da instauração do processo autocompositivo traz fundamentos interessantes de serem lidos:

> Acredita-se que a medida possa colaborar com o restabelecimento do diálogo entre as partes e na compreensão por todos da necessidade de adotarem uma postura racional, despida de ressentimentos. Do contrário, sem diálogo, a Recuperanda elaborará um PRJ de forma unilateral e alheia aos anseios dos credores, o que fatalmente reduzirá em muito as chances de êxito do processo recuperacional ou ensejará inúmeras suspensões de conclave para alterações ao PRJ. Dessa forma, grande parte das ações judiciais ajuizadas em face da Devedora para discutir créditos necessariamente sujeitos à Recuperação Judicial, poderão terminar muito antes do esperado.

273. Disponível em: https://www.tjrs.jus.br/novo/noticia/mutirao-de-mediacao-e-conciliacao-e-realizado-entre-credores-e-cooperativa-em-recuperacao-judicial-no-municipio-de-piratini/. Acesso em: 28 mar. 2022.

274. Disponível em: https://brizolaejapur.com.br/. Acesso em: 28 mar. 2022.

275. Disponível em: www.preservacaodeempresas.com.br. Acesso em: 28 mar. 2022.

> Além disso, será possível a composição dos interesses envolvidos, de modo a justificar eventuais correções a serem observadas na lista de credores que será entregue pela Administração Judicial. A Administração Judicial propõe sejam realizadas audiências com cada um dos autores das demandas hoje existentes.

As sessões de mediação foram realizadas por mediadoras profissionais e no decorrer ocorreu o "mutirão de conciliação", coordenado e realizado pela própria administradora judicial. Os resultados obtidos nesse mutirão de conciliação foram positivos, pois, conforme petição de fls. 973 do processo com os resultados, dos 31 processos envolvidos na época, obtiveram-se acordos em 17 deles. Foram encerradas, pela composição das partes, grande parte das ações judiciais ajuizadas em face da devedora para discutir créditos necessariamente sujeitos à recuperação judicial.

O desenho da autocomposição se mostrou produtivo. As mediações que precederam o mutirão de conciliação parecem ter preparado o ambiente para negociações ocorridas.

O ajuizamento ocorreu em 08/07/2019 e seu deferimento em 04/10/2019. A pandemia de coronavírus, entretanto, trouxe grandes dificuldades para a marcação da assembleia geral de credores, uma vez que, conforme se depreende dos despachos, o juiz entendeu que, dadas as condições locais e as dos envolvidos, uma assembleia virtual, ou mesmo híbrida, não seria bem-sucedida. Ficou enfim agendada, de forma exclusivamente presencial, para 09/03/2022. Sem quórum para a sua instalação, realizou-se a 2ª convocação para 30/03/2022. Instalada, a assembleia foi suspensa e remarcada para 31/05/2022, quando o Plano de Recuperação da Westermann foi aprovado.

8. Considerações finais

Em conclusão, entendemos que existe plena compatibilidade entre a mediação e o processo de recuperação judicial. Enfatiza-se que a autonomia da vontade que rege a mediação conduz pessoas e empresas de volta à lógica de interdependência negocial e ao mesmo espírito que as levou a assinar um contrato e se escolher como parceiros. Empresários, que têm *expertise* para lidar com os interesses em jogo, atuam de maneira engajada na resolução mútua e consensual do conflito e buscam minimizar perdas e maximizar ganhos econômico-financeiros e relacionais. Os próprios participantes da mediação produzem uma solução vantajosa e customizada que atenda legitimamente aos interesses dos envolvidos.

Nos casos públicos, nos fundamentos dos juízes, administradores judiciais, advogados e partes envolvidas, ficam claras as potenciais vantagens da mediação para o processo judicial de recuperação de empresas, dentre as quais se destacam, dos casos analisados:

- Proporcionar ambiente adequado para o compartilhamento de interesses e para a atuação colaborativa de credores e devedora;
- Agregar celeridade ao processo recuperacional;
- Permitir a tomada de decisões criativas que, ao mesmo tempo, preservem a empresa e os interesses de devedores e credores;
- Possibilitar o restabelecimento do diálogo entre os envolvidos, com a consequente manutenção de relações negociais;
- Evitar a decretação da falência, resguardando o princípio maior de preservação da empresa.

Embora a confidencialidade, essencial à mediação, esconda uma boa quantidade de informações interessantes que, se viessem a público, poderiam contribuir muito para a credibilidade do procedimento de mediação nos processos de recuperação de empresas em crise, os dados públicos mostram que a mediação é capaz de chegar aonde a negociação direta não alcança. E permite que todos os envolvidos no processo de recuperação judicial possam ir além, tendo seus interesses atendidos e preservando a empresa em atividade.

Referências bibliográficas

ALMEIDA, Tania. *Caixa de ferramentas em mediação – aportes práticos e teóricos*, 3ª Ed. São Paulo: Dash, 2017.

BRAGA NETO, Adolfo. *A mediação e a Administração Pública*. São Paulo: CL-A, 2021.

CAMPINHO, Sérgio. *Falência e recuperação de empresa*, 8ª Ed. Rio de Janeiro: Renovar, 2017.

COMUNICAÇÃO SOCIAL TJSP. *Justiça homologa pedido de recuperação judicial da Saraiva*. Disponível em: https://www.tjsp.jus.br/Noticias/Noticia?codigoNoticia=58833. Acesso em: 16 mar. 2022.

FALECK, Diego. Mediação como mecanismo de resolução de disputas jurídicas: raízes e perspectivas. *In*: PEREZ, Clotilde; TRINDADE, Eneus (Coords.). *Mediações: perspectivas plurais*. Barueri: Estação das Letras e Cores, 2020.

FALECK, Diego. *Manual de design de sistemas: criação de estratégias e processos eficazes para tratar conflitos*. Rio de Janeiro: Lúmen Juris, 2018.

FREITAS DE SOUZA, Mariana; ASSIS, João A.; MAIA, Andrea. A mediação como ferramenta de pacificação nas empresas. *In*: ALMEIDA, Tânia *et al.* (Coord.). *Mediação de conflitos para iniciantes, praticantes e docentes*. Salvador: Juspodivm, 2016.

GROSMAN, Claudia F.; BAYER, Sandra R. G. O. As oportunidades da aplicação da mediação no âmbito empresarial. *In*: ALMEIDA, Tânia *et al.* (Coord.). *Mediação de conflitos para iniciantes, praticantes e docentes*. Salvador: Juspodivm, 2016.

LEVY, Fernanda R. L. *Cláusulas escalonadas – a mediação comercial no contexto da arbitragem*. São Paulo: Saraiva, 2013.

LONGO, Samantha M.; SOUZA NETTO, Antonio E. de. A *recuperação empresarial e os métodos adequados de solução de conflitos*. Porto Alegre: Paixão, 2020.

MOLINERO, Bruno. *Plano de Recuperação Judicial da Saraiva é aprovado depois de série de atrasos e entraves*. Disponível em: https:/www1.folha.uol.com.br/ilustrada/2019/plano-de-recuperacao-judicial-da-saraiva-e-aprovado.shtml. Acesso em: 12 mar.2022.

PALMA, Andréa G.; Jacir, Carmem S. *A mediação na recuperação judicial e as técnicas inerentes ao mediador empresarial.* Disponível em: https://www.migalhas.com.br/arquivos/2021/6/4041555177A901_consensuais.pdf. Acesso em: 13 mar.2022.

RIBEIRO, Marcia C. P.; CECY, Mateus; LACERDA, Renan. *A mediação aplicada aos processos de recuperação judicial: análise de um incentivo necessário, RSDE.* Disponível em: https://rsde.com.br/a-mediacao-aplicada-aos-processos-de-recuperacao-judicial-analise-de-um-incentivo-necessario/#_ftn39. Acesso em: 18 mar. 2022.

TJRS. 118/1.19.0000432-7 e 5000157-62.2020.8.21.0118. Dr, Igor Guerzoni Paolinelli Hamade, Vara Judicial da Comarca de Piratini.

TJSP. 1119642-14.2018.8.26.0100. 2ª Vara de Falências e Recuperação Judicial, Dr. Paulo Furtado de Oliveira Filho.

TJSP. 1050778502020.8.26.0100 2ª Vara de Falências e Recuperação Judicial, Dr. Paulo Furtado de Oliveira Filho.

URY, William; FISHER, Roger; PATTON, Bruce. *Como chegar ao sim – Como negociar acordos sem fazer concessões*, edição revista e atualizada. Rio de Janeiro: Sextante, 2018.

As práticas colaborativas na recuperação empresarial

Felicia Zuardi e Juliana Biolchi[276]

1. Introdução

O sistema de insolvência brasileiro[277] vem sofrendo, ao longo dos anos, modificações bastante significativas, com destaque para seu ponto de inflexão mais recente: a Lei de Recuperação de Empresas e Falência (LREF), Lei nº 11.101, de 2005 (e sua reforma, positivada na Lei nº 14.112, de 2020)[278]. Com o fim de oferecer tratamento à crise dos agentes econômicos legitimados (art. 1º), estabeleceu-se instrumental cuja pedra fundamental é o princípio da preservação da atividade economicamente viável (vertido no art. 47, do mencionado diploma legal).

Vige, no Brasil, um arcabouço de normas (regras e princípios) que está estruturado em dois eixos: o recuperacional e o liquidatório. O primeiro é reservado às atividades consideradas viáveis; o segundo, às inviáveis. A nota comum é a busca da solução de mercado, que acontecerá, segundo as estruturas positivadas, ou pela reestruturação planejada do negócio (rene-

276. Felícia Zuardi é advogada colaborativa e mediadora de conflitos. Docente do Instituto Brasileiro de Práticas Colaborativas - IBPC. Secretária-geral da Comissão Especial de Práticas Colaborativas da OAB-RJ.

Juliana Biolchi é advogada. Diretora geral da Biolchi Empresarial. Mestre em Direito pela UFPR. Mestre em Direitos Humanos e Desenvolvimento pela UPO. Especialista em Direito Público e em Direito Tributário.

277. A noção de sistema jurídico é empregada neste texto como um conjunto de linguagem, que captura fatos sociais e os transforma em normas (princípios e regras) por anteposição de preceitos (CARVALHO, 2013). Adjetivado pelo foco na crise empresarial (insolvência), o sistema procura oferecer instrumentos que permitam, no campo da vida econômica e concreta, solucionar as ameaças à continuidade da atividade viável ou eliminar, com eficiência e rapidez, negócios inviáveis.

278. As autoras entendem que as mudanças legais de 2020, embora significativas, não desnaturam as características e os instrumentos originais da lei. Ao contrário, reforçaram o princípio da preservação da atividade economicamente viável.

gociações individuais, recuperação extrajudicial ou recuperação judicial) – no viés que, para este estudo, chamaremos de recuperação empresarial –, ou pelo repasse dos meios de produção para exploração por quem se mostrar mais eficiente (falência).

Se, no passado, o devedor era considerado um fraudador (BIOLCHI, 2022), hoje, o que se enxerga é que a atividade empresária pode enfrentar crises, ainda que continue viável, sendo razoável envidar esforços para preservá-la, em nome de sua função social. Ao mesmo tempo, os negócios inviáveis devem ser encerrados da melhor forma possível, auferindo eficiência na alocação dos recursos, na tentativa de atender, dentro do que for viável, aos interesses dos credores e da sociedade.

Com efeito, o que se percebe é o reconhecimento, na lei, do tão comentado sistema de conexões e interdependências, ideia a partir da qual se sustenta que, dentro do sistema, todos os organismos exercem um papel relevante, e a falta de um deles pode impactar no todo. Uma empresa em crise contamina a atuação econômica e, em nome do funcionamento do mercado, precisa ser tratada ou eliminada.

Dito isso, ainda que esbarre na cadência lenta da mudança cultural (porquanto persistem traços de criminalização do devedor em crise), destaca-se que o eixo recuperacional traz meios negociados de reestruturação empresarial. Por isso, é necessário reforçar o estudo dos métodos adequados de resolução de conflitos, apontando caminhos que podem, no contexto da necessidade de ressignificar negócios, dar sua contribuição para o atingimento da almejada preservação.

O presente artigo tem como tema a análise das práticas colaborativas como um dos meios processuais que podem ser empregados na recuperação empresarial (eixo da viabilidade), dentro ou fora da Corte. O objetivo do trabalho é demonstrar que a crise se supera pela negociação, seja individual ou coletiva, e esse espectro comporta a criação conjunta de dinâmicas adequadas aos casos concretos, no sentido de oportunizar ao mercado, através de ferramentas jurídicas, a construção de saídas para a manutenção das atividades viáveis.

Trabalha-se com a hipótese de que os conflitos gerados pela crise econômico-financeira podem ser manejados por métodos já consagrados em outras áreas do Direito, promovendo-se, assim, o diálogo em torno do interesse comum: a preservação da atividade viável.

2. Da recuperação de empresas

Como já mencionado, o Estado disponibiliza veículos legais que pretendem oferecer caminhos para superação da crise empresarial, na medida em que se entende a empresa como fenômeno poliédrico (ASQUINI, 1996), sob o prisma da atividade (como faz a LREF). Tais instrumentos estão previstos na LREF e são: renegociação individual (art. 167), recuperação extrajudicial (art. 161), recuperação judicial (art. 47) e falência (art. 75).

A escolha dentre os múltiplos meios será determinada por uma formulação estratégica, cujo ponto de partida são os subsídios colhidos quando do conhecimento do caso (diagnóstico), que leva à edificação de um plano de ação (plano de reestruturação), quando há viabilidade, ou à adoção da liquidação judicial, na inviabilidade (falência).

Evidentemente, questões bastante objetivas, pertinentes à estrutura de capital e alinhadas com uma perspectiva financeira, com especial atenção à capacidade de geração de caixa, devem ser tomadas no momento da definição do caminho adequado. Vale destacar que a legislação reformada (LREF) demarca uma perspectiva progressiva e complementar entre as possibilidades que o sistema jurídico aporta, a serem dosadas à medida que as renegociações avançam ou não progridem.

No eixo da inviabilidade, diferentemente das soluções negociadas, a falência é caminho para a extinção, por ser espécie de liquidação judicial.

Preserva-se a atividade com a recolocação dos meios de produção. Através da execução coletiva, haverá concurso entre os credores, organizados em espécies, segundo a ordem de preferências dos arts. 83 e 84 da LREF, realizando-se os ativos do devedor, rateando-se, entre as espécies, o produto da venda. Preenchidos os requisitos legais, as obrigações serão extintas na forma direta (pagamento) ou indireta (sentença).

Observe-se que a recuperação empresarial, para os fins a que se propõe o presente estudo, é entendida como a superação das circunstâncias que ameaçam a continuidade da atividade viável. Revela-se, portanto, como o soerguimento que se desenvolve segundo uma das ferramentas jurídicas que compõem o eixo da viabilidade (renegociação individual, recuperação extrajudicial ou recuperação judicial). Conforma um planejamento amplo, que tem como pilares a melhoria da performance econômico-financeira, o alongamento ou a diminuição do estoque de dívida e a captação de recursos novos. Em outras palavras, é o *turnaround*, ou seja, a reorganização que resultará na implementação de um plano que identifica problemas fundamentais, ataca causas e prioriza as necessidades críticas, afetando as partes interessadas[279], por rearranjos que precisam ser feitos para que a atividade não desapareça (mudança). Inevitavelmente, nesses cenários, em que muitas vezes se trabalha com a multilateralidade, duas ou mais pessoas divergirão e se apropriarão do que consideram a mais justa hipótese alocativa[280].

279. Nesse plano, conjugam-se sete áreas básicas, que envolvem algumas estratégias, a saber: (1) estabilização da crise: retomada do controle com gestão de caixa, redução de ativos, financiamento de curto prazo e redução de custos; (2) liderança: mudança do interlocutor, que pode se dar pela substituição do executivo chefe e/ ou de outros diretores; (3) apoio das partes interessadas: comunicação para retomada da reputação; (3) foco estratégico: redefinição do negócio principal; controle de estoques, terceirização, investimento e redimensionamento; (4) mudança organizacional: alterações estruturais e de pessoas chave, clareza de comunicação, comprometimento e novas condições de emprego; (5) melhoria do processo crítico: aprimoramento das vendas e marketing, diminuição de custos, aumento de qualidade, interatividade e sistemas de informação e controle; e (5) reestruturação financeira: refinanciamento (renegociação do passivo) e redução de ativos (LOVETT, SLATTER, 2009, p. 75).

280. A ação é requerida para que haja o conflito, que muitas vezes é propositadamente criado para gerar a mudança necessária para a sobrevivência do negócio. Vale, assim, destacar: "Para a materialidade do conflito é necessária a ação vetorialmente contraposta dos sujeitos. Não a consciência nem a intencionalidade da contraposição. Também a situação reversa sustenta o conceito. Ainda que um sujeito aja, consciente e inten-

Neste eixo, ora designado como recuperação empresarial, está a renegociação individual (*workout agreement*)[281]. É a hipótese na qual a preservação da atividade vem da repactuação individual do endividamento. Trata-se da situação em que o devedor busca o credor e recontrata as bases originárias do negócio jurídico, reperfilando o fluxo de pagamento, novando ou estabelecendo novas obrigações. É acordo privado celebrado para cada credor em separado (ainda que se repita com mais de um credor, a depender da situação fática).

A bem da verdade, a negociação extrajudicial é algo corriqueiro na prática empresarial. Foi muito utilizada a partir do século XII, na Itália, e se espalhou pelo mundo.

> O acordo extrajudicial tem seu fundamento econômico na prática mercantil de regular seus próprios negócios amigavelmente, sem a necessidade de recorrer a procedimentos judiciais. (SANTOS, 2006, p. 365)

Grosso modo, o *workout agreement* pode não ser a melhor escolha quando há resistência do mercado em aceitar a repactuação da dívida (a exemplo daqueles casos em que há muitos credores a negociar, e parte deles não aceita as condições de pagamento propostas). Mostra-se, ainda, inadequado quando a eventual venda de ativos precisa ser feita com segurança jurídica ao terceiro, para o proteger dos riscos sucessórios, o que demanda ambiente judicialmente controlado. Diante de tais circunstâncias, a LREF reserva duas modalidades de procedimentos, ainda no eixo da viabilidade: a recuperação judicial e a recuperação extrajudicial.

Nelas, a atividade viável é preservada por meio da aprovação, por maio-

---

cionalmente, visando a colidir com sua contraparte, a ação somente proporcionará materialidade ao conflito se for recebida nessa qualidade. Eis um caso em que bem se ajusta o célebre provérbio: 'it takes two for tango'" (FREITAS JUNIOR, 2014).

281. Os *workouts* são, como ensina Martins (2012, p. 46): "Uma terceira resposta da Lei no 11.101/2005 à insolvência empresarial é a ampla liberdade de negociação concedida aos devedores para que, mediante acordos privados pontuais ou coletivos, obtenham composição junto um, alguns ou todos os seus credores que lhe permitam superar a situação de crise [...] encontra-se expressamente consignada no artigo 167."

rias, de um novo contrato, desta vez coletivo, vertido em um plano de recuperação. São negócios jurídicos transacionais de natureza complexa, com ou sem intervenção judicial. Esse conjunto de ferramentas está a serviço dos agentes legitimados[282] na Lei nº 11.101/2005, e buscou inspiração em sistemas de economias avançadas (em especial o norte-americano) para criar eficiência em reestruturação financeira (recuperação empresarial).

A recuperação extrajudicial constitui um meio legal de superação da crise através da renegociação das dívidas do devedor com seus credores fora da Corte. Constitui uma forma de contrato coletivo realizado diretamente, sem a interferência do Judiciário no processo de renegociação, usada normalmente como recurso prévio à recuperação judicial (para, no sucesso, descartá-la). Trata-se de

> [...] procedimento de jurisdição voluntária que tem por finalidade a homologação de acordo privado anteriormente celebrado entre o devedor e certo(s) grupo(s) de credores. Observadas certas formalidades legais, a homologação tem o condão de alçar o acordo privado à condição de plano de recuperação extrajudicial [... que] tem, portanto, natureza contratual. (BONTEMPO; PAIVA, 2021)[283]

Ela pode abranger todos os créditos existentes até a data do pedido, incluindo os de natureza trabalhista e por acidente de trabalho[284], e excluindo aqueles elencados no art. 49, § 3º, e no art. 86, II, da LREF. Em geral, o devedor negocia a remissão parcial das dívidas ou dilação no prazo de pagamento. Ela comporta duas espécies: de homologação facultativa (quando o plano recebe adesão por consenso) ou obrigatória (apenas a maioria dos

---

282. Assim entendidos aqueles definidos no art. 1º, da Lei nº 11.101/2005, e que preenchem os requisitos do art. 48, da mesma lei.

283. Na mesma linha: "A recuperação extrajudicial é negócio jurídico consensual entre devedor e uma ou algumas classes [sic] de credores, um negócio de cooperação, de repactuação na divisão dos riscos, que, em alguma medida, se assemelha aos negócios plurilaterais." (SZTAJN, 2012, p. 569)

284. Como preconiza o art. 161, da LREF. No caso de débitos trabalhistas, cuja abrangência foi incluída no texto original pela Lei nº 14.112/2020, exige-se que exista negociação coletiva com o sindicato da respectiva categoria profissional.

abrangidos se coloca de acordo). Neste caso, o *cram down*, através da sentença homologatória do plano, que tenha recebido a adesão de, no mínimo, mais da metade dos credores a ele sujeitos, obriga os dissidentes. Seja para a solidificação de consenso (modalidade de homologação facultativa, art. 162, LREF)[285]; seja para a imposição da vontade da maioria (quando impositiva, art. 163, LREF), permite a renegociação (direta ou assistida[286]), que alcança:

> [...] um meio formal de acordo especial com certos credores, que pode eventualmente ser imposto a uma minoria resistente. [...] em razão da sua causa. [...] a priorização do interesse social sobre os individuais do devedor e de cada credor que justifica a imposição do plano [...]. (SOUZA JR., 2005, p. 465)

Sob o ponto de vista da intervenção estatal no procedimento, na recuperação extrajudicial, se e quando chamado, ao Judiciário cabe apenas o controle, posterior à negociação, de legalidade do contrato e, uma vez aferida, a homologação. Aliás, sabemos que o Judiciário é apenas uma das opções para que os conflitos sejam superados e que cresce a tendência à desjudicialização da crise empresarial, direcionamento muito claramente assumido na reforma da LREF, em alinhamento com o que já vem acontecendo em outros campos do Direito.

O plano, cuja homologação é o objeto da recuperação extrajudicial, é um negócio jurídico complexo, um contrato comutativo (porque enseja concessões mútuas), plurilateral (em que vige o princípio da maioria) e cuja justa causa é a preservação da empresa. Como negócio jurídico, ele percor-

---

285. A recuperação extrajudicial é o gênero que comporta duas espécies: (1) homologação facultativa e (2) homologação obrigatória. Na primeira, o plano recebe a adesão de todos os credores por ele abrangidos, o que torna a chancela judicial desnecessária. Na segunda, os aderentes são a maioria dos credores e a sentença homologatória é necessária para que os dissidentes se sujeitem ao que estabelece o plano, por meio do *cram down* (decisão judicial).

286. A negociação direta é aquela feita pelo devedor e seus credores. A assistida conta com o auxílio de um terceiro, que facilita a negociação, como um mediador, conforme preveem o art. 20-A, da Lei nº 11.101/2005, e seguintes.

re a escada ponteana, devendo superar os planos da existência e da validade, para, por fim, ter eficácia, que é consolidada, para os dissidentes, na espécie obrigatória, pela chancela judicial (DIDIER JUNIOR *et al.*, 2020).

A sujeição dos credores acontecerá segundo um corte horizontal, abrangendo espécies inteiras (art. 83), ou vertical, agrupando-se os credores por natureza de crédito. Presta-se a casos em que a renegociação pode se operar de forma mais cirúrgica, desnecessitando o alcance amplo do endividamento. Nessa linha, costuma ser associada a quadros menos graves de endividamento – ainda que as autoras entendam que essa premissa pode não se sustentar na realidade, na medida em que, na prática, por vezes, o relacionamento do devedor com seus credores é mais importante do que eventuais dados objetivos de insolvência econômica.

Já a recuperação judicial se caracteriza por uma carga maior de intervenção estatal, porque:

> É instituto jurídico criado para permitir ao devedor rediscutir com os seus credores, num ambiente institucional, a viabilidade econômica da empresa e de sua condução pelo empresário para a satisfação das obrigações sociais, conforme plano de recuperação proposto e que, se aprovado pelos credores em Assembleia Geral, implicará a novação de suas obrigações. (SACRAMONE, 2021, p. 239)

O plano de recuperação judicial é apresentado no curso da ação, sessenta dias após o deferimento do processamento, o que faz com que o ambiente de negociação seja controlado pelo Estado, através do administrador judicial, que atua como auxiliar do juiz na fiscalização da legalidade e higidez dos pactos. O espectro de abrangência, delineado no art. 49 da LREF, é o mesmo da recuperação extrajudicial (salvo quando se tratar de recuperação de produtor rural, que foi limitada, nos termos dos §§ 6º e ss. do mencionado artigo), com a diferença de que os credores são organizados em quatro classes, sobre as quais, a princípio, não se pode dispor.

Na recuperação judicial existe, desde a reforma, um capítulo específico sobre o financiamento do devedor, que a torna mais palatável para aquelas situações em que a captação de novos recursos precisa, para ser atrativa, passar pela extraconcursalidade do recurso injetado (art. 69-A), no caso de decretação de falência. Outrossim, na recuperação judicial, caso haja objeção de algum credor ao plano apresentado (o que, na prática, é bastante comum), será convocada assembleia de credores, cuja realização, pós-reforma, pode ser substituída pela apresentação de termos de adesão (art. 39, § 4º, LREF).

Há outras diferenças substanciais entre as duas espécies recuperacionais que, por respeito às limitações do presente artigo, não é possível discutir. Destaca-se, entretanto, que a negociação em torno das condições do plano poderá acontecer com o auxílio de métodos adequados de solução de conflitos, que trazem uma gama importante de opções, algumas já aplicadas e com resultados comprovados, como a mediação. As práticas colaborativas, por suas características, sua estrutura e seus pilares, podem, também, entregar resultados relevantes. Dar os primeiros passos para descortinar esse universo passa por resgatar conceitos fundamentais e traçar alguns paralelos, como fazemos no tópico a seguir.

3. Práticas colaborativas: recurso valioso na recuperação empresarial

As práticas colaborativas correspondem ao método de resolução consensual de conflitos em que clientes e advogados trabalham conjuntamente, de forma colaborativa, em busca da construção do consenso. Para que o trabalho aconteça de forma produtiva e eficiente é preciso confiança. E, para que advenha esta ambiência propícia para o trabalho conjunto, clientes se comprometem a não recorrer aos tribunais enquanto estiverem envolvidos no processo colaborativo.

Já os advogados assumem o compromisso de se retirar do caso, na hipótese de o processo colaborativo terminar. Eles não irão a juízo e, por isso, depositarão toda a sua energia e seus esforços na construção de uma solução que atenda aos envolvidos. Além disso, compromissos de atuação com boa-fé e transparência são celebrados e são fundamentais para atuação nas práticas colaborativas.

O método surgiu da ideia de um advogado de Direito de Família, com bastante prática jurídica, que percebia o quão improdutivos podiam ser os efeitos advindos da dinâmica adversarial no sistema familiar. Stuart Webb propôs, então, um modelo em que existem advogados especializados na construção de soluções de benefício mútuo e que atuam fora do Judiciário, preferencialmente em um momento prévio, antes que a adversariedade colabore para a escalada do conflito.

Este modelo de atuação foi batizado de advocacia colaborativa. Tempos depois, o meio de resolução de disputas foi incrementado com a ideia de inserção de uma equipe multidisciplinar, para uma atuação interdisciplinar, com o objetivo de abarcar os diversos aspectos do conflito, ficando conhecido como práticas colaborativas.

O método era voltado para a resolução de disputas familiares, notadamente no divórcio, mas logo se apresentou como adequado para novos contextos, como as áreas cível e empresarial. As práticas colaborativas foram, aos poucos, ganhando força em novéis cenários, com a percepção de que poderiam agregar valor enquanto processo de resolução de disputa. Neste sentido, Abney (*apud* RUIZ, 2021, p. 288) comenta sobre a aplicação das práticas colaborativas nas áreas cível e empresarial:

> A abordagem fundamental empregada em casos de Direito Colaborativo de Família é facilmente adaptada às disputas civis e comerciais. Os requisitos dos participantes colaborativos civis são semelhantes aos das disputas colaborativas familiares, e as vantagens para os clientes e advogados são de grande escala.

As práticas colaborativas, no Brasil, têm sua aplicabilidade voltada especialmente para a área de família. Contudo, com o avanço dos meios consensuais de resolução de conflitos em outras searas, há cada vez mais profissionais dedicados à sua utilização em outros contextos. Estão ganhando força e, progressivamente, desbordando fronteiras, sendo, em 2021, abordadas no enunciado nº 171, da II Jornada de Prevenção e Solução de Conflitos, aprovado com o seguinte texto:

> É recomendada aos advogados a adoção de práticas colaborativas que consistam no processo de negociação estruturado, com enfoque não adversarial e interdisciplinar na gestão de conflitos, por meio do qual as partes e os profissionais assinam um termo de participação, comprometendo-se com a transparência no procedimento e a não litigância (CONSELHO FEDERAL..., 2021).

As autoras vêm defendendo o uso do método como ferramenta útil e eficaz para auxiliar no desenho de soluções para as crises empresariais, principalmente porque, como já demonstrado no tópico anterior, a superação da crise implica renegociar dívidas, o que por si só tem um potencial de gerar conflitos.

O conflito é o choque de posições (que se tornam) antagônicas, em um momento de divergência entre duas ou mais pessoas, com interesses colidentes, diferentes ou convergentes, que provoca e determina mudança. Nesse passo,

> [...] um conflito tem início quando uma pessoa (ou entidade) apresenta uma reivindicação ou exigência a outra que a rejeita [... e sua resolução ...] significa transformar posições contrárias – a reivindicação e a sua recusa – numa solução única. (SAMPAIO; BRAGA NETO, 2021, posição 211)

Na gênese do conflito, estão presentes três elementos – interesses, direito e poder – que servirão como caminho para a solução unificadora, que poderá chegar: pela conciliação de interesses (compondo a partir do que cada um quer); pela determinação de titularidade de direito (recorrendo ao que é justo ou legal para o caso); ou pelo exercício do poder (cedendo à ameaça) (SAMPAIO; BRAGA NETO, 2021, posição 211).

A via pode ser única ou combinada, e o desenho é livremente traçado pelos envolvidos, que desenvolvem, na negociação, um verdadeiro balé, recorrendo a técnicas, estratégias e abordagens que têm como fim persuadir o outro à convergência. Isso porque, sob o ponto de vista jurídico, há diversas formas de renegociar dívidas.

Como sabido, conflitos são naturais, entretanto, os confrontos são desnecessários, contraproducentes e devem ser evitados. Uma razão para isso é a manutenção dos relacionamentos com todos aqueles que interagem com a empresa. Uma boa gestão de relacionamentos, com os atores que afetam e são afetados pela sociedade empresária, leva ao engajamento e à cooperação, fatores fundamentais para a recuperação empresarial.

A escolha de um método baseado na transparência e boa-fé também auxilia e fortalece o relacionamento, agregando valor para a reestruturação do negócio que ainda se posiciona no eixo da viabilidade (muito embora, na falência, também seja possível pensar em negociação, aspecto que não se aborda aqui, por não estar compreendido neste estudo). Não é demais lembrar que a participação de membros na equipe com formação multidisciplinar amplia o olhar para o sistema como um todo, podendo gerar o nivelamento das informações trazidas, possibilitando melhores escolhas ou acolhendo ansiedades e inseguranças. Nesse sentido, expõem Braga Neto e Rodante (2021, p. 44):

> [...] os especialistas colaborativos (independentemente da área de saber a que pertençam) têm o importante papel de auxiliar os participantes e os próprios advogados no mapeamento dos pontos de conflito. Eles também, como dito, desenvolvem forças e potências dos clientes, dando sustentação emocional ao procedimento.

Ademais, há diversos exemplos e estudos que demonstram resultados melhores quando as partes trabalham em cooperação (ZUARDI; BIOLCHI, 2021, p. 225). Por outro lado, o rompimento e a desconfiança na relação devedor-credores influem na reputação e impactam no risco de encerramento das atividades do devedor.

Dentre as vantagens, as práticas colaborativas tendem a ser um processo mais célere e mais barato do que um processo judicial litigioso, sob a lógica adversarial.

Cabe considerar que, nas práticas colaborativas, as decisões são tomadas pelas partes e são elas que ditam a cadência do desenvolvimento do processo negocial. Dessa forma, considerando que as decisões empresariais muitas vezes dependem de velocidade, o uso do processo colaborativo para a resolução de controvérsias no campo empresarial pode ser benéfico, ainda mais se o momento for de crise e de ameaça à sua continuidade.

Além disso, é um procedimento em que normalmente se estipula cláusula de confidencialidade, aspecto de relevo no contexto de reestruturação. Neste ponto em particular, ressaltam-se a preservação da imagem da empresa e os segredos comerciais.

Entretanto, a atuação colaborativa exige esta mudança paradigmática de postura, saindo do universo adversarial (desafiando o repertório dos advogados tradicionalmente treinados nas faculdades), transpondo a mentalidade para uma nova dimensão, em que são compreendidas habilidades e competências para atuação cooperativa. Vale enfatizar que a lógica adversarial, de competição e concorrência, não encontra espaço nas práticas colaborativas.

Na recuperação empresarial (renegociação individual, recuperação extrajudicial ou recuperação judicial) há muitos atores envolvidos, com interesses que, malversados, poderão ser contraditórios, sendo certo que o sucesso dependerá do esforço conjunto, para a preservação da empresa.

Nesse sentido, Souza Netto e Longo (2020, p. 36) destacam que os métodos adequados não são uma novidade, porque

> [...] considerando justamente esse caráter negocial e coletivo da recuperação é que a mediação e outros métodos adequados de solução de conflitos vêm ganhando papel de destaque.

É quase consenso entre os profissionais da área que a mediação é, sim, uma ferramenta importante, antes ou durantes as etapas judiciais, especialmente das duas espécies recuperacionais.

Não é demais destacar que a mediação e as práticas colaborativas, a bem da verdade, têm a mesma estrutura: ambas são práticas dialógicas, autocompositivas, aparelhadas com ferramentas de comunicação, de negociação e conhecimentos da teoria do conflito, que auxiliam na construção de entendimento entre as partes. Estes meios de resolução de conflitos carregam em seu DNA a ética do cuidado, além da preocupação com os aspectos constituintes do ser humano, considerando pontos que vão do pensamento sistêmico, do sistema de crenças, às considerações da neurociência, ressaltando aspectos emocionais no processo de tomada de decisões (ALMEIDA, 2021).

Também cabe registrar que os dois caminhos de resolução de conflitos partem da premissa da autonomia da vontade e do protagonismo assumido pelos interessados nas escolhas das soluções. Com efeito, ambos os métodos podem ser alternativas úteis e eficazes ao deslinde de controvérsias, já que as próprias partes interessadas chegam a um consenso a partir daquilo que faz sentido para elas. E cada um deles pode ser mais adequado, a depender do contexto, do objetivo e do ambiente, desde que tenha como pressuposto a disposição daqueles em crise para o diálogo (BRAGA NETO; RODANTE, 2021).

A proximidade é tamanha entre esses meios de resolução de disputas que os Padrões Éticos do Instituto Brasileiro de Práticas Colaborativas –

IBPC recomendam a formação em mediação aos profissionais colaborativos[287]. Isso porque as ferramentas da mediação podem auxiliar muito a prática do profissional colaborativo.

De outro giro, já tivemos a oportunidade de expor, em outro trabalho, que a mediação e as práticas colaborativas não são ferramentas concorrentes de resolução de conflitos. Ao contrário, os métodos podem ser complementares e de grande valia no contexto de crise empresarial. Os dois instrumentos podem estar disponíveis para uso, em um desenho de sistemas de forma separada ou conjunta (ZUARDI; BIOLCHI, 2022).

A utilização conjunta das práticas colaborativas e da mediação pode potencializar os resultados alcançados, já que tem o condão de proporcionar um ambiente em que todos os envolvidos estejam comprometidos com a busca de soluções de benefício mútuo, viáveis, sustentáveis e eficientes. Não há dispersão de energia e de foco, já que todos compreendem e trabalham com o objetivo da solução consensual.

Essa ambiência gera a negociação a partir do interesse em comum, que é a concretização do princípio da preservação da atividade viável, que, como já dito, é o fundamento de todo o sistema de insolvência, fim último buscado na recuperação empresarial ou, mesmo, na liquidação da atividade inviável. Apenas a negociação focada nesse objetivo comum é que trará um sistema equilibrado e capaz de oferecer respostas reais e concretas aos desafios à continuidade. Por isso, a ideia de desenho de sistema, recrutando-se os meios processuais adequados, faz todo o sentido no contexto da crise empresarial.

4. Considerações finais

As alterações da legislação pertinente às insolvências e recomendações

287. Vide Padrões Éticos dos Profissionais Colaborativos do Instituto Brasileiro de Práticas Colaborativas – IBPC, disponível em: https://praticascolaborativas.com.br/wp-content/uploads/2022/02/PADROES-ETICOS-IBPC-2022.pdf. Acesso em: 11 mar.2022.

do Conselho Nacional de Justiça – CNJ apontam para uma nova tendência de estímulo à construção do consenso e à busca de mecanismos extrajudiciais de resolução de conflitos.

A mediação já tinha alcançado um posto de destaque, seja pela legitimação expressa na lei, seja por conta de iniciativas pioneiras que desbravaram o seu uso em casos de insolvência no país.

Temos defendido que há também outros instrumentos para o ambiente recuperacional que podem ser úteis para a solução de controvérsias e manutenção da atividade empresarial viável.

Um deles são as práticas colaborativas. O seu uso não será provavelmente para gestão de todo o processo de recuperação. Mas, a depender do desenho de sistema que a devedora faça, há de ser um instrumento bastante útil à disposição dos advogados condutores do processo.

É cada vez mais explícito que o acesso à justiça independe de uma atuação direta do Judiciário e que outros caminhos estão disponíveis para auxiliar neste percurso. No entanto, também está claro que a atuação e a mudança do mapa mental dos advogados são essenciais neste processo.

Referências bibliográficas

ALMEIDA, Tania. Mediação de Conflitos e Práticas Colaborativas: Práticas Complementares e Simétricas. *In*: CAETANO, Livia *et al.* (Coord.). *As Práticas Colaborativas sob a perspectiva brasileira*. Rio de Janeiro: Processo, 2021.

ASQUINI, Alberto. Perfis da empresa. Tradução de Fábio Konder Comparato. *Revista de Direito Mercantil, Industrial, Econômico e Financeiro*, São Paulo, v. 35, n. 104, p. 109-26. out/dez 1996.

BRAGA NETO, Adolfo; RODANTE, Marcello. Desafio e a Importância da Colaboração do Advogado de Novas Práticas Dialógicas. *In:* CAETANO, Livia *et al.* (Coord.). *As Práticas Colaborativas sob a perspectiva brasileira*. Rio de Janeiro: Processo, 2021.

BIOLCHI, Juliana. O devedor não pode ser criminalizado. *Revista Consultor Jurídico*. Disponível em: https://www.conjur.com.br/2020-nov-22/juliana-biolchi-devedor-nao-criminalizado. Acesso em: 03 mar.2022.

BIOLCHI, Juliana; ZUARDI, Felícia. A aplicação das práticas colaborativas nas recuperações extrajudiciais. *Revista Consultor Jurídico*, 18 de junho de 2021. Disponível em: https://www.conjur.com.br/2021-jun-18/opiniao-aplicacao-praticas-colaborativas-recuperacoes-extrajudiciais. Acesso em: 03 mar.2022.

BONTEMPO, Joana Gomes Baptista; PAIVA, Luiz Fernando Valente de. A Reforma da Lei 11.101/2005 e a Nova Perspectiva da Recuperação Extrajudicial. São Paulo, 2021). *In*: VASCONCELOS, Ronaldo *et al. Reforma da Lei de Recuperação e Falência – Lei 14.112/2020*. São Paulo: IASP, 2021, p. 1173-1205.

CONSELHO FEDERAL DE JUSTIÇA (CFJ). *II Jornada de Prevenção e Solução Extrajudicial de Litígios*. Disponível em: https://www.cjf.jus.br/cjf/corregedoria-da-justica-federal/centro-de-estudos-judiciarios-1/publicacoes-1/cjf/corregedoria-da-justica-federal/centro-de-estudos-judiciarios-1/prevencao-e-solucao-extrajudicial-de-litigios/?_authenticator=60c7f30ef0d8002d17dbe298563b6fa2849c6669. Acesso em: 17 mar.2022.

DIDIER JUNIOR, Fredie; BRAGA, Paula Sarno; BATISTA, Felipe Vieira. A recuperação judicial como jurisdição voluntária: um ponto de partida para a estruturação do procedimento. *Revista de Processo*, vol. 310/2020, p. 237-262, Dez /2020 DTR\2020\14340.

FREITAS JUNIOR, Antônio Rodrigues. Entendendo os conflitos: para um conceito de conflito intersubjetivo de justiça. *Rev. Parlamento e Sociedade*, São Paulo, v. 2, n. 3, p. 39-50, jul./dez. 2014.

INSTITUTO BRASILEIRO DE PRÁTICAS COLABORATIVAS (IBPC). *Padrões éticos*. Disponível em: https://praticascolaborativas.com.br/wp-content/uploads/2022/02/PADROES-ETICOS-IBPC-2022.pdf. Acesso em: 11 mar.2022.

LOVETT, David; SLATTER, Stuart. *Como Recuperar um Empresa: a gestão da recuperação do valor e da performance*. São Paulo: Atlas, 2009.

MARTINS, Glauco. *A Recuperação Extrajudicial*. São Paulo: Quartier Latin, 2012.

RUIZ, Larissa Dantas. As Práticas Colaborativas nas áreas cível e empresarial no Brasil: Caminho já percorrido pelo grupo de estudos Sherrie Abney. *In*: ZUARDI,

Felícia *et al. Práticas Colaborativas sob a Perspectiva da Experiência Brasileira*, vol. 2. Rio de Janeiro: Processo, 2022.

SAMPAIO, Lia Regina Castaldi; BRAGA NETO, Adolfo. *O que é mediação de conflitos* (Primeiros Passos). São Paulo: Brasiliense, Edição do Kindle, 2021.

SANTOS, Paulo Penalva. A Recuperação Extrajudicial na Nova Lei de Falências. *In*: SANTOS, Paulo Penalva; GONÇALVES NETO, Alfredo de Assis *et al.* (Coords.). *A nova lei de falências e recuperação de empresas: Lei nº 11.101/05*. Rio de Janeiro: Forense, 2006.

SANTOS, Paulo Penalva. *A Recuperação Extrajudicial e as alterações da lei 14.122, de 24 de dezembro de 2022*. Disponível em: https://www.migalhas.com.br/coluna/insolvencia-em-foco/339072/a-recuperacao-e-as-alteracoes-da-lei-14-122-----de-24-de-dezembro-de- 2020. Acesso em: 03 mar.2022.

SOUZA JR., Francisco Satiro. Da Recuperação Extrajudicial. *In*: SOUZA JR., Francisco Satiro; PITOMBO, Antonio Sérgio A. de Moraes. *Comentários à Lei de Recuperação de Empresas e Falência*. São Paulo: Revista dos Tribunais, 2005.

SOUZA NETTO, Antonio Evangelista de; LONGO, Samantha Mendes. *A Recuperação empresarial e os métodos adequados de solução de conflitos*. Porto Alegre: Paixão, 2020.

SZTAJN, Raquel. Da Recuperação Extrajudicial. *In*: TOLEDO, Paulo; ABRÃO, Carlos Henrique. *Comentários à Lei de Recuperação de Empresas e Falência*. São Paulo: Saraiva, 2012.

ZUARDI, Felícia; BIOLCHI, Juliana. Recuperação Extrajudicial e Práticas Colaborativas: a Aplicação de Métodos Consensuais para Promover o Engajamento de Stakeholders em Situações de Crise *In*: ZUARDI, Felícia *et al. Práticas Colaborativas sob a Perspectiva da Experiência Brasileira*, vol. 2. Rio de Janeiro: Processo, 2022.

A mediação na recuperação de empresas no Brasil

Juliana Loss[288]

Introdução

A pandemia gerou uma expectativa de aumento significativo dos pedidos de recuperação e falência de empresas, além do crescimento exponencial de outras demandas relacionadas à dificuldade econômica empresarial. Não obstante, no Brasil, este cenário de alta judicialização não se confirmou. Segundo os dados da Serasa Experian, os pedidos de recuperação registraram queda de 45% em julho de 2021[289] em relação ao ano anterior.

Este artigo tem o objetivo de analisar o panorama normativo da aplicação de métodos consensuais de solução de conflitos, particularmente a mediação, na recuperação de empresas no Brasil, com destaque para as Recomendações do Conselho Nacional de Justiça (CNJ) sobre o assunto, a Lei nº 14.112 de 2020 e os enunciados das Jornadas de Prevenção e Solução Extrajudicial de Litígios do Conselho da Justiça Federal (CJF). Além disso, verificará a efetividade desta legislação e as perspectivas para o uso de métodos consensuais para resolver as contendas entre devedor(es) e credor(es) no âmbito da recuperação empresarial, a partir de casos práticos tratados no âmbito da iniciativa FGV Mediação.

---

288. Diretora executiva da Câmara de Mediação e Arbitragem da Fundação Getúlio Vargas. Coordenadora executiva do Centro de Inovação, Administração e Pesquisa do Judiciário da FGV. Coordenadora técnica de Mediação da FGV. Doutora em Direito pela Université Paris I Panthéon Sorbonne e pela Universidad Carlos III de Madrid.

289. Cf. SERASA EXPERIAN. *Indicadores econômicos*. Disponível em: https://www.serasaexperian.com.br/conteudos/indicadores-economicos/. Acesso em: 3 fev. 2022.

O estudo está dividido em três partes. A primeira trata sobre as mudanças normativas recentes que visam possibilitar uma maior efetividade da recuperação empresarial; a segunda analisa dois casos práticos de recuperação judicial no âmbito do TJRJ e que foram geridos em parceria com a FGV Mediação; e a terceira aborda as perspectivas para a ampliação do consenso nesta área.

I. Fundamento normativo da mediação na recuperação de empresas

A atualização do regime de recuperação de empresas em alguns países impulsionou diversas novidades e alterações no ordenamento brasileiro, como, por exemplo, a Lei francesa nº 2005-845, de 26 de julho de 2005[290], a Diretiva Europeia 2019/1023[291] e o Corporate Insolvency and Governance Act de 2020 do Reino Unido[292].

De modo geral, essas atualizações tiveram como nortes principais[293] a previsão de um regime de prevenção à reestruturação, com procedimentos flexíveis; moratória para pagamento das dívidas; estímulo às tratativas consensuais entre o devedor e seus credores, acompanhado de uma suspensão temporária de atos executivos.

Em termos de política pública, o CNJ, desde 2018, publicou uma série de normas com o objetivo de incentivar o encaminhamento dos conflitos

290. Cf. *Loi n° 2005-845 du 26 juillet 2005 de sauvegarde des entreprises*. Disponível em: https://www.legifrance.gouv.fr/loda/id/JORFTEXT000000632645/. Acesso em: 27 fev. 2022.

291. Cf. Diretiva 2019/1023 do Parlamento Europeu e do Conselho de 20 de junho de 2019 sobre os regimes de reestruturação preventiva, o perdão de dívidas e as inibições, e sobre as medidas destinadas a aumentar a eficiência dos processos relativos à reestruturação, à insolvência e ao perdão de dívidas, e que altera a Diretiva (UE) 2017/1132 (Diretiva sobre reestruturação e insolvência). Disponível em: https://eur-lex.europa.eu/legal-content/PT/TXT/PDF/?uri=CELEX:32019L1023&from=EN. Acesso em: 27 fev. 2022.

292. Cf. *Corporate Insolvency and Governance Act 2020*. Disponível em: https://www.legislation.gov.uk/ukpga/2020/12/contents/enacted. Acesso em: 27 out. 2021.

293. Cf. CUEVA, Ricardo Villas Bôas; COSTA, Daniel Carnio. Os mecanismos de pré-insolvência nos PLs 1397/2020 e 4458/2020. *Migalhas*, Migalhas de Peso, 21 de out. 2020. Disponível em: https://www.migalhas.com.br/depeso/335268/os-mecanismos-de-pre-insolvencia-nos-pls-1397-2020-e-4458-2020. Acesso em: 27 fev. 2022.

decorrentes da recuperação empresarial para a mediação e a conciliação pelos juízes. Nesse sentido, por meio da Portaria nº 162[294] desse mesmo ano, o Conselho criou um grupo de trabalho (GT) para contribuir com a modernização e efetividade da atuação do Poder Judiciário nos processos de recuperação de empresas.

Em 2019, o CNJ editou a Recomendação nº 58[295], a qual orientou os juízes a encaminhar os litígios de recuperação empresarial para a mediação. O art. 2º prevê algumas situações em que a mediação pode ser aplicada:

- Nos incidentes de verificação de crédito, quanto ao valor do crédito e escolha dos critérios legalmente aceitos para atribuição de valores aos bens gravados com direito real de garantia;
- Na negociação do plano de recuperação judicial;
- Nas disputas entre os sócios/acionistas do devedor;
- Nos casos de concessionárias ou permissionárias de serviços públicos e órgãos reguladores, para pactuar acerca da participação dos entes reguladores no processo;
- E em diversas situações que envolvam credores não sujeitos à recuperação, nos termos do §3º do art. 49 da Lei nº 11.101/2005, ou demais credores extraconcursais.

Os autores Juliana Bumachar e Gustavo Schmidt[296] destacam que a mediação pode contribuir, significativamente, para a elaboração e apresentação de um plano de recuperação mais transparente, realístico, sustentável e

294. CONSELHO NACIONAL DE JUSTIÇA. Portaria Nº 162 de 19/12/2018. Institui Grupo de Trabalho para contribuir com a modernização e efetividade da atuação do Poder Judiciário nos processos de recuperação judicial e de falência. Disponível em: https://atos.cnj.jus.br/atos/detalhar/2787. Acesso em: 27 fev. 2022.

295. CONSELHO NACIONAL DE JUSTIÇA. Recomendação Nº 58 de 22/10/2019. Recomenda aos magistrados responsáveis pelo processamento e julgamento dos processos de recuperação empresarial e falências, de varas especializadas ou não, que promovam, sempre que possível, o uso da mediação. Disponível em: https://atos.cnj.jus.br/atos/detalhar/3070. Acesso em: 27 fev. 2022.

296. SCHMIDT, Gustavo da Rocha; BUMACHAR, Juliana. Como a mediação pode ajudar a recuperação de empresas em dificuldade. *Migalhas*, Migalhas de Peso, 20 mai. 2021. Disponível em: https://www.migalhas.com.br/depeso/345861/como-a-mediacao-pode-ajudar-a-recuperacao-de-empresas-em-dificuldade. Acesso em: 04 fev. 2022.

adequado à realidade dos credores. Além disso, eles ressaltam que o mediador, enquanto facilitador dos conflitos, tem o importante papel de melhorar a comunicação entre as partes, de modo que elas trabalhem em cooperação, a fim de viabilizar a aprovação do plano de reestruturação empresarial.

O art. 3º da Recomendação nº 58 trata também sobre a especialização dos mediadores que atuam nesses casos de recuperação de empresas e orienta para a necessidade de experiência em processos de insolvência e em negociações complexas com múltiplas partes. O art. 5º dessa normativa veda a acumulação das funções de administrador judicial com a de mediador.

A Recomendação nº 71[297], de 2020, previu a criação do CEJUSCs empresariais. A normativa prevê que os tribunais que implantarem esses CEJUSCs terão que providenciar a capacitação específica de conciliadores e mediadores nesta matéria, ou realizar cadastro de câmaras de conciliação e mediação que possuam essa especialização. Além disso, cabe aos tribunais determinar a remuneração e a forma de pagamento dos conciliadores e mediadores empresariais (art. 7º, I e II).

Na mesma linha dessas Recomendações do CNJ, a Lei nº 14.112, de 2020[298], atualizou a regulamentação da recuperação e falência empresarial. A lei criou o regime de pré-insolvência no Brasil, inspirado nos modelos internacionais, e concretizou o apelo em relação à criação de medidas urgentes, voltadas ao enfrentamento da crise decorrente da pandemia.

A referida lei inseriu os artigos 20-A a 20-D na Lei nº 11.101, de 2005[299].

---

297. CONSELHO NACIONAL DE JUSTIÇA. *Recomendação Nº 71 de 05/08/2020*. Dispõe sobre a criação do Centros Judiciários de Solução de Conflitos e Cidadania – Cejusc Empresarial e fomenta o uso de métodos adequados de tratamento de conflitos de natureza empresarial. Disponível em: https://atos.cnj.jus.br/atos/detalhar/3434. Acesso em: 01 fev. 2022.

298. BRASIL. *Lei N. 14.112 de 24 de dezembro de 2020*. Altera as Leis nos 11.101, de 9 de fevereiro de 2005, 10.522, de 19 de julho de 2002, e 8.929, de 22 de agosto de 1994, para atualizar a legislação referente à recuperação judicial, à recuperação extrajudicial e à falência do empresário e da sociedade empresária. Disponível em: http://www.planalto.gov.br/ccivil_03/_ato2019-2022/2020/lei/L14112.htm. Acesso em: 07 fev. 2022.

299. Cf. SALOMÃO, Luis Felipe; COSTA, Daniel Carnio. O que está salvando as empresas? O Brasil foi capaz de achatar a curva de demandas judiciais, adotando políticas públicas tecnicamente adequadas. *Valor Econômico*, Legislação, 11 jan. 2022. Disponível em: https://valor.globo.com/legislacao/coluna/o-que-esta-salvando-as-empresas.ghtml. Acesso em: 09 fev. 2022.

O §1º do art. 20-B prevê a suspensão das execuções por até 60 dias, com o intuito de estimular a tentativa de composição entre o devedor e seus credores. A ideia é que as empresas que ainda tenham condições de renegociar as suas dívidas consigam equalizá-las mediante uma intervenção judicial mínima.

Os resultados positivos dessa medida são percebidos nos países que previram esta suspensão nos seus ordenamentos. De fato, a prática[300] mostra que os credores só participam das negociações quando não conseguem prosseguir com suas execuções individuais.

O deferimento dessa tutela de urgência cautelar depende da efetiva instauração do procedimento de mediação ou conciliação. A doutrina[301] discute o momento em que a instauração desses procedimentos fica caracterizada. A posição que prevalece é a que marca o começo com a expedição da carta-convite aos credores para participarem das sessões, como inclusive restou consignado no enunciado 194 da II Jornada de Prevenção e Solução Extrajudicial de Litígios do CJF.

> ENUNCIADO 194 - No que se refere à comprovação da instauração do procedimento de mediação prevista na Lei n. 11.101/2005, basta a apresentação do convite para a primeira reunião de mediação ou pré-mediação nos moldes previstos na Lei nº 13.140/2015.

O juiz poderá revogar a suspensão das execuções (art. 20-B, §1º) mediante a verificação de que a devedora procrastina ou não promove o efetivo andamento do procedimento de mediação ou conciliação instaurado.

A Lei nº 14.112, de 2020, buscou estimular, de forma inequívoca, a autocomposição coletiva entre o devedor e seus credores no âmbito dos CEJUSCs. O eventual acordo deverá ser homologado pelo juiz competente.

300. COSTA, Daniel Carnio. Conciliações e mediações antecedentes: O sistema brasileiro de pré-insolvência empresarial. *Migalhas*, Insolvência em Foco, 28 set. 2021. Disponível em: https://www.migalhas.com.br/coluna/insolvencia-em-foco/352248/conciliacoes-e-mediacoes-antecedentes. Acesso em: 01 fev. 2022.

301. Idem.

A novação decorrente do acordo entre as partes só se consolida 360 dias após a homologação judicial desse ajuste e desde que a devedora não ajuíze pedido de recuperação judicial ou extrajudicial. Caso a empresa entre em recuperação nesse período, o crédito retornará ao seu valor e às condições originais, deduzidos os montantes já pagos (art. 20-C).

O enunciado 45 da I Jornada de Prevenção e Solução Extrajudicial de Litígios do CJF reconheceu que a mediação e conciliação são compatíveis com a recuperação judicial, a extrajudicial e a falência do empresário e da sociedade empresária, bem como em casos de superendividamento, observadas as restrições legais.

A II Jornada de Prevenção e Solução Extrajudicial de Litígios do CJF aprovou enunciados[302] que trataram de forma mais detida sobre a mediação na recuperação de empresas, além do enunciado 194 supramencionado.

O enunciado 190 dispõe sobre a abrangência do princípio da confidencialidade ao administrador judicial; ao qual só compete a avaliação do acordo firmado entre a empresa devedora e seus credores.

> ENUNCIADO 190 – O princípio da confidencialidade da mediação também se aplica ao administrador judicial, a quem compete avaliar tão somente o resultado das negociações consubstanciadas nos acordos resultantes da mediação levados à homologação em juízo, pedir às partes informações necessárias à sua fiscalização e atentar para que os prazos do art. 20-A da Lei n. 11.101/2005 sejam observados.

A mediação pode precisar envolver a participação de outras pessoas potencialmente afetadas pelo desfecho do caso, inclusive em conflitos empresariais. O convite à participação destes indivíduos, por si só, não implica quebra do dever de imparcialidade do mediador, tal como destacado pela justificativa do enunciado 200.

> ENUNCIADO 200 – O mediador pode consultar os envolvidos sobre a conveniência da participação de outras pessoas potencialmen-

302. Cf. os enunciados n. 190, 194, 200, 201, 202, 218, e 222. CONSELHO DA JUSTIÇA FEDERAL. Op. Cit.

te afetadas pelo resultado final da mediação, sem que tal conduta importe em quebra do dever de imparcialidade.

Justificativa: Em determinadas áreas da mediação, como no direito de família e mesmo na área empresarial, é comum que o conflito submetido à mediação envolva outras pessoas (como parentes, sócios, colaboradores etc.). Dessa forma, para se otimizar o procedimento de mediação, bem como ampliar a chance de que a solução encontrada seja adequada para resolver o conflito, pode o mediador sugerir que os interessados considerem a conveniência de convidar outras pessoas ao processo de mediação. Ao assim agir, não há quebra do dever de imparcialidade.

O enunciado 201 delimitou o papel do mediador na mediação empresarial, excluindo da sua incumbência a avaliação quanto à existência, exigibilidade e legalidade do crédito.

ENUNCIADO 201 – Na mediação antecedente ou durante a recuperação judicial, não cabe ao mediador julgar a existência, exigibilidade e legalidade do crédito. Na mediação em recuperação judicial, todos os participantes, colaborativamente, devem zelar pela observância da ordem de preferência dos créditos e pela verificação de existência, exigibilidade e legalidade dos créditos.

A mediação antecedente à recuperação é tratada pelo enunciado 202. Neste caso, a empresa devedora e seus credores são livres para convencionar acerca das obrigações a serem adimplidas. Tanto é assim que, caso a recuperação judicial seja requerida no período de 360 dias contados do acordo firmado em caráter antecedente, este será considerado sem efeito, conforme prevê o parágrafo único do art. 20-C da Lei nº 11.101, de 2005.

ENUNCIADO 202 – Na mediação antecedente à recuperação judicial, a empresa devedora e seus credores são livres para estabelecer a melhor composição para adimplemento das obrigações.

O princípio da confidencialidade está reforçado no enunciado 218; enquanto o enunciado 222 tem o intuito de estimular a desjudicialização dos conflitos empresariais, tanto na recuperação judicial quanto na extrajudicial, tendo em vista a continuidade da atividade e manutenção das empresas viáveis economicamente.

> ENUNCIADO 218 – O princípio da confidencialidade aplica-se integralmente às mediações empresariais.
>
> ENUNCIADO 222 – O juiz incentivará, com o auxílio do administrador judicial, a desjudicialização da crise empresarial, seja nos processos de recuperação judicial, seja extrajudicial, como forma de encontrar a solução mais adequada ao caso e, com isso, concretizar o princípio da preservação da atividade viável.

II. Casos práticos

O Ato Normativo nº 17, de 2020, do TJRJ[303] previu um Regime Especial de Tratamento de Conflitos para empresas em recuperação judicial e falência (RER). O intuito foi direcionar os processos de recuperação empresarial para uma tentativa de autocomposição entre as partes, em especial daquelas empresas que tiveram sua atividade impactada pela pandemia[304]. Esse Ato Normativo seguiu na mesma linha da Recomendação nº 58 do CNJ.

A própria empresa em reestruturação pode solicitar ao tribunal que encaminhe os processos a uma tentativa consensual. Caso esse requerimento seja aceito, o Núcleo Permanente de Métodos Consensuais de Solução de Conflitos (NUPEMEC) do TJRJ aprova, previamente, a proposta de acordo que a devedora apresentará aos seus credores. Cabe destacar que essa proposta não pode alterar a classificação do crédito disposta na Lei nº 11.101, de 2005.

303. TRIBUNAL DE JUSTIÇA DO ESTADO DO RIO DE JANEIRO. Ato Normativo n. 17 de 23 de junho de 2020. Dispõe sobre a implantação de projeto de Regime Especial de Tratamento de Conflitos relativos à renegociação prévia, à recuperação empresarial, judicial e extrajudicial, e à falência das empresas atingidas pelo impacto da pandemia COVID-19. Disponível em: http://www.tjrj.jus.br/documents/10136/1077812/ato-normativo-tj-n-17-2020.pdf/4ebebb1d-3bfe-6fb0-e42c-7b4ab5f16e42?version=1.0. Acesso em: 08 fev. 2022.

304. TRIBUNAL DE JUSTIÇA DO ESTADO DO RIO DE JANEIRO. Regime Especial de renegociação para empresas atingidas pelo impacto da Covid-19 será implantado no Rio, Notícias, 22 de junho de 2020. Disponível em http://www.tjrj.jus.br/noticias/noticia/-/visualizar-conteudo/5111210/7328589. Acesso em: 05 fev. 2022.

No primeiro semestre de 2021, a FGV Mediação, em parceria com o TJRJ, participou da gestão e condução dos procedimentos de autocomposição em dois Regimes Especiais de Tratamento de Conflitos no âmbito do TJRJ: um envolveu uma empresa do ramo da construção civil e o outro, uma editora.

O RER da construtora, realizado no período de fevereiro a abril de 2021, reuniu 82 processos que geraram 150 sessões de mediação. Alguns casos precisaram de mais de uma sessão para serem encerrados, devido à maior complexidade das propostas. No total, o projeto contou com o engajamento de uma equipe multidisciplinar de seis mediadores, três gestores, além de profissionais de tecnologia. Nesse projeto, as partes e os advogados compareceram em mais de 86% das sessões realizadas.

O RER da editora[305], ocorrido em junho de 2021, foi composto de 30 processos originários de Juizado Especial e outros 22 provenientes de Vara Cível, que resultaram em 52 sessões de mediação. O projeto contou com uma participação significativa dos autores e seus advogados em 75% das sessões e com o envolvimento de três mediadores, dois gestores e profissionais de tecnologia. Os resultados desse RER motivaram um projeto análogo no Tribunal de Justiça do estado de Pernambuco[306].

As sessões de mediação foram realizadas de forma on-line, com apoio de uma plataforma de videoconferência e com o suporte da plataforma e-Nupemec, desenvolvida no âmbito de um acordo de cooperação do TJRJ com a FGV.

O TJRJ realizou uma pesquisa[307] de avaliação do trabalho dos mediado-

---

305. CURY, Cesar; LOSS, Juliana; AMORIM, Aline Rocha Almeida. Reestruturação de empresas via mediação da reorganização de passivo ao aprimoramento da imagem e das relações com clientes e parceiros empresariais. *Migalhas*, Migalhas Consensuais, 17 dez. 2021. Disponível em https://www.migalhas.com.br/coluna/migalhas-consensuais/356735/reestruturacao-de-empresas-via-mediacao-da-reorganizacao-de-passivo. Acesso em: 25 mar. 2022.

306. Cf. *TJPE promove audiências virtuais de conciliação em 30 processos com a Editora Abril*, 4 fev. 2022. Disponível em: http://www.tjpe.jus.br/-/tjpe-promove-audiencias-virtuais-de-conciliacao-em-30-processos-com-a-editora-abril. Acesso em: 25 mar. 2022.

307. TRIBUNAL DE JUSTIÇA DO ESTADO DO RIO DE JANEIRO. Mediações do eNupemec têm aprovação dos usuários. PJERJ, Notícias, 14 abr. 2021. Disponível em: http://www.tjrj.jus.br/web/guest/noticias/noticia/-/

res pelas partes e pelos advogados durante as sessões do RER da construtora. O levantamento destacou que 100% dos participantes entenderam com clareza as explicações sobre o procedimento. Além disso, 98,2% destacaram o acolhimento que tiveram na mediação e 93,5% atestaram a percepção de imparcialidade dos mediadores.

III. Recuperação de empresas, tecnologia e consensualidade

A eficácia da mediação na recuperação de empresas motiva que um número cada vez maior de casos seja submetido às câmaras de mediação. Uma das tendências que despontam é a continuidade da opção pela videoconferência. A realização das sessões de facilitação de forma telepresencial[308], em geral, possibilita uma participação mais ativa de todos os envolvidos no processo, uma vez que tende a otimizar o encontro de uma agenda comum entre as partes. Nesse sentido, a legislação tem reforçado esta possibilidade, o que também contribui para a promoção da acessibilidade[309]. Desde 2020, as sessões de mediação na Câmara de Mediação e Arbitragem da FGV[310] podem ser realizadas on-line.

As empresas também têm optado por sistemas que prevejam um fluxo customizado para a resolução de disputas, com o intuito de aplicar os métodos mais eficientes, considerados o tipo de controvérsia, as demandas da organização e as circunstâncias do caso. Um caso paradigmático que contribui para esta preferência é o da empresa de telefonia Oi[311], a qual criou

visualizar-conteudo/5111210/8023073. Acesso em: 09 fev. 2022.

308. A Resolução n. 354 de 2020 do CNJ define as audiências e sessões telepresenciais como aquelas em que são realizadas em um ambiente físico externo às unidades judiciárias (art. 2º, II). Cf. CONSELHO NACIONAL DE JUSTIÇA. Resolução nº 354 de 19/11/2020. Dispõe sobre o cumprimento digital de ato processual e de ordem judicial e dá outras providências. Disponível em: https://atos.cnj.jus.br/atos/detalhar/3579. Acesso em: 09 fev. 2022.

309. Cf. BRAGANÇA, Fernanda; LOSS, Juliana; DYMA, Maria Fernanda. Mediação online: evolução, tecnologia e desafios de acessibilidade. *In*: VIEIRA, Amanda de Lima *et al.* (Coords.). *Coletânea Estudos sobre Mediação no Brasil e no exterior*, v. 3. Santa Cruz do Sul: Essere nel Mondo, 2020, pp. 163 -174.

310. *Site* institucional FGV Câmara: https://camara.fgv.br. Acesso em: 20 mar. 2022.

311. Cf. LOSS, Juliana; BRAGANÇA, Fernanda. A evolução prática da mediação no âmbito das empresas em

um sistema para tratamento dos conflitos com seus credores decorrentes da sua recuperação empresarial.

A plataforma foi elaborada em parceria com a FGV, contando com o engajamento de profissionais de diversas áreas e com o apoio e participação do Poder Judiciário e do Ministério Público, os quais foram fundamentais para assegurar a credibilidade e segurança jurídica do sistema[312]. A repercussão, a complexidade e o reconhecimento do impacto dos resultados deste sistema, que possibilitou a continuidade das atividades da empresa Oi, motivaram que outras empresas buscassem esse tipo de solução.

O sistema da Oi permitiu que os credores espalhados pelo Brasil e no exterior tivessem acesso à proposta da empresa e participassem das sessões de facilitação. Os principais objetivos atingidos foram a diminuição do passivo de ações judicializadas, a melhora do relacionamento com os parceiros e clientes e a continuidade das operações, não obstante o contexto de reestruturação.

A tecnologia foi um elemento determinante para a reverberação desse caso, pois possibilitou alcançar mais de 87.000 credores. Por meio desse recurso, eles puderam ter contato com representantes da empresa, negociar e receber os valores devidos por ela de uma forma célere e efetiva. O resultado foi a realização de mais de 58.000 acordos, segundo os dados da FGV atualizados em janeiro de 2022.

O Poder Judiciário é um grande estimulador da consensualidade e apoia o uso da tecnologia nesses procedimentos[313]. De fato, os ganhos em relação

dificuldade no Brasil a partir do caso Oi. *Migalhas*, Migalhas Consensuais, 6 ago. 2021. Disponível em: https://www.migalhas.com.br/coluna/migalhas-consensuais/349669/a-evolucao-da-mediacao-no-ambito-das-empresas-em-dificuldade-no-brasil. Acesso em: 09 fev. 2022.

312. Cf. SANTOS, Paulo Penalva. A maior recuperação judicial do país. *Migalhas*, Migalhas de Peso, 28 set. 2020. Disponível em: https://www.migalhas.com.br/depeso/333980/a-maior-recuperacao-judicial-do-pais. Acesso em: 07 fev. 2022.

313. Cf. LONGO, Samantha Mendes. TJ-RJ incentiva acordos com mediação online. *Estadão*, Política, 27 de março de 2019. Disponível em: https://politica.estadao.com.br/blogs/fausto-macedo/tj-rj-incentiva-acordos-com-mediacao-online/. Acesso em: 05 mar. 2022.

ao tempo de duração dos processos de recuperação empresarial, a capacidade de lidar com matérias complexas com a utilização de métodos mais apropriados, a estrita observância da legalidade e do plano de recuperação são resultados que sobressaem em situações de crise e diante da necessidade de redução de contingências judiciais.

Conclusão

A atualização da legislação de recuperação de empresas no Brasil estabeleceu um regime de pré-insolvência, que considerou os parâmetros internacionais mais modernos e incentivou os credores a negociar com a devedora, por exemplo, com a suspensão das execuções individuais. A Lei nº 14.112, de 2020, inovou porque, até então, o movimento de direcionar os processos recuperacionais para a mediação e conciliação tinha característica de diretriz ou recomendação, sem prever medidas que interessassem, concretamente, os credores a buscarem uma autocomposição.

Os resultados, em termos de quantidade de acordos, tempo para encerramento dos processos e comparecimento das partes e dos advogados, são relevantes para que os tribunais continuem a apostar nesses regimes especiais de tratamento de conflitos de recuperação empresarial. Assim, ao mesmo tempo em que os órgãos judiciários cumprem as normas do CNJ, a função social da empresa é destacada, uma vez que o aumento das chances de permanência no mercado reverbera em manutenção dos empregos e outros impactos econômico-financeiros.

A tecnologia é um elemento que tem conquistado cada vez mais notoriedade na resolução dos conflitos. A possibilidade de construir um sistema customizado e a integração institucional com o sistema de justiça conferem robustez e segurança jurídica aos procedimentos consensuais.

Referências bibliográficas

BRAGANÇA, Fernanda; LOSS, Juliana; DYMA, Maria Fernanda. Mediação online: evolução, tecnologia e desafios de acessibilidade. *In*: VIEIRA, Amanda de Lima *et al.* (Coords.). *Coletânea Estudos sobre Mediação no Brasil e no exterior*, v. 3. Santa Cruz do Sul: Essere nel Mondo, 2020, pp. 163 -174.

BRASIL. *Lei Nº 11.101 de 9 de fevereiro de 2005.* Regula a recuperação judicial, a extrajudicial e a falência do empresário e da sociedade empresária. Disponível em: http://www.planalto.gov.br/ccivil_03/_ato2004-2006/2005/lei/l11101.htm. Acesso em: 01 fev. 2022.

BRASIL. *Lei Nº 14.112 de 24 de dezembro de 2020.* Altera as Leis nos 11.101, de 9 de fevereiro de 2005, 10.522, de 19 de julho de 2002, e 8.929, de 22 de agosto de 1994, para atualizar a legislação referente à recuperação judicial, à recuperação extrajudicial e à falência do empresário e da sociedade empresária. Disponível em: http://www.planalto.gov.br/ccivil_03/_ato2019-2022/2020/lei/L14112.htm. Acesso em: 07 fev. 2022.

CONSELHO DA JUSTIÇA FEDERAL. *II Jornada de Prevenção e Solução Extrajudicial de Litígios.* Brasília: CJF, 2021. Disponível em: https://www.cjf.jus.br/cjf/corregedoria-da-justica-federal/centro-de-estudos-judiciarios-1/publicacoes-1/cjf/corregedoria-da-justica-federal/centro-de-estudos-judiciarios-1/prevencao-e-solucao-extrajudicial-de-litigios/?_authenticator=60c7f30ef0d8002d17dbe298563b6fa2849c6669. Acesso em: 03 fev. 2022.

CONSELHO NACIONAL DE JUSTIÇA. *Portaria Nº 162 de 19/12/2018.* Institui Grupo de Trabalho para contribuir com a modernização e efetividade da atuação do Poder Judiciário nos processos de recuperação judicial e de falência. Disponível em: https://atos.cnj.jus.br/atos/detalhar/2787. Acesso em: 03 fev. 2022.

CONSELHO NACIONAL DE JUSTIÇA. *Recomendação Nº 58 de 22/10/2019.* Recomenda aos magistrados responsáveis pelo processamento e julgamento dos processos de recuperação empresarial e falências, de varas especializadas ou não, que promovam, sempre que possível, o uso da mediação. Disponível em: https://atos.cnj.jus.br/atos/detalhar/3070. Acesso em: 01 fev. 2022.

CONSELHO NACIONAL DE JUSTIÇA. *Recomendação Nº 71 de 05/08/2020.* Dispõe sobre a criação do Centros Judiciários de Solução de Conflitos e Cidadania

– Cejusc Empresarial e fomenta o uso de métodos adequados de tratamento de conflitos de natureza empresarial. Disponível em: https://atos.cnj.jus.br/atos/detalhar/3434. Acesso em: 01 fev. 2022.

CONSELHO NACIONAL DE JUSTIÇA. *Resolução Nº 354 de 19/11/2020.* Dispõe sobre o cumprimento digital de ato processual e de ordem judicial e dá outras providências. Disponível em: https://atos.cnj.jus.br/atos/detalhar/3579. Acesso em: 09 fev. 2022.

COSTA, Daniel Carnio. Conciliações e mediações antecedentes: O sistema brasileiro de pré-insolvência empresarial. *Migalhas*, Insolvência em Foco, 28 set. 2021. Disponível em: https://www.migalhas.com.br/coluna/insolvencia-em-foco/352248/conciliacoes-e-mediacoes-antecedentes. Acesso em: 01 fev. 2022.

CUEVA, Ricardo Villas Bôas; COSTA, Daniel Carnio. Os mecanismos de pré-insolvência nos PLs 1397/2020 e 4458/2020. *Migalhas*, Migalhas de Peso, 21 de out. 2020. Disponível em: https://www.migalhas.com.br/depeso/335268/os-mecanismos-de-pre-insolvencia-nos-pls-1397-2020-e-4458-2020. Acesso em: 01 fev. 2022.

CURY, Cesar; LOSS, Juliana; AMORIM, Aline Rocha Almeida. Reestruturação de empresas via mediação da reorganização de passivo ao aprimoramento da imagem e das relações com clientes e parceiros empresariais. *Migalhas*, Migalhas Consensuais, 17 dez. 2021. Disponível em: https://www.migalhas.com.br/coluna/migalhas-consensuais/356735/reestruturacao-de-empresas-via-mediacao-da-reorganizacao-de-passivo. Acesso em: 25 mar. 2022.

FRANÇA. *Loi Nº 2005-845 du 26 juillet 2005 de sauvegarde des entreprises.* Disponível em: https://www.legifrance.gouv.fr/loda/id/JORFTEXT000000632645/. Acesso em: 27 fev. 2022.

LONGO, Samantha Mendes. TJ-RJ incentiva acordos com mediação online. *Estadão*, Política, 27 de março de 2019. Disponível em: https://politica.estadao.com.br/blogs/fausto-macedo/tj-rj-incentiva-acordos-com-mediacao-online/. Acesso em: 05 mar. 2022.

LOSS, Juliana; BRAGANÇA, Fernanda. A evolução prática da mediação no âmbito das empresas em dificuldade no Brasil a partir do caso Oi. *Migalhas*, Migalhas Consensuais, 6 ago. 2021. Disponível em: https://www.migalhas.com.br/coluna/

migalhas-consensuais/349669/a-evolucao-da-mediacao-no-ambito-das-empresas-em-dificuldade-no-brasil. Acesso em: 09 fev. 2022.

PARLAMENTO EUROPEU E DO CONSELHO. *Diretiva 2019/1023 do Parlamento Europeu e do Conselho de 20 de junho de 2019 sobre os regimes de reestruturação preventiva, o perdão de dívidas e as inibições, e sobre as medidas destinadas a aumentar a eficiência dos processos relativos à reestruturação, à insolvência e ao perdão de dívidas, e que altera a Diretiva (UE) 2017/1132* (Diretiva sobre reestruturação e insolvência). Disponível em: https://eur-lex.europa.eu/legal-content/PT/TXT/PDF/?uri=CELEX:32019L1023&from=EN. Acesso em: 27 fev. 2022.

REINO UNIDO. *Corporate Insolvency and Governance Act 2020*. Disponível em: https://www.legislation.gov.uk/ukpga/2020/12/contents/enacted. Acesso em: 27 fev. 2022.

SALOMÃO, Luis Felipe; COSTA, Daniel Carnio. O que está salvando as empresas? O Brasil foi capaz de achatar a curva de demandas judiciais, adotando políticas públicas tecnicamente adequadas. *Valor Econômico*, legislação, 11 jan. 2022. Disponível em: https://valor.globo.com/legislacao/coluna/o-que-esta-salvando-as-empresas.ghtml. Acesso em: 09 fev. 2022.

SANTOS, Paulo Penalva. A maior recuperação judicial do país. *Migalhas*, Migalhas de Peso, 28 set. 2020. Disponível em: https://www.migalhas.com.br/depeso/333980/a-maior-recuperacao-judicial-do-pais. Acesso em: 07 fev. 2022.

SCHMIDT, Gustavo da Rocha; BUMACHAR, Juliana. Como a mediação pode ajudar a recuperação de empresas em dificuldade. *Migalhas*, Migalhas de Peso, 20 mai. 2021. Disponível em: https://www.migalhas.com.br/depeso/345861/como-a-mediacao-pode-ajudar-a-recuperacao-de-empresas-em-dificuldade. Acesso em: 4 fev. 2022.

SERASA EXPERIAN. *Indicadores econômicos*. Disponível em: https://www.serasaexperian.com.br/conteudos/indicadores-economicos/. Acesso em: 03 fev. 2022.

TJPE promove audiências virtuais de conciliação em 30 processos com a Editora Abril, 4 fev. 2022. Disponível em: http://www.tjpe.jus.br/-/tjpe-promove-audiencias-virtuais-de-conciliacao-em-30-processos-com-a-editora-abril. Acesso em: 25 mar. 2022.

TRIBUNAL DE JUSTIÇA DO ESTADO DO RIO DE JANEIRO. *Ato Normativo n. 17 de 23 de junho de 2020*. Dispõe sobre a implantação de projeto de Regime Especial de Tratamento de Conflitos relativos à renegociação prévia, à recuperação empresarial, judicial e extrajudicial, e à falência das empresas atingidas pelo impacto da pandemia COVID-19. Disponível em: http://www.tjrj.jus.br/documents/10136/1077812/ato-normativo-tj-n-17-2020.pdf/4ebebb1d-3bfe-6fb0-e42c-7b4ab5f16e42?version=1.0. Acesso em: 08 fev. 2022.

TRIBUNAL DE JUSTIÇA DO ESTADO DO RIO DE JANEIRO. Regime Especial de renegociação para empresas atingidas pelo impacto da Covid-19 será implantado no Rio, *PJERJ, Notícias*, 22 de junho de 2020. Disponível em: http://www.tjrj.jus.br/noticias/noticia/-/visualizar-conteudo/5111210/7328589. Acesso em: 05 fev. 2022.

TRIBUNAL DE JUSTIÇA DO ESTADO DO RIO DE JANEIRO. Mediações do eNupemec têm aprovação dos usuários. *PJERJ, Notícias*, 14 abr. 2021. Disponível em: http://www.tjrj.jus.br/web/guest/noticias/noticia/-/visualizar-conteudo/5111210/8023073. Acesso em: 09 fev. 2022.

PARTE 4

Novos caminhos e experiências diferenciadas

Justiça compassiva: a mediação como caminho para a consensualidade nas disputas empresariais

Ana Paula Araújo Holanda, Ana Beatriz Assis Pereira e Jéssica Araújo da Silva[314]

Introdução

Em um contexto social no qual o Estado é considerado como um dos maiores litigantes do país, faz-se necessário refletir acerca da prestação jurisdicional e a efetividade da justiça. De acordo com o Relatório *Justiça em Números 2021*, desenvolvido pelo Conselho Nacional de Justiça (CNJ), no ano de 2020, a cada 100 mil habitantes, 10.675 ingressaram com uma ação judicial, levando em consideração os processos de conhecimento e de execução de títulos extrajudiciais (CNJ, 2021, p.111).

314. Ana Paula Araújo Holanda é professora de Direito da Universidade de Fortaleza-UNIFOR. Doutora em Direito pela URV e mestre em Direito pela UFC. Especialista em Direito Público pela UFSC. Conselheira Federal da OAB-CE. Secretária da Comissão Nacional de Educação Jurídica da OAB. Presidente da Associação Brasileira das Mulheres de Carreira Jurídica - Ceará (ABMCJ-CE). Vice-presidente do Instituto dos Advogados do Ceará - IAC. Presidente da Comissão de Práticas Colaborativas da OAB-CE. Presidente da Comissão de Práticas Colaborativas do IAB. Advogada colaborativa. Mediadora judicial e extrajudicial.

Ana Beatriz Assis Pereira é graduada em Direito pela UNIFOR. Advogada. Pesquisadora de Práticas Colaborativas com TCC aprovado com nota 10, com o tema "Análise das Práticas Colaborativas no Contexto do Divórcio: um Estudo Fílmico de História de um Casamento", sob a orientação da Profa. Dra. Ana Paula Araújo Holanda. Membra da Comissão Especial de Práticas Colaborativas da OAB-CE.

Jéssica Araújo da Silva é advogada especialista em Direito Público. Professora de Direito da UNINASSAU Maracanaú. Membra efetiva da Comissão de Educação e Cidadania da OAB-CE. Pesquisadora em Direitos Humanos e Métodos Alternativos de Resolução de Conflitos. Mediadora judicial e extrajudicial. Instrutora e facilitadora de práticas restaurativas.

Assim, o presente artigo tem como objetivo refletir acerca do princípio do Acesso à Justiça e sua aplicação nas disputas empresariais, uma vez que cabe ao Estado solucionar os conflitos e permitir a cidadania através da Justiça Social. Além de promover meios para a consumação de uma ordem jurídica justa (WATANABE, 2019, p.3), tendo como pressuposto o acesso efetivo à justiça em sua dimensão judicial e extrajudicial.

Nesse sentido, os meios consensuais de resolução de conflitos surgem como medida para os profissionais do Direito, sobretudo os advogados, que visam à defesa de seus clientes, distinguindo casos em que a aplicação do modo litigioso é tão desgastante e ineficiente para se alcançar o direito pretendido como tutela. Outrossim, ressalta-se que, em algumas situações, o caminho possível é o Poder Judiciário, mas a busca inicial é pelo diálogo e consensualidade. Assim explicita Sadek (2014, p. 65) quando diz:

> O Poder Judiciário não possui o monopólio da efetivação dos direitos e da resolução de conflitos. Não é a única porta de acesso à justiça. Outros espaços têm se constituído para a garantia de direitos e para a solução de controvérsias. Dentre essas instituições, deve-se citar o Ministério Público, a Defensoria Pública, além das organizações erigidas a partir de princípios orientados pela pacificação, como a conciliação, a mediação e a arbitragem.

Ademais, ressalta-se que as numerosas demandas judiciais retardam o andamento efetivo dos processos, fazendo com que o direito não seja bem atendido. De igual forma, impossibilita os profissionais de desenvolverem um olhar atento às peculiaridades dispostas em cada ação judicial.

Desse modo, algumas áreas do Direito exigem, por sua natureza, uma atenção redobrada, quer seja dos funcionários a serviço da justiça (magistrados, servidores, conciliadores e mediadores); quer seja do patrono do indivíduo que solicita representação frente a uma disputa por direito. Isto se dá em razão da especificidade dos resultados que surgem destes assuntos ao final da resolução conflituosa.

O estabelecimento de uma nova relação do advogado com o cliente, pautada no desenvolvimento de habilidades interpessoais (*soft skills*), permite a construção de confiabilidade, perceptividade, empatia, receptividade e flexibilidade na condução dos conflitos, o que pode ser aplicado na área empresarial, na qual essas habilidades[315] e esses valores devem ser exercidos para com colaboradores e clientes.

1. O princípio do acesso à justiça

A Constituição Federal de 1988, por meio do seu artigo 5°, inciso XXXV, aborda o princípio do Acesso à Justiça, como forma de garantir e proteger qualquer lesão ou ameaça ao direito, devendo o Estado, através do Poder Judiciário, oferecer o acesso à prestação jurisdicional.

No entanto, apesar da positivação, existem obstáculos financeiros e socioculturais que dificultam o acesso à justiça de maneira igualitária. Além da burocracia e do tecnicismo do Poder Judiciário, que, com sua morosidade, contribui para a procura de outras formas extrajudiciais de solucionar a demanda.

Para Mauro Cappelletti e Bryant Garth, autores do livro *Acesso à Justiça*, existem três ondas renovatórias para o acesso à justiça, quais sejam: a primeira refere-se ao rompimento da barreira financeira, com a promoção da assistência judiciária gratuita; a segunda está relacionada com a representação em juízo dos interesses difusos, como o direito do consumidor e o ambiental; e, por fim, a terceira tem como objetivo promover melhores técnicas processuais e preparar os operadores do Direito para aplicá-las, conforme expresso abaixo:

> El reciente despertar del interés por el acceso efectivo a la justicia ha creado tres enfoques básicos en los países de cultura occidental.

---

315. Ver: WORLD ECONOMIC FORUM. *The Future of Jobs*. 2016. Disponível em: http://www3.weforum.org/docs/WEF_Future_of_Jobs.pdf. Acesso em: 20 dez. 2017.

> Desde cerca de 1965, estos enfoques han surgido más o menos en secuencia cronológica. Podemos decir, en general, que la primera solución al acceso, la "primera ola" de este nuevo movimiento, fue el asesoramiento legal; la segunda trató de las reformas cuyo objeto era dar representación legal a los intereses "difusos", especialmente en los ámbitos de protección al consumidor y protección ambiental, y la tercera y más reciente es la que proponemos denominar simplemente enfoque del acceso a la justicia, puesto que incluye los enfoques anteriores y va mucho más allá, 34 representando así un intento de atacar las barreras al acceso en una forma más articulada y completa. (CAPPELLETTI, 1996, p.24)

Desta forma, podemos perceber que a terceira onda se refere à efetividade do processo, uma vez que ocorre a insatisfação da prestação jurisdicional pelo constituinte, vindo a buscar novas maneiras de solucionar seus dilemas, evidenciando, assim, a existência e procura de meios de resolução de conflitos.

Para Holanda e Nobre (2020, p. 218), os métodos autocompositivos de resolução de conflitos e o manejo adequado e criativo buscam a construção do consenso com a participação ativa e propositiva das partes envolvidas. O giro epistemológico proposto à luz do conceito ampliado do acesso à justiça instiga a busca incessante de um desenho criativo e específico para aquela controvérsia.

O transbordamento da via judicial fez eclodir as chamadas ondas de Cappelletti e compeliu a sociedade e os profissionais do Direito a um modelo dialógico e colaborativo de fazer justiça, pois as partes envolvidas passam a ser os protagonistas do processo, quer indivíduo X indivíduo ou indivíduo X empresa ou empresa X empresa. O século XXI volta-se à disseminação da cultura do respeito e da emancipação do ser humano através de sua autonomia frente ao poder decisório do Estado. Temos assim um novo posicionamento do Acesso à Justiça, com múltiplos caminhos para as soluções das disputas, a partir da compreensão de que a justiça pode e deve ser compassiva e dialógica. Os meios de solução de disputas se constituem em um cardápio compassivo, eclético e plural, no qual se deve fazer um filtro inicial, para, em colaboração com as partes, decidir qual meio é o mais adequado para o caso em tela.

2. Os meios consensuais de resolução de disputas

Desde as mais remotas civilizações, pode-se perceber formas de resolução de disputas. A primeira delas se dá pela autotutela, na qual, pelo uso da força, as partes envolvidas no conflito satisfaziam sua pretensão. Com o passar dos anos, surgiu a autocomposição: por meio da negociação direta com o(s) envolvido(s) na disputa de interesses, abria-se parte da sua pretensão para solucionar seus dilemas de três formas: a desistência do conflito; a renúncia à pretensão e à transação; e as concessões recíprocas das partes.

Logo depois, inicia-se a heterocomposição, na qual um terceiro, o Estado, passa a ser o árbitro dos conflitos para garantir a ordem social e elucidar os litígios. No entanto, percebe-se que, com o passar do tempo, a humanidade não consegue efetivar seus interesses com a procura do Estado, buscando novas formas de solucionar os seus dilemas. Assim, veremos os principais meios utilizados para acessar a justiça ampliarem-se e garantirem a participação integral dos indivíduos envolvidos na disputa. O cardápio de opções para resolução de conflitos transcende o espaço judicial e visa oferecer diversos caminhos dialógicos e não excludentes entre si.

2.1 Negociação

É uma das formas de autocomposição de litígios, em que as partes diretamente envolvidas na disputa resolvem seus dilemas através do diálogo, priorizando a boa-fé dos indivíduos para firmar um acordo, o qual pode se dar de maneira contratual ou verbal, direta ou indireta.

O objeto da lide na negociação é aquele sobre o qual as pessoas têm condições de dialogar e chegar a um consenso. Para Holanda e Nobre (2020, p.212), o negociador pode ser, ainda, um terceiro neutro com domínio do assunto e nomeado por ambas as partes, que estabelecerá propostas em consonância com o objetivo de pacificar o litígio e satisfazer os envolvidos na disputa.

2.2 Conciliação

Uma outra maneira de resolver dilemas é pela via da conciliação, um meio heterocompositivo, em que um terceiro imparcial, chamado conciliador, realiza propostas para as partes envolvidas na disputa, visando sanar o litígio e satisfazer os envolvidos.

De acordo com o entendimento de Antonio Cintra, Ada Pellegrini e Cândido Dinamarco, a conciliação pode se dar de duas formas: a extraprocessual, que ocorre antes do ajuizamento da ação, e a endoprocessual, realizada no trâmite da ação no Poder Judiciário, conforme citação abaixo:

> A conciliação pode ser extraprocessual ou endoprocessual. Em ambos os casos, visa induzir as próprias pessoas em conflito a ditar a solução para a sua pendência (...) Tratando-se de conciliação endoprocessual, pode-se chegar à mera desistência da ação, ou seja, revogação da demanda inicial para que o processo se extinga sem que o conflito receba solução alguma. (CINTRA; GRINOVER; DINAMARCO, 2013, p. 36)

Destaca-se que a conciliação difere da mediação pela forma como o terceiro imparcial se posiciona no decurso da prática, realizando propostas, bem como focando no acordo, e não nos sentimentos e relacionamentos das partes envolvidas no litígio.

2.3 Práticas colaborativas

Dentre as formas consensuais de resolução de disputas, as práticas colaborativas são utilizadas para atenuar e trazer nova perspectiva para o desfecho do processo. Como método, foi desenvolvido inicialmente para casos de divórcio, mas atualmente tem sido utilizado nas relações contratuais e de empresa. Sua escolha significa nova metodologia capaz de empregar o que o modo litigioso não alcança, uma vez que se debruça sobre compatibilizar um acordo entre as partes envolvidas e pela busca da fuga das desastrosas heranças deixadas comumente pela separação judicial. O cerne está em promover a mudança da perspectiva adversarial das individualidades, até que a postura defensiva e a resistência da tomada de decisões, bem como as reações diante de um conflito, sejam minimizadas. Isso faz com que o olhar para o outro seja empático, claro e prático, ao invés de aplicar o julgamento (ROSENBERG, 2006).

O surgimento da metodologia colaborativa deu-se em meados de 1990 nos Estados Unidos, por meio do advogado Stuart Webb. A perspicácia de Webb enxergou que o conflito familiar envolvendo o divórcio haveria de ser trabalhado com abrangência de acordos e decisões discutidas entre as partes. Assim, permitia-se a aproximação entre os indivíduos para a abertura ao diálogo e exposição de ideias sobre o conflito. Desse modo, buscava-se a minimização dos danos afetivos e até patrimoniais que recaíam sobre seus clientes, observando a desvantagem para todos ao seguir e defender o meio contencioso.

Nesse mesmo período, a psicóloga Peggy Thompson, que trabalhava com casais na busca pela melhora em seus relacionamentos e com o propósito de evitar o divórcio, igualmente se dedicava a assistir as crianças cujos pais estavam disputando guarda judicial, na tentativa de melhor adaptá-los ao novo arranjo familiar, permanecendo com vínculos afetivos saudáveis.

É comportamento habitual de quem passa por um conflito e que exija, pelas condições mais delicadas, acompanhamento de um advogado, até culminar em uma decisão judicial, o recurso a esse sistema.

Isto se dá pela simples dedução de que os indivíduos geralmente possuem uma carga emocional considerável quando se trata de seus problemas, o que os faz entregar a decisão final sobre a natureza conflituosa nas mãos de terceiros, para não ter de lidar com as consequências.

No entanto, observando o caráter negativo da forma como o conflito era conduzido nos tribunais, verificou-se a dificuldade em construir uma relação saudável entre as partes após o fim do conflito. Stuart Webb concluiu que

> mesmo nos casos que se obtinha êxito nas causas de seus clientes, estes nunca ficavam realmente felizes, pois logo percebiam que nos processos litigiosos de natureza familiar não existem vencedores – todos perdem. (INSTITUTO DE PRÁTICAS COLABORATIVAS, 2021)

Assim, compreender a funcionalidade das práticas colaborativas requer o entendimento, inicialmente, do que trata essa metodologia:

> [...] consiste em um procedimento extrajudicial sigiloso e não adversarial de resolução de conflitos, de caráter voluntário, sem intervenções de terceiros, nos quais as partes e seus advogados, que se vinculam ao procedimento, buscam, de boa fé e colaboração mútua, a solução real do conflito. (MAZIERO, 2016, p. 38)

As práticas colaborativas possuem os seguintes pilares:

I. Cláusula de não litigância;
II. Intervenção multidisciplinar (como foco principal: emocional, psicológica, financeira);
III. Retirada da equipe (caso não haja acordo).

Portanto, as práticas colaborativas, com seus múltiplos olhares profissionais, também se adequam à área empresarial, pois buscam, com a intervenção dos olhares jurídico, psicológico e financeiro, o desenho de soluções criativas para a disputa em questão.

2.4 Mediação de conflitos

Desde a antiguidade, a mediação de conflitos é um dos métodos mais utilizados. De acordo com Adolfo Braga Neto, as origens da mediação de conflitos remontam a tempos antigos. Confúcio, no ano 700 a.C, já utilizava este meio para garantir a ordem social e fundamentar as regras morais entre os homens por meio da palavra. Defendia, ainda, que a harmonia entre as pessoas só seria alcançada quando houvesse respeito às individualidades, que é uma das principais bases deste método de resolução de conflito (BRAGA NETO, 2010).

Assim, a mediação se difundiu por diversos lugares, sendo adaptada de acordo com a cultura de cada país. No Brasil, temos três tipos de mediação, conforme as palavras da professora Ana Karine Miranda:

> A mediação sedimentada no Brasil encontra-se subdividida em três tipos: a comunitária (caracterizada pelo atendimento gratuito e trabalho voluntário dos mediadores), a institucional (realizada por pessoas jurídicas de direito privado que podem cobrar pelos serviços) e a independente (realizada por particulares especializados na prática da mediação). (MIRANDA, 2012, p.17)

Com o surgimento dessas três formas, a mediação se consolidou em diversos espaços, tais como a área empresarial, família, comunidade, Judiciário, dentre outros. O Poder Judiciário, através da Resolução n° 125 do CNJ, instituiu a prática dentro do processo judicial, tendo fundamentado ainda o instituto pelo Código de Processo Civil de 2015, que prevê as audiências de mediação antes do julgamento da lide.

A Lei Federal n° 13.140, de 2015, regulamentou a mediação realizada por particulares e a administração pública, aduzindo sobre os princípios, objetivos e a forma de condução do método, permitindo, ainda, a utilização da mediação em âmbito comunitário e escolar.

Quanto ao conceito da mediação de conflitos, Warat (1998, p. 31) nos ensina que a mediação é

> um processo de reconstrução simbólica do conflito, no qual as partes têm a oportunidade de resolver suas diferenças reinterpretando, no simbólico, o conflito com o auxílio de um mediador, que as ajuda, com sua escuta, interpretação e mecanismos de transferência,

> para que elas encontrem os caminhos de resolução, sem que o mediador participe da resolução ou influa em decisões ou mudanças de atitude (nisso se baseia sua imparcialidade, é imparcial porque não resolve nem decide).

Portanto, a gestão adequada do conflito deve utilizar a escuta empática e ativa, objetivando facilitar o diálogo e a recolocação do conflito entre as partes, em que todos os entes ganham.

O ofício do mediador é pautado em um modelo transformativo de conflito, tendo como foco a desdramatização das disputas, uma vez que neste método o importante são os sentimentos e as necessidades das partes envolvidas na lide.

3. Tessituras contemporâneas locais e nacionais de mediação empresarial

Uma vez analisados os mais usuais métodos de resolução consensual de disputas no Brasil, demonstra-se que, na verdade, a utilização destes métodos se constitui numa evolução do próprio sistema jurídico, que, com a adesão de novas metodologias, permitiu a aplicabilidade ampliada da consensualidade na solução de conflitos e em especial nos conflitos empresariais. Segundo Freire e Braga Neto (2019, p. 21), a mediação se apresenta como uma ferramenta muito útil à vida da empresa, tanto para a formação e o aprimoramento de suas estruturas internas, quanto do que se denominou de consciência empresarial.

A partir de 2010, com a Resolução n° 125 do CNJ, ocorre a institucionalização da política nacional de tratamento adequado de conflitos de interesses, uma verdadeira ruptura epistemológica nos caminhos para resolução dos conflitos. Essa iniciativa impeliu todos os tribunais a criar os Núcleos Permanentes de Métodos Consensuais de Solução de Conflitos, fixou os parâmetros para a capacitação e ética dos mediadores e conciliadores e instituiu o Cadastro Nacional de Mediadores e Conciliadores. Ressalta-se que a atuação de mediadores extrajudiciais no Brasil já data do final do século passado.

No âmbito empresarial, podemos utilizar os métodos consensuais de resolução de conflitos para solucionar disputas no âmbito extrajudicial ou até mesmo judicial. Nesse cenário, será necessária uma atuação que envolva todos os atores nele inseridos, desde as próprias partes envolvidas diretamente no contexto conflituoso – que devem atuar de forma diligente, equilibrada, espontânea, com abertura ao diálogo – até os profissionais que desempenham papel imprescindível ao guiar estas resoluções de disputas.

Para enfatizar a abrangência trazida pelos fundamentos da mediação, propõe Barbosa (2015, p. 61):

> a linguagem ternária representa a concretude da filosofia da discussão (Habermas), em que tudo se constrói pela comunicação, pelo diálogo, pela ética da discussão.

Logo, a caracterização da conversa guiada por mediadores implementa a principiologia da participação dos indivíduos de forma envolvente e assertiva.

Cabe salientar que uma das características da mediação, e em especial a empresarial, é a atuação de forma autônoma das partes, de modo que se insiram no conflito como protagonistas. Por vezes, precisam ser guiados pela habilidade do mediador, cuja postura deve ser empática, transparente e envolver a aplicação de uma comunicação não violenta. Tal postura se caracteriza pela escolha de trazer o melhor lado à tona no momento crucial de decidir sobre questões fundamentais do conflito, ou o lado positivo, o qual vem cercado de compreensão, respeito e compaixão com o outro e seus sentimentos e opiniões, ao invés de agir tomado pelo impulso egoísta e agressivo (ROSENBERG, 2006, p. 18).

Segundo Feitosa e Pontes (2019, p. 230), a empatia é o primeiro aspecto a ser analisado no intuito de formatar práticas inovadoras e eficazes para a gestão adequada dos conflitos empresariais. A partir de uma escuta ativa, é possível colaborar na construção criativa para resolução da controvérsia empresarial. O manejo adequado do conflito é favorecido por um diálogo compassivo, rico em trocas de experiências e de sentimentos, para que se proponha o "colocar-se no lugar do outro", a empatia. Consequentemente, há uma franca possibilidade de se erguer uma ponte entre os envolvidos, com a qual o acordo fluiria de modo menos agressivo e dispendioso.

Com foco em resguardar tudo aquilo que será discutido no conflito, as empresas têm optado pela mediação em face da cláusula de confidencialidade, com a qual se assegura o compromisso das partes e dos mediadores em manter em sigilo as informações do processo.

A criação de um ambiente pautado na segurança dos dados trocados contribui de forma direta para promover a abertura da fala e da tomada de decisões dos participantes, quer em situação de conflito internos da empresa, quer em situações externas à empresa (com clientes, fornecedores, parceiros ou o próprio Estado).

Depreende-se que o alcance da mediação, como uma forma equilibrada na construção de um acordo, permite que os desgastes emocionais e exposições na sociedade – situação que por vezes prejudica a imagem da empresa – sejam minimizados e tenham seus custos reduzidos, tanto no campo emocional, quanto no campo financeiro.

Ademais, as despesas patrimoniais também poderão ser reduzidas, uma vez que os trâmites são desembaraçados pela facilidade do diálogo entre as partes, que decidem de forma assertiva sobre divisões de patrimônio, criando uma esfera harmônica.

A busca da solução do conflito, baseada nos interesses das partes, também se consagra como princípio basilar. Os conflitantes são instigados a se tornarem protagonistas de seus problemas, para assim tomarem as próprias decisões, pois somente eles compreendem a importância daquilo que estão enfrentando. Apesar de o litígio não ser totalmente excluído da prática da mediação – tendo em vista que, se não for possível o acordo, podem as partes envolvidas litigar sua demanda –, o percentual de êxito na mediação empresarial é bastante expressivo, pois de certa forma a empresa se blinda de uma possível exposição pública.

Para Reis (2019, p. 30), olhar a mediação leva a quebrar

> o modelo adversarial e competitivo das sociedades e dos relacionamentos que estabelecemos e demonstrando a interdependência de pessoas e organizações.

Esta prática desperta nas partes o foco na colaboração e no diálogo, nos quais as necessidades de ambas as partes devem ser contempladas.

Warat (1998) nos provoca a refletir, ao explicitar que o caminho do contencioso traz consigo profundas violações, pois, ao decidir, o juiz resolve sobre duas violências e gera, com a dele, uma terceira. Portanto, o caminho da consensualidade e, acima de tudo, da extrajudicialidade, é a forma mais efetiva de resolução de conflitos. A atuação judicial será sempre baseada na lei e no que "proposto"/demonstrado nos autos do processo pelas lentes das partes, a partir do lugar de fala de cada um, ou seja, a partir da parcialidade de cada um. Assim, o juiz decide com fundamento parcial também.

Neste sentido, autores como Braga Neto (2017) e Warat (2001) nos conduzem a entender a mediação como um processo dialógico e pedagógico, no qual as partes envolvidas são convidadas a se ouvir e a revisitar o conflito um a partir da escuta do outro, de modo afetivo e colaborativo.

3.1 Exemplos de instituições e institutos jurídicos com foco na mediação empresarial no âmbito nacional e no Ceará

A Confederação das Associações Comerciais e Empresariais do Brasil (CACB)[316] tem seu nascedouro na Associação Comercial da Bahia, cuja pedra fundamental data de 1811, tendo sido inaugurada em 1816 e reunindo

316. Ver: https://cacb.org.br/conheca-a-cbmae/cbmae/. Acesso em: 13 mar.2022.

hoje mais de 2.300 associações comerciais e empresariais (ACEs) em todo o país. A CACB, em 19 de agosto de 1996, criou a Corte Brasileira de Arbitragem Comercial (CBAC), hoje denominada Câmara Brasileira de Mediação e Arbitragem Empresarial (CBMAE), que vem atuando fortemente na disseminação da cultura dos métodos extrajudiciais de solução de conflitos (MESCs), com foco na mudança da cultura do litígio para a cultura do tratamento adequado dos conflitos junto aos empresários. Atualmente, há uma parceria entre a CBMAE e o Serviço Brasileiro de Apoio às Micro e Pequenas Empresas – SEBRAE para atuação junto às micro e pequenas empresas.

Em Portugal, há o Instituto de Apoio às Pequenas e Médias Empresas e ao Investimento – IAPMEI, equivalente ao SEBRAE. Segundo Reis (2019, p.25-26), tem competência para auxiliar as pequenas e médias empresas que se encontrem em situação de dificuldade econômica, dispondo do mediador de recuperação de empresas com a missão de facilitar o diálogo e construção do acordo e assim "desenvolver o processo de negociação com os seus credores (...)." Depreende-se a fortaleza da política da consensualidade na área dos conflitos de empresa.

O Poder Público Federal instituiu sua Câmara de Mediação e de Conciliação da Administração Pública Federal – CCAF/AGU, com foco na autocomposição, a partir da prevenção e solução consensual de conflitos que envolvam órgãos públicos federais, autarquias ou fundações públicas federais. Visa auxiliar as partes envolvidas na tomada de decisão por meio da consensualidade. A mediação neste espaço ganha contorno de relevância por facilitar a pacificação dos conflitos Estado X Empresas, que de modo dialógico têm utilizado espaço autocompositivo com segurança e exequibilidade de tempo na construção do acordo.

O Estado do Ceará, através do Decreto nº 33.329, de 04 de novembro de 2019, instituiu a criação da Câmara de Prevenção e Resolução de Conflitos – CPRAC no âmbito da Procuradoria Geral do Estado do Ceará, fato que conduz a um novo olhar por parte do Poder Público e dos demandados em conflitos fazendários ou de ordem econômica face ao Estado. Através do art. 20B, o referido decreto estabelece os limites de atuação da Procuradoria de Atuação Fiscal Estratégica:

> I - atuar junto à Procuradoria da Dívida Ativa e a Procuradoria Fiscal em questões estratégicas nos processos judiciais e administrativos referentes a grandes devedores ou com temas relevantes, definidos como prioritários mediante critérios fixados em portaria do Procurador-Geral do Estado;
>
> II - atuar juntamente ao Ministério Público Estadual, à Secretaria da Fazenda Estadual e outros órgãos e entes no combate à sonegação fiscal;
>
> III - colaborar com a representação da Procuradoria-Geral no Distrito Federal, em ações e questões estratégicas nos processos judiciais de temas fiscais relevantes no âmbito de tribunais superiores ou referentes a grandes devedores definidos como prioritários pelo Procurador-Geral do Estado;
>
> IV - sugerir a adoção das medidas necessárias à pronta adequação das leis e dos atos normativos da Administração Estadual em assuntos pertinentes à atuação fiscal relevante e estratégica deste órgão; (...)

Fato que já vem sendo gestado quando o Estado do Ceará baixou o Edital Nº 001/2021 – SEFAZ/CE, de 20 de maio de 2021, para concurso de auditor fiscal da receita estadual e incluiu no rol de conteúdos de conhecimento específicos para a função a Lei nº 13.140/2015 (Lei de Arbitragem, Mediação e Conciliação). Sinaliza assim o novo entendimento do Poder Público do Ceará, instiga um perfil fazendário com foco na consensualidade e cria um espaço dialógico do Estado com pessoas físicas e jurídicas.

O relatório *Justiça em Números* de 2021 (CNJ, 2021, p. 273) aduz que em 2020 foram demandados na justiça de 1º grau 2.155.772 processos relacionados às questões de rescisão do contrato de trabalho e verbas rescisórias, bem como 1.655.989 demandas referentes a responsabilidade de fornecedores e dano moral nas relações de consumo.

Conforme o relatório supramencionado (p. 191-194), o índice de questões ligadas à mediação e à conciliação, a título de uma breve análise da política nacional de consensualidade do CNJ, informa que em 2020 havia 1.382 CEJUSCs instalados na Justiça Estadual. Esse quantitativo tem evoluído a cada ano: em 2014, eram 362 CEJUSCs; em 2015, a estrutura cresceu em 80,7% e avançou para 654 centros; em 2016, o número de unidades aumentou para 808; em 2017, para 982; e em 2018, para 1.088.

O relatório *Justiça em Números* nos traz uma reflexão interessante, pois a Justiça Trabalhista é a que mais registra conciliação e tem o indicador de soluções em 23% de seus casos por meio de acordo, proporção que aumenta para 44,8% quando o foco de análise é apenas a fase de conhecimento de primeiro grau.

Na fase de conhecimento dos juizados especiais, o índice de conciliação foi de 15,8%, sendo de 17,7% na Justiça Estadual e de 11,6% na Justiça Federal. Nos juizados especiais, a conciliação é um pouco mais frequente que na justiça comum, que alcança 12,5% na Justiça Estadual e apenas 2,2% na Justiça Federal.

Esta pequena amostragem do *Justiça em Números* nos promove uma reflexão positiva do crescimento da cultura da consensualidade no âmbito judicial. E traz à tona a afirmação de que as áreas não contratuais (consumidor, trabalhista, civil) têm um pendor maior ao consenso. E é nesta área que se inserem as empresas.

O breve relato de instituições, espaços de consensualidade e números oficiais da rede do sistema de justiça nos indicam o crescimento da cultura do acordo e em especial a evolução positiva de instituições vocacionadas para a cultura do consenso com foco nas empresas, quer no espaço público ou privado, no âmbito nacional e no estado do Ceará.

Considerações finais

O eixo central deste trabalho prende-se à aplicação da mediação nos conflitos empresariais, no âmbito interno ou externo às empresas, com foco na propositura de uma justiça compassiva. Perpassou-se por uma breve análise do surgimento do Estado de Direito e de seus influxos na concretização do acesso à justiça.

Demonstrou-se o esgotamento da via judicial e as ondas que deste processo histórico eclodiram e impulsionaram as pessoas físicas e jurídicas a buscar novos desenhos para solucionar suas disputas de modo autônomo e soberano. Faz-se necessária a disseminação da cultura dialógica, que impulsione a emancipação dos envolvidos nos conflitos através do despertar das múltiplas possibilidades de solução para as disputas, um verdadeiro cardápio compassivo.

O atual contexto do Poder Judiciário caracteriza-se por um enorme volume de processos e a consequente demora do sistema judicial na resolução das demandas, e por vezes a própria vocação dos profissionais em decidir sem incluir as partes envolvidas. Isso impede o olhar cauteloso sobre os casos que necessitam de análise compassiva e colaborativa, para assim efetivar o tratamento adequado na resolução dos conflitos empresariais.

Seja por sua complexidade, por necessidade de domínio específico da demanda ou pela indispensável confidencialidade, faz-se imperiosa a busca por meios consensuais, em especial a mediação, que estabelece a perfeita sinergia entre as partes envolvidas e o despertar do outro.

O sistema de justiça, na maioria das vezes, não contempla em suas sentenças os reais interesses das partes, ou seja, decide, mas não põe termo à disputa. As partes permanecem insatisfeitas.

É preciso apoiar e disseminar meios plurais e autônomos do sistema judicial. Deve-se provocar na sociedade uma reprogramação mental dos profissionais do Direito e das partes que se socorrem destes profissionais. A educação jurídica precisa se redesenhar de modo colaborativo e dialógico para assim aplicar na prática suas novas diretrizes e instigar seus corpos discente e docente a um olhar menos adversarial e mais consensual, a partir das competências elencadas pelo Fórum Econômico Mundial.

A habilidade da negociação é um dos maiores focos nas atividades profissionais, quer no âmbito das relações privadas, quer no âmbito das públicas. Os conflitos empresariais normalmente são de extrema complexidade e requerem um espaço de cooperação entre os envolvidos, e é na mediação que se encontra o campo fecundo para a resolução de problemas complexos.

O giro epistemológico proposto à luz do conceito ampliado do acesso à justiça instiga a busca incessante de um desenho criativo e específico para aquela controvérsia. O atual Estado de Direito precisa se reinventar e estabelecer com o cidadão políticas públicas de empoderamento de todos numa construção dual e ampla para prevenção de conflitos, bem como pensar na intersolidariedade entre os povos.

Com o presente estudo, foi possível observar que a escolha pela mediação na condução dos conflitos empresariais é, quando cabível, assertivamente benéfica para todos os envolvidos. Ademais, o estabelecimento do pacto colaborativo e dialógico é tarefa que permite proximidade entre as partes, o que amplia/reposiciona o conflito, pois na maioria dos casos há uma necessária continuidade da relação.

A modelagem aqui proposta inclui, para além da técnica da mediação como um real caminho para a solução de conflitos de natureza empresarial, quer judicial ou extrajudicial, a utilização da compassividade em suas tessituras com gentileza, afeto, transparência e comunicação plenos em todo o processo de construção do consenso.

Referências bibliográficas

BARBOSA, Águida Arruda. *Mediação familiar interdisciplinar*. São Paulo: Atlas, 2015.

BRAGA NETO, Adolfo. Mediação de Conflitos: Princípios e Norteadores. *Revista da Faculdade de Direito UniRitter*, vol.1, p.20-21, nov. 2010.

BRAGA NETO, Adolfo. *Mediação: uma experiência brasileira*. São Paulo: CL-A, 2017.

BRASIL. *Constituição da República Federativa do Brasil*. Saraiva: São Paulo, 2008. Disponível em: <http://www.planalto.gov.br/ccivil_03/constituicao/constituicao.htm>. Acesso em: 01 mar. 2022.

CAPPELLETTI, Mauro; GARTH, Bryant. *El acceso a la justicia: la tendencia en el movimiento mundial para hacer efectivos los derechos*. México: Fondo de Cultura Económica, 1996.

CEARÁ. *Decreto N. 33.329*, de 04 de novembro de 2019. Disponível em: < file:///C:/Users/apaho/Downloads/1-Decreto-n.-33.329-de-04-de-novembro-de-2019.-Disp%C3%B5e-sobre-a-cria%C3%A7%C3%A3o-da-C%C3%A2mara-de-Preven%C3%A7%C3%A3o-e-Resolu%C3%A7%C3%A3o-de-Conflitos-CPRAC-no-%C3%A2mbito-da-PGE.CE_%20(1).pdf>, Acesso em: 01 mar. 2022.

CEARÁ. *Edital Nº 001/2021* – Sefaz/CE, de 20 de maio de 2021. Concurso público para o provimento de vagas e a formação de cadastro de reserva nos cargos de Auditor Fiscal do Grupo Ocupacional Tributação, Arrecadação e Fiscalização (TAF) da SEFAZ/CE. Disponível em: <http://imagens.seplag.ce.gov.br/PDF/20210521/do20210521p02.pdf>. Acesso em: 01 mar. 2022.

CINTRA, Antônio Carlos de Araújo; DINAMARCO, Cândido Rangel; GRINOVER, Ada Pellegrini. *Teoria Geral do Processo*. São Paulo: Malheiros, 2013.

CONSELHO NACIONAL DE JUSTIÇA. *Justiça em números 2021*. Brasília: CNJ, 2021. Disponível em: <https://www.cnj.jus.br/wp-content/uploads/2021/11/relatorio-justica-em-numeros2021-221121.pdf>. Acesso em: 09 abr. 2022.

FEITOSA, Ana Vládia Martins; PONTES, Viviane Rufino. Desafios e perspectivas do mediador na gestão adequada de conflitos: uso da técnica da empatia aplicada a contextos empresariais inovadores. *In*: BRAGA NETO, Adolfo (Org.). *Mediação empresarial: experiências brasileiras*. São Paulo: CL-A Cultural, 2019, p. 223-239.

FREIRE, José Nantala Bádue; BRAGA NETO, Adolfo. Os desafios da mediação empresarial no Brasil. *In*: BRAGA NETO, Adolfo (Org.). *Mediação empresarial: experiências brasileiras*. São Paulo: CL-A Cultural, 2019, p. 12-24.

HOLANDA, Ana Paula Araújo de; NOBRE, Marlea Nobre da Costa Maciel. *Justiça compassiva: cardápio de métodos dialógicos para solução das disputas*. pp. 202-220. Disponível em: < http://site.conpedi.org.br/publicacoes/nl6180k3/090377t4/oB8H2jiN9hY535aQ.pdf>. Acesso em: 01 mar. 2022.

INSTITUTO DE PRÁTICAS COLABORATIVAS. *Práticas colaborativas no direito de família*. Disponível em: https://ibpc.praticascolaborativas.com.br/no-direito-de-familia/. Acesso em: 28 ago.2021.

MAZIERO, Franco Giovanni Mattedi. *Manual da Advocacia Colaborativa*. Rio de Janeiro: Lumen Juris, 2016.

MIRANDA, Ana Karine Pessoa Cavalcante. A mediação de conflitos como instrumento de acesso à justiça, inclusão social e pacificação social. *In*: SALES, Lília Maria de Morais (Org.). *Estudos sobre a efetivação do direito na atualidade: a cidadania em debate*. Fortaleza: Universidade de Fortaleza, 2005.

REIS, Célia Nóbrega. Mediação empresarial em Portugal - novos rumos, velhos obstáculos?!. *In*: BRAGA NETO, Adolfo (Org.). *Mediação empresarial: experiências brasileiras*. São Paulo: CL-A Cultural, 2019, p. 25-32.

ROSENBERG, Marshall B. *Comunicação não-violenta: técnicas para aprimorar relacionamentos pessoais e profissionais*. São Paulo: Ágora, 2006.

SADEK, Maria Tereza Aina. Acesso à Justiça: um Direito e seus obstáculos. *Revista USP*, nº 101 (maio), 2014, p. 55-66.

WARAT, Luis Alberto. Ecologia, psicanálise e mediação. *In*: WARAT, Luis Alberto (Org.). *Em nome do acordo: a mediação no direito*. Buenos Aires: Angra Impresiones, 1998. p. 38.

WARAT, Luis Alberto. *Ofício do mediador*. Florianópolis: Habitus, 2001.

WATANABE, Kazuo. *Acesso à ordem jurídica justa: conceito atualizado de acesso à justiça – processos coletivos e outros estudos*. Belo Horizonte: Del Rey, 2019.

Mediação entre empresas em tempos de guerra

Carla Sahium Traboulsi e Corinna Schabbel[317]

Inimaginável que, no ano de 2020, a população global estaria acometida por uma pandemia. Não foi possível planejar, delimitar regras e normas; a população mundial sendo contaminada em massa, confinamentos, mortes, finitude – todos como cobaias da enfermidade humana.

Neste contexto de incertezas, muitas foram as inovações, as regras, os hábitos, que passaram a fazer parte do nosso cotidiano; nos vimos obrigados a reinventar a lógica, os procedimentos, as rotinas de trabalho, a locomoção e, principalmente, a interação interpessoal.

Conscientes ou não desta nudez fática, ficamos diante de um período nebuloso sob todos os aspectos que perfazem nossa existência e sobrevivência, forçando-nos a encontrar soluções também diversas daquelas conhecidas.

A insegurança mundial abarcou um conglomerado de previsões e imprevistos de uma geração, sejam eles econômicos, políticos e, por que não dizer, éticos. A desigualdade mundial entre as nações deixou estampado um abismo colossal e nestes cenários dirigentes mundiais colocaram suas armas na mesa, sejam elas fuzis ou não.

Toda essa catequização tem como objetivo descortinar os flagelos desta

317. Carla Sahium Traboulsi é bacharel em Letras e Direito pela PUC-GO, advogada, pós-graduada em Negociação, Mediação, Conciliação e Arbitragem, pós-graduada em Direito Imobiliário Aplicado pela EPD – Escola Paulista de Direito, ex-conselheira da OAB/GO entre 2007/2009, 2010/2012, 2013/2015, superintendente do CONIMA no Estado de Goiás, membro do CBAr – Comitê Brasileiro de Arbitragem, escritora, diretora adjunta no SECOVI-GO, sócia fundadora do Escritório de Advocacia – Carla Sahium Advogados Associados SS.

Corinna Schabbel é psicóloga, com mestrado e Ph.D. em Desenvolvimento Humano e Organizacional pela Fielding University. Mediadora familiar e empresarial (*workplace mediation*) desde 1998. Criou e coordenou programas de Mediação Comunitária (Diadema e São Paulo). Foi docente da Faculdade de Psicologia da Universidade Mackenzie, do Instituto de Pós-Graduação da FEI/SBC. Sócia da Consultoria Schabbel&Associados.

geração e os enfrentamentos atuais e os que se avizinham, diante da nova ordem mundial.

Os efeitos da pandemia de Covid-19 na economia global e no comércio internacional serão de longa duração, o tumulto é intenso e profundo, a retração da economia está comprovada, as economias mundiais se comprimiram e, na mesma projeção, os conflitos se multiplicaram.

A recessão mundial é a mais profunda depois da Segunda Guerra Mundial, afirmou o Banco Mundial em sua publicação de junho de 2020, *Global Economic Prospects*.

Com a perda potencial da renda e de consumo no ciclo de vida das pessoas que morreram e das empresas que encerraram suas atividades, no futuro muito próximo serão menos pessoas consumindo e gerando renda, causando impactos econômicos diversos.

Na visão otimista de Albert Einstein, "Dificuldades e obstáculos são fontes valiosas de saúde e força para qualquer sociedade". Essa é uma constatação, e neste cenário de tantas adversidades, podemos nos surpreender com a movimentação de alguns setores na tentativa de coordenar suas ações.

Conflito como natural ao ser humano

Todos os conflitos, seja entre pessoas, grupos ou nações, possuem determinadas características básicas que permitem dividi-los em duas categorias – intrapessoais e interpessoais –, podendo ter como elemento principal:

1. O relacionamento, no qual cada parte deseja algo diferente em relação a um mesmo objetivo;
2. A informação para um mesmo problema com interpretações diversas, ou a percepção diferente da informação;
3. Os interesses substantivos divergentes, assim como os procedimentos para atingi-los;
4. A não concordância em relação a processos e estruturas; e

5. A discordância sobre condutas de representantes em uma negociação.

Quando os elementos são manejados inadequadamente, produzem-se pressões que podem culminar em violência, que, por sua vez, gera ansiedade, preocupações, sentimento de impotência e, por fim, o bloqueio da comunicação, enfrentamentos e choques de realidade. As pautas relacionais, a cultura e o meio ambiente contribuem para a forma como as pessoas manejam os problemas que as afetam e, havendo um conflito, este se converte em uma ocasião para potencializar as habilidades boas e más dos envolvidos para saírem do conflito.

A capacidade de negociar se esvai; abre-se espaço para um diálogo de surdos. Confunde-se a discussão com a polêmica e o dia a dia passa a ser uma tragédia. Além disso, diante de um conflito, os traços de personalidade predominantes que respondem à estrutura de enfrentamento e esquiva também se exacerbam:

1. Estruturas de ataque: assumem a postura de ataque e defesa, enquanto a outra parte se torna o inimigo a ser destruído;
2. Estruturas de acomodação que procuram, a qualquer custo, manter a tranquilidade e a paz, motivadas pelo medo ou receio de perda e, mesmo conscientes de terem razão, submetem-se, guardando silêncio;
3. Estruturas de evasão: reconhecem a existência de um problema, porém se esquivam da responsabilidade pela negação, colocando-se, frequentemente, como vítimas da situação;
4. Estruturas de pensamento mágico: não reconhecem a existência do problema e flutuam em um universo imaginário, buscando a confirmação daquilo que pensam a respeito da outra pessoa, de acordo com seu universo.[318]

318. EDELMAN, J.; CRAIN, M. B. *O tao da negociação*. Rio de Janeiro: Record, 1996.

No cenário pandêmico, milhares de empresas em todos os continentes encerraram suas atividades. As áreas mais afetadas foram turismo, transporte aéreo, atividades artísticas, prestação de serviços domiciliares, restaurantes, trabalhadores autônomos e, por consequência, vieram o desemprego, o inadimplemento de obrigações e o endividamento.

Outras empresas apresentaram aumento exponencial, como a indústria farmacológica, plataformas digitais, *e-commerce*, logística e *delivery*.

De um lado, o apocalipse financeiro para um grupo de empresas e empresários; do outro, a gênese meteórica do sucesso financeiro, em um completo antagonismo.

Evidencia-se, a partir do pensamento de Konrad Lorenz[319], que a agressão faz parte da natureza humana e, como tal, o conflito é "natural" no ser humano. Nesse caos com tantas fatalidades, os conflitos se potencializam e, como agravante, o impacto não tem perímetro definido, pois alcançou os quatro cantos do mundo.

Diante das restrições impostas, e com a ausência do ambiente presencial e do contato físico, qual seria o procedimento adequado para a solução de conflitos surgidos? E como isso seria feito?

De modo muito rápido, empresas como Google, Microsoft e Apple apresentaram inovações em suas plataformas digitais, o que viabilizou o trabalho remoto, as reuniões por videoconferência, consultas médicas, audiências, para todos os setores da economia mundial.

No Brasil, o CNJ (Conselho Nacional de Justiça) normatizou portarias no sentido de chancelar o uso de plataformas digitais em todos os tribunais, para implementação dos métodos de ODR (*online dispute resolution* – solução de conflitos on-line), num movimento propício para que o Estado garantisse a tutela jurisdicional.

As formas de ODR cresceram na pandemia, em virtude do confinamen-

319. LORENZ, K. *On aggression*. Londres: Routledge, 1990.

to da população, e essa modalidade não está restrita às empresas de médio e grande porte: ela está ao alcance da população em geral que tenha acesso à internet.

A modalidade e o uso das técnicas de ODR abarcam conflitos que surgiram em ambientes on-line e off-line, e no cenário de isolamento social pareceu ser o modelo ideal para solucionar os conflitos. A urgência nas soluções é promitente, caso contrário as perdas são irreparáveis.

A ideia central em torno do uso da tecnologia na solução de conflitos é contribuir com o acesso à Justiça e tornar a solução dos conflitos mais célere e eficiente. Dentre as principais formas de ODR, podemos citar a negociação on-line, a mediação on-line e a arbitragem on-line.

A resolução de conflitos empresariais inclui uma série de práticas, desde a negociação até a mediação e arbitragem, e utiliza-se de um sistema de portas abertas a todos os processos que objetivam resolver disputas internas e externas. Contudo, mesmo diante dos resultados obtidos ao redor do mundo, no Brasil, a mediação empresarial ainda não alcançou a massa crítica necessária para que possa ser considerada institucionalizada.

A mediação pode ser extremamente atraente para as empresas, pois resolve conflitos em um estágio anterior aos litígios, gerando bons acordos e mantendo a confidencialidade.

Estatísticas vêm mostrando sucesso, como percentual de acordos, valores e tempo economizados, redução de processos judiciais e tempo de espera usual às ações no Judiciário. Porém, poucas são as notícias informando como a vida e os relacionamentos de pessoas foram alterados por terem passado pela experiência de uma mediação. Os objetivos instrumentais, resultado *versus* processo utilizado – a mediação –, sem dúvida, melhoram o relacionamento se o mediador mantiver o foco na importância da mudança de visão do litígio, ao invés de focar somente no atingimento de um acordo.

De acordo com Faleck:

> a mediação empresarial consiste na facilitação, por um terceiro neutro, de negociação para a resolução de disputa, entre partes de relações comerciais. Mediadores não têm o poder de impor uma decisão vinculante. Todavia, a intervenção de mediadores é extremamente eficaz para assistir partes e resolver disputas em menor tempo, com menor gasto de recursos e maior preservação das relações comerciais.[320]

Alvin Toffler, em seu livro *A terceira onda*[321], declarou que é "na teoria do conflito que mais precisamos de ideias novas e criativas". Isso se aplica tanto à guerra quanto à paz entre nações, comunidades e pessoas. A falta de métodos para resolver conflitos além do litígio, do uso da força e da violência revela as fraquezas de uma sociedade. Assim, ao discutirmos, brigarmos ou agredirmos o próximo, seja familiar, colega ou parceiro de negócios, rompe-se um relacionamento e a possibilidade de solucionar o problema desaparece.

Solução significa resultado. Pessoas que buscam soluções no mundo dos negócios, da família ou da comunidade estão preocupadas com justiça, produtividade e cooperação. Assim, a solução exige passar do conflito para uma ação de cooperação, respeito pelos interesses de todos, empenho em relacionamentos duradouros que deem sustentabilidade à sociedade a partir de uma visão de futuro que evite recriminações, retaliações, castigos e danos. Querer encontrar uma solução viável e duradoura é querer aprender e ter coragem para mudar, mesmo sabendo que conflitos e rupturas são inevitáveis em nossas vidas.

Os efeitos da pandemia atingiram a população mundial, e a reconstrução das relações econômicas, familiares, sucessórias se fundiu, passando a Justiça a ser necessariamente construída, e não apenas declarada.

---

320. FALECK, Diego. Mediação empresarial: introdução e aspectos práticos. *Revista de Arbitragem e Mediação*. V. 42/2014. Jul-set/2014. p. 263.

321. TOFFLER, Alvin. *A terceira onda*. Rio de Janeiro: Record, 1981.

Tempos de guerra

No ímpeto da reação humana em garantir a sobrevivência na pandemia, inicia-se uma guerra, de modo síncrono, sem metáforas ou semânticas, uma guerra armada entre nações vizinhas, praticamente irmãs, com a mesma etnia e cultura.

Os interesses materiais e ideológicos de um dirigente apostam num combate épico, que também marcará a história de uma civilização, com mortes, desempregos e êxodo. Em menos de 20 dias de conflito, mais de três milhões de ucranianos deixaram o país, no gélido Leste Europeu; frio e fome matam, renda e sustento se perdem, e a ética é sabotada: um conglomerado de fatos que fomentam os conflitos.

Entre 1939 e 1945, o mundo viveu a Segunda Guerra Mundial. Estamos falando de mais de 70 anos atrás: testemunhas oculares nos retratam os horrores vividos. Milhares de cidadãos se refugiaram em outros países, sendo um grande marco do êxodo na Europa. O impacto econômico dessa guerra alcançou mais de 70 milhões de pessoas e todos os continentes foram atingidos, aumentando ainda mais a miséria e o desemprego[322].

Com o fim da Segunda Guerra Mundial, ficou evidente aos principais países do globo a necessidade de criar mecanismos para tentar evitar novos conflitos internacionais e toda a devastação que eles causam. Nesse contexto, no dia 24 de outubro de 1945, foi criada a Organização das Nações Unidas (ONU), num arranjo internacional formado por países que, voluntariamente, propuseram-se a trabalhar pelo desenvolvimento e pela paz, não somente sobre as questões diretamente ligadas à segurança, mas também sobre temas relacionados a direitos humanos, desenvolvimento econômico e meio ambiente, entre outros. Em maio de 2022, era composta por 193 nações.

322. AS CAUSAS ECONÔMICAS DA SEGUNDA GUERRA MUNDIAL. Disponível em: https://www.terra.com.br/noticias/educacao/historia/as-causas-economicas-da-segunda-guerra-mundial,8c7842ba7d2da310VgnCLD200000bbcceb0aRCRD.html#:~:text=O%20desemprego%20grassou%20nos%20principais,-de%2070%20milh%C3%B5es%20de%20pessoas. Acesso em: 30 mar. 2022.

A miséria ética veio a causar a devastação humana na Segunda Guerra Mundial, e o que parecia distante ainda permeia entre muitas nações. A Guerra Fria, a Guerra das Coreias, a Guerra do Vietnã, a Guerra do Yom Kippur, a Guerra Irã-Iraque, a Guerra do Golfo, a Guerra na Síria, a Guerra no Afeganistão e, em 2022, a Guerra entre a Rússia e a Ucrânia. O ideal seria que a guerra já só restasse como assunto histórico, literário, filosófico, mas não: ela acompanha a humanidade em todas as civilizações.

A guerra iniciada em fevereiro de 2022, promovida pelo "Czar" Vladimir Putin, ganhou maior projeção e alcance, não pela dimensão da Rússia, como maior país no mundo, mas pelo arsenal bélico que lhe pertence, trazendo o risco iminente de destruição não apenas ao perímetro da Ucrânia, mas a toda a Europa.

Numa guerra envolvendo uma nação que detém o maior arsenal de armas nucleares, as empresas privadas de nacionalidade norte-americana, como Apple, McDonalds, Starbucks, Amazon, Google, se retiraram do território russo. E o confisco das grandes riquezas dos magnatas russos fomentou conflitos internos dos cidadãos russos com o governo de Putin. Tudo isso numa tentativa forçada para que os russos fossem as armas que poderiam atingir o governo russo, face aos embargos.

Os embargos contra a Rússia poderiam ser mediados?

Com a declaração do estado de guerra entre Rússia e Ucrânia, os Estados Unidos e os demais países desenvolvidos que fazem parte da Organização do Tratado do Atlântico Norte (Otan) implementaram uma estratégia de contra-ataque, não no campo militar, mas, sim, com embargos impondo medidas para limitar as transações comerciais das empresas russas, bem como dos cidadãos, com destaque para os grandes oligarcas, que tiveram seus bens confiscados, como já referido.

Com a decisão dos países de impor perdas ao governo russo, sendo a principal delas impedir o acesso do Banco Central Russo às suas reservas internacionais alocadas em bancos europeus, várias transações com países no exterior foram impactadas.

Num sistema financeiro mundial integrado, a decisão de promover vários embargos e sanções contra qualquer país possibilita uma ruptura entre empresas, gerando um ambiente propício aos conflitos entre elas.

O impacto dos embargos contra a Rússia e seu povo não se limitaram às exportações de óleo e gás, mas envolveram entretenimento, tecnologia, pagamentos com cartões, varejo, carros, empresas de consultoria, afetando toda a população russa, com desemprego, diminuição de capacidade de renda, falta de produtos.

Diante de tantas adversidades identificadas num cenário de guerra, qual seria o caminho para a resolução dos conflitos?

Realizaram-se rodadas de encontros entre os representantes dos países, em mesas de negociação, com a presença de presidentes de outras nações se apresentando como possíveis mediadores.

Nesse período de insegurança e medo, como as centenas de milhares de empresas alocadas ou não na Rússia, que importam e exportam produtos e serviços, poderiam resolver seus conflitos? A quem caberia essa intermediação?

A Carta das Nações Unidas indica a mediação como um meio importante de resolução pacífica de disputas e conflitos, além de um instrumento que tem sido eficaz para tratar de conflitos tanto interestatais como intraestatais. O *Manual das Nações Unidas sobre resolução pacífica de disputas entre Estados* (em inglês, *The United Nations handbook on the peaceful settlement of disputes between States*), publicado em 1992, avançou o entendimento da mediação de disputas entre Estados e permanece como uma fonte útil nesse tema[323].

323. *As Diretrizes das Nações Unidas para uma mediação eficaz* foram lançadas como anexo do relatório do secretário-geral, intitulado *Fortalecendo o papel da mediação na resolução pacífica de disputas, prevenção e*

As *Diretrizes das Nações Unidas* têm como base a experiência da comunidade internacional. Sua elaboração contou com contribuições de Estados-membros, do sistema das Nações Unidas, de organizações regionais, sub-regionais e internacionais, de organizações não governamentais (ONGs), de grupos de mulheres, líderes religiosos, da comunidade acadêmica, bem como de mediadores e especialistas

Nas *Diretrizes*, destacam-se os pontos fundamentais para uma mediação: a preparação dos mediadores; o consentimento das partes; a imparcialidade; propriedade e conhecimento da cultura; ciência dos tratados internacionais, conhecimento do direito internacional; coerência; e uma eficaz coordenação para condução de acordos de paz de qualidade.

> As Diretrizes explicam cada fundamento, delineiam possíveis desafios e dilemas enfrentados por mediadores e oferecem algumas orientações. Reconhecem, ainda, a complexidade do ambiente no qual trabalham os mediadores, que, em muitas instâncias, enfrentam problemas e dificuldades que podem não ser capazes de resolver. Cada situação deve ser abordada de modo distinto, e, em última instância, a vontade política das partes do conflito constitui o fator determinante de sucesso. Contudo, uma atenção cuidadosa a esses fundamentos pode aumentar as chances de sucesso no processo, minimizar o potencial de erro por parte do mediador e contribuir para gerar um ambiente mais propício à mediação.[324]

Mediando conflitos

Quando uma situação de guerra se instala em qualquer parte do mundo, há diversos engajamentos que afetam a possível conduta de participantes em uma mediação de conflitos: há os patronos bélicos, amigos, apoiadores

resolução de conflitos (A/66/811, 25 de junho de 2012).

324. ONU. *Diretrizes das Nações Unidas para uma mediação eficaz*. Disponível em: https://peacemaker.un.org/sites/peacemaker.un.org/files/GuidanceEffectiveMediation_UNDPA2012_pt_Jun2015correction_0.pdf. Acesso em: 30 mar. 2022.

da guerra, espectadores e observadores. Independente dos motivos que levam a tomar determinada posição diante de um conflito bélico, estaremos diante de impasses em que violência, poder e política coexistem, visando à dominação. Sempre haverá prejuízo para uns, uma possível saída ou até mesmo mutuamente atraente para outros[325].

O uso da violência bélica, segundo Hannah Arendt, leva a uma perda de legitimidade à medida que a violência continua além do necessário, ou seja, torna-se recursiva. Observa-se o fenômeno de *blowback*, em que os meios fluem para outros meios em uma cadeia indefinida e muitas vezes sem distinção de intenção e ação, sendo percebidos como situações caóticas que, de acordo com o perfil psicossocial de cada uma das pessoas – mais próxima ou mais distante do conflito, seja por traumas vividos, seja por significados compartilhados com amigos e parentes –, mecanismos de defesa diante da ameaça (real ou imaginária) serão os sabotadores ou gatilhos para reações inesperadas diante de um conflito a ser mediado[326].

Os conflitos empresariais em um cenário de conflito bélico ou pandêmico serão mediados utilizando-se estratégias e procedimentos visando reduzir o estresse entre as partes, como, por exemplo, controle do tempo e de agenda, arranjos das reuniões, quantidade de informalidade e flexibilidade das formas de se reunir.

Estratégias de comunicação e prática da mediação serão definidas se o objetivo da mediação for reconciliar um grupo e preservar a cultura das partes envolvidas, evitando discussões de temas secundários ao problema levado à mediação. Em um papel mais passivo, o mediador irá concentrar seus esforços para facilitar a cooperação e o compartilhamento de informações, evitando que o cenário macro (seja bélico ou pandêmico) se torne tema de

---

325. ZARTMAN, I. W.; TOUVAL, S. International mediation: conflict resolution and power politics. *Journal of Social Issues*. Disponível em: https://spssi.onlinelibrary.wiley.com/doi/10.1111/j.1540-4560.1985.tb00853.x. Acesso em: 30 mar. 2022.

326. ARENDT, H. *On violence*. New York: Harcourt, 1970.

discussão. Poderá ser diretivo, fornecendo apoios e incentivos às partes ao perceber a proximidade de um impasse provocado não por temas substantivos, mas, sim, como consequência de mal-estar psicológico/emocional[327].

Conclusão

O significado da vida está em crise. A cultura está em crise e nós também!

Vivemos, portanto, instantes de perplexidade: os modelos antigos estão sendo superados, porém os novos ainda não estão definidos.

A comunicação oral e corporal amplia as fronteiras pessoais, permite a expressão, o aprendizado e a socialização. A linguagem enquanto processo interativo constrói espaços compartilhados de pessoas com uma função criadora, não enquanto filosofia, mas como uma condição do ser humano.

Viver em relação implica, diante de crises extremas, a reconstrução do conhecimento de nós mesmos e do mundo circundante a partir de atividades sociais que criam e recriam diferentes categorias da experiência, como o verdadeiro ou o falso, o real ou o irreal, o certo ou o errado, o subjetivo ou o objetivo, a vivência e a explicação, e assim por diante.

Assim como cada pessoa é diferente, cada conflito é diferente. Não podemos falar em conclusão, mas na importância da flexibilidade e habilidade do mediador para se ajustar diante do novo: a estrutura social, o conflito, os disputantes, além de possíveis constrangimentos que ocorrem no processo de resolução. Qualquer tipo de abordagem "purista" sem dúvida se mostraria eficaz em alguns momentos e ineficaz em outros. Conflito não é matemática; portanto, uma fórmula não pode ser aplicada a todas as situações.

À medida que os conflitos mudam, também mudam as abordagens necessárias para lidar com eles. Há abordagens tradicionais consagradas, mas, independente da escolha do mediador para atuar em uma ou outra, a sua atuação, tanto formal quanto informal, destina-se a limitar, reduzir

327. SCHABBEL, C. *Mediação na prática*. São Paulo: Longarina, 2020.

ou controlar o nível de animosidade e estabelecer as bases que sustentam o conflito.

Na política internacional, nos negócios que envolvem o mercado, muitas mudanças ocorrem na forma como os conflitos são gerenciados e resolvidos e, recentemente, vimos que a violência não é mais inevitável. Situações inesperadas, como a pandemia e a Guerra entre Rússia e Ucrânia, levam à perda de estabilidade de pessoas, instituições e empresas, e volta-se à necessidade de novas adaptações à realidade vigente.

Lembrando Maturana, a adaptabilidade é definida como a resiliência do sistema diante das incertezas, em que o tecido social tem uma capacidade maior de se recuperar de traumas disruptivos. Contudo, os efeitos traumáticos nas pessoas geram dificuldades emocionais e cognitivas que, com o tempo, provocarão uma revisão nas abordagens para mediar conflitos.

Referências bibliográficas

ARENDT, H. *On violence*. New York: Harcourt, 1970.

AS CAUSAS ECONÔMICAS DA SEGUNDA GUERRA MUNDIAL. Disponível em: https://www.terra.com.br/noticias/educacao/historia/as-causas-economicas-da-segunda-guerra-mundial,8c7842ba7d2da310VgnCLD200000bbcceb0aRCRD.html#:~:text=O%20desemprego%20grassou%20nos%20principais,de%2070%20milh%C3%B5es%20de%20pessoas. Acesso em: 30 mar. 2022.

EDELMAN, J.; CRAIN, M. B. *O tao da negociação*. Rio de Janeiro: Record, 1996.

FALECK, Diego. Mediação empresarial: introdução e aspectos práticos. *Revista de Arbitragem e Mediação*. V. 42/2014. Jul-set/2014. p. 263.

LORENZ, K. *On aggression*. Londres: Routledge, 1990.

ONU. *Diretrizes das Nações Unidas para uma mediação eficaz*. Disponível em: https://peacemaker.un.org/sites/peacemaker.un.org/files/GuidanceEffectiveMediation_UNDPA2012_pt_Jun2015correction_0.pdf. Acesso em: 30 mar. 2022.

ROSSBACH, Stefan. *The autopoiesis of the cold war: an evolutionary approach to international relations?* EUI SPS, 1992/23, Disponível em: http://hdl.handle.net/1814/225. Acesso em: 30 mar. 2022.

SCHABBEL, C. *Mediação na prática*. São Paulo: Longarina, 2020.

TOFFLER, Alvin. *A terceira onda*. Rio de Janeiro: Record, 1981.

ZARTMAN, I. W.; TOUVAL, S. International mediation: conflict resolution and power politics. *Journal of Social Issues*. Disponível em: https://spssi.onlinelibrary.wiley.com/doi/10.1111/j.1540-4560.1985.tb00853.x. Acesso em: 30 mar. 2022.

Competições de Mediação e Negociação e seu papel no desenvolvimento da mediação empresarial: uma revolução silenciosa

Luciana Drimel Dias[328]

Introdução

As universidades de qualidade vêm voltando seus olhares nos últimos anos a uma formação prática para além da acadêmica, que permita aos estudantes conjugar *hard* e *soft skills*. Como consequência, dentre outras iniciativas, o que se percebe contemporaneamente é uma massiva participação e notável performance de estudantes das escolas de Direito, de primeiro escalão, em competições, os chamados *moot courts*, ou simplesmente *moots* nacionais, e com especial destaque às competições internacionais em várias áreas: arbitragem, mediação, negociação, direitos humanos, TPI, OMC, ONU etc. Trata-se de uma profusão de possibilidades de aprofundamento em temas e habilidades fundamentais para um profissional que pretende ser mais preparado e diferenciado no mercado jurídico já bastante em exaustão.

Desde 2016, eu coconduzo e cocrio o Grupo de Estudos e Competições

328. Doutora em Direito Processual Civil pela UFPR e Università Degli Studi di Milano – UNIMI, com Aperfeiçoamento em U.S. Law and Legal Writing e ADR e Mediating the Litigated Case pela Pepperdine University/EUA. Advogada e mediadora. Membro do IBDP – Instituto Brasileiro de Direito Processual, do Instituto Ibero Americano de Derecho Procesal, do IPDP – Instituto Paranaense de Direito Processual e do CBAR. Professora titular da PUCPR, professora visitante da Universidade de Connecticut UCONN (USA), coordenadora do Law International Program PUCPR, coordenadora e *coach* da Equipe Nacional e Internacional de Mediação PUCPR, superintendente do CONIMA no Paraná.

em Mediação e Negociação (GEMN) da PUCPR e posso assegurar que essa participação mudou minha cátedra, minha vida profissional e pessoal, e é a partir desse lugar que gostaria de compartilhar algumas experiências.

O objetivo deste ensaio é contribuir para o incremento do mercado brasileiro extrajudicial da mediação e negociação, demonstrando a importância das competições na consolidação desse segmento, através de:

a) Um panorama mundial de mudanças de uma nova era de resolução de disputas e da revolução silenciosa que estamos presenciando, personificada nessas novas gerações;
b) A dinâmica dos *moots* e como tirar melhor proveito dessas competições e fortalecer o mercado de resolução de disputas no Brasil;
c) Um mapeamento das principais competições de mediação e negociação nacionais e internacionais, lembrando que esse mercado é ágil e, portanto, novas oportunidades sempre surgem no horizonte.

A nova era de resolução de disputas

O mercado está buscando profissionais que ultrapassem a atuação tradicional na resolução de conflitos e desenvolvam habilidades interpessoais como: colaboração, comunicação, equilíbrio emocional, tomada de decisões e, principalmente, capacidade de resolver problemas. Trata-se de uma nova geração endereçada a buscar resultados que equilibram custo e eficiência, que considera multiprocessos para a resolução de conflitos, promove e respeita o protagonismo das partes e o restabelecimento de bons relacionamentos, aumentando a satisfação e a rentabilidade das soluções encontradas. Essa percepção alterou o cenário de resolução de disputas no âmbito público e privado, influenciada por megatendências como globalização, tecnologia da informação, neurociência e comportamento humano, que todos nós pudemos vivenciar nas quatro últimas décadas, nas Américas, Europa e Ásia, cujos impactos tiveram maior ou menor ressonância:

a) Empoderamento e melhoria da autoestima dos indivíduos, das instituições e das sociedades;
b) Protagonismo e superação do lugar de destinatário e da invisibilidade através de uma escuta ativa;
c) Desenvolvimento do sentimento de pertença;
d) Autonomia e cidadania com engajamento público e desenvolvimento organizacional.

Estes novos profissionais são fruto de uma "Revolução Silenciosa" (Stipanowich) que emerge, por exemplo, nos EUA com o crescimento da mediação como uma prática regular nos tribunais federais e estaduais, sendo hoje a mediação, negociação, arbitragem e todas as demais formas de resolução daí derivadas responsáveis por mais de 90% das resoluções de disputas no país. Seu uso em expansão contribui como um fator importante no declínio vertiginoso das sentenças de mérito nos tribunais norte-americanos durante os últimos anos do século XX. Pesquisas nos conselhos de empresas da *Fortune 1.000* mostraram que as empresas usaram mediação para todos os tipos de disputas, e os respondentes predisseram esmagadoramente seu uso contínuo por sua empresa[329]. Além de muitas outras iniciativas de desenvolvimento de formas consensuais que também fazem parte da chamada Revolução Silenciosa, como, por exemplo, as práticas de construção de consenso facilitadas, de audiências públicas, engajamento cívico e democracia deliberativa; o movimento da justiça restaurativa; e iniciativas baseadas na crença do diálogo ou outras formas de diplomacia, e ainda o mundo da resolução de disputas empresariais e de investimento com forte ênfase no uso de arbitragem vinculativa.

Essas tendências mundiais foram mapeadas na Global Pound Conference GPC (2016) em Singapura, em celebração aos 40 anos da célebre Pound

329. STIPANOWICH, Thomas. Living the Dream of ADR: Reflections on Four Decades of the Quiet Revolution in Dispute Resolution (Symposium Keynote). *Cardozo Journal of Conflict Resolution*, Vol. 18, p. 513, 2017. Disponível em: https://papers.ssrn.com/sol3/papers.cfm?abstract_id=2920848##. Acesso em: 02 abr. 2022.

Conference (1976), na qual Frank E.A. Sander cunhou pela primeira vez o termo "Tribunais MultiPortas". Na mesma ocasião, juntamente com o *Chief Justice* Warren Burguer, buscou traçar uma agenda para os anos 2000 com um especial chamado para uma "sistemática antecipação do sistema de justiça", incentivando um "afastamento das ineficiências do modelo tradicional de processo em favor de procedimentos mais eficientes e céleres, mais adequadamente adaptados às necessidades reais das partes em conflito"[330]. Isso seria feito a partir de

> Tribunais Multiportas em que as disputas seriam alocadas a vários mecanismos de resolução tais como: Adjudicação Judicial, Arbitragem, Mediação, Negociação e outros processos com base em critérios racionais a partir da natureza do litígio, da relação entre as partes em litígio, do montante em disputa, e das preocupações quanto à velocidade e custo do processo de resolução de disputas.[331]

O que chama muito a atenção nesses históricos discursos é exatamente a perenidade e atualidade das suas lições, que ainda ecoam nossos anseios, especialmente se falarmos em sistema de justiça brasileiro, que se debruça quase que integralmente na solução judicial, não tendo conseguido superar esse paradigma para auspiciar novos necessários e irrenunciáveis horizontes, conforme predizem as grandes diretrizes mundiais sobre resolução de disputas.

São as importantes diretrizes definidas na Global Pound Conference (GPC Singapura 2016) que ecoam desde então mundo afora:

I) Eficiência e custo-efetividade na resolução de disputas empresariais impulsionarão futuras políticas públicas;

II) O controle das partes é uma prioridade;

III) Também são prioritárias a restauração ou a melhoria dos relacionamentos;

---

330. BURGUER, Warren E. *Agenda for 2000 A.D. A Need for Systematic Anticipation*, Vital Speeches of the Day, May 15, 1976, at 450.

331. Frank E.A. Sander, Varieties of Dispute Processing. *In*: *The Pound Conference: Perspectives on Justice in the Future* (A. Leo Levin & Russell R. Wheeler eds.,1979).

IV) Aconselhamento por advogados, orientação por provedores de resolução de disputas e programas educacionais são todas fontes potenciais de informações sobre escolhas de processo;

V) O resultado destes processos promove interação entre Estado de Direito, consenso entre os interesses das partes e conceitos gerais de justiça;

VI) Abordagens baseadas em multiprocessos;

VII) Intervenções pré-disputa, colaboração e prevenção de conflitos comerciais;

VIII)Governos e Ministérios da Justiça têm o maior potencial de influenciar mudanças[332].

A entrada em vigor, em 2020, da Convenção de Singapura, enfatizou ainda mais no cenário internacional a importância da mediação como forma de solução de conflitos. Essa Convenção foi fruto dos trabalhos iniciados em 2015 pela UNCITRAL e assinada por 46 países na cerimônia de abertura (07 de agosto de 2019) em Singapura. De lá, seguiu para a sede da ONU, em Nova York, onde atualmente conta com ratificações e adesões formalizadas por 54 países signatários, dos quais se destacam as principais e mais importantes economias do cenário internacional, como Estados Unidos, China e Índia.

No cenário econômico, os impactos da adesão do Brasil à Convenção também são bastante positivos, pois fomenta o uso dos métodos extrajudiciais de resolução de conflitos, na linha da desburocratização pregada pela Lei nº 13.874/2019 (Lei de Liberdade Econômica), além de refletir na pontuação do Brasil no índice *Doing Business* do Banco Mundial, no qual o país já possui três pontos relativos a arbitragem e mediação no indicador de execução de contratos[333].

332. STIPANOWITCH, Thomas. *What have we learned from the Global Pound Conferences?* Kluwer Mediation Blog – Pepperdine University School of Law November, 27th, 2017. Disponível em: http://mediationblog.kluwerarbitration.com/2017/11/27/learned-global-pound-conferences/). Acesso em: 02 abr. 2022.

333. BREGA, Silvia Maria Costa; SOUZA, Mariana Freitas de. *A Convenção de Singapura sobre acordo em Mediação*. Disponível em: https://www.migalhas.com.br/coluna/migalhas-consensuais/347920/a-convencao-

Análise de cenários

Não se pode ignorar ainda que, no cenário brasileiro, temos importantes problemas:

I. *Aumento exponencial da litigância, sensível declínio de confiança e de legitimação do Judiciário:* em 1988, eram 350 mil ações, já no ano de 2020 contávamos com 75,4 milhões de processos em estoque aguardando alguma solução definitiva (em que pese que no mesmo ano ingressaram 25,8 milhões de novos processos e foram baixados 27,9 milhões). Como consequência desses números, é possível perceber uma falta de confiança na capacidade do Judiciário de fazer uma gestão eficiente dos conflitos (alto tempo e custo, soluções disfuncionais etc.), causando uma crise de legitimidade da própria instituição, que vem, visivelmente, fracassando em manter sua condição de dogma da realização de justiça por não mais conseguir se legitimar - seja pela crença, pela razão ou por sua natureza –, perdendo sua precisa e pura fundação teórica[334].

II. *Acesso amplo ao Judiciário gerando um custo suportado pela sociedade:* o monopólio judicial aumenta o custo do Judiciário - R$ 100,1 bilhões (Boletim CNJ 2021[335]) ao ano, que representam 1,3% do PIB nacional ou 11% dos gastos totais da União, dos Estados, do Distrito Federal e dos Municípios, os quais são largamente suportados pela sociedade (90% do custo), ou seja, apenas 10% desse custo é suportado por taxas judiciárias e arrecadação .

III. *Enorme população de advogados:* 1,2 milhão, que são egressos de quase 1.900 faculdades de Direito no Brasil, considerando que o

de-singapura-sobre-acordos-em-mediacao. Acesso em: 02 abr. 2022.

334. FERRAZ JUNIOR, Tercio Sampaio. *Introdução ao Estudo do Direito. Técnica, decisão, dominação.* 4ª Ed. São Paulo: Atlas, 2003.

335. *Justiça em Números 2021.* Disponível em: https://www.cnj.jus.br/wp-content/uploads/2021/09/relatorio-justica-em-numeros2021-12.pdf. Acesso em: 02 abr. 2022.

mundo inteiro somado possui cerca de 1.200 faculdades de Direito. Esses números ainda não levam em conta a entrada massiva do Ensino à Distância (EAD) e das milhares de vagas de Direito que já estão sendo e ainda serão ofertadas em todo país. Esses profissionais recém-chegados ao mercado percebem rapidamente que não possuem um mercado saudável e sustentável para trabalhar[336].

Como podemos mudar esse cenário agora? Dado que traçamos um panorama de fatores de degradação do mercado e das suas disfuncionalidades, é importante apontar para algumas premissas de recuperação, partindo de duas questões que não exaurem os fatores deste cenário, mas que, para os fins deste ensaio, estão interligadas e necessitam de um olhar mais acurado: Investimento internacional *vs.* Qualificação do profissional da resolução de disputas.

Investimento internacional

O Brasil precisa se posicionar em relação ao investimento internacional que favoreça nossa economia voltada ao *mercado* de resolução de disputas: precisamos de um mercado de resolução de disputas economicamente sustentável. Mais do que nunca, a par das crises mundiais que temos vivenciado (pandemia, guerra etc.), precisamos de bases para liberalização e desregulamentação dos mercados, livre comércio, atração de capital e consolidação dos marcos regulatórios nacionais e internacionais.

Desde 2015, o Brasil vem assinando acordos bilaterais de investimento (BITs) que favorecem soluções preventivas, consensuais, com proteção diplomática, com especial destaque à utilização da arbitragem internacional de investimento[337]. Esse cenário, somado à ratificação da Convenção de

---

336. PIMENTEL, Wilson. *Acesso Responsável à Justiça*. São Paulo: Lumen Juris, 2019.

337. CARBAJAL, Christian A. V. International Arbitration as a Mechanism for attraction and protection of foreign investments. Brazil's objections to the system, alternative model of investment cooperation and facilitation agreement (ACFI) and proposals for reform of the European Union. *Transnational Dispute Management*. Disponível em: https://www.transnational-dispute-management.com/article.asp?key=2707. Acesso em: 02 abr. 2022.

Singapura pelo Brasil em 2021, tende a ser um campo mais fértil e seguro para investimentos no Brasil e, consequentemente, no mercado de resolução de disputas, bem como para a massiva atração de profissionais de resolução de disputas que disponham de um portfólio de possibilidades variadas de atuação: negociação, mediação, arbitragem, *dispute boards*, ombudsman, conselheiro etc.

No campo da arbitragem de investimento, citamos o importante exemplo da FDI Moot Competition, que atrai estudantes de Direito de todo o mundo para que atuem como advogados em hipotéticas disputas entre investidores e um país anfitrião. A competição é desenhada para explorar leis e contratos de investimento internacional.

O FDI Moot foi criado em resposta ao crescente ritmo de investimento estrangeiro na economia global e às disputas relacionadas a estes investimentos. Trata-se de um novo desdobramento do Direito internacional a partir de tratados bilaterais de investimento (BITs), legislações de investimento e contratos de investimento. É uma área que se estrutura entre os Estados anfitriões e os investimentos estrangeiros e estabelece novos procedimentos de arbitragem em disputas e cláusulas escalonadas contratuais que incentivam as soluções consensuais antes ou durante o procedimento arbitral e que envolvem centenas de milhões de dólares. Um número crescente de escritórios de advocacia passou a atuar nessa área, representando investidores e governos, o que traz uma nova visão de mercado para os estudantes de Direito, que devem ter habilidades tanto de arbitragem como de negociação e mediação[338].

Qualificação do profissional de resolução de disputas

Em outra ponta da equação, a fim de atender essas novas e crescentes demandas, esse profissional deve ter uma formação verticalizada e adequa-

338. GIBSON, Christopher S. 32 The Foreign Direct Investment International Moot Competition. *Suffolk Transnat'l L. Rev.* 247 (2008-2009).

da. A massiva oferta de vagas em universidades/faculdades faz com que as IES (instituições de ensino superior) menos preparadas percam seu *status* de qualificação integral dos profissionais do Direito, que hoje, além de competências técnicas, necessitam de competências pessoais transversais para sobreviver num mercado saturado: não há empregos formais suficientes e a condição de empregabilidade/empreendedorismo é cada vez mais necessária.

Assim, o ensino provido com qualidade por algumas IES passa a ser um catalisador de experiências multidirecionais incentivando a participação em atividades para além das acadêmicas, que lhes permitam vivenciar a prática do Direito aplicando seus conhecimentos de modo imersivo e experiencial (*hands on*), o que passa a ser imprescindível nesse mercado, pois este estudante deve obter experiências de aprendizagem transformadoras. Essas atividades devem conjugar conhecimento acadêmico avançado e competências pessoais de alto nível e, sob esse aspecto, competições, simulações, *bootcamps, hackatons*, intercâmbios internacionais, *mentorings*, dentre outros, são irrenunciáveis para preparar esse profissional que não tem mais o tempo de maturação de mercado como outrora (quando chegava a cerca de 10 anos).

Hoje, o estudante de Direito deve finalizar seu ciclo de estudos universitários como um profissional pronto para os primeiros desafios da carreira, atuando com as habilidades e responsabilidades de um profissional júnior, e não apenas com o título de graduação. Só assim terá chance de conseguir se posicionar de modo acurado e eficiente, sem sofrer a força centrípeta do mercado lhe expulsando das oportunidades de modo bem precoce, gerando frustração e desperdício do investimento pessoal e financeiro.

Para tanto, universidades conscientes dessa realidade vêm realizando modificações significativas em seus programas, que passam a se voltar ao ensino por competências necessárias ao mercado, conjugando competências de conteúdo (*hard skills*), competências de forma (*soft skills*), competências estruturais (*superior skills*) e competências que promovam a emoção/experimentação (*hands on*). O World Economic Forum definiu as 10 principais competências para 2025 classificadas em 4 grandes eixos: a) resolução de problemas; b) autogestão; c) trabalho em time; d) uso da tecnologia e desenvolvimento. Há algumas premissas importantes de serem assimiladas, de acordo com o Relatório do Futuro dos Empregos do Fórum Econômico Mundial[339]:

i. 50% de todos empregados no mercado de trabalho precisarão ser requalificados até 2025, à medida que a adoção da tecnologia aumentar;

ii. O pensamento crítico e a resolução de problemas estão no topo da lista de competências que os empregadores acreditam que crescerão em destaque nos próximos cinco anos;

iii. As competências de autogerenciamento emergentes são aprendizado ativo, resiliência, tolerância ao estresse e flexibilidade;

iv. Os entrevistados da pesquisa Future of Jobs estimam que cerca de 40% dos trabalhadores exigirão requalificação em programas de seis meses ou menos. São as competências listadas: 1. Pensamento analítico e inovação; 2. Aprendizado ativo e Estratégias de aprendizado; 3. Resolução de problemas complexos; 4. Pensamento crítico e análise; 5. Criatividade, originalidade e iniciativa; 6. Liderança e influência social; 7. Uso, monitoramento e controle de tecnologias; 8. *Design* e programação de tecnologias; 9. Resiliência, tolerância ao stress e flexibilidade; 10. Raciocínio, resolução de problemas e ideação. Devemos, portanto, estar atentos a estas tendências que pautarão o futuro da nossa outrora tão "clássica" profissão.

339. Disponível em: https://www.weforum.org/agenda/2020/10/top-10-work-skills-of-tomorrow-how-long-it-takes-to-learn-them/. Acesso em: 02 abr. 2022.

O conceito de *Moots* e como potencializar o aproveitamento dessa experiência fortalecendo o mercado de resolução de disputas

Mas afinal, o que são os *moots*?

Pois bem, são competições que possibilitam uma importante imersão em questões de interesse global, nas quais os estudantes formam grupos de estudos e pesquisa treinados por *coaches* de suas universidades de origem para performances em competições nacionais e internacionais em várias áreas. Meses, ou até semanas, antes das competições eles recebem o caso a ser estudado e que deve ser mapeado. O trabalho envolve memoriais redigidos com intensa pesquisa de casos, leitura de temas jurídicos, livros, artigos, estratégias, preparação de habilidades de oratória, treinos diários para a competição entre as equipes e a avaliação por profissionais do mercado. Grande parte dos *moots* são em inglês, portanto melhoram sobremaneira a proficiência na língua, o que enfatiza uma grande imersão e o aprofundamento. É incomparável o modo como os estudantes entram para as equipes e como saem, agregando aos profissionais do Direito um grande diferencial em pesquisa, redação, oratória, trabalho em time e estratégia em um ambiente, muitas vezes, internacionalizado.

Pode-se dizer que os estudantes são avaliados por três grupos de critérios:

a) *Preparação* – que se relaciona, por exemplo, à capacidade das equipes para analisar o caso, encontrar o problema/ a disputa, os interesses em jogo e criar estratégias de negociação ou mediação;
b) *Processo* – que inclui a eficiência do trabalho em equipe, habilidades de escuta ativa, empatia, capacidade de trabalhar colaborativamente sem ceder aos seus próprios interesses e necessidades, flexibilidade e habilidade de negociação, entre outros aspectos; e
c) *Resultado* – que se relaciona ao valor criado, valor reivindicado, elaboração do acordo, comportamento ético e autoanálise.

Diferentes competições atribuem pesos distintos aos vários critérios de avaliação, e algumas colocam ênfase especial em habilidades específicas, mas de maneira geral esta é a tônica das competições.

Nestas competições são debatidos temas intrigantes, atuais e de extrema relevância jurídica e negocial no cenário global (criptomoedas, *drones* em situação de guerra, fusão e incorporação de grandes empresas, política internacional, contratos empresariais, *smart contracts*, *incoterms*, corrupção nacional e internacional, governança corporativa, questões ambientais mundiais etc.), o que dá a eles grande desenvoltura sobre a realidade global.

As universidades brasileiras de ponta têm frequentemente obtido excelentes resultados, com os estudantes galgando significativas colocações, tanto no Brasil como no exterior, propiciando a formação de profissionais com postura ativa, cooperativa e autônoma, que sabem se deparar com situações complexas de dimensão global e tomar decisões a partir dos conhecimentos adquiridos. O acadêmico de Direito, acima de tudo, precisa saber como agir diante dessas situações e estar exposto a uma diversidade de culturas globais e do seu tempo.

Especialmente no âmbito da mediação e negociação, as competições permitem vivenciar empoderamento e protagonismo das partes em conflito, que contam com o suporte estratégico de seus advogados e do mediador para encontrar soluções de maneira mais construtiva, integrativa e abrangente. A par dessas vivências e de ferramentas de gestão, é facultada aos estudantes uma visão mais prospectiva de sua vida pessoal e profissional, ao lhes auxiliar na estruturação de um planejamento dos próximos passos de sua carreira. É um verdadeiro empoderamento do estudante na condução de sua trajetória, passando a contar com um diferencial estratégico diante do mercado.

Universidades bem ranqueadas, como a PUCPR, desenvolvem planos estratégicos para as atividades de competição, pesquisa e internacionalização contínua, a fim de incrementar os currículos dos professores e dos estudantes, preparando-os para o mercado nacional e internacional. Esse cenário, gradualmente, muda a cultura da universidade, transformando-a em um universo culturalmente rico, variado e mais vibrante, consagrando a excelência na educação reconhecida internacionalmente pelas instituições parceiras, que, por sua vez, ofertam mais oportunidades que lhes enriquecem também. Ou seja, é um jogo sempre de ganha-ganha!

Outro benefício inconteste das competições é o *networking* de alto nível e com potencial de gerar colocações, negócios, pesquisas e, claro, boas amizades. Muitos estudantes relatam que a participação nas competições acaba sendo um fator determinante para sua contratação em grandes escritórios, provedores de soluções de disputas e grandes corporações de âmbito nacional e internacional. Várias câmaras de mediação e arbitragem brasileiras e estrangeiras contam nos seus quadros com ex-*moots* em posições estratégicas, por ser esse um celeiro de potenciais profissionais de alta performance, que aprendem a trabalhar sob muita pressão, em time e com alta capacidade de decisão e gestão.

Ainda merece destaque listar a política de bolsas para cursos de pós-graduação no Brasil e no exterior de estudantes com essa experiência e preparação. Há universidades renomadas que dão até 50% de bolsa para os ex-*moots*, que poderão desenvolver pesquisas avançadas beneficiando toda a comunidade jurídica e perpetuando um aprendizado continuado na carreira – *life long learning*.

São oportunidades raras de fazer *networking* com renomados profissionais de várias partes do mundo, que podem gerar um relacionamento futuro. É uma grande congregação de estudantes, professores e profissionais que se irmanam em prol de um objetivo de grande impacto: fomentar a eticidade, excelência e sustentabilidade das profissões do Direito, que, na era da 4ª Revolução Industrial pautada por tecnologias e *digital skills*, precisa revisitar sua vocação como ciência humana.

Um mapeamento das principais competições de mediação e negociação nacionais e internacionais

Competições de negociação e mediação não são um fenômeno completamente novo. Existem há muitos anos, é possível listar a primeira competição de negociação, a Williston Negotiation Competition da Harvard Law School, que teve sua 1ª edição no ano de 1953, e a American Bar Association (ABA) Negotiation Competition, que se iniciou em 1984. Ambas as competições são regionais, atraindo estudantes exclusivamente dos EUA e Canadá.

Especialmente em ADR (*Adequate Dispute Resolutions*), temos um mapa mundial de importantes competições nacionais e internacionais que podem alavancar a carreira dos profissionais que dela participam, sejam pesquisadores, redatores ou oradores e os seus *coaches*, que ganham experiência e *networking* que podem ser cruciais. Sem o compromisso de exaurir a lista, citamos algumas das principais competições, que, como será possível notar, são essencialmente internacionais e ocorrem na América, Ásia e Europa; porém, com a virtualização do mundo, passam a ser acessíveis on-line:

- CAMARB – Câmara de Mediação e Arbitragem Empresarial: Competição de Mediação e Arbitragem (Brasil)[340];
- INC – International Negotiation Competition for Law Students (EUA)[341], cuja etapa nacional é o Meeting de Negociação (Brasil)[342];
- CPR – Conflict Prevention & Resolution Competition (Brasil)[343];
- IBA-VIAC CDRC Vienna Competition (Áustria)[344];
- ICC International Mediation Competition – Paris (França)[345];

340. Disponível em: https://www.instagram.com/competicaocamarb/?hl=en. Acesso em: 02 abr. 2022.

341. Disponível em: http://law-competitions.com/. Acesso em: 02 abr. 2022.

342. Disponível em: https://www.meetingnegociacao.com.br/. Acesso em: 02 abr. 2022.

343. Disponível em: https://www.cpradr.org/events-classes/upcoming/2022-03-26-2022-cpr-international-mediation-competition. Acesso em: 02 abr. 2022.

344. Disponível em: https://www.cdrcvienna.org/. Acesso em: 02 abr. 2022.

345. Disponível em: https://2go.iccwbo.org/icc-international-commercial-mediation-competition.html. Acesso em: 02 abr. 2022.

- ICC International Mediation Competition – Hong Kong (China)[346];
- TNC – The Negotiation Challenge (EUA)[347];
- WNR – Warsaw Negotiation Round (Polônia)[348];
- ADR ODR International Mediation Competition (Inglaterra)[349];
- IMSG International Mediation Singapore Competition (Singapura)[350];
- INADR – International Academy of Dispute Resolution Mediation Competition (EUA)[351];
- INLIU – INADR National Law Institute University Competition (Índia)[352];
- NUJS Mediation Competition (Índia)[353].

Conclusões

As duas últimas décadas presenciaram o surgimento de várias novas competições de negociação e mediação em todo o mundo. Pensamos que os dois principais impulsionadores deste desenvolvimento são uma tendência geral para a crescente internacionalização do ensino superior e um reconhecimento dos benefícios específicos das competições para uma chamada "pedagogia da Negociação e Mediação"[354].

Os benefícios conquistados através das competições incluem:

346. Disponível em: http://www.iccmediationcomp.com/. Acesso em: 02 abr. 2022.

347. Disponível em: https://students.thenegotiationchallenge.org/. Acesso em: 02 abr. 2022.

348. Disponível em: https://www.facebook.com/theWNR/. Acesso em: 02 abr. 2022.

349. Disponível em: https://www.adrodrinternational.com/online-mediation-competition. Acesso em: 02 abr. 2022.

350. Disponível em: https://imsgcomp.com/imsg-2021/. Acesso em: 02 abr. 2022.

351. Disponível em: https://www.inadr.org/. Acesso em: 02 abr. 2022.

352. Disponível em: https://www.facebook.com/nliumediation/. Acesso em: 02 abr. 2022.

353. Disponível em: https://www.instagram.com/adrsocnujs/?hl=en. Acesso em: 02 abr. 2022.

354. SMOLINSKI, R.; KESTING, P. (2013). World championship in negotiation? The role of competitions in negotiation pedagogy. *Negotiation Journal*, 29(3), 355–369. Disponível em: https://doi.org/10.1111/nejo.12029. Acesso em: 02 abr. 2022.

i. O alto nível de comprometimento do estudante aumentando a qualidade da negociação/ mediação;
ii. A oportunidade de vivenciarem a autêntica diversidade cultural;
iii. As oportunidades de *networking* para todos os participantes com a experimentação prática, que permite ainda;
iv. A internacionalização da carreira jurídica, outrora mito e que hoje faz parte do cotidiano do profissional do Direito que quer diferencial e, consequentemente, oportunidades e sustentabilidade tanto no mercado nacional como internacional.

No entanto, é fundamental reconhecer e fomentar que essa "pedagogia" deve ser coerente com as metas singulares da mediação, apontando sempre para duas características que a tornam "valiosa e única" como processo de intervenção no conflito: a) a autodeterminação das pessoas e; b) o potencial humanizador do diálogo[355]; os quais devem ser inexoravelmente introduzidos na sua prática.

Adolfo Braga Neto faz coro aos ensinamentos de Folger e preconiza a função transformadora da mediação, que propicia elementos de mudança ao permitir que seus envolvidos saiam da fragilidade e do autocentramento e se fortaleçam a partir de um reconhecimento mútuo e respeito recíproco. Diante desses elementos com potencial sensivelmente transformador, ele vaticina que não há como impor a mediação, mesmo com a previsão legal do CPC (Lei nº 13.140/15) e a obrigatoriedade naquele estatuto: "muito pelo contrário, o método se propõe a propiciar um ambiente de cooperação, sem o qual não há como ocorrer"[356].

Portanto, o desafio que nos é posto a cada passo é a necessidade da constante conscientização e democratização do acesso aos métodos não adver-

355. FOLGER, Joseph P. A evolução e avaliação da mediação no Brasil: questões chave para analisar o projeto e a implementação da prática. *In*: BRAGA NETO, Adolfo. *Mediação: uma experiência brasileira*. São Paulo: CL-A, 2017, p. 71.

356. BRAGA NETO, Adolfo. *Mediação: uma experiência brasileira*. São Paulo: CL-A, 2017.

sariais de resolução de conflitos. Há premência de fomentar na sociedade metodologias baseadas no *consenso* e na *colaboração.* Ao contrário de Adam Smith, para quem os melhores resultados surgem quando cada um no grupo olha para os seus próprios interesses, John Nash defendeu que *o melhor resultado surge quando todos os indivíduos do grupo olham para seus próprios interesses e concomitantemente para os do grupo.* A "Teoria do Equilíbrio" de Nash e a experiência mostram que as atividades econômicas mais sustentáveis e lucrativas são aquelas colaborativas e conscientes dos seus propósitos.

Assim, devemos incrementar a rede de partícipes desse movimento baseado em comportamento ético, corresponsabilidade e cocriação, investindo massivamente em Educação que gere Ação Direcionada, Ética e Sustentável, que inspire a construção de sólidos e lucrativos negócios que fomentem as soluções baseadas em autodeterminação e diálogo humanizador. Fica o desafio-convite a todos para compartilharem desse "lugar", dessa grande mandala, onde tecemos paciente e delicadamente a nossa história, que é a história de um novo tempo.

Referências bibliográficas

BRAGA NETO, Adolfo. *Mediação: uma experiência brasileira.* São Paulo: CL-A, 2017.

BREGA, Silvia Maria Costa; SOUZA, Mariana Freitas de. *A Convenção de Singapura sobre acordo em Mediação.* Disponível em: https://www.migalhas.com.br/coluna/migalhas-consensuais/347920/a-convencao-de-singapura-sobre-acordos-em-mediacao. Acesso em: 02 abr. 2022.

BURGUER, Warren E. *Agenda for 2000 A.D. A Need for Systematic Anticipation,* Vital Speeches of the Day, May 15, 1976, at 450.

CARBAJAL, Christian A. V. International Arbitration as a Mechanism for attraction and protection of foreign investments. Brazil's objections to the system, alternative model of investment cooperation and facilitation agreement (ACFI) and proposals for reform of the European Union. *Transnational Dispute Management*. Disponível em: https://www.transnational-dispute-management.com/article.asp?key=2707. Acesso em: 02 abr. 2022.

CONSELHO NACIONAL DE JUSTIÇA. *Justiça em Números 2021*. Disponível em: https://www.cnj.jus.br/wp-content/uploads/2021/09/relatorio-justica-em-numeros2021-12.pdf. Acesso em: 02 abr. 2022.

FERRAZ JUNIOR, Tercio Sampaio. *Introdução ao Estudo do Direito. Técnica, decisão, dominação*. 4ª Ed. São Paulo: Atlas, 2003.

FOLGER, Joseph P. A evolução e avaliação da mediação no Brasil: questões chave para analisar o projeto e a implementação da prática. *In*: BRAGA NETO, Adolfo. *Mediação: uma experiência brasileira*. São Paulo: CL-A, 2017.

GIBSON, Christopher S. 32 The Foreign Direct Investment International Moot Competition. *Suffolk Transnat'l L. Rev.* 247 (2008-2009).

PIMENTEL, Wilson. *Acesso Responsável à Justiça*. Rio de Janeiro: Lumen Juris, 2019.

SANDER, Frank E.A. *Varieties of Dispute Processing*. The Pound Conference: Perspectives on Justice In The Future (A. Leo Levin & Russell R. Wheeler eds.,1979).

SMOLINSKI, R.; KESTING, P. (2013). World championship in negotiation? The role of competitions in negotiation pedagogy. *Negotiation Journal*, 29(3), 355–369. Disponível em: https://doi.org/10.1111/nejo.12029. Acesso em: 02 abr. 2022.

STIPANOWICH, Thomas. Living the Dream of ADR: Reflections on Four Decades of the Quiet Revolution in Dispute Resolution (Symposium Keynote). *Cardozo Journal of Conflict Resolution*, Vol. 18, p. 513, 2017. Disponível em: https://papers.ssrn.com/sol3/papers.cfm?abstract_id=2920848##. Acesso em: 02 abr. 2022.

STIPANOWITCH, Thomas. *What have we learned from the Global Pound Conferences?* Kluwer Mediation Blog – Pepperdine University School of Law November, 27th, 2017. Disponível em: http://mediationblog.kluwerarbitration.com/2017/11/27/learned-global-pound-conferences/). Acesso em: 02 abr. 2022.

WHITING, Kate. *These are the top 10 job skills of tomorrow – and how long it takes to learn them*. World Economic Forum, 21 out. 2020. Disponível em: https://www.weforum.org/agenda/2020/10/top-10-work-skills-of-tomorrow-how-long-it-takes-to-learn-them/. Acesso em: 02 abr. 2022.

Mentoria na preparação e no acompanhamento para a resolução construtiva de conflitos empresariais

Marcelo Girade Corrêa[357]

> "A maioria das pessoas falha, não por falta de talento, dinheiro ou oportunidade; elas falham porque nunca planejaram realmente ter sucesso. Planeje seu futuro porque você tem que morar lá!" – Benjamin Franklin

Falhar em se preparar é se preparar para falhar. Essa frase resume o que não é feito e que gera tantas tentativas frustradas de negociar de forma efetiva, mas também tudo o que pode ser feito para termos melhores resultados. O escopo das reflexões, experiências e conceitos apresentados a seguir é aquele de ajudar mediadores, empresários, advogados e demais profissionais que visualizam oportunidades e caminhos na utilização de meios consensuais de solução de conflitos.

Condições essenciais para o surgimento real de um conflito

Um dos principais motivos pelos quais pessoas físicas e jurídicas optam por negociar está relacionado com o fator interdependência. Negociamos porque precisamos do outro (sócios, colaboradores, clientes, parceiros comerciais, governo, amigos, familiares etc.) para satisfazer nossos interesses, gerar algo novo ou mesmo resolver uma situação problemática, na qual é

357. CEO da M9GC Treinamento e Consultoria em Resolução de Conflitos, mediador avançado ICFML-IMI, cofundador do Meeting de Negociação, professor no MBA Business Intuition da Antonio Meneghetti Faculdade e no Programa de Desenvolvimento Comportamental para Líderes do Centro de Excelência Empresarial – CENEX.

necessária uma tomada de decisão validada pelo consentimento das partes envolvidas.

Empresários e empresas realizam esse movimento em direção ao outro quase que de forma natural, em função da relação estabelecida precedentemente, seja por contrato, por protocolos formais de parceria ou mesmo por interações informais iniciais para estabelecer um compromisso. Negociar é uma ação corriqueira do cotidiano empresarial para resolver problemas, tomar decisões e ajustar cursos e percursos de forma a alcançar objetivos unilaterais ou comuns.

A lógica inicial de pensamento é tentar resolver diretamente com o interlocutor em primeiro lugar, antes de escalar qualquer providência fora da tentativa de autocomposição com o outro. Essa propensão natural se justifica por uma análise heurística simples, considerando fatores como tempo, custo, relação e resultado pretendido.

Exemplificativamente, dois empresários que possuem uma relação comercial, ao se depararem com uma situação de possível atraso na entrega de um produto ou serviço, tendem a tentar resolver o problema diretamente um com o outro, antes de acionar outras alternativas, por intuírem que esse é o meio mais rápido, menos oneroso do ponto de vista financeiro, mais favorável para manter uma boa relação e para efetivamente atingir o objetivo pretendido.

De fato, a partir de uma leitura puramente empírica, a grande maioria dos problemas é solucionada com esse tipo de interação direta, sem gerar maiores consequências ou necessidade de novas interações. Em outras palavras, se as condições essenciais para que um conflito se desenvolva não estão presentes ou possuem um nível muito baixo ou quase inexistente de influência para um acirramento inicial, então a situação tende a ser resolvida por aceitação mútua de opções que configuram soluções viáveis e passíveis de serem colocadas em prática.

Para que uma situação possa ser caracterizada como conflitiva, é necessária a presença de três elementos principais:

a. **Desacordo** – motivado por diferentes opiniões sobre uma mesma realidade fática. Ainda usando o exemplo dado acima, se as duas empresas concordam que o atraso de fato existiu, e uma se compromete a fazer a entrega do produto em dois dias e a outra entende esta solução como aceitável, não temos um conflito. No entanto, se uma empresa interpreta que o produto deveria ser entregue em, no máximo, 10 dias úteis, e a outra tem para si que o prazo deve ser baseado na contagem de 10 dias corridos a partir do aceite da proposta, então temos um evidente desacordo quanto a qual o critério que deve ser levado em conta, uma vez que não foi estipulado explicitamente no contrato.
b. **Escassez** – deve existir algum tipo de limitação que não permite que as partes alcancem seus objetivos ou obtenham o que precisam de forma independente uma da outra. Curiosamente, a escassez gera interdependência e essa, por sua vez, funciona como combustível que alimenta as situações conflitivas. Se tempo não fosse um problema para as empresas que estamos usando como exemplo, provavelmente não teriam um conflito. O atraso em si não geraria um prejuízo. Ao contrário, se uma delas interrompe sua produção por não dispor de insumos, caracterizando uma quebra no processo de *supply chain*, por exemplo, então o fator tempo passa ser percebido e sentido como essencial e condicionante dos resultados pretendidos.
c. **Legitimidade da decisão** – não existe um consenso sobre qual das partes possui autoridade para decidir qual tipo de desfecho é o mais adequado e correto a seguir. Quando os direitos sobre quem tem propriedade para tomar uma decisão são claros, as diferenças de opinião e a escassez não conduzem necessariamente a um conflito.

É exatamente em função dessa condição que as partes podem, inclusive, desenvolver um comportamento colaborativo para tentar resolver a situação. No entanto, quando essa definição não está presente ou existe um desacordo sobre como uma determinada situação deve ser resolvida, então a situação conflitiva ganha força.

O nascimento de um conflito é como a formação de um tornado. Utilizando essa metáfora, verifica-se que algumas condições precisam estar presentes para que este fenômeno aconteça. Um furacão se forma pelo encontro de uma massa de ar frio e seco com uma massa de ar quente e úmido. Esse processo ganha força se ocorre em uma região plana sem grandes obstáculos como montanhas, por exemplo. Quando duas forças opostas, como ideias e percepções, se encontram, e são potencializadas pela escassez e discussão de quem tem maior direito sobre a propriedade da decisão final, então temos o ambiente propício para que uma situação conflitiva escale.

Seja no início do processo conflitivo ou em alguma etapa posterior a ele, é possível auxiliar empresários, empresas e seus representantes a estruturar estratégias que privilegiem soluções consensuais que drenem o potencial de escalada e ajudem as partes a convergir para um processo de tomada de decisão que ponha fim à disputa de forma satisfatória e duradoura.

O trabalho de mentoria, que visa preparar os interlocutores para resolver conflitos de forma construtiva no ambiente empresarial, leva em consideração que o caminho a ser percorrido com os clientes segue na direção de ajudá-los a mudar suas perspectivas de um modelo mental de reivindicação de valor (visão unilateral e imediatista) para uma mentalidade de geração de valor (visão colaborativa e de longo prazo).

Mapa mental de distribuição de valor

Em minha experiência como mediador, consultor, facilitador e docente em resolução construtiva de conflitos, tanto clientes quanto participantes em cursos de formação e desenvolvimento de competências relacionais e negociação apresentam comportamentos característicos em seus modos de lidar com situações de divergência.

Situações de tensão geram uma percepção de incompatibilidade de interesses, em que a possibilidade de um lado ter suas necessidades atendidas sinaliza, para o outro lado, uma ameaça ao atingimento do que lhe é importante e vice-versa. Dito de outro modo, o fato de outra pessoa, física ou jurídica, se movimentar em direção aos próprios interesses pode impedir que os meus interesses sejam satisfeitos. Diante da tensão produzida por duas ou mais partes na tentativa de ter seus interesses atendidos, indivíduos tendem a responder, de forma preferencial e recorrente, com uma das seguintes estratégias:

Fazer concessões para preservar o relacionamento – Entre ser assertivo, esforçando-se para satisfazer os próprios interesses, e se comportar de modo cooperativo, ajudando o outro a ter seus interesses atendidos, a segunda opção é colocada em prática como resposta habitual. O cliente se vê diante de um dilema: lutar pelo resultado ou preservar o relacionamento? Em se tratando de relações comerciais, muitos empresários optam por abrir mão de determinadas margens ou ganhos para não "perder o cliente ou o parceiro comercial". Se o outro lado reivindica um "pedaço" maior da "torta", a tendência das pessoas que utilizam esse tipo de resposta recorrente é *ceder*. No entanto, o problema se acentua quando esse tipo de interação se torna padrão e cria necessidades de compensação ou sentimentos de insatisfação por parte de quem faz concessões constantemente, aumentando as chances de desgaste e ruptura do relacionamento, justamente o que mais se procurava preservar.

Forçar para conseguir alcançar resultados – De forma oposta à estratégia de ceder, essa é uma estratégia de *dominação*, na qual o objetivo principal é atingir objetivos pré-determinados, mesmo que isso implique impor a própria vontade em detrimento da vontade dos demais. A situação conflitiva é vista como uma negociação em que o ganho é medido por quem conseguiu ficar com o maior pedaço da "torta", entendida aqui como os recursos escassos em disputa. Muitos clientes e alunos não adotam tal estratégia por má-fé ou com o propósito de prejudicar o outro lado. Apenas entendem que "esse é o jogo a ser jogado" e que estão fazendo o seu melhor para conseguir o que lhes é importante. Em geral, conseguem ser bem-sucedidos a curto prazo e em situações episódicas. No entanto, ao desenvolverem um comportamento prioritariamente assertivo e pouco cooperativo no momento de resolver conflitos e tomar decisões com os outros, deterioram relacionamentos importantes e passam a ter dificuldades em conseguir que os outros também colaborem com seus objetivos.

Evitar conflitos a todo custo – divergências são nocivas e, quanto mais conseguirmos ficar longe delas, melhor. "Não vale a pena nos desgastarmos": se pudéssemos descrever essa estratégia, esse seria o pensamento predominante. Fugir da fonte que gera desconforto e ficar o mais distante possível dela são entendidos como a melhor saída. Em algumas situações, atendo clientes, seja em mediação ou em mentoria, que foram "pegos de surpresa" com um processo judicial ou um agravamento da relação, e que precisam resolver a situação com urgência. Pessoas que estão respondendo à situação conflitiva com esse tipo de comportamento têm dificuldade em admitir que as coisas não estão bem e precisam de uma solução, ou mesmo não querem ou se sentem seguros para lidar com a situação no momento, adiando o máximo possível a decisão para outra ocasião. A consequência é que evitar conflitos "a todo custo" tem um custo muito alto. Conflitos não resolvidos produzem efeitos que não podem ser previstos.

Barganhar um meio-termo – A estratégia mais comumente utilizada, na minha experiência de mais de 15 anos com clientes e alunos, é a de *conciliação*, uma forma de encontrar uma solução de meio-termo, em que a diferença pode ser compartilhada. Cada pessoa sai com mais do que tinha, mas com menos do que desejava. Presume que todos devem perder algo para chegarem a um acordo. Em muitos casos, chegar a um acordo é melhor do que permanecer no impasse. O problema com essa estratégia é que ela pode se tornar um padrão, no qual a busca pela solução se concentra em um ponto médio de divisão da "torta", e não em possibilidades de aumentá-la de tamanho antes de dividi-la.

O meu ponto de partida com clientes é identificar qual estratégia priorizam no momento de se verem com a necessidade de resolver uma situação conflitiva. A esmagadora maioria procura utilizar uma das estratégias elencadas acima, com destaque para a frequência dos estilos competitivo e de conciliação.

Com exceção do estilo de evasão, que caracteriza uma fuga da solução, todos os demais estão situados em uma linha distributiva de resposta à situação conflitiva. O modelo mental distributivo constringe negociadores a utilizar estratégias competitivas (reivindicar o maior pedaço da "torta"), concessivas (ceder parte do seu pedaço ou sua totalidade) ou de barganha (distribuir a torta em partes iguais).

Mapa mental de geração de valor

Boa parte do trabalho a ser realizado com mentorias para ajudar empresas e empresários na resolução de conflitos de forma construtiva se concentra em auxiliar na mudança de mentalidade para processos de geração de valor em substituição às estratégias unilaterais de reivindicação de valor.

O estilo de resposta a situações conflitivas que permite esse novo olhar e, portanto, uma efetiva mudança de comportamento segue uma linha que privilegia estratégias integrativas. Nesse tipo de resposta às tensões geradas em função de um desacordo, em que existe alguma condição de escassez de recursos e indefinição da propriedade da decisão, o foco permanece em como satisfazer os próprios interesses de forma efetiva (assertividade), mas também em como ajudar o outro a ter seus interesses atendidos (cooperação).

É justamente a partir das diferenças (de ideias, de opiniões e de visões) que podem surgir soluções criativas para resolver problemas e tomar decisões que ampliam os ganhos para todos os envolvidos em um conflito. Em outras palavras, pensar em formas de como fazer crescer a "torta" antes de dividi-la. Essa é a essência do modelo mental de geração de valor que pode nos ajudar a escapar de estratégias distributivas e defensivas como padrão de resposta.

A dificuldade inicial reside em ajudar clientes a perceberem a possibilidade de ganhos a longo prazo ao optarem pela estrada integrativa. Não se muda um modelo mental arraigado da noite para o dia. Empresários e empreendedores são homens de ação, acostumados a produzir resultados de forma assertiva e com um alto grau de determinação. Executivos seguem na mesma linha. Devem colocar em prática a estratégia definida pela empresa. Nas mentorias, consultorias e formações que realizo, os principais clientes que atendo estão em posição de liderança e estão acostumados a um conjunto de comportamentos com um *drive* muito forte voltado ao atingimento de objetivos dentro de prazos cada vez mais curtos. É exatamente por isso que se deparam constantemente com a necessidade de resolver problemas, apontar soluções, dirimir divergências e tomar decisões que os aproximem de suas metas e gerem valor para os seus negócios ou suas empresas. Grande parte das suas atividades está atrelada a negociações que precisam fazer a todo momento, com seus colaboradores, com integrantes de outras equipes, com fornecedores, com parceiros de mercado, com concorrentes, com níveis abaixo ou acima de sua posição na empresa e, obviamente, consigo mesmos. Justamente pelo fato de precisarem interagir com essa miríade de outras pessoas nos diversos contextos é que podem surgir situações de impasse, nas quais se veem com dificuldade de encontrar saídas negociadas satisfatórias. Precisam promover mudanças, mas se encontram bloqueados por determinadas circunstâncias geradas exatamente por outros indivíduos que também estão à procura de satisfazer seus interesses e alcançar seus objetivos.

Como preparar líderes e liderados para lidar com as naturais contraposições dialéticas geradas pelas mudanças que querem promover? Como ajudá-los a aperfeiçoar o processo de negociação para saírem de patamares habituais de reivindicação de valor, que aumentam as chances de impasse, para níveis mais elevados de geração de valor?

Transformar dilemas em problemas

Segundo o Oxford Languages, apenas para citar umas das diversas possíveis fontes de definições linguísticas, um dilema pode ser entendido como *a necessidade de escolher entre duas saídas contraditórias e igualmente insatisfatórias*. Trazendo para o contexto da resolução de conflitos, quando existe a percepção de interesses contrapostos, o ser humano tende a se ver em um dilema entre ter suas necessidades atendidas ou abrir mão para que o outro atinja seus propósitos. O dilema, nesses casos, se caracteriza pela necessidade de as pessoas terem que decidir entre abrir mão de um bom relacionamento para atingir seus objetivos ou preservar o relacionamento em detrimento de um resultado objetivo.

Devo renunciar à multa prevista em contrato para não correr o risco de perder o cliente? Devo externar minha opinião contrária ao que meu sócio entende como o melhor modo de aumentar as vendas, para não corrermos o risco de desperdiçar um investimento, ou melhor não expor meus pensamentos para que a relação não sofra um desgaste? Melhor responder ao *e-mail* de um dos meus fornecedores de maneira firme, para que entenda que haverá consequências duras se não fizer a entrega dentro do prazo combinado, ou assumir os prejuízos do atraso para não ter dificuldades com ele em uma próxima entrega, uma vez que é um dos únicos fornecedores desse tipo de produto no mercado? Devo enviar uma notificação para a prefeitura, para que considerem a possibilidade de cumprir com os pagamentos combinados, ou não a acionar, para que o relacionamento com os interlocutores não fique comprometido?

Essas e outras incontáveis perguntas caracterizam dilemas que clientes (empresários, empresas, sócios etc.) se deparam quando estão em situações conflitivas. Muitos deles optaram por uma resposta mais dura em direção a seu interlocutor, utilizando uma estratégia mais competitiva para alcançar suas pretensões. Alguns conseguiram satisfazer seus interesses substanciais momentaneamente, mas acabaram fechando a porta para negociações futuras ou escalaram para processos adversariais de resolução de disputas (arbitragem, ação judicial, conselhos administrativos etc.). Outros seguiram estratégias de concessão para preservar o relacionamento e agora estão pressionados por um padrão que eles mesmos criaram, sem saber como fazer um movimento em direção aos seus interesses sem prejudicar o relacionamento. São situações geradas pela sensação de que é preciso escolher entre *ser duro com o problema* (para resolvê-lo e alcançar o que se precisa ou quer), mas *também com as pessoas* (para que cedam e cooperem ou pelo menos não se oponham), ou então adotar uma postura *branda com as pessoas* (para não prejudicar o relacionamento) *e igualmente branda com o problema* (uma vez que tentar se opor pode trazer consequências indesejáveis).

O cenário descrito acima foi a base conceitual que fez surgir o Harvard Negotiation Project – HNP[358], entre o final da década de 1970 e início dos anos 1980. A pergunta principal que se pretendia responder era: qual a melhor maneira de as pessoas resolverem suas diferenças, atendendo seus

358. A missão do Projeto de Negociação de Harvard é melhorar a teoria, o ensino e a prática da negociação e da resolução de disputas para que as pessoas possam lidar de forma mais construtiva com conflitos que vão do interpessoal ao internacional. O trabalho do projeto alterna entre os mundos da teoria e da prática para desenvolver ideias que os praticantes considerem úteis e os estudiosos, confiáveis.

interesses de forma efetiva, no menor espaço de tempo e preservando seus relacionamentos? Dito de outro modo, o que se procurava saber era o que poderia ser feito como alternativa a um modelo posicional de negociação que privilegia a barganha (tentar simplesmente achar um meio-termo ou uma solução paliativa de compromisso) ou estratégias chamadas *ganha-perde* (em que um ou ambos os lados estão tentando satisfazer seus interesses de forma unilateral).

Liderado pelo professor Roger Fisher, advogado, docente da Faculdade de Direito da Universidade de Harvard, um grupo de professores e pesquisadores, entre eles William Ury e Bruce Patton, deu início a uma pesquisa informal para tentar responder a esse questionamento a partir da investigação sobre o que líderes de diversos setores faziam em suas negociações que os destacavam dos demais pelo impacto dos seus resultados. A partir de uma combinação de observações, entrevistas e análise das informações captadas diretamente de lideranças nas áreas de *business*, comercial, econômica, política, sindical, religiosa, comunitária, e até mesmo de guerrilhas, foram identificados padrões de pensamento e comportamento na condução de processos resolutórios.

Uma das principais conclusões a que os professores chegaram foi a de que, apesar de atuarem de um determinado modo, os negociadores observados não sabiam definir suas estratégias em termos de técnica ou mesmo um método estruturado de aplicação.

Essa constatação permitiu que os professores Roger Fisher, William Ury e Bruce Patton, também a partir das próprias experiências, estabelecessem um conjunto de princípios fundamentais que pudesse servir de linhas mestras para a construção de um método que pudesse superar o dilema "ganhar ou perder".

Os princípios evidenciados foram estruturados em uma obra chamada *Como Chegar ao Sim: como negociar acordos sem fazer concessões*, publicada pela primeira vez em 1981[359]. Com mais de 15 milhões de exemplares vendidos por todo o mundo ao longo destes mais de 40 anos, o método de negociação baseado em princípios, ou Método Harvard de Negociação, tornou-se a principal e mais difundida base conceitual para negociações chamadas *ganha-ganha* globalmente. Um dos principais méritos desse método é o de oferecer uma terceira via de saída nas negociações, transformando o dilema clássico em um problema a ser resolvido[360]. É a partir dessa lógica que trabalho com clientes que precisam se preparar para negociações diretas ou participar de negociações auxiliadas e potencializadas por terceiros (mediação). Clientes chegam com um problema que precisa ser resolvido e, na grande maioria das vezes, não estão encontrando uma saída satisfatória porque estão enxergando a situação como um dilema, "forçando-os" a adotar estratégias competitivas, concessivas ou de barganha. Meu objetivo, nesse momento, é o de ajudá-los a utilizar estratégias que privilegiam a colaboração, baseadas em uma lógica diferente de pensamento e ação.

Senso comum organizado

Os autores do método baseado em princípios deixam claro que os conceitos, técnicas e ferramentas que apresentam não trazem nenhuma novidade em si. São baseados no que muitos negociadores fizeram e fazem ao longo da história da civilização humana. O mérito deles foi organizar o senso comum, estruturá-lo em um modelo capaz de ser compreendido e utilizado nas negociações do nosso cotidiano. O método foi estruturado

359. FISHER, Roger; URY, William; PATTON, Bruce. *Como Chegar ao Sim: a negociação de acordos sem concessões.* Rio de Janeiro: Sextante, 2018.

360. O método é apresentado pela primeira vez ao mundo acadêmico, corporativo e organizacional na obra *Como Chegar ao Sim*, em 1981, pelos professores Roger Fisher e William Ury, com a contribuição de Bruce Patton. A obra se torna um clássico da negociação e um divisor de águas no modo como as negociações podem ser preparadas, conduzidas e revisadas. Seu principal mérito, em linhas gerais, é o de permitir uma organização sistematizada do que grandes negociadores, em diversas áreas da sociedade, já realizavam em seus cotidianos pessoais e profissionais. Ao propor um método capaz de dar o mesmo grau de importância tanto para a substância quanto para o relacionamento, resolve esse dilema e permite um novo horizonte de pesquisa e aplicações práticas.

a partir de quatro grandes dimensões, presentes em todas as negociações: **pessoas**, **interesses**, **opções** e **critérios**.

As **pessoas** são a base principal do modelo. Todo conflito traz consigo um potencial colaborativo (KOFMAN, 2018). Vemo-nos em uma situação conflitiva, porque estamos em desacordo sobre algo, em regra, cuja solução não podemos decidir sozinhos, precisando do outro para satisfazer o que nos é importante. Essa condição gera uma situação-problema que precisa ou pede para ser resolvida. O princípio aplicado a essa dimensão é apresentando a partir da seguinte recomendação: *Separe as pessoas do problema*. Na aplicação prática, esse é um ponto fundamental para a mentoria na preparação de clientes para suas negociações: saber como estão gerindo sua capacidade de separar o modo como lidam com o problema do modo como lidam com as pessoas envolvidas no problema. A referência máxima para que as negociações possam seguir em um percurso progressivamente colaborativo é procurarmos, ao máximo, *sermos duros com o problema e suaves com as pessoas*. É o principal modo de escapar do dilema.

Integrar **interesses** é o objetivo principal do método e o princípio que rege essa dimensão e aumenta as chances de que os interesses de todos os envolvidos sejam contemplados é *Concentre-se nos interesses, não nas posições*. Clientes normalmente chegam até mim com posições arraigadas sobre como a situação deve ser resolvida. Uma posição é o que uma pessoa quer ou precisa. Uma empresa, por exemplo, pode querer rever um contrato com um fornecedor, em função de mudanças no cenário geopolítico mundial que ocasionaram uma série de incertezas no mercado. Essa é sua posição: adiar obras previstas para se iniciar em determinado prazo sem pagar multas. Os interesses são o que motivam pessoas e empresas a querer algo. Em nosso exemplo, a empresa está preocupada em mobilizar investimentos que podem gerar prejuízos de curto prazo, caso exista uma paralisação do mercado em função de um conflito armado com reflexos no preço do petróleo e no abastecimento de determinados insumos agrícolas. Seu principal interesse é mobilizar recursos de contratação de serviços com o mínimo de risco. Por sua vez, a empresa contratada também não quer ter prejuízos e pode assumir a posição de que o contrato deve ser cumprido conforme o que foi estabelecido, sob pena de multas serem aplicadas. O interesse que motiva essa posição pode ser o de não perder lucratividade com recursos mobilizados previamente e que não possuem prazo para serem utilizados em função do pedido de espera da contratante. A saída colaborativa para situações como essa passa pelo terceiro princípio do método, apresentado a seguir.

Opções criativas são a chave do método para integrar interesses. O princípio por trás dessa dimensão está em *Criar opções que gerem a possibilidade de ganhos mútuos*. Na minha trajetória, e é também o que ouço de outros profissionais de gestão construtiva de conflitos, encontrei pouquíssimos casos em que as partes não consideravam razoável que as soluções fizessem sentido para os dois lados. Esse não é o maior bloqueio. Ao contrário, soluções criativas que integrem os interesses de todos são muito bem-vindas. O maior bloqueio está no fato de as partes não investirem tempo e esforço para compreender e reconhecer os interesses de cada lado. É a partir do entendimento dos interesses que o processo criativo de construção de soluções acontece. Do contrário, corre-se o risco do desenvolvimento de soluções medianas, que se restringem a compor acordos que deixam muitas oportunidades perdidas sobre a mesa. Um dos maiores erros que negociadores cometem é não considerar o que o outro lado precisa e as razões que fazem com que ele esteja resistente. É realmente curioso o momento em que dois empresários conseguem chegar a um consenso por meio de uma solução que resolve uma equação. O relato normalmente vai na direção da constatação de que era uma opção tão óbvia, que não haviam percebido antes. Esse fenômeno acontece justamente porque ambos os lados conseguiram ter seus interesses reais bem identificados e apresentados como um problema a ser resolvido, e não um dilema. Se voltarmos ao exemplo citado acima, sobre a empresa que sinalizava que não pretendia cumprir a previsão contratual de usar os serviços de sua contratada para novas obras em função da instabilidade política e econômica mundial, a equação que se forma a partir dos interesses de ambos poderia ser a seguinte: o que pode ser feito para minimizar os riscos de investir na construção de novas estruturas e, ao mesmo tempo, evitar que a contratada sofra perdas por ter sua estrutura física e de pessoal ociosa? Nesse caso específico, a contratante, que era minha cliente, propôs que o contrato permitisse que a contratada utilizasse até 60% da sua capacidade operacional reservada para as obras previstas e suspensas com outros clientes, caso o adiamento durasse mais do que 60 dias, e uma compensação de 17% na recontratação para retomada das obras previstas.

Critérios objetivos evitam disputas de vontades. Uma das maiores fontes de impasse em negociações diretas e em mediações está na discussão do que é o justo e o certo a fazer. Empresas e os advogados que as representam, com frequência, caem nessa armadilha. Na busca por satisfazer seus interesses, elencam critérios a partir das próprias visões, necessidades e expectativas. Quando se sentam à mesa de negociação, iniciam um processo de tentar convencer o outro lado de que os seus parâmetros de justiça e do que é o correto a fazer são mais razoáveis, e a queda de braço tem início. O risco de perder a oportunidade de um acordo que poderia fazer sentido para os dois lados aumenta e, junto com ele, o desgaste no relacionamento. Para escapar dessa armadilha, o método ressalta o quarto princípio: *Insista em utilizar critérios objetivos*. Índices de mercado, pareceres de peritos ou especialistas, jurisprudência, regras de *compliance*, tabelas de referência, práticas comerciais consagradas são alguns exemplos de critérios objetivos que podem ser utilizados para justificar uma opção colocada sobre a mesa.

Como parte da preparação com clientes, faço a seguinte pergunta: se o outro lado perguntar como você chegou a essa proposta, o que você responderia que pudesse fazer sentido para ele, independentemente da sua vontade? É uma pergunta simples, mas muito poderosa, e que abre um universo de pesquisa e preparação.

Como acréscimo aos quatro princípios que estruturam o pano de fundo do Método Harvard de Negociação (como ficou mais conhecido), um conceito se tornou extremamente útil e ganhou muita projeção na preparação para negociações em todos os contextos (empresariais, políticos, econômicos, sociais, interpessoais, familiares e outros). Estamos falando do conceito de MANA, que é o acrônimo para Melhor Alternativa à Negociação de um Acordo. Em inglês, BATNA – *Better Alternative to a Negotiated Agreement*. Nada mais é do que a resposta para a seguinte pergunta: o que você fará para satisfazer seus interesses, caso não chegue a um acordo com o outro lado? Significa pensar em qual será sua alternativa para conseguir o que precisa, sozinho ou com a ajuda de uma terceira pessoa ou organização, sem o consentimento da outra parte. Em termos simples, é o famoso Plano B. O que uma empresa pode fazer para reduzir o risco de ter que pagar multas contratuais significativas por não dar início a obras anteriormente previstas e que foram suspensas pelos clientes, se não conseguir encontrar uma solução com a empresa contratada atualmente? Algumas possibilidades estão à sua disposição. Entrar com um processo na justiça para justificar o distrato é uma delas. Contratar outra empresa no mercado é outra possibilidade, arcando com a multa do distrato. Comprar uma empresa de construção de obras voltadas ao agronegócio é outra alternativa. Qual dessas pode ser a que mais atenderia seus interesses, caso não consiga chegar a uma convergência na mesa de negociação com o outro lado?

Pensar na MANA de forma efetiva e estruturada é uma das mais importantes atividades na preparação com clientes para negociações e mediações. Aumenta a segurança deles quando precisam avaliar se devem ficar ou sair de um processo negocial. Isso gera liberdade para decidir. Também aumenta o poder de negociação, uma vez que identificar de forma concreta a MANA cria um parâmetro concreto para avaliar propostas que o outro lado coloca sobre a mesa. Em muitos casos de que participei, foi uma boa identificação da MANA que fez com que empresários se esforçassem para encontrar soluções mais interessantes do que abandonar o percurso consensual.

Tecnicamente, é possível preparar e acompanhar clientes com base nesses conceitos. Sobretudo, porque fazem muito sentido para eles quando são explicados de modo objetivo e aderente às suas pretensões. O que gera essa aceitação, do que pude perceber na experiência com mentorias, consultorias e mediações, é justamente porque estruturar negociações com base nesses parâmetros é algo que remete ao bom senso. Justamente o que os autores do método intuíram, pesquisaram, aplicaram e depois organizaram para que pudéssemos utilizar em nossas negociações.

Mentoria na prática

Mapas não são o território, mas ajudam na orientação do percurso e, sobretudo, na preparação para que se chegue ao destino almejado com mais segurança. A utilização de um método de negociação testado e evoluído ao longo dos últimos 40 anos permite ampliar as chances de trilhar caminhos colaborativos nos conflitos empresariais. Em uma síntese bastante resumida, o percurso que uso com clientes em diversos níveis obedece à seguinte lógica estruturada.

Análise diagnóstica da situação

Como ponto de partida, realizo um conjunto de perguntas que me permite compreender o cenário conflitivo a partir de três aspectos globais:

problema, pessoas e processo. Basicamente, procuro identificar junto ao cliente qual a situação problemática, quais as pessoas envolvidas nos níveis primário, secundário e terciário, qual o contexto e suas particularidades e o que foi feito até o momento (processos utilizados) para tentar resolver o problema.

Identificação de objetivos

Conhecer de forma clara e bem definida os objetivos fundamentais que se deseja alcançar parece óbvio, mas efetivamente é um passo negligenciado na grande maioria das negociações de que tenho conhecimento. Conversar sobre objetivos ajuda tanto o consultor quanto o cliente a compreender melhor quais são os interesses por trás do que está se buscando.

Interesses subjacentes

O passo seguinte na configuração de um mapa negocial é procurar compreender uma série de fatores que remetem ao conceito amplo de interesses. Dentre estes fatores, estão preocupações, necessidades, receios, medos, vontades, desejos, limitações e impedimentos. A conversa sobre interesses do cliente permite explorar, como cenário possível, quais seriam os interesses do outro lado. Esse exercício tende a sensibilizar e a conscientizar o cliente sobre o que é importante para o seu interlocutor, preparando o terreno para a conversa seguinte, sobre o segundo elemento fundamental do mapa negocial.

Opções de ganhos mútuos

Identificar os interesses dos envolvidos na negociação abre espaço para estimular o cliente a pensar em opções que possam atender os interesses elencados, mesmo que no nível hipotético. Efetivamente, é um processo muito potente da preparação, porque estimula a flexibilidade no alcance dos interesses, diminuindo a ênfase nas posições. Como é um exercício de perspectiva, o cliente se sente livre para pensar em possibilidades, sem efetivamente se comprometer com nenhuma delas de antemão. Fundamental nesse processo é o processo criativo, em que a regra primeira é evitar qualquer julgamento em relação às opções de solução que surgem. A análise de viabilidade é feita ao final, após uma verificação mais detida sobre quais opções têm potencial de desenvolvimento.

Critérios objetivos

Como terceiro passo na estruturação da estratégia negocial, após ter feito o exercício de elencar possíveis opções de solução, trabalho com o cliente na identificação de critérios externos e independentes, que possam dar lastro para as opções que serão apresentadas na negociação. É um exercício bastante técnico, que ganha muita força com a contribuição dos advogados, quando é o caso, e conta com a experiência e o conhecimento específico do cliente. Do mesmo modo que nos outros elementos trabalhados até aqui, faço uma projeção junto com o cliente sobre os possíveis critérios objetivos que podem ser utilizados pelo outro lado para justificar e reforçar as eventuais opções, ou mesmo objeções por parte do interlocutor.

Círculo de geração de valor

Antes de avançar para os demais elementos do mapa negocial, certifico-me de que o cliente conseguiu visualizar o que, no método, é entendido como o coração das negociações ou o círculo de geração de valor, composto pelos elementos *interesses, opções* e *critérios objetivos*. É nesse "lugar" que o cliente deve se concentrar e se esforçar para passar a maior parte do tempo de uma negociação, trabalhando com o outro lado para gerar efetivamente compreensão sobre os interesses, quais opções podem atender do melhor modo as necessidades e quais os critérios que podem fazer sentido para ambos os lados para uma tomada de decisão segura e que pareça justa e justificável para todos. Na preparação, seja para uma negociação direta com o outro lado ou para uma mediação, são utilizados formulários específicos para ajudar o cliente a identificar e elaborar as informações principais relativas a esses três elementos centrais.

Comunicação eficiente

A negociação em si pode ser definida como uma comunicação bilateral com o propósito de se chegar a uma convergência para resolver um problema ou tomar uma decisão conjunta. Não existe negociação sem um processo de comunicação e não podemos ter uma negociação construtiva sem um processo eficiente de comunicação.

O que caracteriza um processo eficiente, em primeiro lugar, é a possibilidade de trocar informações dentro de uma dinâmica de reciprocidade positiva. Significa que existe espaço tanto para falar quanto para escutar e gerar compreensão.

A segunda característica que qualifica uma comunicação eficiente é a clareza e a objetividade com que as informações são apresentadas. Na grande maioria das vezes, o que faço é um processo de reeducação do cliente sobre sua forma de se comunicar. Não basta a constatação da importância desse processo, é preciso saber utilizar ferramentas e técnicas de comunicação que produzam o resultado esperado. O cliente normalmente adere a esse compromisso quando percebe que seus interesses podem ser mais bem atendidos quando ele faz a sua parte para que a comunicação ampare produtivamente o círculo de geração de valor. A comunicação pode ser entendida como um dos pilares que sustentam o percurso consensual de solução da controvérsia, e os maiores responsáveis pela boa manutenção desse processo são o próprio cliente e seu advogado.

Relação positiva de trabalho

O outro pilar que permite que uma negociação transcorra de modo produtivo é o relacionamento funcional entre os interlocutores. Os fatores mais evidentes aqui são o respeito e a confiança. Sem eles, é muito pouco provável que as negociações diretas entre as partes ou mesmo aquelas conduzidas por um mediador prosperem. A dificuldade dos clientes em estabelecer um relacionamento positivo de trabalho com o outro lado é inversamente proporcional à importância desse elemento. Dependendo da intensidade, do acirramento e da fase em que se encontra a situação conflitiva, os interlocutores se percebem com muita resistência em depositar algum grau de confiança entre si. Somado a isso, temos as "cicatrizes" emocionais ou mesmo "feridas" sentimentais ainda abertas pelo modo como se trataram em interações anteriores. É em situações como essas que a mediação passa ser altamente recomendada, uma vez que o terceiro neutro pode ajudar a reorganizar as conversas dentro de um ambiente mínimo de respeito, para que haja a possibilidade de retomada de um relacionamento que favoreça a resolução das divergências. É possível, com algumas ferramentas muito específicas de planejamento, preparar o cliente para utilizar determinadas estratégias que podem manter o diálogo produtivo nos trilhos.

Compromisso inteligente

Algumas perguntas têm o poder imediato de transportar mentalmente o cliente para o futuro. Quando em conflito, o ser humano tende a remoer o passado para justificar o que está passando no presente. É absolutamente normal. Ao mesmo tempo, pensar no que seria um cenário em que a situação conflitiva foi resolvida pode neutralizar a sensação de desconforto e gerar uma motivação importante para que a negociação tenha sucesso.

O que significa conflito resolvido para você? Imagine que você e o outro lado estão assinando um acordo. O que deve conter esse acordo para que você se sinta satisfeito? Com o que você acha que é possível se comprometer, que faria com que o outro lado dissesse sim para você? Essas são algumas perguntas que ajudam a pensar no compromisso como um objetivo importante a ser perseguido e ajudam a garantir que os acordos tenham um alto grau de implementação, respeitando três condições fundamentais:

a. Ser um compromisso realista (em que as partes conseguem fazer o que estão prometendo uma para a outra);
b. Ser suficiente (que tenha em seu corpo todos os assuntos que as partes consideram importantes para terem seus interesses atendidos); e
c. Ser operativo (ficando claro o que deve ser feito, quem fará o quê, quando, como, com quanto etc.).

O que pode ser feito se não for possível o acordo

Essa é uma parte da preparação que está apresentada aqui ao final, mas também pode ser trabalhada logo em seguida à identificação dos interesses reais. Sempre com um olhar duplo. Trabalho com o cliente extensivamente para ficar bem identificada qual a melhor alternativa para satisfazer seus interesses, caso não chegue a um compromisso com o outro lado. Em seguida, pensamos juntos qual a melhor alternativa do outro lado. Esse processo duplo é fundamental para que o cliente tenha consciência do que o outro pode fazer caso não chegue ao acordo. Por qual motivo? Permite trazer um grau concreto de realidade sobre o que está em jogo para os dois lados e reduzir os vieses de percepção muito comuns que tendem a desqualificar a capacidade do outro lado de conseguir algo favorável para si.

Os sete elementos listados acima (interesses, opções, critérios objetivos, comunicação, relacionamento, compromisso e alternativas) compõem o Método Harvard de Negociação e são o modo de dar concretude aos quatro princípios básicos que regem o processo da negociação colaborativa:

a. Separe as pessoas do problema;
b. Concentre-se nos interesses, não nas posições;
c. Gere opções de ganhos mútuos; e
d. Insista em utilizar critérios objetivos.

Esse é um mapa que, surpreendentemente, tem me ajudado a ajudar clientes de forma bastante efetiva e com um benefício adicional: cada vez que o cliente participa desse processo, amplia seu aprendizado sobre negociação e passa a utilizá-lo em situações futuras. É uma estrutura com função tripla. Permite uma preparação consistente, a condução segura da negociação a partir de um conjunto de referências concretas e, adicionalmente, a possibilidade de revisão do próprio desempenho para seguir aperfeiçoando sua competência negocial em alto nível.

É um processo relativamente simples, mas, como nos lembra Einstein: a simplicidade é o último grau de sofisticação.

Referências bibliográficas

FISHER, Roger; BROWN, Scott. *Como Chegar a um Acordo: a construção de um relacionamento que leva ao sim*. Tradução de Raffaella de Filippis. Rio de Janeiro: Imago, 1990.

FISHER, Roger; ERTEL, Danny. *Estratégias de Negociação*. Rio de Janeiro: Ediouro, 1997.

FISHER, Roger; URY, William; PATTON, Bruce. *Como Chegar ao Sim: como negociar acordos sem fazer concessões*. Tradução de Rachel Agavino. 3ª Ed. Rio de Janeiro: Sextante, 2018.

KOFMAN, Fred. *La Empresa Consciente*. 4ª Ed. Buenos Aires: Grito Sagrado Editorial de la Fundación de Diseño Estratégico, 2018.

MNOOKIN, Robert H.; PEPPET, Scott R.; TULUMELLO, Andrew S. *Mais Que Vencer: negociando para criar valor em acordos e disputas*. Tradução de Mauro Gama. Rio de Janeiro: Best Seller, 2009.

URY, William. *Supere o Não: como negociar com pessoas difíceis*. Tradução de Cristina Yumagami. 2ª Ed. São Paulo: Benvirá, 2019.

A mediação e o novo papel desempenhado pela advocacia contemporânea como estrategista de escolhas na sociedade 5.0

Rissiane dos Santos Goulart e Adolfo Braga Neto[361]

Introdução

A cultura da sentença continua a ser muito forte no Brasil. As faculdades de Direito brasileiras passaram décadas ensinando seus alunos apenas a litigar e a buscar a prestação jurisdicional ofertada pelo Estado para a obtenção de uma sentença. Esta sentença não chega às mãos do jurisdicionado de maneira fácil. Via de regra, as disputas são largamente dolorosas, demasiadamente longas e onerosas para todos os envolvidos, inclusive advogados. Esta cultura da sentença faz parte não somente da advocacia, mas também da sociedade brasileira. Não é à toa que, em 2015, o Brasil foi considerado campeão mundial em judicialização, com mais de 100 milhões de processos. Em 2021, conseguiu baixar este número para 75,4 milhões[362].

361. Rissiane dos Santos Goulart é advogada empresarial. Mediadora certificada pelo CNJ e pelo IMI. Negociadora estratégica. Mestre em Direito Internacional pela GGU-San Francisco (Estados Unidos). Secretária-geral da Comissão Especial de Mediação e Conciliação do Conselho Federal da OAB (2022-2025). Presidente da Comissão de Conciliação e Mediação da OAB/SC na gestão 2019/2021. Diretora de Mediação da CMAA (Câmara de Mediação e Arbitragem da Acif Florianópolis/SC). Avaliadora de competições nacionais e internacionais de negociação e mediação (Brasil, Europa e Estados Unidos). *Distinguished Neutral* do painel de mediadores do CPR em Nova York-EUA.
Adolfo Braga Neto é advogado graduado pela USP, mestre pela PUC-SP, mediador, instrutor do CNJ, presidente do Conselho de Administração do IMAB – Instituto de Mediação e Arbitragem do Brasil. Presidente dos Conselhos de Ética do CONIMA – Conselho Nacional das Instituições de Mediação e Arbitragem e do IBPC – Instituto Brasileiro de Práticas Colaborativas. Diretor do ISCT – Institute for the Study of Conflict Transformation.

362. Disponível em: https://www.cnj.jus.br/wp-content/uploads/2021/09/relatorio-justica-em-numeros2021-12.pdf. Acesso em: 31 mar.2022.

O Conselho Nacional de Justiça, em prol da promoção da ordem jurídica justa, em 2010, editou a Resolução nº 125, elegendo a mediação como um dos métodos adequados de tratamento dos conflitos, o que consolidou o chamado Tribunal Multiportas no sistema processual. O tribunal multiportas, inspirado no projeto criado pelo jurista norte-americano Frank Sander, professor da Universidade de Harvard, ensina que existem várias portas para se resolver uma demanda. Cada uma delas é representada por uma forma de resolução de conflito. O advogado deve prestigiar as soluções consensuais e autocompositivas extrajudiciais, primeiramente por possuírem maior rapidez e eficiência na resolução do conflito, sem que se precise acessar a máquina do Estado, a exemplo da negociação e da mediação, sendo o Judiciário a última porta a ser acessada.

O Código de Processo Civil de 2015 confirmou a necessidade de mudança de cultura jurídica, fomentando de igual forma os meios adequados de resolução de conflitos. Assim como, ainda no ano de 2015, o Brasil teve o marco legal da mediação no Brasil, com a Lei nº 13.140, sendo reforçada pelo atual Código de Processo Civil, do mesmo ano. Desta forma, grande impulso foi dado, sobretudo com o reforço da política pública do Judiciário em direção ao tratamento adequado dos conflitos.

Postas estas considerações a respeito da cultura da sentença e da construção da cultura do consenso, cabe lembrar que hoje diversos autores apontam a existência da sociedade 5.0, que veio para corroborar a transformação da nova postura da advocacia em todo o mundo. Esta postura evidencia uma advocacia pautada em uma nova realidade, com advogados dispostos a inovar, a se reinventar, a colaborar, a humanizar e, principalmente, a desenhar novas soluções extrajudiciais para os conflitos de seus clientes. Neste panorama, influenciar a tomada de decisão na sociedade é um fator determinante. Por esta razão, o uso de *nudges* pode facilitar a escolha do caminho mais adequado como resposta à preocupação diante de opções promotoras de nova cultura. O objetivo do presente artigo é demonstrar que a mediação parece ser a metodologia que melhor se adapta ao tratamento de conflitos nesta atual sociedade 5.0, assim como provocar reflexão acerca da autorresponsabilidade da advocacia, na mudança e no crescimento desta sociedade, em prol de escolha das melhores alternativas.

1. Sociedade 5.0 e o surgimento da nova postura da advocacia

O conceito de sociedade 5.0 nasceu no Japão em 2016. Tal sociedade foi idealizada pela Ph.D. em economia e educação Yoko Harayama, a pedido do primeiro-ministro japonês, visando fomentar uma sociedade mais inteligente, pautada nas ferramentas de tecnologia e inovação, mas com o fiel propósito de melhorar o bem-estar e a qualidade de vida do ser humano (HARAYAMA, 2017, p.10). Trata-se de uma sociedade que coloca o ser humano no centro, buscando equilíbrio entre avanços tecnológicos, econômicos e sociais. Procura demonstrar que os sistemas, tais como inteligência artificial, robótica, IoT etc., estão para servir ao homem, como aliados, e não para destruí-lo, como inimigos[363]. O conceito trazido pela sociedade 5.0, que possui o foco na humanização, deve ser refletido em todas as profissões, trazendo maior relevância para o desenvolvimento de *soft skills*, ou seja, as habilidades essencialmente humanas, interpessoais. Habilidades estas que nenhum robô poderá, *a priori*, substituir. Deixa-se para a robótica aquilo que essencialmente ela faria melhor.

Em 2019, o G20 assinou um termo de compromisso para que as nações que compõem este grupo, incluindo o Brasil, tomassem iniciativas para implementar esse conceito. Nesta sociedade 5.0, cada profissão precisa adequar-se aos preceitos deste novo conceito. À advocacia coube focar na humanização, buscando prevenir e/ou solucionar os conflitos priorizando

363. Para mais detalhes acerca da sociedade 5.0, ver HARAYAMA, Yoko. Society 5.0: Aiming for a new Human-centered Society. *Hitachi Review*. Vol. 66. No. 6. p. 556-559, 2017. Disponível em: https://www.hitachi.com/rev/archive/2017/r2017_06/pdf/p08-13_TRENDS.pdf. Acesso em: 31 mar.2022.

a construção do consenso, a busca pelo diálogo e o estímulo à autorresponsabilidade dos clientes. Daí surge o termo "Advocacia 5.0"[364]. Esta nova advocacia compreende que a postura colaborativa é mais inteligente e estratégica, e que a postura combativa deve ser usada apenas quando a autocomposição não é mais uma opção, nos termos do conceito "justiça multiportas". O foco desta advocacia desloca-se dos mecanismos unicamente judiciais para dar ênfase a mecanismos extrajudiciais, valorizando as habilidades essencialmente humanas do advogado, tais como desenvolvimento de estratégias, persuasão, negociação estratégica, criatividade, resolução de problemas complexos, visão sistêmica do conflito, inteligência emocional, empatia, resiliência e adaptabilidade (SANDER, 2008, p.669). Esta advocacia contemporânea possui uma visão multidisciplinar, compreendendo a necessidade de parcerias com atores de diversas áreas de atuação, a fim de alcançar melhor resultado para a solução da disputa. Tal postura incentiva a desjudicialização, estimula o diálogo e prioriza a construção de consenso entre as partes e valorizando pautas subjetivas, estimula a autorresponsabilidade da sociedade civil, fortalecendo o protagonismo da advocacia contemporânea na pacificação social no acesso à justiça (GOULART; AZEVEDO, 2020, p.10).

Sob uma perspectiva mais humanizada e inovadora, o advogado passa a compreender que o processo judicial é apenas uma das ferramentas de solução de disputas, visto que sentença não resolve conflito, mas, sim, o processo. Por entender que a instauração deste último é sempre dolorosa para todos, sendo praticamente um grito de socorro para que o Estado decida aquilo que as partes e seus advogados não conseguiram solucionar, a nova postura da advocacia foca na resolução do conflito com base na qualidade de vida das partes e seus procuradores. Buscar soluções criativas, métodos alternativos tratamento de controvérsias, que apresentem maior eficiência,

364. Para mais detalhes, acesse gratuitamente o *ebook Advocacia 5.0*, de Rissiane dos Santos Goulart e Jackeline de Azevedo. Disponível em: www.advocacyacademy.com.br. Acesso em: 31 mar.2022.

agilidade, lucratividade para todos os envolvidos, faz deste advogado um *designer de soluções* ou, por que não dizer, um *arquiteto de escolhas*[365].

2. A mediação como estratégia e metodologia de tratamento de conflitos, para a advocacia contemporânea no mundo corporativo

O mundo corporativo é marcado pela necessidade de tomada de decisões diárias que, por conseguinte, são sempre desafiadoras e podem gerar conflitos internos e externos nas empresas. O advogado contemporâneo, que vive na sociedade 5.0, sabe que as desavenças empresariais ocorrem não entre empresas, mas entre pessoas que compõem estas empresas. Seu foco está nas pessoas, e não na empresa. Resolvendo o conflito com as pessoas, a disputa será automaticamente finalizada. Em função disso, ter uma postura mais colaborativa, e utilizá-la para resolver disputas empresariais de forma rápida, eficiente e mais lucrativa, não só é uma necessidade da advocacia, mas uma estratégia (LEVY, 2013, p.130).

Segundo determina o artigo primeiro da Lei nº 13.140/15, mediação é um método de solução de conflitos em que um terceiro imparcial e sem poder decisório, escolhido ou aceito pelas partes, as auxilia e estimula a identificar ou desenvolver soluções consensuais para a controvérsia. Conforme destacado no item anterior, a pauta da mediação vem sendo amplamente promovida no Brasil, pelo Conselho Nacional de Justiça[366], pelo próprio Judiciário – por meio dos CEJUSCs[367], pelas câmaras de mediação e arbitragem, pelos juristas e estudiosos do tema, pelos órgãos governamentais, assim como pelos mediadores. Portanto, a mediação empresarial

365. Para mais detalhes, acesse gratuitamente o *ebook Advocacia 5.0*, de Rissiane dos Santos Goulart e Jackeline de Azevedo. Disponível em: www.advocacyacademy.com.br. Acesso em: 31 mar.2022.

366. Resolução nº 125/2010.

367. CEJUSC: Centro Judiciário de Solução de Conflitos e Cidadania, que, pelo artigo 24 da Lei de Mediação, é o órgão responsável pelas sessões de mediações, pré-processuais (ainda não judicializadas) ou processuais (já judicializadas).

pode acontecer tanto no contexto judicial como extrajudicial, nas câmaras de mediação e arbitragem, nas plataformas on-line de resolução de disputas ou nos escritórios de gestão de conflitos, na forma *ad hoc*.

A mediação, resumidamente, nada mais é do que uma negociação assistida por um terceiro imparcial. Maior controle dos resultados pelas próprias partes, em detrimento dos riscos e incertezas da adjudicação ofertada pelo Estado; informalidade e flexibilidade durante todo procedimento, tanto o cronograma de agenda, quanto na investigação probatória, e na construção do acordo (BRAGA NETO, 2021, p. 112); quebra de preconceitos e acolhimento ao novo, flexibilidade e informalidade, sopesando as realidades fáticas de cada parte e sua saúde econômica organizacional: estas são apenas algumas das caraterísticas presentes no processo de mediação empresarial extrajudicial, que o distinguem do processo judicial. Nesse sentido, possibilita uma comunicação reflexiva entre os envolvidos, permitindo ampla pesquisa por parte do advogado, que fará o mapeamento do ambiente organizacional, buscando as diferentes tipologias do conflito, respeitando as posições e identificando os reais interesses dos *players* envolvidos. Desta maneira, um diagnóstico do panorama econômico e organizacional do conflito é apresentado, possibilitando a tomada de decisão dos envolvidos e seus advogados, atendendo suas expectativas.

A mediação empresarial se alimenta tanto de suas características essencialmente dialógicas, ágeis e resolutivas, como das fragilidades que podemos identificar no processo judicial, tais como a morosidade, a onerosidade, a publicidade e a incerteza do resultado final (TARTUCE, 2015, p.426). Ninguém entende melhor do seu negócio do que o próprio empresário. Portanto, fazendo ele parte da construção da solução, a probabilidade do cumprimento voluntário é consideravelmente maior e mais óbvia, em contraposição a qualquer outra imposta por um terceiro em processos adversariais.

Por conseguinte, vale notar que o mediador, no ambiente empresarial, servirá apenas como um agente de realidade (BRAGA NETO, 2019, p. 160). Agente este que não possui qualquer poder de decisão e, portanto, não julgará os elementos e fatos trazidos pelos mediados e seus procuradores, servindo apenas como condutor de diálogos em prol do avanço das negociações e da busca pela autocomposição. Na mediação empresarial, muito embora o mediador não possa influenciar a tomada de decisão, é importante que ele entenda da matéria a ser debatida. Que possua determinado conhecimento da área empresarial a ser resolvida, ou possua larga experiência no mundo corporativo, para que possa testar com mais eficácia as expectativas dos participantes, entendendo custos e riscos, inclusive de um processo contencioso, que deverão ser apresentados pelos advogados.

O advogado, por sua vez, possui voz e influência importantes no procedimento de mediação empresarial extrajudicial. Deve atentar-se à preparação para a mediação, ou seja, para a mesa de negociação. Entender os aspectos emocionais de cada um dos participantes e mostrar-se colaborativo na construção de soluções inteligentes e duradouras é imperativo. Saber ouvir é essencial. Não é possível encaminhar uma conversa para determinada direção sem que a outra parte se sinta ouvida e compreendida (PATTON; STONE; HEEN, 2021, p.227). Realizar uma análise objetiva de probabilidade de êxito, com a criação de valor, utilizando-se de abordagens integrativas, pautadas na análise econômica do Direito e ter conhecimento do BATNA[368] (FISHER; URY; PATTON, 2018, p. 240) de seu cliente é indispensável. Durante as reuniões, caberá ao advogado servir de consultor jurídico compreendendo não somente os interesses do cliente, mas também os interesses da outra parte, residindo aqui grande parte do desafio vivido na mesa de negociação. Exercer empatia para com o outro colega, em prol da

368. BATNA (*Best Alternative To a Negotiated Agreement*), ou melhor alternativa a um acordo negociado, nada mais é do que compreender qual a sua melhor alternativa caso o acordo não venha acontecer. Para melhor compreensão, ver FISHER, Roger; URY, William; PATTON, Bruce. *Como chegar ao sim*. 2ª Ed. Rio de Janeiro: Imago, 1994.

manutenção das relações contratuais e interpessoais de seu cliente, resulta na construção de confiança entre as partes. Utilizar o mediador a qualquer tempo que precise, seja para auxiliar na investigação de determinado fato, seja no esclarecimento de interesse obscuro, é mandatório. Caberá ainda ao advogado entregar ao mediador o encargo de ajudar na compreensão mútua da complexidade da controvérsia, assim como nas mensagens trazidas nas reuniões privadas, denominadas *caucus*[369] (ALMEIDA, 2014 p. 221), para que sejam bem recebidas pela parte contrária.

O cronograma do diálogo a ser desenvolvido no início da mediação deve trazer para agenda os temas espinhosos identificados pelos advogados e suas partes, a fim de que a raiz do conflito possa ser de fato tratada. A mediação empresarial extrajudicial levará o tempo que as partes e seus procuradores entenderem necessário, em contraposição ao que ocorre com o processo judicial. Pode ser interrompida a qualquer tempo, por se tratar de procedimento voluntário, se houver manifestação de interesse para a sua finalização. O procedimento exige dedicação de todos os envolvidos. Por esta razão, a construção do resultado acontece por meio de trabalho em equipe.

O cliente, por sua vez, poderá acompanhar em cada reunião a atuação do advogado, seja o envolvimento no avanço das negociações, seja na orientação e interpretação jurídica promovida, seja ainda na vitória de cada interesse acolhido pela parte contrária. Caberá, ainda, aos advogados a elaboração do termo de acordo, com base em critérios objetivos de benefícios mútuos, caso os mediados alcancem a autocomposição (BEER, 2019, p. 299). Desta forma, na mediação o advogado substitui a sentença judicial pela celebração de um acordo por ele elaborado, o que por si só demonstra sua capacidade de atuação, composição, influência e desempenho, permitindo que receba seus honorários ainda mais rápido do que aconteceria numa demanda contenciosa.

369. *Caucus*: sessões privadas durante a mediação, nas quais somente uma das partes e seu advogado reúnem-se com o mediador. Caso uma sessão de *caucus* seja sugerida pelo mediador, ou pedida por uma das partes ou seus advogados, a outra parte terá igual direito.

Isto dito, é compreensível por que o mundo corporativo – conhecido pelo seu dinamismo, suas inovações, mudanças velozes, pela necessidade de estruturas procedimentais menos burocratizadas, audazes e lucrativas –, ao conhecer a mediação empresarial extrajudicial, se encanta com o procedimento. Em países como Estados Unidos, Canadá, Reino Unido, Alemanha, Áustria, Japão, China, Singapura, Argentina, Itália, Espanha e França, os advogados já utilizam a mediação empresarial extrajudicial como uma de suas grandes estratégias de resolução de conflitos. Caberá à advocacia brasileira, neste momento, imbuída do espírito da sociedade 5.0, firmar sua mudança de postura ao abraçar, estrategicamente, o instituto da mediação extrajudicial para resolução dos conflitos empresariais que chegam até os seus escritórios. Ademais, conforme muito bem lembra Diego Faleck (2018, p.41), o Código de Ética e Disciplina da Ordem dos Advogados do Brasil, em seu artigo 2º Parágrafo único, VI, enaltece o advogado com o espírito público e com o enfoque *problem-solver* (resolvedor de problemas), atribuindo-lhe como obrigação a realização da essência do processualista *designer*, de um perfeito *designer* de soluções. Isso evidencia que faz parte do processo saber trabalhar na construção de soluções além daquelas ofertadas pelo Judiciário. Mas e o empresário, como receberá esta nova solução, como faremos com que a busca pela judicialização, praticamente frívola, diminua cada vez mais? É o que se tratará no próximo subtítulo.

3. *Nudge*: a advocacia no papel do estrategista de escolhas em prol da cultura do consenso na nova sociedade 5.0

Em 2011, uma pesquisa feita pelo CPR – Conflict Prevention Resolution Institute, em conjunto com as Universidades de Cornell e Pepperdine, entrevistou executivos de 368 empresas, listadas na revista *Fortune 1000*, constatando que 97% dos advogados que trabalham para empresas costumam escolher a mediação extrajudicial para resolução dos conflitos destas organizações, nos Estados Unidos[370]. No Brasil, ainda se nota que a cultura da sentença tem impulsionado o uso indiscriminado da adjudicação estatal, fazendo com que o país, em 2015, alcançasse mais de 100 milhões de processos judiciais, o que o tornava o país mais litigante do mundo. Muito embora este número tenha diminuído em 2021, como já mencionado, ainda faz da sociedade brasileira uma das maiores litigantes do planeta. Vários são os fatores que levaram a esta situação e estimulam o viés otimista do jurisdicionado, dentre elas a inteira responsabilidade da parte vencida no pagamento das custas do processo judicial e honorários de sucumbência, e principalmente a facilidade do alcance da gratuidade da justiça (GOULART, 2021, p.242).

Segundo o World Justice Project: Rule of Law Index 2021, uma iniciativa internacional que avalia o desempenho da justiça entre os países, em 2021 o Brasil ficou na 77ª posição entre 139 países avaliados[371]. Isso deixa ainda mais evidente que a larga utilização do processo judicial resulta em sentenças, que dão fim ao processo, e não ao conflito. Cabe lembrar que o conflito é do cliente. Por derradeiro, será ele quem decidirá, com a ajuda do seu advogado, qual o melhor caminho a seguir. Mas então por que a sociedade ainda escolhe ir para o Judiciário? Por que não escolhe resolver seus conflitos por meio de métodos autocompositivos, como a mediação extrajudicial? A nova postura da advocacia pode mudar este cenário de crise de judicialização e influenciar seus clientes a tomarem melhores decisões.

Revisitando o que foi tratado no início deste artigo, a sociedade 5.0 exige uma nova postura do advogado, ampliando sua atuação para além do Judiciário, exercendo o papel de um *designer* de soluções, um arquiteto de escolhas. Segundo Richard Thaler, Prêmio Nobel de Ciências Econômicas

---

370. A pesquisa na íntegra, em inglês, está disponível em: https://doi.org/10.1177/0019793919870169. Acesso em: 31 mar.2022.

371. A pesquisa está disponível em: https://worldjusticeproject.org/rule-of-law-index/country/Brazil. Acesso em: 31 mar.2022.

em 2017, em coautoria com Cass Sunstein, em sua obra chamada *Nudge Theory*, um arquiteto de escolhas tem a responsabilidade de organizar o contexto no qual as pessoas tomam decisão. Essa teoria, fruto do estudo da economia comportamental, explica que *nudge* é um aspecto da arquitetura da escolha que influencia o comportamento das pessoas de forma previsível, sem coibir a autonomia ou o direito individual, estimulando comportamentos mais benéficos para o ser humano e alinhados a boas políticas públicas.

> *Nudge* trata-se de um "empurrãozinho" ou um "cutucão" sendo qualquer aspecto de arquitetura de escolhas capaz de mudar o comportamento das pessoas de forma previsível, sem vetar qualquer opção e sem nenhuma mudança significativa nos seus incentivos econômicos. (...) Um *nudge* não é uma ordem (Thaler, 2019, p. 11).

Portanto, para que seja vista como um *nudge*, esta influência na tomada de decisão precisa ser positiva e mais benéfica para quem irá ser influenciado. Em verdade, a obra mostra que os seres humanos têm dificuldade de tomar boas decisões para si e, por esta razão, precisam de auxílio, muito embora a economia clássica sempre tenha defendido que o denominado *Homo economicus* (Econs) sabe fazer excelente escolhas. Contudo, segundo Thaler, este brilhante ser somente existe nos livros de economia, o homem médio, o *Homo sapiens* (humanos), possui fragilidades, deficiências, falhas na tomada de decisão, não conseguindo sequer fazer divisões complexas sem auxílio da tecnologia.

O funcionamento do cérebro humano é, portanto, muito complexo e confuso. Conseguimos ser muito engenhosos com alguns afazeres e desastrosos com outros. A respeito disto, Thaler traz um pequeno exemplo do gênio da música Beethoven, que escreveu a nona sinfonia surdo, mas que tinha enorme problemas de memória quando precisava lembrar onde havia deixado sua chave de casa. Isto dito, precisamos entender rapidamente e de forma simples como acontece a tomada de decisão em nosso cérebro. De acordo com estudos da neurociência da psicologia, existem dois tipos de sistemas cognitivos: o intuitivo e automático e outro reflexivo e racional. Thaler chamou estes dois pensamentos de Sistema Automático e Sistema Reflexivo. O primeiro é descontrolado, fácil, rápido, prático, inconsciente e associativo. E o segundo é controlado, complicado, dedutivo, lento, autoconsciente e respeitador de regras. É também o que o economista Daniel Kahneman em sua obra, *Rápido e Devagar: duas maneiras de pensar*, concluiu, chamando estes dois sistemas de sistema 1 e sistema 2 (2012, p. 29).

O sistema Automático é mais primitivo e, portanto, associado às partes mais antigas do cérebro, o cérebro reptiliano. Este sistema existe para nossa sobrevivência. É tudo que fazemos "no automático" ou intuitivamente, sem esforço e nenhuma percepção de controle voluntário. Fugir de um cachorro que tenta nos morder, dirigir um carro sem precisar pensar como fazer, dar o resultado de 2+2, caminhar depois de termos aprendido na infância, detectar que um objeto está mais longe que outro, compreender sentenças simples, até mesmo fazer uma petição quando somos acostumados a fazê-la.

O sistema Reflexivo, ou sistema 2, aloca atenção às atividades mentais laboriosas que o requisitam, incluindo cálculos complexos e desenvolvimento de teorias, aprender uma língua nova, fazer *brainstoming* ou adaptar-se a novas rotinas, saindo da sua zona de conforto. Estas operações são, na maioria das vezes, associadas com a experiência subjetiva de atividades, escolha e concentração, afirma Kahneman.

> O sistema 1 gera continuamente sugestões para o sistema 2: impressões, intuições, intenções e sentimentos. Se endossadas pelo Sistema 2, impressões e intuições se tornam crenças, e impulsos se tornam ações voluntárias. Quando tudo funciona suavemente, o que acontece na maior parte do tempo, o Sistema 2 adota sugestões do Sistema 1 com pouca ou nenhuma modificação. Você realmente acredita em suas impressões e age segundo seus desejos, e tudo bem – moralmente (2012. p.35).

Quando nos deparamos com quase 80 milhões de processos no Judiciário, é possível observar que os advogados, em sua maioria, de forma automática e intuitiva, optam por levar ao Judiciário as causas que aparecem em seus escritórios. Este foi o caminho ensinado nos bancos das universidades, onde se passa a maior parte do curso aprendendo sobre processos judiciais. Em continuidade, é possível afirmar que sistema automático, ou sistema 1, entende que ajuizar uma demanda no Judiciário faz parte da principal função dos advogados. Será que levar para o sistema judiciário todo conflito trazido ao escritório é, realmente, o melhor caminho? Será que outros caminhos não poderiam ser mais eficientes?

Vale lembrar que o ser humano possui aversão à ideia de perder, ou seja, as pessoas temem excessivamente o risco, situações em que as probabilidades são absolutamente incertas e com baixo nível de controle. A perda provoca um impacto emocional maior sobre todos do que o ganho equivalente, conforme explica a teoria da perspectiva, cunhada a partir de um modelo de economia comportamental, de Kahneman e Tversky, em 1979 (KAHNEMAN, 2012, p. 346). Ao ingressar no Judiciário, o cliente ficará à mercê da decisão imposta por um terceiro, não possuindo o advogado qualquer controle sobre decisão final do magistrado, somado ao fato de que a duração média dos processos no Judiciário gira em torno de 10 anos[372]. Por isso, parece salutar que o advogado auxilie a tomada de decisão do cliente, recomendando o instituto da mediação.

É importante destacar que a influência para uso de métodos consensuais de resolução de controvérsias por meio da advocacia vai muito além de um *nudge*. Contudo, o que se pretende, trazendo este termo para a pauta deste artigo, é despertar no leitor a necessidade de ampliar seu olhar no que tange aos métodos consensuais de resolução de conflitos. Trata-se de uma tentativa de fazer com que o advogado reflita antes de se perguntar qual

---

372. Mais detalhes sobre o tema estão disponíveis em: www.cnj.jus.br. Acesso em: 31 mar. 2022.

ação deveria ingressar em juízo, questionando-se – primeiramente – se o caso em tela não obteria melhores resultados por meio da mediação. De forma objetiva, é fazer com que os advogados, gestores de conflitos, se utilizem de um adequado filtro de análise, para encaminhar as demandas para o mecanismo de resolução mais efetivo, de acordo com suas peculiaridades (TARTUCE, 2015, p.523).

Assim, o advogado pode influenciar a tomada de decisão do jurisdicionado, substituindo a tradicional cláusula de foro por cláusulas escalonadas de mediação e arbitragem, para a resolução de disputas nos contratos de seus clientes, por exemplo. Pode atuar como estrategista de escolhas, enfatizando a eficácia e as benesses deste método autocompositivo (BUENO; FERRAZ; ALMEIDA; TELLES, 2022, p.248). Observe-se que não se trata de buscar a adoção incondicional da mediação empresarial, mas de provocar reflexão acerca da autorresponsabilidade da advocacia contemporânea, na mudança e no crescimento de uma sociedade mais inteligente e sustentável, alinhada ao conceito 5.0, sociedade esta capaz de fazer melhores escolhas durante a tomada de decisão para suas demandas. Como se viu, um *nudge* pode ser usado para influenciar comportamento quando as pessoas possuem um rol de escolhas a decidir e, como a mediação é um processo voluntário, somente poderá acontecer caso o cliente voluntariamente opte por ele. Portanto, quando o advogado apresentar entre seus serviços a mediação como forma destacada de resolução de conflitos, explicando a capacidade de maximização dos resultados comparada a um processo judicial, estará influenciando positivamente para a tomada de decisão do jurisdicionado. Em termos gerais, ao destacar os meios consensuais de resolução de controvérsias, o advogado age como estrategista de escolhas, focando no melhor resultado para o seu cliente, uma vez que o propósito final da advocacia não se limita a apenas aplicar o Direito, mas proteger os interesses de quem solicitou sua ajuda (NEVES, 2020, p.25). Logo, a escolha pelo uso da mediação, por meio da influência da advocacia, pode impactar substancialmente a mudança da cultura da sentença para a do consenso na nova sociedade 5.0.

Considerações finais

Durante o desenrolar deste artigo, fez-se uma caminhada desde a aguerrida cultura da sentença, transitando pela busca e pelo impulsionamento de políticas públicas pelo consenso, chegando ao novo conceito de sociedade 5.0, finalizando com a análise da importância do papel do advogado na tomada de decisão do cliente. Com esta contextualização, foi explicitado o significativo papel de destaque do advogado em prol do desenvolvimento de uma sociedade mais inteligente, mais sustentável e com mais qualidade de vida, capaz de promover melhores escolhas, que não dependam, exclusivamente, da prestação jurisdicional estatal.

Nesta perspectiva, a mediação possui importância única no novo papel da advocacia contemporânea como estrategista de escolhas na sociedade 5.0. Primeiro, porque a mediação é capaz de resolver um conflito que perduraria anos no Judiciário, em apenas meses, possibilitando que o advogado receba seus honorários em um curtíssimo espaço de tempo, comparado com o processo judicial. Segundo, porque por meio da mediação a advocacia possui maior controle do resultado a ser alcançado, através do resgate do protagonismo das partes no resultado obtido. Terceiro, porque por meio deste instituto, a advocacia pode exercer não somente suas habilidades técnico-jurídicas, mas principalmente suas habilidades essencialmente humanas, trazendo à mesa não somente pautas objetivas de mérito, mas também subjetivas, necessárias para o mapeamento, diagnóstico e resolução do conflito. Com isso, o advogado torna seu ofício mais humanizado e autorresponsável, refletindo o conceito genuíno de sociedade 5.0. Por fim, porque o advogado, atuando na mediação, consegue trabalhar como um *designer* de soluções, desenvolvendo juntamente com seu cliente soluções mais criativas, rápidas, deliberativas e efetivas, além de menos onerosas.

O mundo contemporâneo exige constante transformação. Estas transformações geram conflitos e impactam a forma como as pessoas se relacionam, gerem e resolvem suas disputas. No Brasil, onde a judicialização encontra-se em crise, o incentivo à utilização de arranjos procedimentais consensuais para tratamento de conflitos precisa ser explorado. Neste panorama, a advocacia não só possui um papel de destaque, como pode ser o agente influenciador e pedagógico para uma sociedade mais madura e racional, capaz de resolver seus problemas com menos intervenção estatal, possibilitando a destruição de muros que foram levantados pelo conflito e construindo verdadeiras pontes de diálogo em prol da preservação dos relacionamentos. Desta forma, o advogado pode ser visto como **arquiteto de escolhas**, influenciador na tomada de decisão da sociedade civil, sobretudo em tempos pós-pandêmicos em que a tecnologia avança cada vez mais rápido no dia a dia do cidadão comum, exigindo seu reinventar. Este é o momento em que a adequação à sociedade 5.0 se faz imprescindível cabendo à advocacia, garantidora dos direitos e defesa do cidadão, um novo e disruptivo despertar.

Referências bibliográficas

ALMEIDA, Tania. *Caixa de ferramentas em mediação: aportes práticos e teóricos.* São Paulo: Dash, 2014.

BEER, Veronica. Mediação Empresarial e os Advogados. *In*: BRAGA NETO, Adolfo (Org.). *Mediação Empresarial: experiências brasileiras.* São Paulo: CL-A, 2019.

BRAGA NETO, Adolfo. *Mediação: uma experiência brasileira.* São Paulo: CL-A, 2017.

BRAGA NETO, Adolfo. Mediação de Conflitos: Conceito e Técnicas. *In*: SALLES, Carlos Alberto; LORENCINI, Marco Antonio Garcia Lopes; SILVA, Paulo Eduardo Alves da (Orgs.). *Negociação, Mediação, Conciliação e Arbitragem – Curso de Métodos Adequados de Solução de Controvérsias.* Rio de Janeiro: Forense, 2019.

BRAGA NETO, Adolfo. *A Mediação e a Administração Pública.* São Paulo: CL-A, 2021.

BRASIL. Lei 13.105, de 16 de março de 2015 (Código de Processo Civil). Disponível em: http://www.planalto.gov.br/ccivil_03/_ato2015- 2018/2015/lei/l13105.htm. Acesso em: 13 mar. 2022.

BRASIL. Lei 13.140, de 26 de junho de 2015 (Lei Geral de Mediação). Disponível em: http://www.planalto.gov.br/ccivil_03/_Ato 2015-2018/2015/Lei/L13140.htm. Acesso em: 13 mar. 2022.

BRASIL. Conselho Nacional de Justiça. Resolução CNJ 125, de 29 de novembro de 2010. Disponível em: https://www.cnj.jus.br/wpcontent/uploads/2014/04/resolucao_125_29112010_23042014190818.pdf. Acesso: em 13 mar. 2022.

BRASIL. Supremo Tribunal Federal. Ação Direta de Inconstitucionalidade nº 6324. Relator: Min. Roberto Barroso. Disponível em: http://portal.stf.jus.br/processos/detalhe.asp?incidente= 5859757. Acesso em: 09 out. 2020.

BUENO, Flávia Scarpinella, FERRAZ, José Gabriel, ALMEIDA, Juliana G. Cruz; TELLES, Marilia Campos Oliveira e. Interação Advogado-Cliente: um novo olhar. In: BRAGA NETO, Adolfo (Org.). *Justiça – Reflexões sobre caminhos além do Judiciário.* São Paulo: CL-A, 2022.

CPR – Conflict Prevention Resolution Institute. Disponível em: www.cpradr.org. Acesso em: 23 mar. 2022.

FALECK, Diego. *Manual de design de sistemas de disputas: criação de estratégias e processos eficazes para tratar conflitos.* Rio de Janeiro: Lumen Juris, 2018.

FISHER, Roger; URY, William; PATTON, Bruce. *Como chegar ao sim.* 2ª Ed. Rio de Janeiro: Imago, 1994.

FISHER, Roger; SHAPIRO, Daniel. *Além da razão.* Rio de Janeiro: Alta Books, 2019.

GOULART, Bianca Bez. *Negociação, economia e psicologia: por que litigamos?* São Paulo: JusPodivm, 2021.

GOULART, Rissiane; AZEVEDO, Jackeline de. *Advocacia 5.0.* Disponível em: http://www.advocacyacademy.com.br. Acesso em: 13 mar. 2022.

HARAYAMA, Yoko. Society 5.0: Aiming for a new Human-centered Society. *Hitachi Review*. VOL. 66. No. 6. p. 556-559, 2017. Disponível em: https://www.hitachi.com/rev/archive/2017/r2017_06. Acesso em: 13 mar. 2022.

HOLLIDAY, Pedro Alberto Calmon. *Os métodos consensuais e sua cultura evolutiva: redução da litigiosidade e concretização de direitos*. Disponível em: http://www.publicadireito.com.br/artigos/?cod=9c16a45c187ff93c. Acesso em: 13 mar. 2022.

KAHNEMAN, Daniel. *Rápido e devagar: duas formas de pensar.* Rio de Janeiro: Objetiva, 2012.

LEVY, Fernanda Rocha Lourenço. *Cláusulas Escalonadas – A mediação comercial no contexto da arbitragem*. São Paulo: Saraiva, 2013.

LISKY, David B. How Corporate America Uses Conflict Management: The Evidence from a New Survey of the Fortune 1000. *ILR Review*. Vol. 73, N 2, 2020 , 2019. Disponível em: https://doi.org/10.1177/0019793919870169. Acesso em: 13 mar. 2022.

NEVES, José Roberto de Castro. *Como os advogados salvaram o mundo: a história da advocacia e sua contribuição para a humanidade*. Rio de Janeiro: Nova Fronteira, 2020.

RAVINDRA, Geetha. *Role of attorneys in mediation process*. Disponível em: https://www.americanbar.org/content/dam/aba/migrated/2011_build/dispute_resolution/role_of_attorney_in_mediation_proce ss.authcheckdam.pdf. Acesso em: 10 mar. 2018.

SANDER, Frank; CRESPO, Mariana Hernandez. *A Dialogue Between Professors Frank Sander and Mariana Hernandez Crespo: Exploring the Evolution of the Multi-Door Courthouse*. 5 U. St. Thomas L. J. 665, 2008. Disponível em: https://ir.stthomas.edu/ustlj/vol5/iss3/4/. Acesso em: 13 mar. 2022.

STONE, Douglas; PATTON, Bruce; HEEN, Sheila. *Conversas Difíceis*. Rio de Janeiro: Sextante, 2021.

TARTUCE, Fernanda. *Mediação nos Conflitos Civis*. Rio de Janeiro: Forense; São Paulo: Método, 2015.

THALER, Richard H. *Nudge: como tomar melhores decisões sobre saúde, dinheiro e felicidade*. Rio de Janeiro: Objetiva, 2019.